Christus spricht:
Ich bin bei euch bis an der Welt
Ende   Math. 28

Mit herzlichen Segenswünschen

Peter Finden

PETER FISCHER * VITAMINE FÜR DEN GLAUBEN

Peter Fischer

Vitamine für den Glauben

**Biblische Impulse
für alle Tage im Jahr**

dr. ziethen verlag
Oschersleben

Bibliografische Information der Deutschen Nationalbibliothek:
Die Deutsche Nationalbibliothek verzeichnet diese Publikation
in der Deutschen Nationalbibliografie; detaillierte bibliografische Daten
sind im Internet über http://dnb.d-nb.de abrufbar.

Diese Ausgabe einschließlich aller ihrer Teile ist urheberrechtlich geschützt.
Jede Verwertung außerhalb der engen Grenzen des Urheberrechtsgesetzes
ist ohne Zustimmung des dr. ziethen verlages unzulässig und strafbar. Das
gilt insbesondere für Vervielfältigungen, Übersetzungen, Mikroverfilmungen
und die Einspeicherung und Verarbeitung in elektronischen Systemen.

© 2022 dr. ziethen verlag
Friedrichstraße 15a, 39387 Oschersleben
Telefon 03949.4396, Fax 03949.500 100
www.dr-ziethen-verlag.de
email: info@dr-ziethen-verlag.de
2022

Satz & Layout dr. ziethen verlag
Einband-Fotos: Vorderseite: Bernhard und Beate Richter, Schönebeck;
Rückseite: Foto-Urban, Schönebeck
Druck: Halberstädter Druckhaus GmbH
ISBN: 978-3-86289-212-9

„Lieber Gott,
… mach doch, dass die Vitamine nicht mehr im Spinat sind, sondern im Pudding", soll einmal ein Kind gebetet haben. Also, auch bei mir sind die Vitamine nicht im Pudding, dafür aber hier in diesem Buch, und zwar die „Vitamine für den Glauben".

Unser Glaube ist keine trockene Theorie, sondern er ist ein echtes, „lebendiges" Leben. Das wird Ihnen beim Umgang mit diesem Buch schnell auffallen. Und so, wie wir im irdischen Leben ohne Vitamine bald krank werden, so kann auch unser Glaubensleben verkümmern, wenn es keine Nahrung findet, eben die „Vitamine für den Glauben".

Nicht umsonst sehen Sie auf dem Buch-Einband die aufgeschlagene Bibel. Sie ist das beste Nahrungsmittel für ein Leben unter Gottes Hand. Mein Buch kann die Bibel nicht ersetzen; es kann sie nur erläutern, es kann Ihnen den Zugang zum „Buch der Bücher" erleichtern. Dazu wird Ihnen für jeden Tag ein Passus aus der Bibel zum Lesen angeboten und anhand eines ausgewählten Kern-Satzes erläutert. Eine Strophe aus dem Gesangbuch soll Ihnen helfen, ein Gebet als Antwort zu formulieren.

Dieses Buch kann in jedem beliebigen Jahr Verwendung finden. Auch an Schaltjahre ist gedacht! Karfreitag und Ostern werden am 7. April bzw. 9./10. April berücksichtigt. Für Himmelfahrt und Pfingsten finden Sie geeignete Andachten am 20. Mai bzw. 20. Februar und 9. März.

Dieses Buch will Ihre persönliche Besinnung auf Gott bereichern. Es eignet sich aber auch zum Vorlesen im kleinen oder größeren Kreis. Wer eigene Auslegungen erarbeiten will, darf gern meine Ausführungen übernehmen.

Genug der Vorbemerkungen. Es wird Zeit, dass Sie sich mit dem Buch selbst vertraut machen. Beginnen Sie einfach mit dem heutigen Tag. Da finden Sie schon die ersten „Vitamine für den Glauben".

Rede, Herr, denn dein Knecht hört.
(1.Samuel 3, 9)

Psalm 33   1. Januar

Unsre Seele harrt auf den Herrn; er ist uns Hilfe und Schild. (V 20)

Heute kommt der neue Kalender an die Wand. Noch ist er rein und weiß und unberührt wie eine frisch gefallene Schneedecke auf der Wiese. Aber die ersten Termine kann ich schon eintragen; bald werden weitere folgen, und am Ende wird er genauso chaotisch aussehen wie der letzte.

Und dabei besteht das neue Jahr nicht nur aus den Terminen, die ich in den Kalender schreibe. Die kann ich einplanen; darauf kann ich mich vorbereiten; damit kann ich leben. Viel riskanter sind die Ereignisse, die ungeplant eintreten werden; Überraschungen, die es an sich haben, meist unangenehme Überraschungen zu sein. Die kann ich nicht planen, damit kann ich nicht umgehen, denen bin ich wehrlos ausgeliefert, und die können oft genug meine ganzen schönen Termine im Kalender über den Haufen werfen.

Deshalb blicken heute viele Menschen mit recht gemischten Gefühlen in das neue Jahr. Da kann der unschuldig-weiße Kalender auch nicht trösten. Mich tröstet etwas anderes, nämlich der oben angegebene Psalm. Hier beschreibt ein frommer Israelit seine Erfahrungen mit Gott. Und das heißt: Gott schenkt seinen Beistand jedem, der nach ihm fragt. Das bedeutet nicht, dass er jetzt alle Wünsche erfüllt, und auch nicht, dass er uns vor allen bösen Überraschungen bewahrt, aber das bedeutet, dass er in jeder Situation seine Hand über uns hält und uns auch auf schweren Wegen zum guten Ziel führen wird. Wenn das so ist, dann können wir getrost und unbesorgt auch jetzt in dieses neue Jahr gehen und mit Vers 22 zu Gott sagen: „Deine Güte, Herr, sei über uns, wie wir auf dich hoffen."

Unsre Wege wollen wir nur in Jesu Namen gehen.
Geht uns dieser Leitstern für, so wird alles wohl bestehen
und durch seinen Gnadenschein alles voller Segen sein.
    (Benjamin Schmolck)

2. Januar Psalm 63

Gott, es dürstet meine Seele nach dir. (V 2)

Wie ein Verletzter auf der Straße den Rettungswagen herbeisehnt, wie sich ein Kleinkind in der Klinik nach seiner Mama sehnt, wie sich ein erschöpfter Wanderer nach einem Bett sehnt, so (und noch viel stärker) sehnt sich in unserem heutigen Psalm der fromme Israelit nach seinem Gott. In dieser Sehnsucht nimmt er die Strapazen einer wochenlangen Wanderung nach Jerusalem auf sich, denn nur im Tempel konnte man Gott gegenwärtig wissen (V 3).

Wie leicht haben es dagegen wir! Wir dürfen Gott jederzeit und an jedem Ort anrufen und können ihn augenblicklich nahe wissen. Ob wir deshalb die brennende Sehnsucht nach Gott, die aus diesem Psalm spricht, so schwer nachvollziehen können? Ist uns heute der Durst nach Gott genauso fremd wie der Durst nach Wasser?

Das wäre tragisch. Denn dann könnten wir gar nicht ermessen, wie reich Gott uns mit seinem täglichen Nahe-Sein beschenkt. Unser Psalm-Beter weiß „ein Lied davon zu singen". Er sehnt sich danach, die *Macht Gottes* (V 3) wieder erfahren zu können, die ihn vor Feinden (V 10) bewahrt; er sehnt sich danach, die *Güte Gottes* (V 4) neu verspüren zu können, unter der er abends einschlafen und morgens wieder erwachen kann (V 7), und er sehnt sich danach, die *Hilfe Gottes* erneut erleben zu können, die ihn schon so oft erfreut hatte (V 8).

Wir sehen: Mit Gott kann man konkrete Erfahrungen machen. Nach diesen Erfahrungen dürfen wir uns sehnen wie der Verdurstende nach einem frischen Trunk. Diese Sehnsucht erfüllt Gott nur allzu gern.

Ich heb mein Augen sehnlich auf
und seh die Berge hoch hinauf,
wann mir mein Gott vom Himmelsthron
mit seiner Hilf zustatten komm.
    (Cornelius Becker)

Psalm 73　　　　　　　　　　　　　　　　　　3. Januar

Dennoch bleibe ich stets an dir; denn du hältst mich bei meiner rechten Hand. (V 23)

„Dennoch" heißt ein Buch, in dem die holländische Missionarin Corrie ten Boom von ihren entsetzlichen Leiden in einem deutschen KZ berichtet hat. Der trotzige Buch-Titel „Dennoch" soll an unser Psalm-Wort erinnern. Allen erlittenen Schmerzen und Demütigungen zum Trotz hat Gott sie in dieser ganzen schlimmen Zeit festgehalten und hat sie sich an ihm festhalten können. Sie hat erfahren, was der ganze Psalm beschreibt: Immer ist Gott größer, größer als jede noch so große Not.

Wenn man das sogar in der Hölle von einem deutschen KZ erfahren konnte, wie viel mehr sollen dann wir das erleben können in den Nöten, die uns erdrücken wollen. Dabei kann man in größte Zweifel geraten, wenn man sieht, wie Menschen, die für Gott keinen einzigen Gedanken übrig haben, in Saus und Braus leben können, während unsereiner oft genug unter vielen Schmerzen und Nöten zu leiden hat. Wie ungerecht!

Kommen Ihnen nicht diese Gedanken sehr bekannt vor? Haben wir nicht selber immer wieder einmal mit solchen Anfechtungen zu kämpfen? Dann kann dieser Psalm uns helfen. Denn diese Not gab es ja schon damals. Und schon damals gab es den Ausweg: Der Fromme flüchtet sich genau zu dem Gott, den er nicht verstehen kann, und klagt ihm seine Not (V 17). Gott zeigt ihm, wo es mit den angeblich so beneidenswerten gottlosen Prassern hin führt und wie zuverlässig er diejenigen festhält, die ihm die Treue halten. Wer das erfährt, der kann nur mit Vers 28 bekennen: „Das ist meine Freude, dass ich mich zu Gott halte und meine Zuversicht setze auf Gott, den Herrn, dass ich verkündige all dein Tun."

Mein Hilfe kommt mir von dem Herrn,
er hilft uns ja von Herzen gern;
Himmel und Erd hat er gemacht,
hält über uns die Hut und Wacht.
　　(Cornelius Becker)

4. Januar — Matthäus 1, 1–17

Alle Glieder von Abraham bis David sind vierzehn Glieder. Von David bis zur babylonischen Gefangenschaft sind vierzehn Glieder. Von der babylonischen Gefangenschaft bis zu Christus sind vierzehn Glieder. (V 17)

„Sie bekommen das Zimmer 13", sagte in einem christlichen Freizeit-Heim die Schwester im Empfang zum neu eingetroffenen Gast. Der Gast schluckte. Die Schwester fragte: „Oder sind Sie abergläubisch?" – Schnell beteuerte der Gast: „Nein, natürlich nicht."

In der Bibel ist das anders. Auch in der Bibel haben Zahlen eine Bedeutung, aber nicht für den abergläubischen Menschen, sondern für den gläubigen. Das hängt damit zusammen, dass Zahlen nicht in Ziffern geschrieben wurden, sondern mit Buchstaben. Die Zahl 14 etwa wurde in hebräischen Buchstaben so geschrieben: „ D – A – V – I – D". Der fromme Jude sah darin sofort einen Hinweis auf den großen König David.

Und darum soll es hier im Stammbaum Jesu gehen. Hier geht es nicht um die einzelnen Personen, sondern um die auffällige Einteilung der ganzen Liste in drei Mal 14 Glieder. Das soll uns zeigen: Die ganze Geschichte Gottes mit seinem Volk Israel hatte in Abraham ihren Anfang, in David ihre Blütezeit, in Babylon ihre Bewährungsprobe, und sie findet in Jesus ihre Vollendung. Jesus wird in seiner Person sogar die Bedeutung übertreffen, die David damals für sein Volk hatte. Jesus wird ein König sein, unter dem am Ende die ganze Welt aufatmen wird. Und zu diesem König dürfen wir Christen schon heute gehören.

Jesus Christus herrscht als König,
alles wird ihm untertänig,
alles legt ihm Gott zu Fuß;
aller Zunge soll bekennen,
Jesus sei der Herr zu nennen,
dem man Ehre geben muss.
　　(Philipp Friedrich Hiller)

Matthäus 1, 18–25 5. Januar

Maria wird einen Sohn gebären, dem sollst du den Namen Jesus geben, denn er wird sein Volk retten von ihren Sünden. (V 21)

„Wo ist denn eigentlich Mose?", hörte ich in einer kinderreichen Familie den Vater seine Frau fragen, und sie antwortete: „Der fährt gerade Aaron aus." – Ihr lieben jungen Eltern, überlegt Euch bitte gut, was für Namen Ihr Euren Kindern geben wollt. – Maria und Joseph ist diese Mühe erspart worden. Ihnen ist von einem Engel der Name des Sohnes genannt worden, der bald zur Welt kommen sollte. Und mit dem Namen gleich die Bedeutung dazu: „Er wird sein Volk retten von ihren Sünden."

Wohlgemerkt: Jesus hat in seinen Erdentagen viel mehr getan. Er hat Kranke geheilt; er hat Tote auferweckt; er hat einen Seesturm gestillt. Aber das alles wäre nichts wert, wenn er nicht vor allen Dingen das getan hätte (und heute an uns immer noch tut), was der Engel damals als einziges über ihn sagte: „Er wird sein Volk retten von ihren Sünden."

Mit Sünde ist nicht zuerst die böse Tat gemeint, sondern zuallererst die Gesinnung des Menschen, der sich selber zum Herrn seines Lebens gemacht hat und gar nicht auf den Gedanken kommt, nach Gott und seinem Willen zu fragen. Allein diese Gesinnung ist für Gott eine einzige Kränkung. Die steht zwischen Gott und Menschen wie eine hohe Mauer. Diese Mauer hat Jesus durchbrochen, als er alle diese Eigenwilligkeit von uns auf sich zog und mit seinem Tod am Kreuz auf unseren Namen gebüßt hat. Da ist der Weg frei geworden für die vielfachen Segnungen, die Gott uns schenken möchte. Wer dies auf sich beziehen kann, der weiß, wozu Jesus gekommen ist.

Jesus ist kommen, ein Opfer für Sünden,
Sünden der ganzen Welt träget dieses Lamm.
Sündern die ewge Erlösung zu finden,
stirbt es aus Liebe am blutigen Stamm.
Abgrund der Liebe, wer kann dich ergründen?
Jesus ist kommen, ein Opfer für Sünden.
  (Johann Ludwig Konrad Allendorf)

6. Januar   Matthäus 2, 1–12

Wo ist der neugeborene König der Juden? (V 2)

„C – M – B" steht heute vielerorts über manchen Hauseingängen, eingerahmt von der aktuellen Jahreszahl. Das heißt: „Christus Mansionem Benedicat", auf Deutsch: „Christus segne dieses Haus" und ist von den jungen Sternsingern aus der katholischen Pfarrgemeinde dort mit Kreide hingeschrieben oder mit Folie aufgeklebt worden. Sie sangen von der Geburt Jesu und sammelten Spenden für einen guten Zweck. Dabei trugen sie einen leuchtend-gelben Stern vor sich her.

Das erinnert an die Bibel. Als Jesus zur Welt gekommen war, sind nicht nur Hirten von den nahegelegenen Weideplätzen zu ihm gekommen, sondern auch Gelehrte aus dem fernen Osten („Die heiligen drei Könige"), denen ein Stern die Geburt eines Königs in Israel angezeigt hatte. Wo heute Gottesdienst gefeiert wird, wird an diese Geschichte erinnert. In der evangelischen Kirche heißt dieser Tag „Epiphanias", Fest der *Erscheinung des Herrn*, und bedeutet für viele Christen ein zweites Weihnachtsfest.

Und das zu recht. Haben doch die Weisen aus dem Morgenland in Jesus den König gesehen (V 2) und ihm geradezu königliche Geschenke gebracht (V 11). Das heißt: Jesus ist als König in unsere Welt gekommen und wird bei seiner Wiederkunft die Königsherrschaft in vollem Umfang ausleben. Bis dahin übt er seine Herrschaft unsichtbar aus über alle, die sich ihm schon unterstellen können.

So geht es auch mir. Für mich ist er kein „Gelber Engel", den ich nur bei einer Panne rufe, sondern er ist die oberste Instanz in meinem Leben. Seine Anordnungen sind für mich verbindlich, und seine Entscheidungen sind für mich das Beste. Warum aber nur „für mich"? – Wollen Sie das nicht auch haben?

Von deinem Reich auch zeugen die Leut aus Morgenland;
die Knie sie vor dir beugen, weil du ihn' bist bekannt.
Der neu Stern auf dich weiset, dazu das göttlich Wort.
Drum man dich billig preiset, dass du bist unser Hort.
    (Martin Behm)

Matthäus 2, 13–23　　　　　　　　　　　　　　　　7. Januar

Nimm das Kindlein und seine Mutter und flieh nach Ägypten, denn Herodes hat vor, das Kindlein umzubringen. (V 13)

Die Flüchtlinge, die seit Jahren nach Europa drängen, sind in großer Not. Ich denke besonders an die, die in ihrer Heimat zum christlichen Glauben übergetreten sind und seitdem dort mit dem Tod bedroht werden. Deshalb mussten sie fliehen.

Denen ist Jesus besonders nahe, hat er doch gleich nach seiner Geburt dasselbe erlitten. Er schwebte in Todesgefahr, und er musste aus seiner Heimat fliehen. Dieser dunkle Schatten blieb über ihm, auch als er später im Land seiner Väter wirksam war. „Er kam in sein Eigentum; und die Seinen nahmen ihn nicht auf" (Johannes 1,11). Er wurde abgelehnt, angefeindet und ausgestoßen. Schließlich brachten seine Gegner ihn tatsächlich ans Kreuz. Er wollte den Menschen das Leben bringen, aber sie brachten ihm den Tod.

Sie wissen, das ist nicht das letzte Wort über ihn. Keine drei Tage später hatte er den Tod hinter sich und wird jetzt nie wieder sterben.

Das ist unser Trost, wenn wir in Angst und Nöten sind: Wie unsere Bedrängnis auch beschaffen sein mag – Jesus hat ganz Ähnliches erlitten. Und er kann uns deshalb in unserer Bedrängnis besonders nahe sein. Er schenkt uns Zuversicht, wo wir verzagen; er richtet uns auf, wenn wir nicht mehr können; er gibt uns Trost, wenn die Trauer uns lähmen will. So groß unsere Not auch sein mag – immer ist er größer. Und mit seinem starken Beistand können wir auch die schlimmste Bedrängnis überstehen.

Unter deinem Schirmen bin ich vor den Stürmen
aller Feinde frei.
Lass den Satan wettern, lass die Welt erzittern,
mir steht Jesus bei.
Ob es jetzt gleich kracht und blitzt,
ob gleich Sünd und Hölle schrecken,
Jesus will mich decken.
　　　(Johann Franck)

8. Januar   Matthäus 3, 1–12

Tut Buße, denn das Himmelreich ist nahe herbeigekommen. (V 2)

Ganz vorne in der Kirche steht ein gelber Wegweiser: „Neuleben". Der Wegweiser zeigt nach rechts. Damit habe ich früher gern einen Jugendgottesdienst begonnen. Hier sollte man sich einen Wanderweg vorstellen. Ein „Spaziergänger" kam von *rechts* und ging nach *links*. Auf halbem Weg fragte er einen „Ortskundigen": „Ist das hier der Weg nach Neuleben?" – „Ja, das ist der Weg nach Neuleben." – „Wie lange muss ich denn da noch laufen?" – „Wenn Sie so weitergehen, kommen Sie nie dort an." – „Wieso, ich denke das ist der Weg nach Neuleben." – „Ja, aber Neuleben liegt da" (er zeigt nach *rechts*, woher der Spaziergänger kam), „und nicht dort" (er zeigt nach *links*, wohin der Spaziergänger geht). „Sie sind auf dem richtigen Weg, aber in der falschen Richtung." – „Da werde ich wohl umkehren müssen." – „Das würde ich Ihnen raten."

Wir sind beim Thema. „Buße tun" heißt: „Da werde ich wohl umkehren müssen." Ich begreife, dass ich Gott aus meiner Lebensplanung völlig ausgeklammert hatte. So werde ich nie ans Ziel kommen, nämlich zu Gott. Hier ist eine konsequente Neu-Ausrichtung vonnöten. Dazu bitte ich Gott um Vergebung dafür, dass er mir bisher so gleichgültig gewesen war, und um seine Hilfe dazu, dass ich ihn von jetzt ab nie mehr aus dem Blick verliere. Jetzt soll er die oberste Autorität über meinem Leben haben und über all mein Tun und Lassen verfügen können. Dabei werde ich nie fehlerfrei sein; ich werde ihn immer wieder um Vergebung bitten müssen, wenn ich seinen Willen ignoriert hatte, aber ich möchte nicht wieder abirren von dem Weg, der in die richtige Richtung führt.

Gott rufet noch. Ob ich mein Ohr verstopfet,
er stehet noch an meiner Tür und klopfet;
er ist bereit, dass er mich noch empfang,
er wartet noch auf mich; wer weiß, wie lang?
    (Gerhard Tersteegen)

Matthäus 3, 13–17　　　　　　　　　　　　　　　　9. Januar

Zu der Zeit kam Jesus aus Galiläa an den Jordan zu Johannes, dass er sich von ihm taufen ließe. (V 13)

Johannes der Täufer war ein bemerkenswerter Mann. Kein anderer hat so konkret und umfassend auf den kommenden Messias hingewiesen wie er, und kein anderer hat damals, als Jesus unter seinen Zuhörern war, in ihm den erwarteten Messias erkannt. Umso weniger konnte er verstehen, dass der Gott-Gesandte sich von ihm, Johannes, taufen lassen wollte. Wäre es umgekehrt nicht viel zutreffender gewesen?

Das musste nicht nur Johannes erleben. Geht es uns nicht oft genug ganz ähnlich? Kennen nicht auch wir Gelegenheiten, in denen das Handeln Gottes aller unserer Logik widerspricht? Dann soll uns Johannes der Täufer ein Vorbild sein. Er konnte sich der Aufforderung Jesu fügen, obwohl er eigentlich ganz anderer Ansicht war.

Und dabei hatte die Taufe für Jesus einen ganz tiefen Sinn. Das erfahren wir aus Lukas 12,50: „Ich muss mich taufen lassen mit einer Taufe, und wie ist mir so bange, bis sie vollbracht ist!" Damit hat Jesus aber nicht noch einmal ein Untertauchen im Jordan gemeint, sondern er hat an seinen Kreuzestod gedacht, der ihm bevorstand. Den hat er mit einer Taufe verglichen. Mir scheint, dass Jesus schon damals am Jordan daran denken musste, als er zusammen mit den Sündern in den Fluss stieg, denn er wusste, dass er ihnen mit seinem Kreuzestod die volle Erlösung bringen würde. Und wenn mir heute klar wird, dass ich zu den Sündern gehöre, die sich am Jordan einfinden müssten, dann soll ich wissen, dass Jesus auch mir zuliebe die Taufe im Fluss und dann den Tod am Kreuz auf sich genommen hat.

Nun, ich danke dir von Herzen, Herr, für die gesamte Not,
für die Wunden, für die Schmerzen, für den herben, bittern Tod;
für dein Zittern, für dein Zagen, für dein tausendfaches Plagen,
für dein Angst und tiefe Pein will ich ewig dankbar sein.
　　(Ernst Christoph Homburg)

10. Januar   Matthäus 4, 1–11

Da wurde Jesus vom Geist in die Wüste geführt, damit er von dem Teufel versucht würde. (V 1)

Jetzt dauert es nicht mehr lange bis zur „5. Jahreszeit", zur Karnevals-Saison. Dann wird noch einmal ausgiebig getanzt und gefeiert. Jeder kommt in einem anderen Kostüm, als König oder Krankenschwester, als Nonne oder Admiral, je nach Lust und Laune. Manche verkleiden sich dann gern als kleine Teufel und finden das besonders spaßig. Den größten Spaß aber hat der Teufel selber daran. Denn so lange die Leute über ihn lachen, nehmen sie ihn nicht ernst.

Bibelleser werden darauf nicht hereinfallen. Sie wissen, dass der Teufel eine unsichtbare Realität ist, genau wie Jesus, aber mit zwei großen Unterschieden. Zum einen: Jesus bringt uns die ewige Seligkeit; der Teufel will unser ewiges Verderben. Und zum anderen: Als beide aufeinandertrafen, da hat Jesus den Teufel drei Mal nacheinander abgewiesen. Und als Jesus später qualvoll an einem Kreuz sterben musste, da hat er den Teufel endgültig überwunden. Beweis: Die Auferstehung Jesu am Ostermorgen. Seitdem ist der Teufel besiegt.

Aber noch nicht beseitigt. Das wird erst am Ende aller Tage geschehen. Bis dahin kann er uns zwar nicht mehr schaden, aber er versucht dennoch, uns zu belästigen. Er erinnert uns an unsere Bedürfnisse und Begierden und verspricht uns schnelle Erfüllung aller unserer Wünsche. Wer darauf hereinfällt, bezahlt mit dem Frieden seiner Seele. Die Bibel zeigt uns heute einen besseren Weg: Wer konsequent an Gott und seinem Wort festhält, findet die Antwort auf die verlogenen Angebote des Teufels und bleibt unter dem unzerstörbaren Segen Gottes.

Jesu, hilf siegen und lass mich nicht sinken,
wenn sich die Kräfte der Lügen aufblähn
und mit dem Scheine der Wahrheit sich schminken,
lass doch viel heller dann deine Kraft sehn.
Steh mir zur Rechten, o König und Meister,
lehre mich kämpfen und prüfen die Geister.
(Johannes Heinrich Schröder)

Matthäus 4, 12–17   11. Januar

Tut Buße, denn das Himmelreich ist nahe herbeigekommen. (V 17)

„*Hier herrscht Ordnung*", sagt die Politesse vom Ordnungsamt und klemmt das Knöllchen ans falsch geparkte Auto. Ganz anders in vielen Teenager-Zimmern. Da herrscht das reine Chaos. Die Tochter braucht abends eine Schaufel, um zu ihrem Bett zu kommen.

Und jetzt zu Ihnen: Wer oder was herrscht in Ihrem Leben? Der Geiz oder die Kaufsucht? Der Leichtsinn oder die Angst? – Das meiste, was uns beherrscht, empfinden wir als belastend.

Das wird erst anders, wenn ich sagen kann: „*Hier herrscht Gott.*" Dann verfügt er über mich und meine Kräfte und führt seine Pläne mit mir aus. Und jedes Mal, wenn ich mich seiner Kontrolle entzogen und mich gegen seinen Willen entschieden habe, kann ich ihn um Vergebung bitten und mich neu seiner Herrschaft unterstellen.

Wäre das eine Option auch für Sie? Dann hören Sie auf Jesus und auf seine oben abgedruckte Aufforderung. Damit hat er wortwörtlich den Bußruf von Johannes dem Täufer aufgegriffen und aktualisiert (lesen Sie dazu noch einmal die Andacht zum 8. Januar). Mit „das Himmelreich" ist die Herrschaft Gottes gemeint, und „das Himmelreich ist nahe herbeigekommen" heißt ganz einfach: „*Hier herrscht Gott.*" – Wollen Sie das auch für sich in Anspruch nehmen? Dann lösen Sie sich nur von allem anderen, was Sie beherrschen will, und sagen Sie zu Gott: „Dein Wille geschehe."

Ich gebe dir, mein Gott, aufs neue
Leib, Seel und Herz zum Opfer hin;
erwecke mich zu neuer Treue
und nimm Besitz von meinem Sinn.
Es sei in mir kein Tropfen Blut,
der nicht, Herr, deinen Willen tut.
        (Johann Jakob Rambach)

12. Januar Matthäus 4, 18–22

Folgt mir nach; ich will euch zu Menschenfischern machen! (V 19)

Wer viel Geld im Lotto gewonnen hat, sollte das tunlichst niemandem sagen, sonst kann er sich vor lauter Bettelbriefen nicht mehr retten. Wer aber zu Jesus gefunden hat, darf das jedem sagen. Da wird man nicht ärmer, sondern immer nur reicher. Das hat Jesus gemeint, als er seine Nachfolger „zu Menschenfischern" ernannte. Denken Sie dabei bitte nicht an die armen Fische im Wasser, denen das Netz oder die Angel den Tod bringt, sondern an ertrinkende Menschen im Meer, denen der Seenot-Kreuzer die Rettung bringt.

„Menschenfischer" sind wir dann, wenn wir andere für Jesus gewinnen und sie damit ihrem ewigen Verderben entreißen, und zwar, indem wir ihnen sagen, was Jesus uns bedeutet. Ich weiß, viele tun sich damit schwer. Diejenigen möchte ich bitten: Denken Sie doch einmal daran, wie Sie anderen die Höhepunkte von Ihrem letzten Urlaub schildern können, wie Sie ihnen Ihr Lieblings-Gericht beschreiben oder wie Sie von einem gefeierten Schauspieler schwärmen können. Sollten Sie nicht auch mit derselben Freude von der größten Entdeckung Ihres Lebens sprechen können, von der Begegnung mit Jesus?

Sie müssen keine großen Reden halten. Das können Sie gern uns Profis überlassen. Es reicht, wenn die Liebe zu Gott und die Freude an Jesus in Ihnen lebt. Das ist ein Reichtum, den man gar nicht für sich behalten kann. Irgendwann wird das Gespräch darauf kommen. Sprechen Sie nur, wenn man Sie danach fragt. Aber leben Sie so, *dass* man Sie danach fragt. Wenn Jesus Sie zu einem „Menschenfischer" gemacht hat, dann wird er Ihnen auch die Gelegenheit geben, ihn zu bezeugen.

O komm, du Geist der Wahrheit, und kehre bei uns ein,
verbreite Licht und Klarheit, verbanne Trug und Schein.
Gieß aus dein heilig Feuer, rühr Herz und Lippen an,
dass jeglicher Getreuer den Herrn bekennen kann.
    (Philipp Spitta)

Matthäus 4, 23–25   13. Januar

Und Jesus zog umher in ganz Galiläa, lehrte in ihren Synagogen und predigte das Evangelium von dem Reich und heilte alle Krankheiten.(V 23)

„Dort schieben sie den Mond noch mit der Stange weiter", sagt man verächtlich über eine Gegend, deren Bewohner als rückständig und weltfremd angesehen werden. Mit einer solchen Geringschätzung hat man zur Zeit Jesu über Galiläa gesprochen, ein Landstrich ganz oben im Norden. Dort lebten mehr Nicht-Juden als Juden, und die wenigen Juden dort waren im Herzen von der Religion ihrer Väter genauso weit entfernt, wie sie räumlich vom Tempel in Jerusalem entfernt waren. Galiläa – das war das Letzte, wo ein frommer Jude hingegangen wäre.

Und das war das Erste, wo Jesus hingegangen ist. Das ist seine Art. Er geht zuerst zu den Verstoßenen und Verachteten, zu den Zu-Kurz-Gekommenen und zu denen, die auf der Schattenseite des Lebens stehen. Denen gilt zuallererst seine Liebe. Und seine Liebe besteht nicht nur in Worten, sondern auch in Taten. Deshalb hat er dort in Galiläa beides zugleich getan: Er hat gepredigt, und er hat geheilt.

Genauso kommt Jesus heute zu uns. Er kommt mit Wort und Tat, auch mit der Tat der Heilung von Krankheiten. Dabei nehme ich jede Heilung dankbar aus seinen Händen, auch wenn er dazu den Arzt und die Apotheke gebraucht hat. Aber schauen wir nur genau hin: Unser Kernsatz hier oben beschreibt die richtige Reihenfolge: Zuerst kommt das Wort, und dann die Tat. Das „zuerst" nehme ich ganz wörtlich. Zuerst möchte ich an jedem Tag am frühen Morgen sein Wort gehört (das heißt: gelesen) haben. Danach wird er sich auch bei mir auf seine Weise bemerkbar machen.

O wohl dem Land, o wohl der Stadt, so diesen König bei sich hat!
Wohl allen Herzen insgemein, da dieser König ziehet ein!
Er ist die rechte Freudensonn', bringt mit sich lauter Freud' und Wonn'.
Gelobet sei mein Gott, mein Tröster früh und spat.
  (Georg Weissel)

14. Januar Matthäus 5, 1–12

Selig sind, die da geistlich arm sind; denn ihrer ist das Himmelreich. (V 3)

„Unsere Kinder sollen es einmal besser haben", sagen die Eltern und schicken sie auf die beste Schule. Das kostet große Opfer, für die Eltern und auch für die Kinder. Aber das nehmen sie in Kauf, alles nur für eine bessere Zukunft.

Eine unvergleichlich viel *bessere* „bessere Zukunft" steht uns Christen bevor; nicht, wenn die Schule oder das Studium hinter uns liegt, sondern das Erdenleben. Dann, wenn für andere Leute „alles aus" ist, geht es für uns erst richtig los, nämlich in Gottes ewiger Herrlichkeit. Dort erwartet uns eine Zukunft, die die kühnste Phantasie bei weitem übertrifft. Jesus weiß das, und er sagt es seinen Jüngern konkret voraus.

Auch in unserer heutigen Bibellese. In diesen markanten Sätzen erwähnt Jesus jeweils in der zweiten Satz-Hälfte unsere Zukunft in Gottes ewigem Reich. Dann, wenn wir dort am Ziel sind, dann gehört uns „das Himmelreich", dann sollen wir „getröstet werden", dann sollen wir „satt werden" … Mit anderen Worten: Dann steht uns eine Herrlichkeit bevor, die alle erlittenen Nöte unseres Erdenlebens bei weitem übertrifft, sodass Jesus uns jetzt schon zu dieser großen Aussicht gratulieren kann.

Deshalb beginnt Jesus jeden neuen Satz mit „Selig sind …"; man könnte zutreffender sagen: „Ich gratuliere allen, die …"; und dann nennt er all die Lasten und Nöte, die unser Erdenleben ausmachen. Er weiß, wie schwer wir es in unserem Alltag haben, und trotzdem gratuliert er uns dazu, denn er sieht uns ja auf dem Weg, der in eine unbeschreiblich herrliche Zukunft führt. Deshalb sagt er heute auch zu uns: „Ich gratuliere euch."

Selig, ja selig ist der zu nennen,
des Hilfe der Gott Jakobs ist,
welcher vom Glauben sich nicht lässt trennen
und hofft getrost auf Jesum Christ.
  (Johann Daniel Herrnschmidt)

Matthäus 5, 13–20 15. Januar

Ihr seid das Salz der Erde. (V 13)

„Das Wandern ist des Müllers Lust …" schallt es dumpf durch die Tür. Ich trete ein und – stehe im Nebel. Leute, die (wie ich) zum Schutz der Kleidung in weiße Umhänge gehüllt sind, gehen singend im Kreis umher. Wo bin ich bloß hingeraten? – Antwort: Ich bin im Inhalier-Raum eines Sole-Heilbades. Hier wird Sole, also stark salzhaltiges Wasser, durch ganz feine Düsen in den Raum gesprüht, sodass ein salziger Nebel entsteht, eine Wohltat für erkrankte Bronchien. Das Singen macht, dass man tiefer einatmet.

Das hat es zur Zeit Jesu noch nicht gegeben. Aber schon damals war Salz unverzichtbar. Es machte nicht nur die Speisen schmackhaft und haltbar („Pökelfleisch"), sondern es war auch schon damals für seine heilende Kraft bekannt, etwa bei einem Bad im Toten Meer. Und wenn Jesus zu seinen Jüngern sagt: „Ihr seid das Salz der Erde", dann meint er, seine Nachfolger wären für die Welt so unverzichtbar wie das Salz für den Koch.

Diese hohe Bestimmung liegt nun auch auf uns. Es ist für die Kinder in einer Familie ein großer Segen, wenn Eltern und Großeltern für sie beten; es ist für jede Firma ein echter Gewinn, wenn die Angestellten ihr Tun und Lassen vor Gott verantworten, und es ist für unser ganzes Volk von größter Bedeutung, dass Christen kompromisslos Jesus nachfolgen.

Wohlgemerkt: Es geht hier nicht um lauter hektische Aktionen (die kann man auch ohne Gott durchführen), sondern es geht hier um Menschen, die sich mit allen Konsequenzen an Gott gebunden haben. Diese Menschen haben eine Ausstrahlungskraft, die auf ihre Umgebung regelrecht heilsam wirkt, wie die Salzluft für die Lunge.

Jesu, stärke deine Kinder und mach aus denen Überwinder,
die du erkauft mit deinem Blut!
Schaffe in uns neues Leben, dass wir uns stets zu dir erheben,
wenn uns entfallen will der Mut!
    (Wilhelm Erasmus Arends)

16. Januar   Matthäus 5, 21–26

Wer mit seinem Bruder zürnt, der ist des Gerichts schuldig. (V 22)

„Wenn Blicke töten könnten...", war früher ein geflügeltes Wort. Die Fortsetzung hieß: „... dann würde jetzt hier jemand tot umfallen", nämlich der, der eben wutentbrannt angestarrt wurde. – Wenn Blicke töten könnten, wie viele Tote hätte es dann schon in *Ihrer* Umgebung gegeben, und wie lange müssten *Sie* dafür jetzt im Zuchthaus sitzen?

Verzeihen Sie, das war jetzt wohl sehr taktlos von mir. Aber (nochmals: Verzeihen Sie!), ebenso taktlos ist Jesus gewesen. Das lesen wir heute bei Matthäus. Er sprach nicht von Blicken, sondern von Worten. Aber er meinte dasselbe. Für ihn haben böse Worte dieselbe Bedeutung wie die böse Tat (V 22). Denn es geht ihm um die Gesinnung unseres Herzens. Und die äußert sich zuerst in Blicken und in Worten.

Das alles nimmt Jesus besonders ernst, wenn es unter seinen Nachfolgern geschieht. Mit „Bruder" und „Schwester" sind hier nicht die Familienangehörigen gemeint, sondern alle, die – wie ich – an Jesus glauben und mit mir zusammen zu seiner Gemeinde gehören. Mit ihnen bin ich enger verbunden als mit meinen leiblichen Geschwistern.

Denn uns verbindet eine Erfahrung, die das ganze Leben erneuert hat. Wir haben die grenzenlose Güte Gottes erlebt, seine bedingungslose Barmherzigkeit. Wie könnten wir da Gedanken voll Wut und Hass gegeneinander hegen, die sich schnell in Worten (oder Blicken!) äußern würden! – Wohlgemerkt: Auch unter Christen kann es Differenzen und Meinungsverschiedenheiten geben (siehe Galater 2, 11–14!), aber keinen Hass. Der Ausweg heißt Versöhnung. Nachdem Gott uns mit sich versöhnt hat, können wir auch uns miteinander versöhnen. So gedeiht unser Gemeindeleben am besten.

Die Lieb ist freundlich, langmütig
sie eifert nicht noch bläht sie sich,
glaubt, hofft, verträgt alls mit Geduld,
verzeiht gutwillig alle Schuld.
    (Nikolaus Herman)

Matthäus 5, 27–32   17. Januar

Wer eine Frau ansieht, sie zu begehren, der hat schon mit ihr die Ehe gebrochen in seinem Herzen. (V 28)

„Gedanken sind Kräfte", konnte meine Mutter sagen. Dasselbe hat schon Jesus gewusst. Heute liest er uns Männern die Leviten und warnt uns vor dem „Kopfkino", das bei uns losgeht, wenn wir eine attraktive junge Frau erblicken. Wohlgemerkt: Wir dürfen (und sollen!) uns freuen an der Schönheit in der Natur, an einem Sonnenuntergang in den Bergen, an dem Schmetterling auf einer Blüte, an der Rose im Garten. Und da soll man sich an der „Krone der Schöpfung", an dem Menschen, nicht freuen dürfen, den Gott extra so schön hat werden lassen?

Schauen wir genau hin: Jesus warnt uns beim Anblick einer schönen Frau nicht davor, sie anzusehen, sondern *„sie zu begehren"*, das heißt, in unserer Gedankenwelt auf diese Frau sexuelle Wünsche und Phantasie-Vorstellungen zu richten. Wenn diese Frau unsere Gedanken lesen könnte, wäre sie zutiefst gekränkt und erniedrigt. Und Jesus sagt: Solche Gedanken sind Ehebruch!

Was ist zu tun? – Ich habe es an einem anderen Ort schon einmal erwähnt: Wenn mir eine attraktive Frau begegnet, dann sagt mein Herz sofort: „Herr Jesus, segne sie." Wenn ich – etwa im Auto vor einer roten Ampel – länger zu ihr hinschauen kann, bitte ich Gott, dass sie ihm einmal begegnet, dass sie seine Liebe erfährt, dass er ihr einen Engel schickt ... Und wenn ich so für eine Frau bete, kann ich ihr gleichzeitig in meiner Phantasie nicht Unrecht tun. Jetzt ist sie in einen unsichtbaren Schutz-Mantel eingehüllt. – Sagen Sie, wenn das so ist, sollte Gott mir da nicht noch viel mehr schöne Frauen zeigen, damit ich für sie beten kann ...?

Was mich dein Geist selbst bitten lehret,
das ist nach deinem Willen eingericht'
und wird gewiss von dir erhöret,
weil es im Namen deines Sohns geschicht.
  (Bartholomäus Crasselius)

18. Januar   Matthäus 5, 33–37

Eure Rede sei: Ja, ja; nein, nein. Was darüber ist, das ist vom Übel. (V 37)

In unserer Umgebung gibt es einen Freizeit-Park, an dessen Eingang ein sandstein-gemauertes Tor steht. Wenn Familien dorthin gehen, kann man sehen, wie Kinder außen drum herum laufen. Warum? – Es heißt, wenn ein Lügner durch dieses Tor geht, würde es über ihm einstürzen …

Ja, schon Kinder haben mit der Ehrlichkeit so ihre Probleme. Und wir Erwachsenen? – Wenn ein notorischer Lügner doch einmal die Wahrheit sagt und darauf angewiesen ist, dass man ihm diesmal wirklich glaubt, dann hilft er sich mit einem Schwur. Er ruft Gott zum Bürgen für seine Wahrhaftigkeit an.

Diese Unsitte hat Jesus strikt abgelehnt. Wir dürfen Gott nicht zum Erfüllungsgehilfen für unsere Glaubwürdigkeit machen. Wohlgemerkt: Das betrifft nicht den Amtseid von Politikern, das Gelöbnis von Soldaten und Polizisten oder die Vereidigung vor Gericht, sondern nur den Missbrauch des Gottes-Namens in unseren Gesprächen.

Stattdessen sollen wir immer und überall grundsätzlich die Wahrheit sagen. Dann müssen wir unsere Aufrichtigkeit nicht mit einem Schwur bekräftigen. Das wirkt sich positiv auf unseren Alltag aus: Die Ehefrau kann ihrem Mann bedenkenlos vertrauen und muss sich keine Sorgen machen, dass er sie heimlich betrügt. Die Kinder lernen von ihren Eltern Geradlinigkeit und Zuverlässigkeit und können zu vertrauenswürdigen Menschen heranwachsen. Und im Beruf werden verantwortungsbewusste Mitarbeiter am meisten geschätzt. Auf sie kann man sich am ehesten verlassen.

Also: „Lügen haben kurze Beine", aber „Ehrlich währt am längsten."

Hilf, dass ich rede stets, womit ich kann bestehen;
lass kein unnützlich Wort aus meinem Munde gehen;
und wenn in meinem Amt ich reden soll und muss,
so gib den Worten Kraft und Nachdruck ohn Verdruss.
(Johann Heermann)

Matthäus 5, 38–48　　　　　　　　　　　　　　　　　　19. Januar

Darum sollt ihr vollkommen sein, wie euer Vater im Himmel vollkommen ist. (V 48)

Wir stehen in der Turnhalle vor dem Reck und blicken skeptisch nach oben zur Stange. Der Turnlehrer erklärt uns eine neue Übung. Aber keiner von uns kriegt das hin. Man hängt an der Stange wie ein nasser Sack. Dann schwingt sich der Turnlehrer selber an das Reck und macht uns die Übung vor – so vollkommen, wie er sie uns eben beschrieben hat.

Genauso geht es mir mit unserer heutigen Bibellese. Ich stehe davor genauso hilflos wie damals als Schüler vor dem Reck. Kennen Sie jemanden, der diese Anforderungen erfüllen kann? Ich kenne nur *einen*, nämlich *den*, der diese Sätze gesprochen hat. Er hat sie als einziger in vollem Umfang erfüllt. Er hat nicht nur die andere Wange, sondern seinen ganzen Körper den Schlägen dargeboten, die man ihm zufügte (Kapitel 27, 26 + 30); er hat nicht nur den Rock und den Mantel hingegeben, sondern alle seine Kleidung (Kapitel 27, 35); er ist nicht nur zwei Meilen mitgegangen, sondern den ganzen schweren Weg bis zur letzten Konsequenz (Kapitel 27, 33). Wirklich, er war in seiner totalen Hingabe vollkommen.

Und nun erwartet Jesus diese vollkommene Hingabe auch von uns. Aber wie soll ich das leisten? Meine Kräfte reichen dazu niemals aus. Das weiß Jesus auch. Er steht nicht als unerreichtes Vorbild vor uns wie der Turnlehrer vor seinen Schülern, sondern er lebt in uns (Galater 2,20) und füllt uns aus mit seinem Heiligen Geist. So ist er es selber, der in uns und durch uns hindurch am Werk ist, der die Ungerechtigkeit erträgt und auf Bosheit mit Liebe antwortet. Das gelingt nie in vollem Umfang, aber doch so weit, dass die Spirale von Hass und Vergeltung bei uns ein Ende findet und der Friede Gottes triumphieren kann.

Ich will daraus studieren, wie ich mein Herz soll zieren
mit stillem, sanftem Mut,
und wie ich die soll lieben, die mich doch sehr betrüben
mit Werken, so die Bosheit tut.　　　(Paul Gerhardt)

20. Januar Matthäus 6, 1–4

Habt acht auf eure Frömmigkeit, dass ihr die nicht übt vor den Leuten, um von ihnen gesehen zu werden; ihr habt sonst keinen Lohn bei eurem Vater im Himmel. (V 1)

Wenn ich meine Frau begrüße, gebe ich ihr gern ein Küsschen. Wenn andere dabei sind, stört uns das gar nicht. Wir sind ja schließlich verheiratet. Aber andere Zärtlichkeiten und Liebesbeweise gibt es bei uns nur hinter verschlossenen Türen. Da brauchen wir keine Zuschauer. Mit meiner Liebe zu Gott verhält es sich genauso. Dass ich Gott liebe, das kann jeder wissen. Aber wie ich meiner Liebe zu ihm Ausdruck verleihe, das geht keinen etwas an.

Das betrifft auch die Armen und Bedürftigen, von denen unsere Bibellese heute handelt. Die Zuwendung zu ihnen, auch in materieller Form, ist schon damals als eine besondere Form von Gottesdienst verstanden worden, hat Jesus sich doch ausdrücklich mit denen solidarisiert, die auf der Schattenseite des Lebens stehen (Kapitel 25,40). So können wir die Liebe, die wir zu Gott haben, ganz praktisch an Menschen beweisen, die in Not sind. So einfach ist das.

Dieses Wort kann uns nicht in Verlegenheit bringen, denn Benachteiligte und Zu-Kurz-Gekommene gibt es zur Genüge; und Möglichkeiten, ihnen ihr Los zu erleichtern, gibt es auch zur Genüge. Wo ist das Problem?

Das Problem liegt bei unserer Gesinnung. Bringe ich diese Opfer aus Liebe zu Gott und zu diesen Menschen, oder aus Liebe zu mir selber? Möchte ich mit meiner Hilfeleistung Gott eine Freude bereiten, oder möchte ich damit anderen Menschen imponieren? Anders gesagt: Wenn ich mit meinem Opfer Gott und den notleidenden Menschen meine Liebe zeigen kann, bin ich gesegnet. Aber wenn ich für meine Großmut von anderen bewundert werden will, dann bin ich auf dem Holzweg.

Ein Christ seim Nächsten hilft aus Not,
tut solchs zu Ehren seinem Gott.
Was seine rechte Hand reicht dar,
des wird die linke nicht gewahr.
    (Nikolaus Herman)

Matthäus 6, 5–15   21. Januar

Darum sollt ihr so beten: „Unser Vater im Himmel ..." (V 9)

Ein Arbeitskollege meines Vaters sollte einmal aus beruflichen Gründen dem damaligen Fürsten von Lichtenstein begegnen. Seine größte Sorge war: Wie redet man den bloß an? – Je größer die Rang- und Standes-Unterschiede sind, umso wichtiger ist diese Frage.

Wenn das so ist, wie wichtig ist dann erst die Frage, wie man den allmächtigen Gott anreden soll, der doch alle Fürsten und Könige bei weitem übertrifft! – Diese Sorge hat uns Jesus abgenommen. Wir dürfen einfach „Vater" zu ihm sagen und ihm mit kindlichem Vertrauen begegnen.

Und was soll man ihm dann sagen? – Darauf hat Jesus mit dem bekannten *Vater-Unser* geantwortet. Da bitten wir Gott, dass seine Ehre, seine Herrschaft und sein Wille sich in unserer Welt durchsetzen möge; dass er uns die Kränkungen verzeiht, die wir ihm zugefügt haben, dass er uns vor dem Sog bewahrt, der uns von ihm wegziehen will, und dass er den Urheber alles Bösen, den „Bösen" persönlich, in seine Schranken weist. Dazwischen aber, genau in der Mitte, „an zentraler Stelle", steht die Bitte um das tägliche Brot. Damit meinen wir nicht nur Essen und Trinken, sondern alles, was wir zum täglichen Leben brauchen, also Gesundheit, Wohnung, Beruf ... Für Gott ist keine Sorge zu klein und kein Problem zu groß. Wir sollen ihm alles, was uns bewegt, ans Herz legen.

Dazu hat Jesus uns das *Vater-Unser* gegeben, nicht als Vorschrift, sondern als Beispiel. Wir können uns seine Worte wörtlich zu eigen machen und darin alle unsere eigenen Belange „verpacken"; wir können aber auch ganz andere, eigene Worte finden und so zu Gott beten, wie es uns ums Herz ist. Hauptsache, in kindlichem Vertrauen und in aufrichtiger Hochachtung. Dann finden wir immer Gottes Herz.

Vater unser im Himmelreich, der du uns alle heißest gleich
Brüder sein und dich rufen an und willst das Beten von uns han:
gib, dass nicht bet allein der Mund,
hilf, dass es geh von Herzensgrund.   (Martin Luther)

22. Januar	Matthäus 6, 16–18

Wenn du aber fastest, so salbe dein Haupt und wasche dein Gesicht. (V 17)

Ein paar Studenten wollen zu einer Party. Einer geht nicht mit: Er muss für die Prüfung lernen. – Ein paar Mädchen sitzen in einer Eisdiele. Eine trinkt nur Selterswasser: Sie will abnehmen. – Eine Familie fährt dieses Jahr nicht in Urlaub: Sie muss das Geld für ihren Umzug sparen.

Es gibt viele Formen von Verzicht im Leben. Wir Christen nennen das Fasten. Man verzichtet für eine bestimmte Zeit auf Essen (aber bitte nicht auf Trinken!!) und möchte dabei Gott besonders nahe sein. Das hat auch Jesus gekannt (Matthäus 4,2). Seine Jünger brauchten, als sie mit ihm zusammen waren, nicht zu fasten (Matthäus 9,14), später haben sie das bei bestimmten Anlässen getan (Apostelgeschichte 13,2). Manchen Christen ist diese Übung auch heute noch eine Hilfe für ihre Gemeinschaft mit Gott.

Und dabei hat der Verzicht sehr viele Gesichter. Wer für sein Morgengebet den Wecker früher stellt, verzichtet auf ein gutes Stück Schlafenszeit. Wer ein Missionswerk mit einer größeren Spende unterstützt, verzichtet auf die Anschaffung, die er mit diesem Geld bezahlt hätte. Missionare in der Dritten Welt verzichten auf die Annehmlichkeiten in ihrer Heimat. Mönche und Nonnen verzichten lebenslang auf die Ehe.

Das alles ist ein Fasten für Gott. Und das wird Gott nie von uns verlangen, das tut man aus freien Stücken. Damit können wir uns bei Gott nie etwas verdienen, denn alle seine Liebe haben wir schon ganz umsonst bekommen. Vor allem aber: Das lassen wir uns von niemandem anmerken. Unser freiwilliger Verzicht geht nur Gott und uns selbst etwas an. Wer in dieser Haltung „fasten" kann, der ist wirklich reich.

Du willst ein Opfer haben,
hier bring ich meine Gaben:
Mein Weihrauch und mein Widder
sind mein Gebet und Lieder.
(Paul Gerhardt)

Matthäus 6, 19–23   23. Januar

Wo dein Schatz ist, da ist auch dein Herz. (V 21)

Junge Leute kennen dieses kleine Spiel: Wenn du auf eine einsame Insel verschlagen würdest und nur drei Dinge bei dir haben darfst, was würdest du mitnehmen? Dein Smartphone? Dort gibt es kein Netz. – Deine EC-Karte? Dort gibt es kein Geld. – Dein Abitur-Zeugnis? Dort gibt es keine Uni. – Wenn aber jemand sagt „die Bibel", dann antworte ich: „Da hast du Jesus verstanden".

Nun, auf eine einsame Insel wird es uns bestimmt nicht verschlagen, aber auch wir sollten uns fragen, worauf wir am wenigsten verzichten könnten. Dabei will ich Ihnen nicht die Dinge madig machen, die Ihnen – wie mir! – das Leben erleichtern oder gar verschönern können. Von mir aus dürfen alle diese Dinge den Stellenwert behalten, den sie bis jetzt bei Ihnen hatten. Aber *über* alles dieses sollten Sie *einen* Wert darüber setzen; einen Wert, auf den Sie noch weniger verzichten könnten als auf alles Geld und Gut zusammen, und das ist Ihre persönliche Beziehung zu unserem Gott.

Diese Beziehung soll über allem stehen. Die Bibel soll Ihnen wertvoller sein als die Zeitung; das Gespräch mit Gott wichtiger als mit dem liebsten Menschen; die Freude auf die Ewigkeit stärker als auf jedes andere Fest. Gott will unbestritten den ersten Platz in unserem Leben haben; mit dem zweiten oder dritten Platz wird er sich nie zufriedengeben.

Und zwar deshalb, weil er uns den ersten Platz in seinem Herzen eingeräumt hat. Jesus hat alles verlassen, um uns nahe sein zu können (Philipper 2, 6–8); wie könnten wir da irgendetwas festhalten wollen, was uns wichtiger wäre als er?

Meins Herzens Kron, mein Freudensonn sollst du, Herr Jesu, bleiben;
lass mich doch nicht von deinem Licht durch Eitelkeit vertreiben;
bleib du mein Preis, dein Wort mich speis,
bleib du mein Ehr, dein Wort mich lehr,
an dich stets fest zu glauben.
  (Georg Weissel)

24. Januar   Matthäus 6, 24–34

Darum sollt ihr nicht sorgen und sagen: Was werden wir essen? Was werden wir trinken? (V 31)

"Guten Morgen, liebe Sorgen, seid ihr auch schon alle da?", hat man vor Jahren gesungen. Dabei ist vielen Menschen gar nicht nach diesem Lied zumute, wenn sie an ihre Sorgen denken. Jesus kann das verstehen. Er hat unsere Sorgen sehr ernst genommen und auch sehr konkret bezeichnet. Er weiß, was uns quält und wie hilflos wir vor vielen drohenden Konflikten stehen.

Umso verblüffender ist seine Antwort darauf: "Euer himmlischer Vater weiß, dass ihr all dessen bedürft." – Manche Leute denken: Ich kann mit meinen kleinen Sorgen nicht den großen Gott belästigen; der hat anderes zu tun. Darauf antwortet Jesus: Doch, du darfst ihm deine Sorgen sagen; er ist ja dein Vater, und der Vater ist zuständig für alles, was dich betrifft. Die kleinsten Sorgen nimmt er genauso ernst, wie du sie ernst nimmst, und das größte Problem ist für ihn nicht zu schwer.

Das heißt nicht, dass Gott jetzt alle Sorgen so behebt, wie wir uns das wünschen. Er ist ja kein Pizza-Bote, der jede Bestellung pünktlich und akkurat ausführt, sondern er ist der Vater, der unser ganzes Leben überblickt, auch das, was wir selber noch nicht im Auge haben, und der alles, was er an uns tut, so aufeinander abstimmt, wie es am Ende das Beste für uns ist. In seinen Händen sind unsere Sorgen am allerbesten aufgehoben. So können wir im Blick auf alle Unwägbarkeiten, die uns bedrohen, mit Zuversicht bekennen: Wie Gott mich führt, das weiß ich nicht; aber dass er mich *gut* führt, darüber freut sich mein Herz.

Wohl mir, dass ich dies Zeugnis habe!
Drum bin ich voller Trost und Freudigkeit
und weiß, dass alle gute Gabe,
die ich von dir verlanget jederzeit,
die gibst du und tust überschwänglich mehr,
als ich verstehe, bitte und begehr.
           (Bartholomäus Crasselius)

Matthäus 7, 1–6   25. Januar

Richtet nicht, damit ihr nicht gerichtet werdet. (V 1)

„Fass dich an deine eigene Nase", konnte meine Mutter sagen, wenn wir uns über andere Leute aufregen wollten. Noch deutlicher hat Jesus sich ausgedrückt (s. o.). Er meint eine Schwäche von uns Menschen, die ebenso verbreitet wie schädlich ist, nämlich das Richten über die Leute. Gar zu gern erregen wir uns über andere. Geradezu unbarmherzig können wir ihre Schwächen herausstellen und ihre Fehler anprangern. Das vergiftet die Atmosphäre und reißt unsichtbare Gräben auf. Mehr noch: Wir beschädigen das Ansehen derer, über die wir uns so heftig erregen, und stellen sie vor anderen in ein ganz schlechtes Licht.

Verstehen Sie, dass Jesus so energisch gegen diese Unsitte vorgegangen ist? Er hat diese Ermahnungen ja an seine eigenen Jünger gerichtet (Kapitel 5,1); demnach gelten sie heute zuallererst für das Zusammenleben in unseren Gemeinden. Je besser wir uns untereinander kennen, umso besser kennen wir auch unsere Fehler und Schwächen, unsere Grenzen und unsere Sünden. Das gibt uns viel Gelegenheit zum Richten und zum Verurteilen. Aber „fassen" wir uns nur „an die eigene Nase"! Ist unsereiner vielleicht vorbildlicher und tadelloser als die anderen? Zugegeben, unsere Schwächen mögen ganz woanders liegen, und wir geben unseren Mitmenschen mit ganz anderen Lasten Grund zum Seufzen. Aber sind wir deshalb besser? Keineswegs! Vor Gott sind wir alle in gleicher Weise auf die Vergebung unserer Sünden angewiesen.

Wenn das so ist, sollten wir dann diejenigen, über die man sich so leicht aufregen kann, nicht vielmehr mit den Augen Gottes ansehen können? Sie wissen es doch schon: Seine Augen sind voll von tiefer, barmherziger Liebe.

O wie lieb ich, Herr, die Deinen, die dich suchen, die dich meinen;
o wie köstlich sind sie mir!
Du weißt, wie mich's oft erquicket, wenn ich Seelen hab erblicket,
die sich ganz ergeben dir.
    (Gerhard Tersteegen)

26. Januar   Matthäus 7, 7–11

Wenn nun ihr, die ihr doch böse seid, dennoch euren Kindern gute Gaben geben könnt, wieviel mehr wird euer Vater im Himmel Gutes geben denen, die ihn bitten! (V 11)

Ich muss Ihnen ein Geständnis machen: Als ich mit 17 Jahren Christ wurde, bestand mein ganzer Glaube allein aus einer engen persönlichen Bindung an Jesus, aber nicht an den Himmlischen Vater. Jesus war „mein bester Freund". Aber mit der Botschaft von der Vatergüte Gottes konnte ich – bedingt durch mein negatives Vater-Bild aus der Kindheit – nichts anfangen.

1972 ist unsere erste Tochter geboren. In der ersten Nacht zu Hause – Sie ahnen es schon – fing sie plötzlich lauthals an zu schreien. Gleich waren wir beide an ihrem Körbchen. Und während meine Frau sich mit dem Kind beschäftigte, musste ich an das oben abgedruckte Bibel-Wort denken. Und noch am Körbchen unserer Tochter habe ich diesen Satz umformuliert: „Wenn nun ihr, die ihr doch müde und verschlafen seid, dennoch auf das Weinen eures Kindes hört, wieviel mehr wird euer Vater im Himmel, der doch niemals müde und verschlafen ist, Gutes geben denen, die ihn bitten."

Das ist jetzt 50 Jahre her. Und ich kann immer noch nicht aufhören, über die innige Liebe zu staunen, mit der der Himmlische Vater uns allezeit umgibt. Das macht es mir leicht, zu ihm zu beten und ihm alles das ans Herz zu legen, was mich bewegt. Wann und wie Gott darauf eingeht, kann ich ihm überlassen, aber *dass* er darauf eingeht, und zwar nie zu spät, das hat uns Jesus in der heutigen Bibellese versprochen. Und auf die Zusagen Jesu ist absolut Verlass, genau wie auf die herzliche Liebe unseres Himmlischen Vaters.

Wohl mir, ich bitt in Jesu Namen,
der mich zu deiner Rechten selbst vertritt;
in ihm ist alles Ja und Amen,
was ich von dir im Geist und Glauben bitt.
Wohl mir, Lob dir jetzt und in Ewigkeit,
dass du mir schenkest solche Seligkeit.
   (Bartholomäus Crasselius)

Matthäus 7, 12–23 27. Januar

Es werden nicht alle, die zu mir sagen: Herr, Herr! in das Himmelreich kommen, sondern die den Willen tun meines Vaters im Himmel. (V 21)

„Wir kommen alle, alle, alle in den Himmel …", haben vor Jahren bierselige Jecken im Rheinischen Karneval gesungen. Verzeihen Sie: Ich finde dieses Lied gar nicht lustig. Im Gegenteil: Ich finde dieses Lied regelrecht gefährlich, nämlich dann, wenn man es glaubt. Denn Jesus ist hier ganz anderer Meinung (s.o.), und er muss es ja nun wirklich wissen.

Offensichtlich gab es schon damals Leute, die sich mit ein paar frommen Floskeln ein Anrecht auf die ewige Seligkeit verschaffen wollten. Diese Illusion musste Jesus ihnen nehmen. Dasselbe wird er heute allen denen sagen müssen, die sich damit begnügen, dass sie zur Kirche gehören. Verstehen Sie mich nicht falsch: Für jeden entschiedenen Nachfolger Jesu ist die verbindliche Einbindung in eine christliche Kirche oder Gemeinschaft ein großes Geschenk, aber der Schlüssel zum Leben in Gottes ewigem Reich liegt woanders, nämlich bei Jesus.

Das haben uns die Betrachtungen der letzten 14 Tage gezeigt. Da hat Jesus uns wertvolle Maßstäbe gegeben für das Leben unter seiner starken Hand. Diese Maßstäbe erfüllen – das heißt „den Willen tun" des Vaters im Himmel. Aber gelingt uns das überhaupt? Wir schaffen es eben nicht, den hohen Anforderungen zu genügen, die Jesus uns gestellt hat. Das wusste er selber. Und er zeigte uns den Ausweg: Er will persönlich in uns leben und uns ausfüllen mit seiner Gesinnung und mit seiner Kraft. Dann müssen nicht *wir* diese hohen Ziele erreichen, sondern dann will *er* uns dazu befähigen. Deshalb: Bitten wir nur Jesus, dass er in uns wirksam wird. Dann werden die Auswirkungen nicht ausbleiben.

Tritt du zu mir und mache leicht, was mir sonst fast unmöglich deucht,
und bring zum guten Ende, was du selbst angefangen hast
durch Weisheit deiner Hände.
   (Paul Gerhardt)

28. Januar Matthäus 7, 24–29

Darum, wer diese meine Rede hört und tut sie, der gleicht einem klugen Mann, der sein Haus auf Fels baute. (V 24)

„Auf diese Steine können Sie bauen", lautete lange Zeit der Werbespruch einer Bausparkasse. Das bedeutete: Wer hier einzahlt, ist auf dem besten Weg zum eigenen Haus. Die ersten Steine dafür konnte man schon regelrecht vor sich sehen.

Daneben gibt es aber so manche Unwägbarkeiten, vor denen keine Bausparkasse uns bewahren kann. Wenn eine schwere Krankheit auftritt, wenn ein familiärer Konflikt eskaliert, wenn ein finanzieller Engpass droht, dann kann uns der ganze Boden unter den Füßen weggezogen werden. Zudem können Katastrophen ein Land erschüttern, wenn ein Unwetter, eine Epidemie oder ein Bürgerkrieg ausbricht. Worauf kann man dann noch bauen?

Jesus hat das alles vor sich gesehen. Und er wusste, auch seine Jünger können von solchen Krisen nicht verschont werden. Aber sie sollen darin nicht untergehen. Er bietet ihnen einen festen Grund, der den Stürmen des Lebens standhalten kann. Oben ist der wichtigste Kernsatz daraus zu lesen.

Also, es muss beides zusammenkommen. Wenn unser Glaube nur aus dem Hören besteht, ist das ein frommes Berieseln. Wenn er aber nur aus dem Tun besteht, ist er ein hektischer Aktionismus. Nur wo beides zusammentrifft, entsteht das feste Fundament für unser Leben. Die letzten zwei Wochen haben uns gezeigt, wie konkret Jesus in unsere Situation hineinspricht. Und was haben diese Worte in uns bewirkt? Freilich, wir werden sie aus eigener Kraft nie vollkommen erfüllen können, aber weil Jesus dahinter steht, können sie unser ganzes Leben verändern. Deshalb sage ich heute zu Ihnen: „Auf diese Worte können Sie bauen."

Halleluja, Ja und Amen! Herr, du wollest auf mich sehn,
dass ich mög' in deinem Namen fest bei deinem Worte stehn.
Lass mich eifrig sein beflissen, dir zu dienen früh und spat,
und zugleich zu deinen Füßen sitzen, wie Maria tat!
(Christian Gregor)

Matthäus 8, 1–4   **29. Januar**

Ich will's tun; sei rein! (V 3)

„… von dort wird er kommen, zu richten die Lebenden und die Toten", sagen wir im Glaubensbekenntnis. Das heißt: Das Erlösungswerk Jesu ist noch nicht abgeschlossen; ein Ereignis steht noch aus: Seine Wiederkunft auf dieser Erde. Dann wird er nicht nur das letzte Wort über jeden Menschen sprechen (siehe Glaubensbekenntnis), sondern dann wird er die Friedensherrschaft Gottes ausbreiten auf der ganzen Welt. Das wird das Werk des Messias sein. Und auf den wartete Israel schon zu den Erdentagen Jesu.

Diese Erwartung hat Jesus damals noch nicht erfüllt. Trotzdem: Wer sich auskannte in seiner Religion, konnte in ihm schon den künftigen Messias erkennen, zum Beispiel bei der Heilung von Aussätzigen. Denn diese Krankheit konnte damals nur von Gott geheilt werden (4. Mose 12,13 und 2. Könige 5, 7+15). Man war überzeugt, dass es in der bevorstehenden Heilszeit keinen Aussatz mehr geben wird. Und wenn Jesus schon Aussatz heilen konnte, hat er damit gezeigt, dass er diese Heilszeit bringen wird.

So bedeutet unsere heutige Bibellese mehr als der Bericht über eine erstaunliche Krankenheilung. Sie zeigt uns, dass Jesus kein Religionsstifter ist, sondern der Messias, der die Welt aus ihrem selbstverschuldeten Elend erlösen und ihr den umfassenden Frieden bringen wird.

Noch ist es nicht so weit. Noch müssen wir auf diese epochale Wende warten. Aber wir müssen dabei nicht untätig bleiben. Wir können schon heute zu ihm rufen und ihn in unser Leben hineinbitten. Wie der Aussätzige damals: Er hat ihn um eine Heilung gebeten, die nur Gott schenken kann. Damit hat er erkannt, dass in diesem Jesus Gott selber lebt. Entsprechend ehrfürchtig ist er vor ihm niedergefallen. Damit ist er uns zu einem echten Vorbild geworden: So groß die Not auch ist, die wir zu Jesus bringen müssen – immer ist er größer.

Gelobt sei Gott und hoch gepriesen, denn mein Gebet verwirft er nicht;
er hat noch nie mich abgewiesen, er ist in Finsternis mein Licht.
    (Matthias Jorissen)

30. Januar Matthäus 8, 5–13

Sprich nur ein Wort, so wird mein Knecht gesund. (V 8)

Im Zweiten Weltkrieg haben unmenschliche Befehle und dumpfer Gehorsam entsetzliches Leid über einen ganzen Kontinent gebracht. Diese schlimmen Erinnerungen dürfen uns aber nicht daran hindern, die heutige Bibellese zu betrachten. Auch hier geht es um Befehle und ihre Wirkung. Ein Befehl, vom Vorgesetzten erteilt (und verantwortet!) hat eine unerhörte Kraft: Er wird unter allen Umständen ausgeführt, etwas anderes kommt gar nicht infrage.

Mit dieser Beobachtung aus seinem Alltag kommt ein römischer Offizier mit seiner großen Not zu Jesus. Es ist für ihn gar keine Frage: Jesus hat die Macht, dieser Not zu befehlen, und solchem Befehl kann sich nichts widersetzen. Jesus braucht es nur zu sagen; dann ist die Auswirkung selbstverständlich. Diese Gewissheit des Hauptmanns nennt Jesus „Glauben".

Und diesen Glauben sucht Jesus nun auch bei uns. Auch wenn uns das Denken in militärischen Kategorien sehr fern liegt, so sollen wir uns doch den Hauptmann in unserer Geschichte zum Vorbild nehmen in seinem unerschütterlichen Glauben an Jesu Vollmacht. Dann sehen wir nicht mehr auf unser unlösbares Problem, sondern dann sehen wir auf Jesus und auf seine unbegrenzte Macht. Dann können wir mit Psalm 33,9 bekennen: „Wenn er spricht, so geschieht's; wenn er gebietet, so steht's da."

Wenn wir dich haben, kann uns nicht schaden
Teufel, Welt, Sünd oder Tod;
du hasts in Händen, kannst alles wenden,
wie nur heißen mag die Not.
Drum wir dich ehren, dein Lob vermehren
mit hellem Schalle, freuen uns alle
zu dieser Stunde, Halleluja!
Wir jubilieren und triumphieren,
lieben und loben dein Macht dort droben
mit Herz und Munde, Halleluja!
(Johann Lindemann, Cyriacus Schneegaß)

Matthäus 8, 14–17   31. Januar

Jesus kam in das Haus des Petrus und sah, dass dessen Schwiegermutter zu Bett lag und hatte das Fieber. (V 14)

„Ich muss meinen Mann immer wieder auf den Altar legen", hat eine Pfarrfrau gesagt. Das bedeutete: Sie muss ihn freigeben für die Arbeit, die ihm als Prediger und Seelsorger aufgetragen ist. Das betrifft nicht nur uns Pastoren, sondern alle, die hauptamtlich oder neben dem Beruf im Dienst für Jesus stehen. Sie haben oft keinen Feierabend. Die Leidtragende ist die Ehefrau.

Dieses Opfer wird schon die Frau vom Apostel Petrus gekannt haben. Sie wird nirgends erwähnt, und wir lesen nur etwas über die Schwiegermutter. Aber wo eine Schwiegermutter ist, da ist auch eine Ehefrau. Und die wird der Apostel bei seiner Berufung genauso zurückgelassen haben wie zwei andere Jünger ihren Vater (Kapitel 4,22). Zwar war Jesus mit seinen Nachfolgern viel in Kapernaum im Haus des Petrus, wo der Apostel seine Frau sehen konnte, auch wird sie ihn später auf seinen Missionsreisen oft begleitet haben (1. Korinther 9,5); aber in den Erdentagen Jesu musste sie ihren Mann immer wieder alleine mit dem Meister ziehen lassen. Was für ein Opfer!

Daran hat sich bis heute nichts geändert. Wo Eheleute sich für Gott engagieren, geht das nie ohne Opfer. Damit verbindet sich aber für die Diener Jesu eine hohe Verantwortung. Auch sie sollen ihre Ehe so führen, wie Gott sich das gedacht hat (Epheser 5,25). Der Prediger des Evangeliums muss sehr darauf achten, dass die Frau an seiner Seite nicht emotional verhungert. Nur so wird sie ihn immer wieder „auf den Altar legen" können.

O Jesu, verborgenes Leben der Seelen,
du heimliche Zierde der inneren Welt,
lass deinen verborgenen Weg uns erwählen,
wenngleich uns die Schmach deines Kreuzes entstellt:
Hier übel genennet und wenig erkennet,
hier heimlich mit Christo im Vater gelebet,
dort öffentlich mit ihm im Himmel geschwebet.
    (Christian Friedrich Richter)

1. Februar　　　　　　　　　　　　　　　　　　　　Matthäus 8, 18–22

Folge du mir, und lass die Toten ihre Toten begraben! (V 22)

„America first!" (= „Amerika zuerst!") – Damit hat Donald Trump 2016 die Wahlen zum Präsidenten der Vereinigten Staaten gewonnen. Was würden Sie stattdessen sagen? Was kommt in Ihrem Leben „zuerst"? Was hat für Sie die oberste Priorität? Die Familie? Die Gesundheit? Der Beruf?

Unsere Bibellese sagt uns heute: „Jesus zuerst!". Da will jemand gern Jesus nachfolgen, er möchte nur erst seinen Vater beerdigt haben. Vielleicht ist der Vater noch gar nicht gestorben; vielleicht war er sogar noch ganz gesund, aber er war eben schon in einem Alter, wo das Lebensende jederzeit eintreten konnte. Bis dahin wollte dieser Mensch auf jeden Fall zu Hause bleiben; erst nach Vaters Tod und Beerdigung wäre er frei für die Nachfolge Jesu. Darauf hat Jesus die oben zitierte schroffe Antwort gegeben. Denn sein Ruf duldet einfach keinen Aufschub.

Das gilt für jede Situation in unserem Alltag. Wenn ich zu Jesus beten möchte, darf ich nie darauf warten, bis ich Zeit dafür habe, denn dann komme ich nie dazu. Deshalb gehört bei mir das Gebet ganz an den Anfang des Tages, vor allen anderen Terminen. „Jeus zuerst!" – Wenn ich ein unerwartetes Geld-Geschenk erhalten sollte, darf ich mir nicht davon alle möglichen Wünsche erfüllen und am Ende noch eine Spende für das Reich Gottes abzweigen, sondern als erstes einen angemessenen Anteil an ein Missions-Werk abgeben und dann das übrige Geld privat verwenden. „Jesus zuerst!" – Wenn einmal bei meiner Beerdigung der Pfarrer an meinem Sarg steht, dann möchte er bitte nicht meine Verdienste und Leistungen rühmen, sondern die Wunder verkündigen, die Jesus an mir getan hat. „Jesus zuerst!"

„Mir nach", spricht Christus, unser Held,
„mir nach, Ihr Christen alle!
Verleugnet euch, verlasst die Welt,
folgt meinem Ruf und Schalle;
nehmt euer Kreuz und Ungemach
auf euch, folgt meinem Wandel nach."　　　*(Johann Scheffler)*

Matthäus 8, 23–27　　　　　　　　　　　　　　　　　2. Februar

Da erhob sich ein gewaltiger Sturm auf dem See. (V 24)

Am Ufer vom See Genezareth haben Archäologen ein Schiff gefunden, das gut und gerne seine 2000 Jahre alt sein kann. So ähnlich wird das Boot gewesen sein, in dem Jesus mit seinen Jüngern damals hinausgefahren ist. Und jetzt stellen Sie sich diese Nuss-Schale auf offener See vor, und dann einen Tsunami, wie er heute noch auf die Küste von Indonesien treffen kann. Dann werden Sie ermessen, was für eine Todesangst die Jünger Jesu damals in diesem Sturm durchmachen mussten.

Und das alles, nachdem sie sich Jesus angeschlossen hatten. Wären sie ihm nicht nachgefolgt, wäre ihnen dieses traumatische Erlebnis erspart geblieben. Dann wäre ihnen aber auch die erstaunliche Erfahrung vorenthalten geblieben, die danach kam: Das augenblickliche Ende des Sturms durch das Machtwort, das Jesus sprach. Sie haben gesehen, dass Jesus über die stärksten Naturgewalten triumphiert.

Daran hat sich nichts geändert. Wer heute in die Nachfolge Jesu eintritt, der kommt nicht ins Schlaraffenland. Im Gegenteil: Da können Krisen und Erschütterungen eintreten, und Probleme können über uns zusammenschlagen wie die Wellen eines aufgewühlten Meeres; man fühlt sich den drohenden Elementen schutzlos preisgegeben. Zwar ist Jesus bei uns wie damals bei den Jüngern im Boot, aber er „schläft"; er tut nichts; es ist zum Verzweifeln.

Trotzdem: Keine Sorge! Selbst, wenn die blanke Todesangst uns lähmen will, wir werden nicht untergehen. Im richtigen Moment wird Jesus die Wende herbeiführen. Wie groß unsere Not auch war (oder immernoch ist:) Am Ende werden auch wir bekennen: „Was ist das für ein Mann, dass ihm Wind und Meer gehorsam sind?"

Kreuz und Elende, das nimmt ein Ende;
nach Meeres Brausen und Windes Sausen
leuchtet der Sonnen gewünschtes Gesicht,
dahin sind meine Gedanken gericht.
　(Paul Gerhardt)

3. Februar   Matthäus 8, 28–34

Da liefen ihm entgegen zwei Besessene; die kamen aus den Grabhöhlen und waren sehr gefährlich. (V 28)

„Nanu, wo ist denn der Enkelsohn? Eben hat er hier noch gespielt; jetzt ist er nicht mehr da." – Da gluckst es verräterisch hinter dem Vorhang. Tatsächlich! Dort hat sich der Bengel versteckt. Er war die ganze Zeit im Zimmer. Wir haben ihn bloß nicht gesehen. – Verzeihung, lieber Enkelsohn: Das Versteck-Spiel von Kindern ist absolut harmlos. Aber *ganz und gar nicht harmlos* ist das Versteck-Spiel, das der Teufel betreibt. Er tarnt sich so geschickt vor uns, dass wir ihn genauso wenig bemerken wie den Jungen hinter dem Vorhang. Aber er ist genauso gegenwärtig wie der Enkel in seinem Versteck.

So kann der Teufel unbemerkt sein zerstörerisches Werk betreiben. Er legt in die Menschen eine unersättliche Gier nach Geld oder nach Sex oder nach Macht. Er steuert ihr Denken und ihr Tun so, dass sie gar nicht mehr auf die Idee kommen, nach Gott zu fragen. Und das alles so heimlich, dass man ihn selber dabei gar nicht mehr bemerkt.

In den Erdentagen Jesu war das anders. Da hat der Teufel sich ungeniert bemerkbar gemacht mit seiner ganzen zerstörerischen Kraft. Heute lesen wir in der Bibel von zwei Unglücklichen, die das erleiden mussten. Und wir lesen, wie Jesus mit einem einzigen Machtwort diesem ganzen Horror ein Ende bereitet. Dasselbe geschieht heute, wenn Menschen Jesus begegnen, auf die der Teufel unsichtbar seine Hand gelegt hat. Dann ist Schluss mit seinem trügerischen Verwirr-Spiel. Dann beginnt auch für diese Menschen das Leben unter dem befreienden Segen Gottes.

Trotz dem alten Drachen, Trotz dem Todesrachen,
trotz der Furcht dazu!
Tobe, Welt und springe; ich steh hier und singe
in gar sicrer Ruh.
Gottes Macht hält mich in acht;
Erd und Abgrund muss verstummen, ob sie noch so brummen.
        (Johann Franck)

Matthäus 9, 1–8 4. Februar

Damit ihr aber wisst, dass der Menschensohn Vollmacht hat, auf Erden Sünden zu vergeben – sprach er zu dem Gelähmten: Steh auf, hebe dein Bett auf und geh heim! (V 6)

Jeden Morgen, wenn ich mich seufzend aus dem Bett quäle, habe ich einen starken Trost: Ich kann alle meine Glieder noch normal gebrauchen. Demnach geht mich die Geschichte, die wir heute bei Matthäus lesen, nichts an, und ich kann diese Seite getrost überschlagen? – Nein, ganz und gar nicht. Denn die Hauptsache in diesem Geschehen ist nicht die erstaunliche Befreiung von einer quälenden Lähmung, so herrlich das für den Betreffenden gewesen sein muss und so sehr wir das noch heute jedem Körperbehinderten wünschen würden, sondern die Hauptsache ist das, was *davor* geschah: „Deine Sünden sind dir vergeben" (V 2). Das ist das Wichtigste in diesem Bericht, und das ist das Wichtigste bei Jesus überhaupt. Alle Heilungen von Krankheit damals waren nur Zeichen dafür, dass Jesus gekommen ist, um uns von der schlimmsten Last zu erlösen, nämlich von unserer Sünde.

Diese Last ist uns oft gar nicht bewusst. Der Mensch, der sich nicht nach Gott richtet in seinem Leben, merkt gar nicht, wie sehr er sich selber damit schadet. Erst, wenn uns aufgegangen ist, wie tief wir Gott damit gekränkt haben, wird uns bewusst, dass wir diesen Schaden selber nicht wieder gut machen können. Und wenn dann Jesus zu uns sagt: *„Ich mache deinen Schaden wieder gut"*, dann ist die Last von uns genommen, dann ist die Harmonie mit Gott wieder da, dann ist alles gut.

Und diese Befreiung braucht jeder, ob gesund oder krank, ob gelähmt oder beweglich. Aus dem Frieden mit Gott sind wir alle herausgefallen; niemand kommt alleine mit Gott wieder ins Reine; jeder braucht die Vergebung seiner Sünden durch Jesus. Das ist das Wichtigste, was Jesus uns gebracht hat. So gesehen, hat auch die heutige Bibellese mir ganz Entscheidendes zu sagen.

Ein Arzt ist uns gegeben, der selber ist das Leben;
Christus, für uns gestorben, der hat das Heil erworben.
   (Ludwig Helmbold)

5. Februar   Matthäus 9, 9–13

Und als Jesus von dort wegging, sah er einen Menschen am Zoll sitzen, der hieß Matthäus, und er sprach zu ihm: Folge mir! (V 9)

Als ich noch Evangelisations-Wochen in den verschiedensten Gemeinden hielt, habe ich jedes Mal ein paar engagierte junge Christen mitgenommen, die mit ihren Beiträgen die Abendveranstaltungen bereichern sollten. Meine Kriterien für ihre Auswahl waren eindeutig: Sie mussten in einer lebendigen Beziehung zu Jesus stehen; sie mussten ihre Überzeugung glaubhaft darstellen können; und – ich musste gewiss sein, dass ich mich eine ganze Woche lang mit ihnen vertragen würde.

Wenn Jesus diese Maßstäbe an seine Jünger angelegt hätte, dann hätte er einen Matthäus niemals berufen dürfen. Denn als Zöllner übte er seine Tätigkeit selbstverständlich auch am Sabbat aus und übertrat damit permanent das heilige Sabbat-Gebot. Er durfte die Gebühr für zollpflichtige Waren eigenmächtig heraufsetzen und konnte sich somit hemmungslos bereichern.

Und einen solchen Menschen ruft Jesus in seinen Jünger-Kreis. Damit zeigt er: Es geht ihm nicht um Rang und Namen, nicht um Leistung und Verdienst, sondern allein um den Menschen. Und so ist das mit Jesus noch heute. Wenn Jesus uns in seine Nachfolge ruft, sagen wir ganz erschrocken: Ich bin doch viel zu schlecht für ihn, ich bin doch gar nicht fromm genug, ich tauge doch gar nicht zu einem Jünger. Darauf antwortet Jesus: Das weiß ich alles, aber ich kann dich trotzdem brauchen. Komm nur mit.

Wer das erfährt, der kann nur staunen. Jesus nimmt mich so, wie ich bin. Aber er lässt mich nicht so, wie ich bin. Er macht mich zu einem neuen Menschen. Wie bei dem Zöllner Matthäus. Der hat später das ganze Evangelium herausgebracht, das nach seinem Namen genannt ist.

Fällt's euch zu schwer, ich geh voran, ich steh euch an der Seite,
ich kämpfe selbst, ich brech die Bahn, bin alles in dem Streite.
Ein böser Knecht, der still mag stehn,
sieht er voran den Feldherrn gehn.
    (Johann Scheffler)

Matthäus 9, 14–17　　　　　　　　　　　　　　　　6. Februar

Man füllt neuen Wein in neue Schläuche, so bleiben beide miteinander erhalten. (V 17)

Kennen Sie „Wasserbomben"? – Keine Angst, es wird jetzt nicht militärisch, sondern einfach nur nass: Kleine Kinder toben an heißen Sommertagen in Badesachen draußen herum. Sie füllen Luftballons mit Wasser, binden sie aber nicht zu. Dann bewerfen sie sich damit wie im Winter mit Schneebällen. Ihre Wurfgeschosse nennen sie „Wasserbomben".

Und nun stellen Sie sich einen solchen Luftballon vor, nicht aus Gummi, sondern aus einer Tier-Haut, nicht mit Wasser, sondern mit Wein gefüllt, nicht offen gelassen, sondern zugebunden. Dann wissen Sie, was hier mit „Schläuche" gemeint ist. „Neuer Wein" war Wein, der noch gären musste. Dabei entstanden Gase, die von innen gegen den Ballon drückten. Frische Tier-Haut war elastisch und ließ sich dehnen wie ein Luftballon. Bei alten Schläuchen war die Haut schon brüchig und platzte schnell auf. Deshalb gab man „neuen Wein" in „neue Schläuche".

Daran erinnert Jesus. Mit ihm ist etwas völlig Neues in die Welt gekommen. Er hat uns die voraussetzungslose Liebe des Himmlischen Vaters gebracht; er hat alles das auf sich genommen, womit wir uns vor Gott schuldig gemacht hatten; er hat als einzigen Schlüssel zu dieser Erlösung den Glauben an ihn genannt. Das war neu. Das passte nicht in die Religion der Altvorderen. Das sprengte jedes Dogma wie gärender Wein in alten Schläuchen. Auch das Dogma vom Fasten als verdienstvolles Werk war abgetan. Mit Jesus ist eine Hochzeitsfreude gekommen, zu der jeder Mensch eingeladen ist, bis heute. Das ist neu.

Ich freu mich in dem Herren aus meines Herzens Grund,
bin fröhlich Gott zu Ehren jetzt und zu aller Stund,
mit Freuden will ich singen zu Lob dem Namen sein,
ganz lieblich soll erklingen ein neues Lied allein.
　(Bartholomäus Helder)

7. Februar   Matthäus 9, 18–26

Meine Tochter ist eben gestorben, aber komm und lege deine Hand auf sie, so wird sie lebendig. (V 18)

Dieser Tage hat mich mein Pfarrer gefragt, was ich mir einmal für meine Beerdigung wünschen würde. Er wollte mir damit zwar nicht zu nahe treten, aber ich konnte ihn beruhigen: Mir ist der Gedanke an meinen bevorstehenden Tod nicht unheimlich, denn ich kenne ja den Einen, der diese Macht besiegt hat und uns durch dieses dunkle Tor hindurch in sein ewiges Reich bringen wird.

Daran muss ich denken, wenn ich die heutige Bibellese betrachte. Da ist ein Kind gestorben. Man ist vor Trauer und Verzweiflung wie gelähmt. Aber der Vater kapituliert nicht vor der Unerbittlichkeit des Todes. Er weiß: Auch jetzt noch gibt es Hoffnung, nämlich bei Jesus.

Und das gilt nicht erst für die Sterbestunde. Die erneuernde Kraft Jesu kann man schon mitten im Leben erfahren. Ob in einer Ehe die Liebe der Beiden total abgestorben ist, ob jemand wegen einer schweren Krankheit alle Zukunftspläne begraben muss, ob bei einem schlechten Schüler scheinbar „Hopfen und Malz verloren ist" – der Weg zu Jesus steht uns immer frei. Wir können ihn in jeder noch so großen Ausweglosigkeit um seine Hilfe bitten. Wann und wie er eingreift, können wir nicht sagen; aber dass er unserer Not gewachsen ist, darauf können wir bauen.

Hoff, o du arme Seele, hoff und sei unverzagt!
Gott wird dich aus der Höhle, da dich der Kummer plagt,
mit großen Gnaden rücken; erwarte nur die Zeit,
so wirst du schon erblicken die Sonn der schönsten Freud.
    (Paul Gerhardt)

Matthäus 9, 27–34 8. Februar

Jesus sprach zu den Blinden: Glaubt ihr, dass ich das tun kann? Da sprachen sie zu ihm: Ja, Herr. (V 28)

Ich fahre leidenschaftlich gerne Auto. Genauso gerne fahre ich aber auch bei einem anderen mit, besonders gern bei meinem Schwiegersohn: Der fährt so besonnen und souverän, dass ich mich ihm bedenkenlos anvertrauen kann. Bei ihm habe ich weniger Angst, als wenn ich selber am Steuer sitze. Ich weiß einfach: *Der kann das.*

Dasselbe soll ich über Jesus wissen: *Der kann das.* Diese Überzeugung nennt die Bibel „Glauben". Das beste Beispiel dafür geben uns die beiden Blinden heute in der Bibellese: Sie sind fest überzeugt, dass Jesus sie von ihrer großen Not befreien kann, und damit finden sie sein ganzes Herz.

Mit derselben Überzeugung finden wir auch heute noch sein Herz. Ich bitte ihn in einer ausweglosen Lage um sein Eingreifen und weiß einfach: *Der kann das.* Darauf wird er antworten, nicht immer so, wie ich mir das dachte, und auch nicht immer so schnell, wie ich mir das wünschte, aber immer und in jedem Fall so, wie es das Beste ist. An dieser Gewissheit festhalten – das heißt Glauben.

Manchmal bete ich zu ihm: „Herr, du wirst mir doch nicht antworten: Hier sind mir die Hände gebunden. Du wirst mir doch nicht sagen: Hier weiß ich auch nicht weiter!", und ich kann sicher sein, dass er mir entgegnet: „Nein, mein Sohn, das sage ich auch nicht." Und so weiß ich mein Problem bei ihm in bester Hand. Ich muss mir jetzt keine Gedanken mehr machen, wie er das lösen wird. Ich weiß einfach: *Der kann das.*

Gelobt sei Gott und hochgepriesen, denn mein Gebet verwirft er nicht;
er hat noch nie mich abgewiesen und ist in Finsternis mein Licht.
Zwar elend, dürftig bin ich immer und schutzlos unter Feinden hier;
doch er, der Herr, verlässt mich nimmer, wendet seine Güte nie von mir.
   (Matthias Jorissen)

9. Februar   Matthäus 9, 35–10,4

Die Ernte ist groß, aber wenige sind der Arbeiter. Darum bittet den Herrn der Ernte, dass er Arbeiter in seine Ernte sende. (V 37)

Ich sehe das Plakat noch deutlich vor mir, am Eingang zum Gemeindehaus: „Die Ernte ist groß, aber wenige sind der Arbeiter. Darum bittet den Herrn der Ernte, dass er Arbeiter in seine Ernte sende." Das ist 1955 gewesen. Damals war dieses Wort die Jahreslosung in der Evangelischen Kirche. Im Jahr davor bin ich Christ geworden. Jetzt fühlte ich mich von diesem Satz ganz persönlich angesprochen. Ich wollte nicht nur um „Ernte-Arbeiter" für das Reich Gottes *beten*; ich wollte mich selber dafür zur Verfügung stellen. Ich meldete mich zur Mitarbeit in einer Konfirmanden-Freizeit; später leitete ich einen evangelischen Jugendkreis; schließlich entschied ich mich zum Studium der Theologie. Und das alles wurde ausgelöst durch ein einziges Bibelwort.

Bei jedem anderen kann dieses Wort ganz andere Auswirkungen haben, aber immer sagt es uns dreierlei:

Die Arbeit für Gott ist „Ernte-Arbeit". Menschen werden für den Glauben an Gott gewonnen, wie man reife Früchte erntet, und sie werden in seiner Gemeinde zusammengeführt, wie man Ernte-Erträge in Scheunen sammelt. – *Für diese Arbeit braucht Gott Menschen.* Viele gewaltige Dinge auf Erden bewirkt Gott ohne unser Zutun, aber für die Rettung von Menschen braucht er Menschen, die ihre Umgebung über Gott und sein Reich informieren. – *Diese Menschen sucht Gott selber aus*, aber er nötigt sie nie gegen ihren Willen. Sein Auftrag und unsere Bereitschaft müssen immer zusammenkommen.

Deshalb: Denken Sie nur an die vielen, die gar nicht ahnen, was ihnen entgeht in ihrem Leben ohne Gott. Bitten Sie Gott, dass er ihnen seine Boten sendet, und halten Sie sich dafür bereit, wenn er Sie selbst dafür auswählt.

O Herr Jesu, Ehrenkönig, die Ernt ist groß, der Schnitter wenig,
drum sende treue Zeugen aus!
Send auch uns hinaus in Gnaden, viel frohe Gäste einzuladen
zum Mahl in deines Vaters Haus.
     (Albert Knapp)

Matthäus 10, 5–15					10. Februar

Das Himmelreich ist nahe herbeigekommen. (V 7)

„Jetzt könnte ich wirklich mal eine gute Nachricht gebrauchen", seufzte neulich erst meine Frau. Zu viele schlechte Nachrichten haben uns in diesen Tagen erreicht, aus der Familie, aus der Verwandtschaft, aus dem Freundeskreis. Man kann es einfach nicht mehr hören. Jetzt könnte man wirklich mal eine gute Nachricht gebrauchen. Sie auch? – Dann sind Sie hier richtig. Lesen Sie nur weiter. Jesus hat seinen Jüngern die beste Nachricht aufgetragen, die es nur gibt: „Das Himmelreich ist nahe herbeigekommen". Dasselbe hatte er schon am Beginn seiner Wirksamkeit proklamiert (Matthäus 4,17), und vor ihm bereits Johannes der Täufer (Matthäus 3,2). Und jetzt sollen dies auch seine Jünger bekanntgeben, nicht mehr und nicht weniger.

Heute kommt diese Nachricht zu Ihnen. Man kann sie auch übersetzen mit „Die Königsherrschaft Gottes steht bevor", und damit wird so viel Wohltat und Frieden eintreten, dass für Schmerzen und Bosheit einfach kein Platz mehr sein wird. Zum Zeichen dafür haben Jesu Jünger damals schon Kranke heilen und Belastete befreien dürfen. Dasselbe kann da und dort auch heute noch geschehen.

Mir persönlich reicht das nicht. Ich möchte das, was uns für das Himmelreich zugesagt ist, gleich erleben. Und ich soll es bekommen, nicht für die ganze Welt, aber für mein eigenes Leben. Ob ich dabei gesund werden darf oder krank bleiben muss, kann ich nicht bestimmen. Aber ich soll auf jeden Fall die Königsherrschaft Gottes erfahren, und zwar über meine ganze Person. Ich kann ihm alle Bereiche meines Lebens ausliefern und soll erfahren, dass seine Herrschaft über mich lauter Wohltat ist. Ist das nicht wirklich einmal eine gute Nachricht?

Ich folge Gott, ich will ihm ganz genügen;
die Gnade soll im Herzen endlich siegen;
ich gebe mich; Gott soll hinfort allein
und unbedingt mein Herr und Meister sein.
    (Gerhard Tersteegen)

11. Februar Matthäus 10, 16–26a

Wenn sie euch nun überantworten werden, so sorgt nicht, wie oder was ihr reden sollt; denn es soll euch zu der Stunde gegeben werden. (V 19)

Ich blickte in sechs versteinerte Gesichter. Ich war zum „Rat des Kreises" zitiert worden, damals in der DDR, „zur Klärung eines Sachverhaltes". Aus früheren leidvollen Erfahrungen wusste ich: Ich bin ihrer Willkür wehrlos ausgeliefert. Die wissen alles über mich, aber ich weiß nichts über sie.

So sollte es jetzt auch wieder sein. Der Wortführer begann sofort, mich für mein Verhalten in der letzten Zeit heftig zu beschuldigen. Als ich darauf antworten sollte, sagte ich sehr freundlich: „Bevor ich dazu Stellung nehme, möchte ich erst einmal fragen: Mit wem habe ich hier eigentlich die Ehre?" und sah auffordernd in alle sechs Gesichter. Darauf war man nicht vorbereitet. Der Wortführer war ganz irritiert, aber dann hat er mir brav und bieder sich und die anderen fünf Funktionäre mit Namen und dienstlicher Funktion vorgestellt. Dabei ist die ganze angsteinflößende Droh-Kulisse in sich zusammengefallen, und das Verhör war schnell zu Ende. Hinterher habe ich Gott gedankt für die geniale Idee mit der „Vorstellungsrunde".

So hat sich das oben zitierte Jesus-Wort in meinem Leben erfüllt. In den Ländern, wo das Christentum viel schlimmer verfolgt wird als damals in der DDR, ist dieser Zuspruch für viele Gläubige eine starke Kraftquelle. Wie viel mehr muss er dann für uns eine Ermutigung sein, die wir heute völlig angstfrei Jesus vor unseren Mitmenschen bezeugen können. Am besten, wir führen unser Leben so, dass man uns nach unserem „Geheimnis" fragt. Dann wird unsere Antwort auf offene Ohren treffen. Und wenn sie uns vom Heiligen Geist gegeben ist, wird sie ihre gute Wirkung nicht verfehlen.

Es gilt ein frei Geständnis in dieser unsrer Zeit,
ein offenes Bekenntnis bei allem Widerstreit,
trotz aller Feinde Toben, trotz allem Heidentum
zu preisen und zu loben das Evangelium.
   (Philipp Spitta)

Matthäus 10, 26b–33   12. Februar

Wer nun mich bekennt vor den Menschen, den will ich auch bekennen vor meinem himmlischen Vater. (V 32)

Ich habe einmal eine Trauung abends im Dunkeln gehalten. Das ist in der DDR gewesen. Der Bräutigam war Lehrer. Und bei Lehrern hat der Staat eine kirchliche Bindung mit großem Argwohn begleitet. Deshalb kam das Brautpaar abends im Dunkeln: Niemand sollte sehen, dass sie zur Kirche gehen.

Das ist heute zum Glück anders. Aber auch heute ist der Kirchgang ein Bekenntnis zu Jesus: Jeder darf sehen, dass wir uns zu ihm halten. Das schreibe ich für alle, die über das oben abgedruckte Jesus-Wort erschrocken sind. Nicht jeder ist imstande, seine innerste Überzeugung in Worten auszudrücken. Denen gilt: Es gibt noch viele andere Möglichkeiten, sich vor den Menschen auf die Seite Jesu zu stellen. Der Gottesdienst-Besuch ist nur eine davon.

Auch auf ganz andere Weise können Sie sich vor Ihren Mitmenschen als Christ outen: Sie können ihnen zum Geburtstag nicht „Alles Gute!" wünschen, sondern „Gottes Segen!". Sie können ihnen zu besonderen Anlässen eine Bild-Postkarte mit einem Bibelspruch schenken; Sie können in Ihrer Wohnung ein passendes Poster mit einer biblischen Aussage anbringen; Sie können in Internet-Foren Ihre Überzeugung schriftlich darstellen, und Sie können (siehe die Andacht von gestern) Ihr Leben so führen, dass man Sie nach Ihrer Gesinnung fragt.

Es ist ganz einfach: Wenn jemand mit Leib und Leben an Jesus hängt, dann kann das vor anderen Menschen einfach nicht verborgen bleiben.

Unglaub und Torheit brüsten sich frecher jetzt als je;
darum musst du uns rüsten mit Waffen aus der Höh.
Du musst uns Kraft verleihen, Geduld und Glaubenstreu
und musst uns ganz befreien von aller Menschenscheu.
(Philipp Spitta)

13. Februar　　　　　　　　　　　　　　　　Matthäus 10, 34–39

Wer sein Leben findet; der wird's verlieren; und wer sein Leben verliert um meinetwillen, der wird's finden. (V 39)

Eigentlich wollte er Feuerwehrmann werden; dann wurde er Pastor und Bürgerrechtler, der Friedensnobelpreisträger Martin Luther King in den USA. Er ist gewaltfrei und überzeugend gegen die Rassendiskriminierung in seinem Land vorgegangen. Am 3. April 1968 sagte er bei einer großen Kundgebung in Memphis/Tennessee: „Wie jeder andere auch, möchte ich gerne lange leben. Aber darüber mache ich mir jetzt keine Sorgen. Ich will nur Gottes Willen tun. Und er hat mir gewährt, dass ich auf dem Berggipfel stehen durfte. Ich habe hinuntergeschaut und das verheißene Land gesehen." – Am nächsten Tag war er tot, auf dem Balkon seines Motels von einem Attentäter erschossen.

Hat sich in ihm das oben zitierte Jesuswort erfüllt? – Ich bin überzeugt davon. In allen Jahrhunderten, auch zur heutigen Zeit, haben Menschen ihren Glauben an Jesus mit dem Märtyrer-Tod besiegeln müssen. Denen wird diese Verheißung Jesu große Kraft gegeben haben. Aber auch wir können in der Nachfolge Jesu auf Vorzüge und Annehmlichkeiten verzichten müssen, die für andere Menschen lebensnotwendig sind. Wer sich dann bereitwillig lösen kann von den Werten, die ihn auf dem Weg mit Jesus aufhalten können, der hat damit ein Leben empfangen, das allen Verzicht bei weitem übertrifft.

Man muss wie Pilger wandeln, frei, bloß und wahrlich leer;
viel sammeln, halten, handeln macht unsern Gang nur schwer.
Wer will, der trag sich tot;
wir reisen abgeschieden, mit wenigem zufrieden;
wir brauchen's nur zur Not, wir brauchen's nur zur Not.
　　　　(Gerhard Tersteegen)

Matthäus 10, 40–42   14. Februar

Wer euch aufnimmt, der nimmt mich auf. (V 40)

Komisch, ausgerechnet heute muss ich an Weihnachten denken, und dabei ist das doch schon wieder so lange her! Ich erinnere mich noch gut an das Krippenspiel in unserer Kirche, besonders an die Szene mit der „Herbergs-Suche": Endlich hat jemand Maria und Josef aufgenommen. Und er konnte nicht ahnen, dass er dabei Jesus selber aufgenommen hat, der doch ganz offensichtlich in Maria schon lebte. So hat sich bereits damals das Wort erfüllt, das Jesus später zu seinen Jüngern gesagt hat (s.o.).

In dieser Hinsicht dürfen wir uns sogar mit Maria vergleichen. Damals lebte Jesus als noch nicht geborenes Kind in ihr. Heute lebt er in ganz anderer Weise in uns, zwar unsichtbar, aber sehr wirksam. Als wir uns ihm unterstellt hatten, hat er sich mit uns identifiziert. Und so lange wir bei ihm bleiben, so lange bleibt er bei uns und bindet sich mit uns zusammen.

So verstehe ich unser heutiges Leitwort. Wenn andere bei uns unseren Lebensinhalt kennenlernen, und unser Lebensinhalt heißt Jesus, dann haben sie Jesus kennengelernt. Und wenn sie unsere Überzeugungen übernehmen, dann haben sie uns „aufgenommen", und mit uns unseren Herrn.

So werden wir zu Missionaren. Wir brauchen nur unseren Glauben unbekümmert auszuleben. Das steckt an wie ein Schnupfen. Tatsächlich – von allen, die als Erwachsene Christen geworden sind, haben nur 5 % durch eine kirchliche Veranstaltung zum Glauben gefunden, 95 % durch die Freundschaft mit einem Christen (ich übrigens damals auch!). Merken Sie: Unsere Freude an Jesus kann ohne unser Zutun auf andere übergehen, wenn sie nur echt ist. So gesehen, kann ich Ihnen nur immer wieder neue Freunde wünschen.

Nun darfst du in ihm leben und bist nie mehr allein,
darfst in ihm atmen, weben und immer bei ihm sein.
Den keiner je gesehen noch künftig sehen kann,
will dir zur Seite gehen und führt dich himmelan.
    (Jochen Klepper)

15. Februar   Matthäus 11, 1–19

Blinde sehen und Lahme gehen, Aussätzige werden rein und Taube hören, Tote stehen auf, und Armen wird das Evangelium gepredigt. (V 5)

„Ende" steht auf dem Fernseh-Bildschirm, aber dann kommt sofort das Nächste: Eine Giraffe guckt neugierig in ein Auto, hinter ihr ziehen gemächlich Elefanten vorbei, darunter lese ich: „Safari in Afrika, Sonntag 20.15 Uhr in diesem Programm". Das will ich nicht verpassen.

In unserer heutigen Bibellese geht es nicht um eine Fernseh-Sendung, sondern um eine wahrhaft epochale Zeitenwende. Der Messias soll auf dieser Erde erscheinen und absolut neue Verhältnisse schaffen. Dann soll Gottes Macht und Gottes Liebe uneingeschränkt erlebbar werden, dann soll es sogar mit Krankheit und Schmerzen überall vorbei sein. Das verspricht uns die Bibel an vielen Stellen, z.B. in Jesaja 35, 5 + 6.

Diese große Zeit ist ohne Frage noch nicht da, aber sie wird kommen, wie eine Fernseh-Sendung, die schon angekündigt ist. Ja, man hat sogar schon die „Vorschau" dafür sehen können, nämlich als Jesus damals genau *die* Krankheiten geheilt hat, die schon bei Jesaja erwähnt werden. Da hat er sich öffentlich ausgewiesen als der Messias, der am Ende aller Tage alle Verheißungen erfüllen wird, die die Bibel uns nennt.

Das macht uns Mut, auf die Einlösung aller dieser Zusagen warten zu können. Wir warten nicht umsonst. Jesus hat uns ja schon die „Vorschau" geliefert. Und so wahr, wie im Fernsehen auf die Vorschau die angekündigte Sendung folgen wird, so wahr wird für die Welt die große Zeit kommen, die Jesus uns mit allen seinen Wundertaten schon angekündigt hat. Ich lese das in der Bibel und denke bei mir selber: Das will ich nicht verpassen.

Wir warten deiner mit Geduld in unsern Leidenstagen;
wir trösten uns, dass du die Schuld am Kreuz hast abgetragen;
so wollen wir nun gern mit dir uns auch zum Kreuz bequemen,
bis du es weg wirst nehmen.
    (Philipp Friedrich Hiller)

Matthäus 11, 20–24　　　　　　　　　　　　　　16. Februar

Da fing er an, die Städte zu schelten, in denen die meisten seiner Taten geschehen waren; denn sie hatten nicht Buße getan. (V 20)

„Wie durch ein Wunder ist der Fahrer unverletzt geblieben", schreibt die Zeitung über einen schrecklichen Verkehrsunfall. Ich würde das Wörtchen „Wie" in diesem Satz weglassen. Ich sehe in der erstaunlichen Bewahrung des Auto-Fahrers wirklich ein Wunder, ein sichtbares Zeichen für Gottes Beistand. Ich weiß, das passiert nicht bei jedem Verkehrsunfall. Oft sind Verletzte oder gar Tote zu beklagen; das ist immer ein großer Schmerz. Umso größer ist mein Staunen, wenn ein Wunder geschieht, wie eingangs erwähnt.

Aber dabei bleibt es nicht. Ein „Wunder" ist mehr als eine erstaunliche Bewahrung in Todesgefahr; mit „Wunder" bezeichne ich alles, was Gott in meinem Leben tut. Wie oft hat er mich schon im Straßenverkehr bewahrt; wie oft hat er schon Heilung von Krankheit geschenkt (auch durch Arzt und Medizin); wie oft hat er mir unerwartete Freude bereitet. Mehr noch: Allein der unaufhörliche Herzschlag in meinem Körper und das zuverlässige Funktionieren aller anderen Organe ist in meinen Augen ein einziges Wunder. Je länger ich darüber nachsinne, umso mehr Wunder fallen mir ein.

Und – wie danken wir ihm dafür? Die Städte, in denen Jesus damals seine offensichtlichen Wunder getan hat, haben ihm das überhaupt nicht gedankt. Sie lebten in ihrer Gottlosigkeit weiter wie bisher. Dort sind alle Wundertaten Jesu umsonst gewesen. Muss dasselbe auch über uns gesagt werden? Hoffentlich nicht! Denn die Wunder Jesu in unserem Leben dienen nicht nur dazu, unser Leben ein wenig schöner und gefahrloser zu machen, sondern sie sollen uns dazu bewegen, dass wir ihn als den Herrn über unsere ganze Person anerkennen und dass wir uns ihm anschließen in Dankbarkeit und Vertrauen.

Es danken dir die Himmelsheer, o Herrscher aller Thronen,
und die auf Erden, Luft und Meer in deinem Schatten wohnen,
die preisen deine Schöpfermacht, die alles also wohl bedacht.
Gebt unserm Gott die Ehre!
　　(Johann Jakob Schütz)

17. Februar Matthäus 11, 25–30

Kommt her zu mir, alle, die ihr mühselig und beladen seid; ich will euch erquicken. (V 28)

Ich denke heute noch mit sehr gemischten Gefühlen an meine Schulzeit zurück, auch an den Sport-Unterricht. Wenn wir Völkerball spielen sollten, dann mussten zwei Mannschaften gebildet werden. Dazu haben zwei Schüler immer abwechselnd nacheinander jeweils einen Jungen an ihre Seite gerufen. Zuerst kamen die Fittesten dran, dann die Schwächeren, dann stand nur noch einer da, und der war ich. Mich wollte keiner.

Jahre später wurde ich Christ. Und ich merkte: Bei Jesus geht es genau anders herum. Wohl sind auch die Tüchtigen und Erfolgreichen bei ihm willkommen, aber die Mühseligen und Beladenen ruft er besonders liebevoll zu sich, die Gestrauchelten und Verachteten, die den Anforderungen der Gesellschaft nicht gewachsen sind. Für sie hat Jesus ein weites Herz, ist er doch selber einer von ihnen geworden; spätestens, als er verhöhnt und verspottet an einem Kreuz hängen musste und in seinen entsetzlichen Qualen von der frommen Oberschicht abgrundtief verachtet worden ist.

Wir wissen, das hat er alles auf sich genommen, um uns damit für Gott und sein ewiges Reich freizukaufen von allen Verstrickungen, in die wir ohne Gott hineingeraten sind. Und das gilt nun wirklich für jeden, der sich damit identifizieren kann. Denkt jemand, er sei für Jesus viel zu schlecht, wird Jesus ihm sagen: Du bist mir gerade recht. Und denkt jemand, er hätte sich dieses Glück doch gar nicht verdient, wird Jesus ihm sagen: Ich habe schon alles für dich bezahlt. Deshalb: Wie schwach und unwürdig Sie sich auch heute fühlen mögen, gerade zu Ihnen will Jesus sagen: „Kommt her zu mir, alle, die ihr mühselig und beladen seid, ich will euch erquicken."

Er sprach zu mir: „Halt dich an mich, es soll dir jetzt gelingen;
ich geb' mich selber ganz für dich, da will ich für dich ringen;
denn ich bin dein und du bist mein,
und wo ich bleib', da sollst du sein, uns soll der Feind nicht scheiden.
    (Martin Luther)

Matthäus 12, 1–14   18. Februar

Der Menschensohn ist ein Herr über den Sabbat. (V 8)

Wissen Sie es noch? Es gab eine Zeit, da wurde doch allen Ernstes erwogen, statt der 7-Tage-Woche die 10-Tage-Woche einzuführen. Das sollte die Arbeitsproduktivität steigern und zugleich das Abrechnungs-Wesen erleichtern (Dezimal-System). Zum Glück ist diese abstruse Idee schnell wieder in Vergessenheit geraten. Tatsächlich: Der Mensch ist für den 7-Tage-Rhythmus geschaffen, er braucht nach sechs Tagen Arbeit einen freien Tag zur Erholung.

Und das nicht nur der Mensch. Sogar Gott hat sich nach den sechs Tagen der Schöpfung einen Ruhetag gegönnt (1. Mose 2,2). Und da will der Mensch sich einbilden, er brauche keinen Ruhetag, er könne alle Tage mit gleichem Tempo tätig sein? Die Quittung kommt gewiss.

Auch hier gilt: Gott kennt uns Menschen besser als wir selbst. Gott wusste von Anfang an, dass wir nach sechs Tagen Schuften einen Tag zur Erholung brauchen. Das hat man damals im alten Israel allerdings so einseitig übertrieben, dass am Sabbat sogar das Ähren-Ausraufen verboten war; nicht, weil es als Diebstahl galt, sondern weil es als Arbeit angesehen wurde. Das hätte für die Jünger Jesu bedeutet, dass sie hungrig bleiben müssten, nur weil gerade Sabbat war. Es leuchtet ein, dass Jesus hier eingeschritten ist.

Wohlgemerkt: Er hat den Sabbat nicht abgeschafft, sondern er hat ihm seine eigentliche Bedeutung wiedergegeben: Er soll uns Menschen helfen, dass wir zur Ruhe kommen, neue Kräfte sammeln und – vor allem! – Zeit für eine persönliche Begegnung mit Gott haben. Wer den Sabbat – das ist unser Sonntag geworden – so feiern kann, der verbringt ihn mit Jesus zusammen.

Gottlob; der Sonntag kommt herbei,
die Woche wird nun wieder neu.
Heut hat mein Gott das Licht gemacht,
mein Heil hat mir das Leben bracht. Halleluja.
    (Johann Olearius)

19. Februar Matthäus 12, 15–21

Das geknickte Rohr wird er nicht zerbrechen, und den glimmenden Docht wird er nicht auslöschen. (V 20)

„Lösen Sie das in Vorgänge auf", ermahnte uns unser Dozent im Prediger-Seminar. Dort sollten wir jungen Vikare lernen, Wörter wie Erlösung, Rechtfertigung oder Heiligung so zu erläutern, dass jeder sie versteht. Hätten wir doch in die Bibel geschaut, zum Beispiel in den für heute vorgesehenen Passus! Hier zitiert Jesus Sätze aus dem Alten Testament (Jesaja 42, 1-4), die auf ihn gemünzt sind. Diese Sätze erklären das Wort „Barmherzigkeit" so plastisch, dass jedes Kind sie versteht.

Ein Schilf- oder Bambus-Rohr konnte damals so lang und stabil werden, dass man es als Wanderstab benutzen konnte, und ein Flachs- oder Leinen-Faden konnte damals auf einer Öl-Lampe eine helle Flamme tragen, wie heute auf einer Kerze. Wenn aber das Rohr zerbrach oder die Flamme erlosch, dann waren der Stab oder der Docht nutzlos geworden.

Und jetzt wird beides auf uns Menschen bezogen. Man kann „geknickt" sein, etwa nach einer großen Enttäuschung; man kann „zerbrechen" an einer schweren Last. Die ganze Kraft kann verlöschen wie eine Flamme, aus glühender Liebe ist ein qualmendes Glimmen geworden. Man fühlt sich nutzlos und möchte sich aufgeben.

Aber nicht bei Jesus. Er wird „das geknickte Rohr nicht zerbrechen und den glimmenden Docht nicht auslöschen". Er nimmt den Menschen, der am Ende aller seiner Kräfte ist, unendlich liebevoll in seine Obhut. Er will uns nicht zerbrechen wie einen nutzlosen Wanderstab; er will uns nicht auslöschen wie einen qualmenden Docht, sondern er will uns aufrichten und beleben mit seiner ganzen Kraft. Das bedeutet „Barmherzigkeit".

Ach, ich bin viel zu wenig, zu rühmen seinen Ruhm;
der Herr allein ist König, ich eine welke Blum.
Jedoch weil ich gehöre gen Zion in sein Zelt,
ists billig, dass ich mehre sein Lob in aller Welt.
   (Paul Gerhardt)

Matthäus 12, 22–37　　　　　　　　　　　　　　　　　　20. Februar

Alle Sünde und Lästerung wird den Menschen vergeben; aber die Lästerung gegen den Geist wird nicht vergeben. (V 31)

Brauchen Sie schon eine Brille zum Lesen dieser Seite? – Ich auch. Sonst würden diese Zeilen zu undeutlichen grauen Linien verschwimmen.

Was für den Leser die Brille ist, das ist für den Christen der Heilige Geist. Ohne den Heiligen Geist wären die Nachrichten über Gott für uns eine graue, nichtssagende Theorie. Erst der Heilige Geist bewirkt, dass wir in dem unsichtbaren Gott unsern Himmlischen Vater erkennen, dass wir in der Bibel seine direkte Anrede an uns vernehmen, dass wir beim Beten seiner persönlichen Anwesenheit gewiss sein können. So vermittelt uns der Heilige Geist den ganzen Reichtum des christlichen Glaubens. Das ist gewaltig.

Mehr noch: Der Heilige Geist hat Jesus damals die Kraft gegeben, Kranken die Heilung von ihren Leiden und Belasteten die Befreiung von ihren Zwängen zu schenken. Das mussten auch seine Gegner sehen. Aber das konnten sie nicht zugeben. Deshalb haben sie – wohlgemerkt: wider besseres Wissen! – behauptet, Jesus hätte die Kraft für seine Wundertaten nicht vom Heiligen Geist erhalten, sondern im Gegenteil vom Oberteufel Beelzebul (V 24). Das war eine einzige Beleidigung für den Heiligen Geist.

Das – und nichts anderes! – ist die gefürchtete „Sünde gegen den Heiligen Geist". Wer den Heiligen Geist am Werk sieht und das aus Neid oder Missgunst als Teufelszeug bezeichnet, der hat sich bei Gott gehörig die Finger verbrannt. Deshalb müssen wir nicht alles gutheißen, was andere als Kraftwirkung des Heiligen Geistes bezeichnen. Wir dürfen gerne sagen „Ich kann damit nichts anfangen", aber wir sollten kein Urteil darüber abgeben. Denn das Urteil spricht allein der allmächtige Gott.

O heiliger Geist, o heiliger Gott, du Tröster wert in aller Not,
du bist gesandt von's Himmels Thron
von Gott dem Vater und dem Sohn.
O heiliger Geist, o heiliger Gott!
　　(Johannes Niedling)

21. Februar — Matthäus 12, 38–45

Die Leute von Ninive taten Buße nach der Predigt des Jona. Und siehe, hier ist mehr als Jona. (V 41)

Man sieht, Jesus kannte seine Bibel (unser Altes Testament) sehr genau, auch die Geschichte vom Propheten Jona, der den Menschen in der heidnischen Großstadt Ninive das Strafgericht Gottes über ihren abscheulichen Lebenswandel verkündigen musste. Das Unerwartete geschah: Die Leute haben ihre Verfehlungen eingesehen und bereut; sie baten bei Gott um Vergebung und wurden vor ihrem drohenden Untergang bewahrt.

Ganz anders die Menschen zur Zeit Jesu. Sie sind von ihm noch viel eindringlicher zur Besinnung gerufen worden, und sie hätten obendrein an den Wundern, die er unter ihnen tat, seine göttliche Legitimation erkennen müssen. Aber sie blieben stur. Sein Ruf zur Buße verhallte ungehört. Damit haben sie sich den Weg zu ihrer eigenen Rettung abgeschnitten. Was für eine Tragik!

Diese Geschichte zeigt mir erneut: Bei allen Wundern, die Jesus getan und bei allen Worten, die er gesagt hat, ist ihm am wichtigsten gewesen, die Menschen in die Harmonie mit Gott zurückzurufen. Jede Heilung sollte nicht nur Wohltat für die Kranken sein, und jede Predigt sollte nicht nur Aufruf zu einem verantwortlichen Lebensstil sein, sondern alles, was er gesagt und getan hat, sollte zuallererst die Menschen in die Gemeinschaft mit Gott zurückrufen. Wer das ausklammert, der hat Jesus falsch verstanden. Und der ist in Gefahr, sich dasselbe Urteil zuzuziehen, das Jesus damals über seine Zuhörer aussprechen musste. Werden wir heute klüger sein?

Am besten, wir nehmen uns die Leute von Ninive zum Vorbild. Dann haben wir Jesus richtig verstanden.

Gott rufet noch. Sollt ich nicht endlich kommen?
Ich hab so lang die treue Stimm vernommen;
ich wusst es wohl, ich war nicht, wie ich sollt.
Er winkte mir, ich habe nicht gewollt.
  (Gerhard Tersteegen)

Matthäus 12, 46–50   22. Februar

Wer ist meine Mutter, und wer sind meine Brüder? (V 48)

Unsere jüngste Tochter hat uns mit 19 Jahren eröffnet, dass sie sich gern eine eigene Wohnung mieten würde. Sie hatte keinen Freund, sie dachte nicht ans Heiraten, sie wollte einfach das Leben selbstständig probieren. Ich sagte: „Dazu haben wir dich doch erzogen", und so ist sie dankbar und vergnügt von uns weggegangen.

Die Familie hat in der Bibel eine große Bedeutung. Schließlich ist die Ehe eine Erfindung Gottes (1. Mose 1, 27 + 28) und wird von Jesus (Matthäus 19, 3-12) und von Paulus (1. Korinther 7, 1-16) hoch geschätzt, soll sie doch ein Abbild sein für die Liebe, die Jesus zu uns hat (Epheser 5,25). Und Kinder sind schon in Psalm 127,3 ein Geschenk Gottes. Jesus (Matthäus 19, 13–15) hat sich wie Paulus (Epheser 6,4) schützend vor sie gestellt, sollen sie doch bei ihren Eltern Liebe und Zuverlässigkeit erleben, damit sie beides dann später bei ihrem himmlischen Vater in vollkommenem Maße erfahren können.

Ganz anders die heutige Bibellese. Hier geht es nicht um Ehepartner und Kinder, sondern um Eltern und Geschwister. Sie dürfen uns nicht an sich binden. Der Mensch muss „Vater und Mutter *verlassen*" (Matthäus 19,5), und zwar nicht erst, wenn er heiratet, sondern wenn er ins Leben tritt (wie unsere jüngste Tochter). – Und die Geschwister? Ich habe zwei Schwestern, mit beiden verstehe ich mich gut, aber unsere Entscheidungen treffen wir alleine, ohne nach deren Meinung zu fragen.

Dazu verhilft uns die heutige Bibellese. Wir sollen unsere Eltern ehren (4. Gebot!) und können unsere Geschwister schätzen (dafür gibt es kein Gebot!), aber wir dürfen uns nicht von ihnen abhängig machen. Jesus löst uns von der inneren Bindung an sie, damit wir frei sind für seinen Weg mit uns.

Jesu, geh voran auf der Lebensbahn!
Und wir wollen nicht verweilen,
dir getreulich nachzueilen;
führ uns an der Hand bis ins Vaterland.
    (Nikolaus Ludwig Graf von Zinzendorf)

23. Februar Matthäus 13, 1–9; 18–23

Es ging ein Sämann aus, zu säen … Einiges fiel auf gutes Land und trug Frucht. (V 3 und 8)

„Wissen Sie noch", sagt eine nette Frau zu mir, „vor 40 Jahren haben Sie in unserer Kirche Jugendevangelisation gehalten." – Ich krame angestrengt in meinem Gedächtnis. – „Damals war ich 14. Sie haben mir damals den Anstoß zum Glauben an Jesus gegeben." – Und jetzt strahlen ihre Augen: „Ich bin heute noch dabei."

Jetzt wandern meine Gedanken zurück in diese aufregende Zeit. Damals habe ich oft in vollen Kirchen gepredigt. Wer wird dabei die Einladung zum Glauben an Jesus angenommen haben? Und wie viele werden danach genauso weitergelebt haben wie zuvor? Ich weiß es nicht. Solche Begegnungen, wie hier erzählt, sind bei mir ausgesprochen selten.

Und das ist auch richtig so. Wir sollen im Dienst für Jesus nicht auf die Erträge schielen. Wir sollen uns den unbesorgten Sämann aus dem Gleichnis Jesu zum Vorbild nehmen. Anders als heute hat man damals das Saatgut überall auf dem Acker ausgestreut, ohne zu wissen, wo es aufgeht und wo es verdirbt. Der Ertrag am Ende hat jeden Verlust bei weitem übertroffen.

Diesen Sämann stellt Jesus seinen Dienern zum Vorbild hin. In unserem Einsatz für Gott sollen wir nicht Ergebnisse abrechnen wie im Wirtschaftsleben, sondern wir sollen unseren Dienst unbekümmert tun, ohne zu fragen, was wir damit bei den Leuten „anrichten". Das ist unerhört entspannend. Gott misst uns nicht an unserem Erfolg, sondern an unserer Treue.

Also, breiten wir die Nachricht von der Liebe Gottes nur unbekümmert aus, und überlassen wir alles andere Gott.

Noch werden sie geladen, noch gehn die Boten aus,
um mit dem Ruf der Gnaden zu füllen dir dein Haus.
Es ist kein Preis zu teuer, es ist kein Weg zu schwer,
hinauszustreun dein Feuer ins weite Völkermeer.
   (Albert Knapp, Christian Gottlieb Barth)

Matthäus 13, 10–17　　　　　　　　　　　　　　　24. Februar

Denn mit sehenden Augen sehen sie nicht, und mit hörenden Ohren hören sie nicht; und sie verstehen es nicht. (V 13)

„Merken Sie gar nicht, wie sehr dieses Mädchen Sie liebt?", sagte mein Seelsorger, als ich meine Frau kennenlernte. Die ersten Begegnungen mit ihr hatten mich ganz unsicher gemacht. Deshalb zog ich ihn ins Vertrauen. Der sagte nur: „Merken Sie gar nicht, wie sehr dieses Mädchen Sie liebt?" – Nein, das hatte ich nicht gemerkt. Aber jetzt, als er das sagte, jetzt merkte ich es plötzlich ganz genau. Und – ich merke es heute noch!

Und nun zu Jesus: In den meisten seiner Gleichnisse ist diese Frage versteckt gewesen: „Merkt ihr denn gar nicht, wie sehr euer Gott euch liebt?" – Die Reaktionen darauf waren geteilt. Auf der einen Seite gab es die, denen es so ging wie mir damals bei meinem Seelsorger: Es ist ihnen wie mit Schuppen von den Augen gefallen; sie haben Gott verstanden, sie haben seine Liebe begriffen, sie sind neue Menschen geworden. – Auf der anderen Seite gab es die, denen diese ganzen schönen Worte überhaupt nichts sagten. Sie konnten mit dem Liebes-Angebot Gottes einfach nichts anfangen. Sie waren wie vernagelt.

So war es damals. Und heute? – Heute ist es nicht anders. Zu allen Zeiten hat es Menschen gegeben, denen das Wort Gottes die Augen geöffnet hat für die Liebe Gottes. Sie gehören auch dazu. Danken Sie Gott dafür! Ihr Glück ist nicht selbstverständlich. Und es ist auch nicht Ihre Leistung; es ist Gottes großes Geschenk.

Zugleich gibt es heute wie damals die vielen, denen diese Worte gar nichts sagen. Selbst Jesus musste das erleben. Trotzdem sollen wir auch für diese Menschen die Hoffnung nicht aufgeben, denn Gott will doch, „dass *alle* Menschen gerettet werden und zur Erkenntnis der Wahrheit kommen."

O sammle deine Herden dir aus der Völker Zahl,
dass viele selig werden und ziehn zum Abendmahl.
Schließ auf die hohen Pforten, es strömt dein Volk heran;
wo noch nicht Tag geworden, da zünd dein Feuer an!
　　　(Albert Knapp, Christian Gottlieb Barth)

25. Februar   Matthäus 13, 24–30, 36–43

Lasst beides miteinander wachsen bis zur Ernte. (V 30)

Meine Frau hat ein hübsches kleines Gärtchen. Einmal sollte ich dort im Frühjahr aus einem Blumenbeet das Unkraut entfernen. In meinem Eifer habe ich alle grünen Spitzen aus dem Erdreich gezupft, die mir zwischen die Finger kamen. Seitdem muss ich ihr nie wieder im Garten helfen ...

Ja, mit dem Unkraut ist das so eine Sache. Das ging schon Jesus so. Damals gab es auf den Getreide-Feldern ein Unkraut namens Lolch. Anfangs sahen seine Stängel fast genauso aus wie junge Weizenhalme. Später verzweigten sich seine Wurzeln so, dass man mit dem Lolch auch die Weizen-Halme mit herausreißen würde. Erst bei der Ernte konnte man beides gut voneinander unterscheiden und leicht voneinander trennen.

So viel zur Biologie. Jetzt zur Theologie: Die Gemeinde Jesu ist für Gott wie ein Acker, auf dem Weizen und Lolch dicht beieinander sind, also Christen, die in einer lebendigen Beziehung zu Jesus stehen, und andere, die das alles nur als bloße Formsache betrachten. Wie es in dieser Hinsicht in jedem einzelnen aussieht, können (und dürfen!) wir nicht beurteilen. Wir würden damit vielen Menschen Unrecht tun.

Also, versuchen wir nie, die „reine" Gemeinde zu schaffen, in der nur die aufrichtigen Christen beieinander sind. Da würden wir mit denen, die wir ausschließen, Jesus mit ausgeschlossen haben. Er ermahnt uns mit dem heutigen Gleichnis, unsere Gemeinde mit allen ihren Schwächen und Fehlern so anzusehen, wie Jesus sie ansieht. Und das ist ein Blick voller Liebe.

Ach, Sie wollen jetzt trotzdem noch was verändern in Ihrer Gemeinde? – Dann ändern Sie doch den einzigen Menschen, den Sie nur ändern können, und das sind ... Sie selbst!

Teuer hast du uns erworben, da du bist am Kreuz gestorben;
denke, Jesu, wir sind dein!
Halt uns fest, so lang wir leben und in dieser Wüste schweben;
lass uns nimmermehr allein.
            (Gerhard Tersteegen)

Matthäus 13, 31–35   26. Februar

Das Himmelreich gleicht einem Sauerteig, den eine Frau nahm und unter einen halben Zentner Mehl mengte, bis es ganz durchsäuert war. (V 33)

Es darf uns keine Ruhe lassen: In unserem Land leben Menschen, die nichts ahnen von dem großen Angebot, das Jesus bietet. Er ist bereit, alles auf sich zu nehmen, womit wir uns vor Gott schuldig gemacht haben, und uns ein Leben unter Gottes starker Hand zu ermöglichen. Das muss man doch wissen, sonst kann man sich ja nicht dafür entscheiden. Und man möchte andere kennenlernen, die sich an demselben Reichtum freuen. Die Gruppe, in der sie zusammenkommen, heißt Gemeinde.

Diese Gemeinde ist vielerorts nur eine kleine, unbedeutende Schar. Das musste Jesus schon erleben. Denn die, die ihm in seinen Erdentagen nachfolgten, sind im ganzen Volk Israel eine verschwindend kleine Minderheit gewesen. In späteren Jahrhunderten hat, jedenfalls in Europa, die christliche Kirche zeitweise eine große Macht und ein beachtliches Ansehen gehabt; aber auch damals werden die, die Jesus ihr ganzes Herz geschenkt haben, in der Minderzahl gewesen sein. Das ist – wie man jeden Tag sehen kann – heute nicht anders.

Jesus hat das gewusst. Und er hat es uns so erklärt: Seine Nachfolger sind für die Welt wie der Sauerteig für das Brot. Der Bäcker braucht nur wenig davon, um den ganzen Teig damit zu durchsetzen. Aber diese kleine Menge braucht der Bäcker wirklich. So ist es mit uns Christen. So wenig wir auch sind; Gott braucht uns, um durch uns in diese Welt hinein wirken zu können. Und wie der Sauerteig mit dem ganzen Mehl vermischt werden muss, so hat Gott uns mitten hineingestellt in diese Welt, die ihn zum großen Teil noch gar nicht kennt. Durch uns soll sie ihn kennenlernen. Hauptsache, wir stehen Gott dafür zur Verfügung.

Lass die Zungen brennen, wenn wir Jesum nennen, führ den Geist empor; gib uns Kraft zu beten und vor Gott zu treten, sprich du selbst uns vor.
    (Benjamin Schmolck)

27. Februar   Matthäus 13, 44–46

Das Himmelreich gleicht einem Schatz, verborgen im Acker, den ein Mensch fand. (V 44)

Bei Jesus werden Märchen wahr!

Zuerst das Märchen: Ein Landwirt beauftragt seinen Knecht, ein Feld umzupflügen. Dabei stößt der Pflug an eine Kiste im Erdreich. Der Knecht entdeckt in ihr das pure Gold! Jetzt kratzt er alle Ersparnisse zusammen und kauft davon dem Landwirt diesen Acker ab, und damit den Schatz, der darin verborgen liegt. Jetzt ist er steinreich! – So weit das Märchen.

Und jetzt die Wahrheit: Wer Jesus gefunden hat, der hat einen Reichtum entdeckt, der alles Geld und Gut der Welt bei weitem übertrifft, nämlich die voraussetzungslose Liebe Gottes. Diese Liebe erfährt jeder, der Jesus gefunden hat, und sei er bisher noch so weit von Gott entfernt gewesen. Denn bei Jesus gibt es Vergebung für jede noch so schlimme Schuld. Das schenkt ein befreites Gewissen; das schafft eine ungetrübte Harmonie mit Gott.

Mehr noch: Wer Jesus gefunden hat, der hat den Sieger über den Teufel entdeckt; dem können alle unsichtbaren Verderbensmächte keinen Schaden mehr zufügen; der gehört für immer in Gottes ewiges Reich.

Und schließlich: Wer Jesus gefunden hat, hat den Sieger über den Tod gefunden; der stürzt beim Sterben nicht in eine grauenhafte Finsternis, sondern der geht durch den Tod hindurch in das ewige Leben. Und dort wartet eine Herrlichkeit, die allen irdischen Reichtum bei weitem übertrifft. – Diesen „Schatz" gilt es zu finden, und zwar bei Jesus. Denn was Jesus uns bringt, ist nicht Märchen, sondern die reine Wahrheit.

Weg mit allen Schätzen! Du bist mein Ergötzen,
Jesu, meine Lust.
Weg, ihr eitlen Ehren, ich mag euch nicht hören,
bleibt mir unbewusst!
Elend, Not, Kreuz, Schmach und Tod
soll mich, ob ich viel muss leiden, nicht von Jesu scheiden.
   (Johann Franck)

Matthäus 13, 47–52   28. Februar

Das Himmelreich gleicht einem Netz, das ins Meer geworfen ist und Fische aller Art fängt. (V 47)

Meine zweijährige Enkeltochter hat ein neues Spiel erfunden: Sie hält sich mit beiden Händen ihre Augen zu und denkt, dann sieht sie keiner. Dann ist sie einfach weg.

Meine liebe Enkeltochter, wenn du jetzt diese Zeilen liest, dann hast du dein Kinderspiel von damals längst vergessen. Und ich bitte dich, versuche bitte nicht, so ein kindisches Spiel mit Gott zu spielen, nach dem Motto, wenn ich meine Augen für Gott verschließe, dann kann auch er mich nicht sehen, dann bin ich für ihn einfach weg. Das ist ein folgenschwerer Irrtum.

Das sagt uns Jesus so eindrücklich in unserer heutigen Bibellese. Er spricht von einem Fischnetz, in dem *alle* Fische gesammelt werden. Damit meint er die Schluss-Abrechnung, die Gott am Ende aller Tage halten wird. Dann müssen alle Menschen vor ihm erscheinen; auch die, die ihre Augen lebenslang für ihn verschlossen hatten. Dann werden ihnen die Augen geöffnet werden. Und dann müssen sie sehen, dass sie die Konsequenzen für ihr Verhalten in vollem Umfang selber tragen müssen. Wie ernst das sein wird, können wir beim Lesen dieses Gleichnisses nur ahnen.

Aber Jesus will damit nicht drohen, sondern warnen. Er will uns helfen, „die Hände von den Augen zu nehmen" und zu unserem Gott aufzuschauen. Dann sehen wir keinen strengen Richter, sondern einen liebenden Vater. Und dann sehen wir Jesus, der alles, was in unserem Leben böse gewesen ist, auf sich genommen hat und uns dafür alle seine Verdienste gutgeschrieben hat. Dann zählt vor Gott nicht mehr unser Versagen, sondern Jesu Opfer. Und das öffnet uns die Tür zur ewigen Seligkeit.

Such, wer da will, ein ander Ziel, die Seligkeit zu finden.
Mein Herz allein bedacht soll sein, auf Christum sich zu gründen.
Sein Wort sind wahr, sein Werk sind klar,
sein heilger Mund hat Kraft und Grund, all Feind zu überwinden.
    (Georg Weissel)

29. Februar Matthäus 13, 47–52

(Achtung, das Datum! Diese Andacht ist für ein Schaltjahr vorgesehen. Wenn heute schon der 1. März ist, können Sie diese Seite überschlagen oder zusätzlich lesen. Wir betrachten noch einmal die Bibellese von gestern, heute aber unter einem anderen Gesichtspunkt.)

Darum gleicht jeder Schriftgelehrte einem Hausvater, der aus seinem Schatz Neues und Altes hervorholt. (V 52)

„Schätzen Sie mal, was Ihre Schnupftabak-Dose wert ist!" – „Vielleicht 150 Euro?" fragt die junge Frau. – „Nein", bedeutet ihr der Kunstsachverständige, „dieses Stück ist mindestens 2.500 Euro wert." – Die Besitzerin ist echt überrascht. Sie hätte nie geahnt, dass dieses alte Erbstück heute ein so wertvoller Schatz ist.

Ein noch viel wertvollerer Schatz ist die Bibel auf Ihrem Tisch. Sie schildert uns die Liebe Gottes, sie bietet uns ein Leben unter seinem Segen, sie zeigt uns den Weg in die ewige Seligkeit. Das alles ist wirklich unbezahlbar, aber es gehört uns wie ein wertvolles Erbstück. Ist uns das eigentlich bewusst, oder sind wir so ahnungslos wie eingangs diese junge Frau? Dann wird es Zeit, dass wir den Schatz erkennen, den wir in der Bibel haben.

Schätze wollen gehoben werden, auch die Schätze in der Heiligen Schrift. Darin begegnen uns uralte Worte und Geschichten. Aber „alt" bedeutet hier nicht verstaubt und überholt, sondern bewährt und wertvoll. Und das hat nichts von seiner Bedeutung eingebüßt. Die uralte Nachricht von der Liebe Gottes zu uns Menschen stimmt heute noch wie eh und je, sie ist alle Tage neu. So sind die Worte der Bibel alt und neu zugleich. Wer sie in sich aufnehmen kann, der hat damit den wertvollsten Schatz gefunden, den es gibt.

Dein Wort, Herr, nicht vergehet, es bleibet ewiglich,
so weit der Himmel gehet, der stets beweget sich;
dein Wahrheit bleibt zu aller Zeit gleichwie der Grund der Erden,
durch deine Hand bereit'.
    (Cornelius Becker)

Matthäus 13, 53–58   1. März

Und er tat dort nicht viele Zeichen wegen ihres Unglaubens. (V 58)

Den sagenumwobenen König Melchisedek aus der Zeit von Vater Abraham umgab ein Geheimnis: „Er ist ohne Vater, ohne Mutter, ohne Stammbaum, und hat weder Anfang der Tage noch Ende des Lebens" (Hebräer 7,3). Das machte seine überirdische Besonderheit aus. Ganz anders dagegen Jesus: Man kannte ihn als den „Sohn des Zimmermanns"; man wusste, wer seine Mutter und seine Geschwister sind. Da konnte keiner verstehen, dass er plötzlich im Gottesdienst auftreten und sie belehren will. Bis jetzt war er einfach unser Nachbar, und auf einmal will er etwas Besonderes sein!

So muss man in Nazareth gedacht haben. Man kannte ihn viel zu gut, als dass man an ihm irgendetwas Außergewöhnliches gesehen hätte. Und niemand konnte ahnen, dass dies nur die halbe Wahrheit war. Ja, er war ein Mensch wie alle anderen auch, aber er war (und ist) zugleich Gottes eigener Sohn. Das ist 30 Jahre lang nicht an ihm zu spüren gewesen; erst jetzt trat diese Bestimmung bei ihm ans Licht; und das konnten die Menschen in Nazareth einfach nicht begreifen.

Können wir sie dafür schelten? – Wie geht es denn uns in dieser Hinsicht? Sehen wir in ihm nur einen Menschen mit besonderer Ausstrahlungskraft, dann können wir heute nur noch sagen: „Ehre seinem Andenken", oder sehen wir in ihm nur den Sohn des allmächtigen Gottes, dann wäre er uns heute genauso fremd und geheimnisumwittert wie Melchisedek. Nur wenn uns klar wird, dass er beides zusammen ist, ganz Mensch und ganz Gott, dann können wir ihm, weil er ganz Mensch war, unbekümmert unter die Augen treten, und weil er ganz Gott ist, die größten Wunder zutrauen. Damit ist er unser ganzes Heil geworden.

Meins Herzens Kron, mein Freudensonn, sollst du, Herr Jesu, bleiben;
lass mich doch nicht von deinem Licht durch Eitelkeit vertreiben;
bleib du mein Preis, dein Wort mich speis,
bleib du mein Ehr, dein Wort mich lehr,
an dich stets fest zu glauben.   *(Georg Weissel)*

2. März   Matthäus 14, 1–12

Zu der Zeit kam die Kunde von Jesus vor den Landesfürsten Herodes. (V 1)

Wann hat eigentlich Rotkäppchen gelebt? Und Schneewittchen? Und Dornröschen? Die einzige Zeitangabe, die wir von ihnen haben, heißt: „Es war einmal." – Ganz anders ist das im Neuen Testament. Damals gab es ja noch nicht unseren Kalender, aber damals gab es Fürsten und Könige, in deren Regierungszeit wichtige Ereignisse passiert sind. Zwei von ihnen stelle ich Ihnen heute vor, beide hießen Herodes. Sie waren Vater und Sohn.

Zuerst der Vater. Er war König in Jerusalem und regierte von dort aus das ganze Land. Er hatte einen neuen, prächtigen Tempel gebaut (Matthäus 24,1). Als er lebte, wurde Jesus geboren. Bei ihm haben sich die Weisen aus dem Morgenland nach dem „neugeborenen König der Juden" erkundigt (Matthäus 2,2); er hat den Kindermord in Bethlehem befohlen (Matthäus 2,16); bald danach wird er gestorben sein.

Und jetzt sein Sohn: Er war nicht König, sondern nur „Landesfürst" (s.o.), wurde aber auch König genannt (Markus 6,14). Er lebte nicht in Jerusalem, sondern in Galiläa. Dort hat er Johannes den Täufer gefangenhalten und hinrichten lassen, wie wir heute bei Matthäus lesen. Jesus ist ihm erst kurz vor seinem Kreuzestod begegnet (Lukas 23,7).

Beide Herrscher sind historische Persönlichkeiten. Beide hatten auch mit Jesus zu tun. Man sieht: Die Geschichte Gottes verläuft nicht wie ein Märchen im luftleeren Raum, sondern mitten in unserer Weltgeschichte. Dabei geht die Weltgeschichte ihrem Ende entgegen; die Gottesgeschichte aber ist ewig.

Fürstentümer und Gewalten,
Mächte, die die Thronwacht halten,
geben ihm die Herrlichkeit;
alle Herrschaft dort im Himmel,
hier im irdischen Getümmel
ist zu seinem Dienst bereit.
    (Philipp Friedrich Hiller)

Matthäus 14, 13–21 3. März

Wir haben hier nichts als fünf Brote und zwei Fische. Und er sprach: Bringt sie mir her! (V 17 + 18)

In Indien gibt es einen Steinbruch, in dem Kinder mit einem Hammer in den Händen Felsbrocken zu Schotter für den Straßenbau zerkleinern müssen und dafür einen wahren Hungerlohn erhalten. – In Deutschland gibt es ein Missionswerk, das diese Kinder aus dem Steinbruch holt, ihnen dort im Land Schul- und Berufs-Ausbildung ermöglicht, dazu Verpflegung, Kleidung und Unterkunft im Internat, und obendrein den Eltern den Verdienst-Ausfall ihres Kindes erstattet. Und das alles, wenn ein Spender in Deutschland für ein solches Kind gerade mal 18 Euro im ganzen Monat opfert.

18 Euro dafür, dass ein Kind eine lohnende Perspektive für sein ganzes Leben geschenkt bekommt, das ist so viel wie fünf Brote und zwei Fische für 5.000 hungernde Menschen. Hätten die Jünger ihren Vorrat selber unter die Leute verteilt, wären sie damit schnell am Ende gewesen. Aber weil sie diese kleine Ration Jesus geben konnten, hat er damit die ganze Menge sättigen können. Mein Beispiel aus Indien zeigt, dass diese Logik heute noch gilt.

Es heißt nicht, man brauche Jesus nur wenig zu geben (2. Korinther 9,6); sondern man darf Jesus *alles* geben, auch wenn das „alles" so wenig ist wie damals bei den Jüngern. Denken Sie jetzt ruhig an Ihr Geld, aber bleiben Sie bitte dabei nicht stehen. Geben Sie Jesus *alles*, Ihr ganzes Leben, Ihre Fähigkeiten, Ihre Kräfte … Stellen Sie sich ihm zur Verfügung, dass er mit Ihnen so verfahren kann, wie er es möchte. Und sagen Sie bitte nicht, ich tauge nicht dafür. Wenn Ihre Kraft so gering ist wie fünf Brote für 5.000 Menschen, dann sind Sie für Jesus ganz genau richtig.

Lass uns deine Herrlichkeit ferner sehn in dieser Zeit
und mit unsrer kleinen Kraft üben gute Ritterschaft.
Erbarm dich, Herr.
   (Johann Christian Nehring, Christian David)

4. März   Matthäus 14, 22–36

Als er aber den starken Wind sah, erschrak er und begann zu sinken und schrie: Herr, hilf mir! (V 30)

Jeden Sonntag kann ich diese Szene vor mir sehen: Ein Wandteppich über unserem Altar zeigt den sinkenden Petrus. Schwarze Wellen greifen nach ihm wie die Klauen einer scheußlichen Krake und wollen ihn in die Tiefe ziehen. Aber Jesus steht vor ihm in strahlendem Glanz und lässt ihn nicht untergehen. – Nachdenkliche Christen haben zu allen Zeiten gefragt, ob das denn damals wirklich so passiert sein kann. Ich antworte: Das passiert heute noch, ganz ohne Wasser und Seesturm. Man ist im Glauben an Jesus mutig und zuversichtlich ein Wagnis eingegangen, lange Zeit ging alles gut, im Blick auf Jesus ist man über alle drohenden Gefahren hinweggekommen wie Petrus über die schäumenden Wellen; aber irgendwie hat man Jesus aus dem Blick verloren, und schon bewiesen die Gefahren ihre schreckliche Gewalt. Hat eine ärztliche Diagnose uns den Boden unter den Füßen weggezogen oder eine schlimme Nachricht oder ein erschütterndes Erlebnis – plötzlich ist der Glaubensblick zu Jesus getrübt, und die Angst hat größere Macht über uns als der Glaube.

Dann hilft der Blick in unsere Bibellese: Wenn ich mich in Petrus wiedererkenne, der den Gefahren wehrlos ausgeliefert ist, dann darf ich Jesus vor mir sehen, der allen diesen Nöten souverän gewachsen ist. – Auf unserem Wandteppich ist Jesus in einem strahlend hellen Licht dargestellt, wie er auf dem Berg der Verklärung vor den Jüngern stand und wie er nach meiner Überzeugung für alle Zeiten in Gottes Reich lebt. Dieser machtvolle Jesus lässt uns nicht untergehen. Vielleicht tadelt er unseren Kleinglauben (V 31), aber auf jeden Fall rettet er uns aus unserer Not. Was auch geschieht – am Ende wird unser Staunen über ihn nur immer noch größer sein als zuvor.

Und ob es währt bis in die Nacht und wieder an den Morgen,
doch soll mein Herz an Gottes Macht verzweifeln nicht noch sorgen.
So tu Israel rechter Art, der aus dem Geist erzeuget ward
und seines Gotts erharre.
        (Martin Luther)

Matthäus 15, 1–20 5. März

Aus dem Herzen kommen böse Gedanken, Mord, Ehebruch, Unzucht, Diebstahl, falsches Zeugnis, Lästerung. (V 19)

Sie gingen zum Wasserhahn und wuschen sich die Hände – meine jüdischen Freunde, mit denen ich auf dem Friedhof das Grab der Mutter besucht hatte, nicht aus hygienischen, sondern aus religiösen Gründen: Der Umgang mit Toten macht sie nach ihrer Überzeugung vor Gott unrein, auch wenn das Grab längst geschlossen ist. Um davon wieder rein zu werden, muss man sich die Hände waschen.

Diese Sitte kannte schon Jesus. Und er hat dazu Stellung genommen: Der Schmutz, den Gott an uns sieht, klebt nicht an den Händen, sondern er steckt im Herzen (s.o.). Damit ist nicht die Blutpumpe im Brustkorb gemeint, sondern das innerste Zentrum des Menschen, das man auf keinem Röntgenbild sehen kann und das sich doch ständig in uns bemerkbar macht. Jede Bosheit, die wir einander zufügen, hat hier ihre Wurzel, Hass und Egoismus, Schadenfreude und Gier. Aber auch jede Wohltat, die wir einander schenken, kommt aus dem Herzen, Liebe und Mitleid, Wertschätzung und Opferbereitschaft. Vor allem aber: Sowohl der Glaube als auch der Aberglaube hat hier seinen Sitz. Verstehen Sie jetzt, warum Jesus sich für unser *Herz* interessiert, und nicht für unsere *Hände*, und warum er uns in der heutigen Bibellese einen so deutlichen Spiegel vor die Augen hält?

Und wenn Sie jetzt in diesen Spiegel schauen, was sehen Sie darin? Ist Ihr Herz so beschaffen, dass Jesus darin wohnen kann? – Ich empfehle: Überlassen Sie sich ihm. Er will Ihr Herz so weit reinigen, dass er sich darin wohlfühlen kann. Und Ihre Hände? Die dürfen Sie trotzdem waschen, am besten vor jedem Essen.

Ein reines Herz, Herr, schaff in mir,
schließ zu der Sünde Tor und Tür;
vertreibe sie und lass nicht zu,
dass sie in meinem Herzen ruh.
  (Heinrich Georg Neuß)

6. März Matthäus 15, 21–28

Ich bin nur gesandt zu den verlorenen Schafen des Hauses Israel. (V 24)

Mit unserem Gleichbehandlungs-Gesetz hätte Jesus so seine Probleme bekommen, ganz gewiss auch in der Begebenheit, die uns heute von Matthäus geschildert wird. Hier fleht eine Frau bei Jesus um seine Hilfe für ihre Tochter, obwohl sie selber nicht zum Volk Israel gehört, sondern zu der kanaanäischen Bevölkerung dieses Landes. Entsprechend abweisend fällt zunächst die Antwort von Jesus aus (siehe oben). Ist das nicht diskriminierend?

Ja und nein. Zunächst sieht es ja tatsächlich so aus. Aber dann wendet sich das Blatt. Denn am Ende erfährt auch diese Frau, dass Jesus ihre Bitte in vollem Umfang erfüllt. Was hat ihn dazu bewogen? – Die Antwort gibt er selber (V 28): „Frau, dein Glaube ist groß", und damit hat sie die offene Tür zu seinem Herzen gefunden.

Dieses Grundgesetz gilt bis heute: Auf der einen Seite ist und bleibt Israel das auserwählte Volk Gottes und genießt bei ihm besondere Privilegien. Auf der anderen Seite findet jeder Nicht-Jude, der an Jesus glaubt, dieselbe hohe Stellung in Gottes Herzen. Der Jude ist wegen seiner Zugehörigkeit zum Volk Israel bevorzugt; der Nicht-Jude genießt denselben Vorzug von dem Augenblick an, da er Jesus sein Vertrauen schenkt. Die kanaanäische Frau ist die erste, die uns das vorgelebt hat.

Und sie hat uns gezeigt, wie es geht: Unbeirrt und unverdrossen bei Jesus um Hilfe flehen und zuversichtlich auf seine Barmherzigkeit bauen – das ist der Schlüssel zu seinem Herzen und zu unserer Rettung. Einen anderen Schlüssel gibt es nicht. Aber dieser Schlüssel funktioniert wirklich.

Keiner Gnade sind wir wert, doch hat er in seinem Worte
eidlich sich dazu erklärt. Sehet nur, die Gnadenpforte
ist hier völlig aufgetan: Jesus nimmt die Sünder an.
    (Erdmann Neumeister)

Matthäus 15, 29–39   7. März

Er nahm die sieben Brote und die Fische, dankte, brach sie und gab sie seinen Jüngern, und die Jünger gaben sie dem Volk. (V 36)

Haben Sie die ganze letzte Zeit hier mit mir das Matthäus-Evangelium studiert? Dann wird Ihnen die heutige Begebenheit sehr bekannt vorkommen. Wir haben sie – mit wenigen Abweichungen – erst vor wenigen Tagen hier vor Augen gehabt. Trotzdem wird sie uns heute noch einmal berichtet.

Man sieht: Den ersten Christen ist diese Geschichte so wertvoll gewesen, dass sie einander immer wieder daran erinnert hatten. Und das aus gutem Grund, haben sie doch in dieser wundersamen Speisungs-Geschichte einen Vorgeschmack darauf bekommen, was Jesus seinen Anhängern zu allen Zeiten bereitet, nämlich im Heiligen Abendmahl.

Wohlgemerkt: Jesus hat damals den ganz konkreten körperlichen Hunger gestillt. Das zeigt uns: Er ist für alle Belange unseres täglichen Lebens zuständig. Er sieht die Not früher (und genauer!) als wir (V 32); gleichzeitig dürfen wir ihn aber auch auf diese Not aufmerksam machen (Kapitel 14, 15).

Aber dabei bleibt es nicht. Wir können satt und gesund sein und trotzdem großen Mangel leiden an Liebe und Freude, an Sinn-Erfüllung und Zufriedenheit. Aber auch dafür ist Jesus zuständig. Diesen Reichtum, den man nicht für Geld erwerben kann, den schenkt er uns ganz umsonst, wenn wir ihn in unser Herz und Leben aufnehmen.

Am deutlichsten merken wir das im Heiligen Abendmahl. Wenn er über dem Brot sagen lässt „Das ist mein Leib" und über dem Kelch „Das ist mein Blut", dann heißt das: Bei diesem Essen und Trinken nehmen wir ihn selber auf. Dabei wird nicht der Magen satt, sondern die Seele. Dann füllt er uns aus mit dem Reichtum, den wir nirgends kaufen können, nämlich mit sich selber.

All ander Speis und Trank ist ganz vergebens,
du bist selbst das Brot des Lebens,
kein Hunger plaget den, der von dir isset,
alles Jammers er vergisset. Kyrieleison.
      (Johann Heermann)

8. März   **Matthäus 16, 1–12**

Über das Aussehen des Himmels könnt ihr urteilen; könnt ihr dann nicht auch über die Zeichen der Zeit urteilen? (V 3)

„Führerschein, Fahrzeugpapiere!", verlangt der Polizist bei einer Verkehrs-Kontrolle. Dazu ist er jederzeit befugt. Aber die Kritiker, die von Jesus einen Ausweis für seine göttliche Berufung verlangten, haben sich diese Berechtigung selbstständig angeeignet. Entsprechend schroff hat er ihnen geantwortet (s.o.).

Wohlgemerkt: Wir sollten schon sehr genau hinsehen, wem wir unser Vertrauen schenken wollen. Allzu oft schon haben religiöse Scharlatane leichtgläubige Anhänger in die Irre geführt. Aber wenn es um die Sendung Jesu geht, dann finden wir in der Bibel genügend haltbare Hinweise.

Zum Beispiel: „An dem Feigenbaum lernt ein Gleichnis …" (Kapitel 24,32). „Feigenbaum" ist in der Bibel ein stehendes Beispiel für das Volk Israel. Wenn „der Feigenbaum", also das Volk Israel, „blüht", dann ist die Wiederkunft Jesu nicht mehr weit. Jahrhunderte lang erschien den Christen dieses Wort unerfüllbar, denn das Volk Israel gab es ja gar nicht mehr. Erst 1948 ist der Staat Israel neu gegründet worden, genau auf seinem angestammten Territorium. Der „Feigenbaum" blüht wieder; die Verheißung stimmt!

Zum anderen: Vor der Wiederkunft Jesu soll das Evangelium „in der ganzen Welt gepredigt werden" (Kapitel 24,14). – Bis vor kurzem hat es – trotz größter Anstrengungen der Missionare – immer noch unerreichte Völker auf der Welt gegeben. Erst jetzt, durch Funk und Internet, wird es möglich, das Evangelium in die entlegensten Winkel der Erde zu bringen. Die neue Technik hilft, eine alte Verheißung wahr werden zu lassen.

Wenn ich diese Zeichen erkenne, brauche ich keinen weiteren Beweis. Dann kann ich jetzt nur noch sagen: „Amen, ja, komm, Herr Jesu."

Ich auch auf der tiefsten Stufen, ich will glauben, reden, rufen,
ob ich schon noch Pilgrim bin:
Jesus Christus herrscht als König, alles sei ihm untertänig;
ehret, liebet, lobet ihn!
        (Philipp Friedrich Hiller)

Matthäus 16, 13–20　　　　　　　　　　　　　　　　　**9. März**

Selig bist du, Simon, Jonas Sohn, denn Fleisch und Blut haben dir das nicht offenbart, sondern mein Vater im Himmel. (V 17)

Können Sie mit einem Schraubendreher Brot schneiden, mit einer Gabel Knöpfe annähen, mit einem Spaten Briefe schreiben? – Alle diese Werkzeuge sind unverzichtbar, aber jedes von ihnen ist nur für bestimmte Tätigkeiten geeignet.

So verhält es sich auch mit dem unverzichtbaren Werkzeug, das der Mensch von Natur aus in sich hat, mit dem Verstand. Er ist unbedingt nötig, um die Zusammenhänge des Lebens zu begreifen; auch uns Christen kann der Verstand gute Dienste leisten, wenn wir uns die Welt der Bibel erklären wollen, die Lebensumstände der Menschen von damals und die Wertmaßstäbe, die ihnen wichtig waren. Aber eins kann der Verstand nie leisten: Er kann uns nie das Geheimnis um Jesus entschlüsseln. Der Verstand kann uns nur zeigen, dass Jesus eine herausragende Persönlichkeit gewesen ist; aber seine eigentliche Bedeutung bleibt auch dem klügsten Denker verborgen. Hier kann der Verstand nichts ausrichten.

Deshalb werden wir auch mit den besten Argumenten niemanden von der Einzigartigkeit Jesu überzeugen können. Wie kommt es dann aber, dass wir selbst davon überzeugt sind, dass wir selbst in Jesus unseren Retter gefunden haben, unseren starken Beistand, unseren mächtigen König? – Die Antwort hat Jesus selber gegeben (siehe oben). Es ist Gott persönlich gewesen, der uns durch seinen Heiligen Geist das Geheimnis um Jesus entschlüsselt hat (1. Korinther 12,3). Er hat uns geschenkt, dass wir mit Jesus persönlich in Kontakt treten konnten und dass wir doch tatsächlich all unser Vertrauen auf ihn setzen konnten. Das hat der Heilige Geist in uns bewirkt. Für dieses Wunder können wir nur immer wieder neu Gott von Herzen dankbar sein.

Komm, o komm, du Geist des Lebens, wahrer Gott von Ewigkeit!
Deine Kraft sei nicht vergebens, sie erfüll uns jederzeit;
so wird Geist und Licht und Schein in dem dunklen Herzen sein.
　(Heinrich Held)

10. März — Matthäus 16, 21–28

Geh weg von mir, Satan! Du meinst nicht, was göttlich, sondern was menschlich ist. (V 23)

Sie wissen, mein Vorname kommt von Petrus, und Petrus war von Beruf – Fischer! Wen wundert's, dass ich mich in diesem Apostel wiederfinde, und zwar in beiderlei Hinsicht, im Bekennen und im Verleugnen.

Bestes Beispiel: die heutige Bibellese. Erst gestern hörten wir, dass Jesus seinen Petrus selig gepriesen hat wegen der Klarheit, die er von Gott empfangen und vor Jesus bekannt hatte (V 17). Und heute lesen wir, dass Jesus ihn gleich danach „Satan" nennen musste, denn seine Warnung vor dem Kreuzestod war ganz im Sinne des Teufels. Satan wusste, dass ihm am Kreuz Jesu seine totale Niederlage bevorstand und wollte das mit aller Macht verhindern. Dazu ist Petrus – natürlich ungewollt – sein Sprachrohr gewesen.

Und das nicht nur einmal. Bevor Jesus verhaftet wurde, hat Petrus ihm seine unverbrüchliche Treue versichert. Kurz danach, als eine Dienstmagd ihn auf Jesus ansprach, wollte er seinen Meister plötzlich überhaupt nicht gekannt haben (Kapitel 26, 35 + 74). Später hat die junge Christen-Gemeinde *unter dem Vorsitz von Petrus* beschlossen, dass Christen, die vor ihrer Bekehrung keine Juden waren, genauso hoch anzusehen sind wie Christen aus dem Judentum (Apostelgeschichte 15, 7–11). Danach ist er einmal mit Christen aus dem Heidentum zusammen gewesen. Aber als plötzlich Judenchristen dazu kamen, hat er sich schnell von den Heidenchristen distanziert, um nicht mit ihnen zusammen gesehen zu werden (Galater 2, 11–14).

So war Petrus. Können Sie sich in ihm – auch ohne Namensgleichheit – wiederfinden? Dann gilt auch Ihnen das Wort, das Jesus einmal zu seinem unzuverlässigen Petrus (in Lukas 22, 32) gesagt hat: „Ich aber habe für dich gebetet, dass dein Glaube nicht aufhöre."

Wenn der Kläger mich verklagt, Christus hat mich schon vertreten;
wenn er mich zu sichten wagt, Christus hat für mich gebetet.
Dass mein Bürge für mich spricht, das ist meine Zuversicht.
   (Karl Bernhard Garve)

Matthäus 17, 1–13 11. März

Und siehe, da erschienen ihnen Mose und Elia; die redeten mit ihm. (V 3)

Das Schlaraffenland ist Märchen, und das „Paradies auf Erden" ist Illusion. Wenn jemand diese Illusion wahr machen wollte, hat er der Welt nur das Gegenteil gebracht.

Ganz anders verhält es sich mit den Absichten, die Gott mit dieser Erde hat. Sie ist von ihm geschaffen und demnach sein Eigentum. Und er hat doch tatsächlich geplant, sich auf dieser Erde noch einmal vor aller Augen zu offenbaren in seiner ganzen göttlichen Herrlichkeit. Aber niemand konnte sich vorstellen, wie das sein wird.

Bis Jesus kam. Er hat sich seinen drei vertrautesten Jüngern in einer wahrhaft unvergesslichen Stunde einmal so gezeigt, wie alle Welt ihn dann in dieser neuen Zeit sehen wird, voll Licht und Glanz und Schönheit, so herrlich, dass selbst denen, die es sehen durften, die Worte dafür fehlten.

Aber sie sind keiner optischen Täuschung aufgesessen. Denn sie bekamen auch Mose und Elia bei Jesus zu sehen, die beiden bekanntesten Gottesmänner aus dem Alten Testament. Sie sind in der jüdischen Tradition die Gewährsleute für Gottes große Zukunfts-Pläne. Deshalb waren sie für die drei Jünger damals die sichtbare Vergewisserung dafür, dass sie hier einen Blick in die zukünftige Herrlichkeit geschenkt bekommen hatten.

Auf diese Herrlichkeit gehen wir zu. Vielleicht hat Gott mit der Einlösung seiner Pläne deshalb so lange gezögert, weil er auch uns noch dabei haben wollte? Auf jeden Fall dürfen wir dieses Ziel fest im Auge haben. Denn so wahr die Jünger damals schon einen Vorgeschmack darauf bekommen haben, so wahr wird diese Zeit am Ende wirklich eintreffen.

O Jesu, meine Wonne, komm bald und mach dich auf;
geh auf, erwünschte Sonne, und fördre deinen Lauf.
O Jesu, mach ein Ende und führ uns aus dem Streit;
wir heben Haupt und Hände nach der Erlösungszeit.
(Lorenz Lorenzen)

12. März   Matthäus 17, 14–21

Herr, erbarme dich über meinen Sohn! Denn er ist mondsüchtig und hat schwer zu leiden. (V 15)

Wenn Sie mich in meiner persönlichen Gebetszeit beobachten könnten, würden Sie gelegentlich bemerken, dass ein leises Schmunzeln über mein Gesicht zieht, und zwar ausgerechnet dann, wenn ich Gott eine große Not ans Herz legen muss. Während ich so bete, stelle ich mir vor, wie das wäre, wenn Gott dann antworten würde: „Tut mir leid, das geht nicht", oder: „Tut mir leid, hier sind mir die Hände gebunden", oder: „Tut mir leid, hier weiß ich auch nicht weiter." – Dann muss ich schmunzeln, denn ich weiß, dass Gott niemals so antwortet.

Das hat uns Jesus augenfällig demonstriert in seinen Erdentagen: Ein Junge wird von entsetzlichen Qualen und Zwängen gepeinigt, der Vater ist schier verzweifelt, die Jünger sind absolut hilflos. Jetzt wird dieses Elend zu Jesus gebracht, und der macht mit dem ganzen Spuk kurzen Prozess: Ein Machtwort von ihm reicht, und der Terror hat ein Ende.

Nicht immer geht das heute so schnell und so prompt wie damals, wenn wir bei Gott um Hilfe bitten. Das war aber auch schon damals in Jesu Erdentagen so. Er handelt in jedem Fall anders. Auch sollen wir heute in Krankheitsnöten jede medizinische Hilfe aus Gottes Händen nehmen. Immer aber dürfen wir für jede Not, und sei sie auch noch so groß, bei Gott um Hilfe bitten. Das tue ich auch. Ich weiß dabei nie, wie Gott darauf antwortet. Vielleicht kommt Gottes Hilfe viel später, als meine Ungeduld erwartet; vielleicht kommt sie ganz anders, als ich gedacht hatte, das kann ich nie sagen. Aber ich kann mit großer Gewissheit sagen, wie Gott *nicht* antwortet. Niemals wird Gott auf mein Gebet antworten: „Tut mir leid ..."

Dir beuge sich der Kreis der Erde, dich bete jeder willig an,
dass laut dein Ruhm besungen werde, und alles dir bleib untertan.
Kommt alle her, schaut Gottes Werke, die er an Menschenkindern tat!
Wie wunderbar ist seine Stärke, die er an uns verherrlicht hat!
   (Matthias Jorissen)

Matthäus 17, 22–27   13. März

Pflegt euer Meister nicht den Tempelgroschen zu geben? (V 24)

„Preis: Unbezahlbar!", steht auf dem Werbe-Flyer einer politischen Partei. Damit ist natürlich nicht sein Material-Wert gemeint, sondern die Bedeutung seines Inhaltes. Nun, bei einer politischen Partei kann man über diese Behauptung gern geteilter Meinung sein; aber wenn es um das Evangelium von der Liebe Gottes geht, dann kann man wirklich sagen: „Preis: Unbezahlbar!" Denn der Preis für unsere Rettung zum ewigen Leben ist so hoch gewesen, dass ihn nur Jesus bezahlen konnte, und zwar mit seinem eigenen Leben.

Trotzdem: Die Einbindung in die Gemeinde Jesu kostet für uns Christen auch Geld: Angestellte müssen besoldet, Gebäude müssen erhalten, diakonische Aufgaben müssen finanziert werden. Dafür gibt es in der evangelischen und in der katholischen Kirche die Kirchensteuer und in den Freikirchen den Gemeinde-Beitrag. Außerdem können alle Christen mit persönlichen Spenden missionarische und caritative Werke unterstützen.

Das war schon immer so. Schon die ersten Christen kannten die privaten Opfer für eine notleidende Gemeinde (2. Korinther Kap 8 + 9), und bereits Jesus kannte die Tempelsteuer, die zur Durchführung der Gottesdienste dienen sollte. Als Jesus danach gefragt wurde, hat er nicht lange diskutiert. Er hat dafür gesorgt, dass Petrus das Geld dafür finden konnte.

Und wenn es heute um die – oft gescholtene – Kirchensteuer geht, will ich es genauso halten. Ich erspare mir die fruchtlosen Debatten über Sinn und Unsinn dieser Abgabe und akzeptiere den Abzug dieses Betrages von meiner Rente. Damit bezahle ich nur für die Arbeit der Kirche, aber nicht für meine Erlösung durch Jesus. Denn die ist im wahrsten Sinn des Wortes „unbezahlbar".

So kommet vor sein Angesicht mit jauchzenvollem Springen;
bezahlet die gelobte Pflicht und lasst uns fröhlich singen:
Gott hat es alles wohl bedacht und alles, alles recht gemacht.
Gebt unserm Gott die Ehre!
    (Johann Jakob Schütz)

14. März Matthäus 18, 1–9

Wenn ihr nicht werdet wie die Kinder, so werdet ihr nicht ins Himmelreich kommen. (V 3)

„Eltern haften für ihre Kinder", steht auf dem Verbotsschild am Bauzaun. Ich denke: Eigentlich haben Kinder es gut. Für jeden Unfug, den sie anstellen, müssen die Eltern aufkommen.

Bei Jesus geht es den Kindern noch besser. Er stellt sie uns Erwachsenen als Vorbild hin für unsere Beziehung zu Gott. Zu ihm dürfen wir „Vater" sagen; das heißt: Wir dürfen zu ihm kommen mit der Gesinnung eines kleinen Kindes, und das bedeutet dreierlei:

Kinder lassen sich tragen auf Mutters oder Vaters Arm und haben niemals Angst, dass sie fallen gelassen würden. Mit diesem selbstverständlichen Vertrauen möchte ich mich von Gott tragen lassen, wohin es auch geht.

Kinder lassen sich formen. Sie sind absolut vollwertige Menschen, aber sie sind noch keine lebenstüchtigen Erwachsenen. Bis dahin müssen sie noch viel lernen. Genauso geht es uns mit Gott. Er formt und erzieht uns, oft auch auf schweren Wegen, aber immer zu unserem Besten.

Kinder lassen sich lieben und müssen dafür nichts bezahlen. Denselben Vorzug genießen wir bei Gott. Er liebt uns nicht um unserer Qualitäten oder Leistungen willen, sondern nur deshalb, weil wir seine Kinder sind. Das dürfen wir uns immer wieder dankbar gefallen lassen.

Den größten Liebesbeweis Gottes sehen wir an der Vergebung unserer Sünden. Für jede Kränkung, die wir Gott zugefügt haben, ist Jesus aufgekommen mit seinem Tod am Kreuz. Deshalb gilt für uns Christen – in Anlehnung an das oben erwähnte Verbotsschild –: „Jesus haftet für seine Jünger."

Kommt, Kinder, lasst uns gehen, der Vater gehet mit;
er selbst will bei uns stehen bei jedem sauren Tritt;
er will uns machen Mut,
mit süßen Sonnenblicken uns locken und erquicken;
ach ja, wir haben's gut, ach ja, wir haben's gut.
    (Gerhard Tersteegen)

Matthäus 18, 10–14   15. März

Wenn ein Mensch hundert Schafe hätte und eins unter ihnen sich verirrte: Lässt er nicht die neunundneunzig auf den Bergen, geht hin und sucht das Verirrte? (V 12)

Nein, wir Christen sind keine „dummen Schafe", denn Schafe sind sehr intelligente und wertvolle Tiere. Sollte eins von ihnen verlorengehen, wird der Hirte alles daran setzen, um es wieder zu finden, denn:

Er hat Sehnsucht nach seinem Schaf. Sein Verlust bedeutet für den Hirten nicht nur einen finanziellen Schaden, sondern auch einen seelischen Schmerz. Mit jedem seiner Tiere verbindet sich für ihn eine ganz eigene Geschichte. Er kann auf keins von ihnen verzichten. Und Jesus sagt uns: So geht es ihm mit uns Menschen. Er sehnt sich nach jedem einzelnen von uns.

Er hat Sorge um sein Schaf. Denn wenn es seine Herde verloren hat, irrt es orientierungslos umher und muss elend verenden. Den Menschen, die Gott aus dem Blick verloren haben, geht es genauso, selbst, wenn sie das lange Zeit nicht merken. Spätestens am Ende ihres Lebens erwartet sie ein schreckliches Zugrunde-Gehen. Aus Sorge darum tut Jesus alles, um uns rechtzeitig zu ihm zurückzuholen.

Er hat Freude an seinem Schaf, nämlich, wenn er es dann gefunden hat. Dieselbe Freude hat Gott über jeden Menschen, der zu ihm umkehrt. Wie schlimm das bisherige Leben ohne Gott auch gewesen sein mag – wer darüber erschrecken und bei Gott um Vergebung dafür bitten kann, der ist „von Jesus gefunden worden", nämlich für Gott.

Und bei Gott erwartet diesen Menschen eine überschäumende Freude. Der Pfarrer und Jugendevangelist Dr. Theo Lehmann, damals in Chemnitz, hat dazu in seiner originellen Redeweise gesagt: „Die Engel im Himmel tanzen Charleston vor Freude, dass die Wolkenfetzen fliegen!"

Wenn ein Schaf verloren ist, suchet es ein treuer Hirte;
Jesus, der uns nie vergisst, suchet treulich das Verirrte,
dass es nicht verderben kann: Jesus nimmt die Sünder an.
    (Erdmann Neumeister)

16. März Matthäus 18, 15–20

Was ihr auf Erden binden werdet, soll auch im Himmel gebunden sein, und was ihr auf Erden lösen werdet, soll auch im Himmel gelöst sein. (V 18)

Verstehen Sie mich jetzt bitte nicht zu schnell: Ich behaupte doch allen Ernstes, dass ich vor Gott ganz sauber bin. Aber nicht, weil ich keine Sünden begangen hätte, sondern weil mir meine Sünden von Gott vergeben worden sind. Jedes Mal, wenn ich Menschen Unrecht getan und Gott Schande bereitet habe, durfte ich mich vor Gott dazu bekennen und ihn um Vergebung bitten.

Das weiß ich von dem Seelsorger, bei dem ich meine Sünden beim Namen genannt und Gott um Vergebung gebeten hatte. Dann konnte der Seelsorger mir die Antwort Gottes ausrichten, und die hieß: „Dir sind deine Sünden vergeben." Dazu ist er autorisiert durch das oben abgedruckte Jesus-Wort.

Was bedeutet dann aber die erste Hälfte von dem oben abgedruckten Satz? Antwort: Angenommen, jemand würde mir in der Seelsorge einen Mord oder eine Vergewaltigung beichten, dann dürfte ich ihn nicht einfach von dieser Schuld freisprechen, sondern müsste ihn auffordern, sich zuerst der Polizei zu stellen und dort selber sein Vergehen anzuzeigen. Danach würde ich ihn in der Untersuchungshaft aufsuchen und ihm dort die Vergebung Gottes zusprechen. Bis dahin bleibt er an seine Schuld gebunden, denn Gott will auch die irdische Gerechtigkeit.

Merken Sie, wie segensreich die Beichte ist? Und merken Sie, was uns abhandengekommen ist, als wir in der evangelischen Kirche dieses Angebot Gottes aus den Augen verloren hatten? Füllen wir dieses Geschenk nur wieder mit Leben; wir werden bald merken, was für ein Segen darin liegt.

Ich Betrübter komme hier und bekenne meine Sünden;
lass, mein Heiland, mich bei dir Gnade zur Vergebung finden,
dass dies Wort mich trösten kann: Jesus nimmt die Sünder an.
    (Erdmann Neumeister)

Matthäus 18, 21–35   17. März

So wird auch mein himmlischer Vater an euch tun, wenn ihr einander nicht von Herzen vergebt, ein jeder seinem Bruder. (V 35)

Wissen Sie es noch? Bis 1990 war Deutschland geteilt. Die östliche Hälfte, „die neuen Bundesländer", hieß damals DDR. Dort herrschte oft Mangel an Waren des täglichen Bedarfs, man fühlte sich durch die Anordnungen der Behörden bevormundet und eingeengt, kirchliches Leben war nur in engen Grenzen erlaubt. Der Staats-Chef hieß Erich Honecker; seine Frau war als Ministerin für Volksbildung in letzter Instanz verantwortlich für alles, was an Schulen und Universitäten geschah.

Als es mit der DDR zu Ende ging, haben ihre Minister Amt und Dienstwohnung verloren. Erich Honecker und seine Frau waren obdachlos, und niemand wollte sie haben. Schließlich nahm sie Pastor Uwe Holmer in Lobetal bei Berlin in seinem eigenen Haus auf, sehr zum Unmut vieler DDR-Bürger. Er antwortete ihnen: Seine eigenen Kinder haben wegen ihres christlichen Glaubens keine Erweiterte Oberschule (=Gymnasium) besuchen und somit nicht studieren dürfen; ihm selber hat man immer wieder dienstlich und privat Steine in den Weg gelegt; er hätte allen Grund, dem Staats-Chef der DDR das alles heimzuzahlen, aber dann könnte er nicht mehr beten: „Vergib uns unsere Schuld, wie wir vergeben unsern Schuldigern."

Das ist ein positives Beispiel im Vergleich zu dem negativen Beispiel, das uns Jesus in unserer heutigen Bibellese erzählt. Aber beide Beispiele sagen uns dasselbe: Gott erwartet von uns, dass wir mit unseren Mitmenschen genauso umgehen, wie er mit uns umgeht. Er vergibt uns immer und immer wieder auch die allerschlimmsten Sünden und beschenkt uns mit unverdienter Barmherzigkeit. Damit gibt er uns die Fähigkeit, mit derselben Gesinnung auch unseren Mitmenschen zu begegnen.

O Herr Christ, deck zu unsre Sünd und solche Lieb in uns anzünd,
dass wir mit Lust dem Nächsten tun, wie du uns tust, o Gottes Sohn.
    (Nikolaus Herman)

18. März   Matthäus 19, 1–12

Ist's erlaubt, dass sich ein Mann von seiner Frau scheidet? (V 3)

Wenn die Kaffeemaschine kaputt geht, kaufen wir eine andere. Wenn uns das neue T-Shirt nicht gefällt, tauschen wir es um. Wenn uns die Wohnzimmer-Möbel langweilig geworden sind, kommen sie zum Sperrmüll. – Ich werde den Verdacht nicht los, dass manche Leute mit ihrem Ehepartner genauso umgehen.

Wohlgemerkt: Ich kenne Eheleute, die mit zunehmendem Alter immer dankbarer füreinander werden. Daneben gibt es andere, die nur um der Kinder willen zusammenbleiben. Und schließlich denke ich an Eheleute, die nach einem langen, schmerzhaften Prozess erkennen müssen, dass ihre Ehe keine Zukunft mehr hat. Diese alle meine ich heute nicht.

Ich meine nur diejenigen, die beim ersten Zerwürfnis wieder auseinandergehen. Das geschieht nicht, weil sie nicht zusammenpassen würden, sondern weil sie es einfach nicht gelernt haben, mit Konflikten umzugehen. Diesen Leuten liest Jesus in unserer heutigen Bibellese die Leviten: Du kannst mit deinem Ehepartner nicht umgehen wie mit einem T-Shirt, das man einfach umtauschen kann. Die Ehe ist ein Geschenk Gottes, das man nicht einfach wegwirft. Denn mit diesem Geschenk ist ein Auftrag verbunden, und dieser Auftrag bindet uns an unseren Partner lebenslang.

Deshalb: Wenn es in der Ehe kriselt, gehen Sie bitte nicht gleich zum Scheidungs-Anwalt, sondern erst einmal zur Ehe-Beratung. Aber das muss eine Beratung sein, die nicht die Trennung Ihrer Ehe ins Auge fasst, sondern ihre Heilung! Bedenken Sie: Wenn Sie um den Fortbestand Ihrer Ehe kämpfen, haben Sie Jesus auf Ihrer Seite. Und Ihre Ehe wäre nicht die erste, die aus einer schlimmen Krise gestärkt und gefestigt hervorgeht. Und vielleicht wird dann das Miteinander hinterher schöner und beglückender sein als zuvor.

Was dir gefällt, das lass auch mir, o meiner Seelen Sonn und Zier,
gefallen und beliiben;
was dir zuwider, lass mich nicht in Werk und Tat verüben.
    (Paul Gerhardt)

Matthäus 19, 13–15   19. März

Lasset die Kinder und wehret ihnen nicht, zu mir zu kommen. (V 14)

Mein achtjähriger Enkel sollte in der Schule Märchen raten. Er sagte der Lehrerin: „Ich kenne keine Märchen." Tatsächlich, meine Tochter liest ihren Kindern abends am Bett keine Märchen vor, wo ein böser Wolf die liebe Großmutter verschlingt. Stattdessen kennen die Kinder die schönsten Geschichten aus der Bibel, von Noah und der Arche, von David und Goliath, von Jesus im Seesturm … Sie wissen, dass ihr kleiner Bruder, der gleich nach der Geburt gestorben war, im Himmel bei Jesus ist und dass sie selber am Ende auch dorthin kommen werden.

    Aufgeklärte Eltern wollen ihren Kindern alle religiösen Themen verschweigen, damit sie später selber entscheiden können, woran sie glauben wollen. Aber wie sollen diese Kinder sich zwischen Glauben und Nicht-Glauben entscheiden, wenn sie den Glauben gar nicht kennen?

    Jedes Mal, wenn eine von unseren Töchtern geboren war, haben wir zu Hause das Baby in sein Körbchen gelegt, ich habe meine Hand über sein Köpfchen gehalten und das Kind gesegnet. Jeden Abend sangen wir an ihrem Körbchen: „Weißt du, wie viel Sternlein stehen …" mit der letzten Zeile „… kennt auch dich und hat dich lieb" und beteten mit ihr. Später bekam sie ihre Kinderbibel geschenkt, bald durfte sie zur Kinderstunde, und dann kam die Zeit, wo sie selber beten konnte, ohne uns.

    Die Sonntags-Gottesdienste fanden bei uns im Haus statt. Trotzdem, als unsere Töchter Teenager waren, haben wir sie nie genötigt, dazu mitzukommen. Das Fundament zum Glauben war gelegt; wie sie darauf aufbauen wollten, konnten wir nicht mehr beeinflussen.

    Und nun: Wie wollen Sie es mit Ihren Kindern halten?

Mein' Leib und meine Seele, mein Weib, Gut, Ehr und Kind
in dein Händ' ich befehle, dazu mein Hausgesind,
als dein Geschenk und Gab, mein Eltern und Verwandten,
mein Freunde und Bekannten und alles, was ich hab.
    (Georg Niege)

20. März — Matthäus 19, 16–26

Willst du vollkommen sein, so geh hin, verkaufe, was du hast … und komm und folge mir nach! (aus V 21)

Manchmal stelle ich mir vor, wie es mir in meiner Sterbestunde ergehen kann. Was würden mir dann mein Konto bedeuten oder mein Auto oder unser Kühlschrank? Was würden mir dann meine Gesundheit bedeuten, mein Beruf, unser Urlaubsplan? – Wie schnell können alle diese Dinge bedeutungslos werden, die uns bis dahin unverzichtbar erschienen sind.

Diese Einsicht finde ich schon heute in der Bibel. Da steht jemand nicht vor dem Tod, sondern vor der Frage nach dem ewigen Leben. Ohne es zu ahnen, kommt er damit zu dem Einzigen, bei dem das ewige Leben zu haben ist, nämlich zu Jesus. Denn er hat mit seinem Kreuzestod und mit seiner Auferstehung den Tod entmachtet und uns die Tür zum ewigen Leben aufgeschlossen. Wer sich mit Jesus zusammenschließt, wird mit ihm durch die Sterbestunde hindurch in die Ewigkeit gelangen.

Und was mir bis dahin unverzichtbar war? Für den, der damals zu Jesus kam, war das sein Reichtum. Das können für uns ganz andere Dinge sein, die sich zwischen Jesus und uns schieben wollen. Da gibt es nur eins: Loslassen!

Dazu drei Beispiele: Wenn junge Leute nach der Schulzeit ein missionarisches Jahr in einem christlichen Werk absolvieren, dann schenken sie Jesus ein Jahr ihres Lebens. – Wenn Missionare in ein Entwicklungsland gehen, verzichten sie auf die Annehmlichkeiten ihrer Heimat. – Wenn eine junge Frau Nonne oder Diakonisse wird, verzichtet sie auf Ehe und Familie.

Wo legt Jesus bei Ihnen den Finger in die Wunde? Dort sollten Sie loslassen. Was Ihnen in Ihrer Sterbestunde belanglos erscheinen wird, darf in der Nachfolge Jesu heute schon für Sie belanglos sein.

Jesu, meine Freude, meines Herzens Weide, Jesu, meine Zier,
ach, wie lang, ach lange ist dem Herzen bange und verlangt nach dir!
Gottes Lamm, mein Bräutigam, außer dir soll mir auf Erden
nichts sonst Liebers werden. (Johann Franck)

Matthäus 19, 27–30 21. März

Und wer Häuser oder Brüder oder Schwestern oder Vater oder Mutter oder Kinder oder Äcker verlässt um meines Namens willen, der wird's hundertfach empfangen und das ewige Leben ererben. (V 29)

„Haben Sie es denn noch nicht bereut?", fragten mich die Leute damals in der DDR. – Ich wusste mich nach meinem Theologie-Studium in Westdeutschland von Gott in die DDR gerufen, und ich wollte diesem Impuls um jeden Preis Folge leisten, wohl wissend, was ich zurücklassen müsste, und wohl wissend, was mich dort erwarten würde. Das konnten viele nicht verstehen. „Haben Sie es denn noch nicht bereut?"

Wie konnte ich einen Weg bereuen, den Jesus mir gewiesen hatte? – Später durfte ich gelegentlich mit polizeilicher Genehmigung meine Angehörigen in Westdeutschland besuchen. Das war für mich Schlaraffenland! Trotzdem bin ich jedes Mal mit leichtem Herzen in die DDR zurückgefahren. Denn dort erfuhr ich den Segen Gottes. Und der wiegt mehr als alles andere.

Dieselbe Wahrheit spricht aus unserer heutigen Bibellese. Wer Jesus nachfolgt, ist auch bereit, sein Schicksal mit ihm zu teilen. Und wenn Jesus selber wegen seines Auftrags auf Erden nicht nur seine himmlische Heimat verlassen musste (Philipper 2, 6 + 7), sondern auch sein irdisches Elternhaus (Matthäus 12, 46–49), wie kann ich da als sein Nachfolger an den Annehmlichkeiten meines bequemen Lebens festhalten wollen? – Wohlgemerkt: Nicht jeder Nachfolger Jesu muss zwingend seinen Lebens-Standard aufgeben, aber jeder Nachfolger Jesu muss dazu bereit sein. Und wer fürchtet, dass er dabei ärmer wird, der wird am Ende feststellen, dass er immer reicher geworden ist.

Könnt ich's irgend besser haben als bei dir, der allezeit
so viel tausend Gnadengaben für mich Armen hat bereit?
Könnt ich je getroster werden als bei dir, Herr Jesu Christ,
dem im Himmel und auf Erden alle Macht gegeben ist?
(Philipp Spitta)

22. März Matthäus 20, 1–16

Siehst du scheel drein, weil ich so gütig bin? (V 15)

Das junge Mädchen kommt im Mini-Rock, auffallend geschminkt und mit viel zu viel Schmuck behängt zum ersten Mal bei Ihnen zum Gottesdienst. Der junge Mann daneben trägt einen lila Irokesen-Haarschnitt, einen Piercing-Ring in der Nase und ist bis an den Hals tätowiert. Wie werden die beiden bei Ihnen empfangen? Und wie würde Jesus mit ihnen umgehen?

Die Antwort gibt uns unsere heutige Bibellese. Da sind die Arbeiter, die vom frühen Morgen an in dem Weinberg ihres Auftraggebers geschuftet haben, und da sind die anderen, die erst eine Stunde vor Feierabend dazugekommen sind. Am Ende bekommen sie alle denselben Lohn. Ist das nicht ungerecht? – Ja, ohne Frage. Kein Arbeitgeber dürfte so verfahren.

Aber Jesus verfährt so. Bei ihm sind die Tagelöhner, die als erste angeworben wurden, ein Bild für die Christen, die sich schon von Kindesbeinen an in ihrer Gemeinde engagieren; und die Arbeiter, die als letzte gekommen sind, bedeuten diejenigen, die erst jetzt nach Jesus fragen. Und der Lohn, den die Tagelöhner im Gleichnis empfangen, bedeutet bei Jesus nicht die Bezahlung für geleistete Arbeit, sondern die innige Liebe Gottes.

Und da geht es uns allen gleich. Die „alten Hasen" in der Gemeinde haben sich mit all ihrem lobenswerten Eifer für das Reich Gottes die Liebe Gottes genauso wenig verdienen können wie die „armen Schlucker", die zum ersten Mal ganz schüchtern und hilflos den Kontakt mit der Gemeinde suchen. Wenn es um die Liebe Gottes geht, da sind wir alle in gleicher Weise Gottes Kinder. Und Gott hat keine Stiefkinder. Er sieht jedes seiner Kinder mit derselben innigen Liebe an. Sie auch.

Sollt wo ein Schwacher fallen, so greif der Stärkre zu;
man trag, man helfe allen, man pflanze Lieb und Ruh!
Kommt, bindet fester an; ein jeder sei der Kleinste,
doch auch wohl gern der Reinste auf unsrer Liebesbahn,
auf unsrer Liebesbahn.

(Gerhard Tersteegen)

Matthäus 20, 17–28   **23. März**

Siehe, wir ziehen hinauf nach Jerusalem, und der Menschensohn wird ... überantwortet werden ... (V 18)

Wenn wir uns schon vor dem Bohrer beim Zahnarzt fürchten, wie könnten wir dann jemals nachfühlen, was für ein unvorstellbares Grauen Jesus in Jerusalem bevorstand? So kurz und knapp die Andeutungen sind, die wir heute bei Matthäus lesen, so entsetzlich ist ihr Inhalt: *„Sie werden ihn den Heiden überantworten, damit sie ihn verspotten ..."*, das waren die verhassten römischen Soldaten im Land. Man hoffte, dass Jesus sein Volk von ihnen befreien würde (Lukas 24,21); stattdessen durften sie ungehindert ihre makaberen Späße mit ihm treiben (Matthäus 27, 27–30).

„... und geißeln ...", das waren Peitschenhiebe, die mit solcher Wucht auf den Rücken des Delinquenten fuhren, dass der schon beim ersten Hieb meinte, der ganze Oberkörper würde ihm zertrümmert. Und dann kamen noch 38 solche grauenhaften Schläge.

„... und kreuzigen ..." Niemand kann die Qualen ermessen, die man am Kreuz erleiden musste. Bei lebendigem Leibe angenagelt, von rasenden Schmerzen gepeinigt und von Panik-Attacken überflutet, musste man regungslos ausharren, bis der Tod endlich der Folter ein Ende bereitete.

Das alles hat Jesus mit geradezu gnadenloser Deutlichkeit vor sich gesehen. Hätte er da nicht sagen sollen: „Siehe, wir dürfen jetzt nicht nach Jerusalem ziehen, denn dort blüht mir ein schreckliches Ende"? Warum geht er absichtlich dort hin, wohl wissend, was ihn da erwartet? Antwort: Weil er genau mit diesem Auftrag in die Welt gekommen ist. Nur so konnte er uns Menschen aus dem schrecklichen Verhängnis unserer selbstverschuldeten Gottesferne erlösen; nur so konnte er uns für Gott zurückgewinnen. Das werde ich nie begreifen können, aber das darf ich dankbar und staunend bewundern.

Herr, stärke mich, dein Leiden zu bedenken,
mich in das Meer der Liebe zu versenken,
die dich bewog, von aller Schuld des Bösen
uns zu erlösen.   *(Christian Fürchtegott Gellert)*

24. März   Matthäus 20, 29–34

Ach Herr, du Sohn Davids, erbarme dich unser! (V 30)

„Was ich nicht sehe, das glaube ich nicht" – wenn das diese Blinden gesagt hätten, hätten sie nie die Heilung von ihrem Leiden erfahren. So machen diese beiden uns vor, wie wir an Jesus glauben können, ohne ihn gesehen zu haben: *Er ist Davids Sohn.* So wurde damals der Messias bezeichnet, der dieser kranken Welt das umfassende Heil Gottes bringen wird. Das können wir uns beim besten Willen nicht vorstellen, aber wir wissen schon, wer alle diese großen Pläne Gottes noch einmal in die Tat umsetzen wird. Das ist Jesus, Davids Sohn. Und wir müssen nicht warten, bis er in dieser Funktion noch einmal auf Erden erscheinen wird. Wir können ihn schon heute – wie die Blinden damals – im eigenen Leben am Werk wissen.

Er ist unser Arzt. Das haben die Blinden damals sehr konkret erfahren. Sie konnten Jesus um Heilung für ihre Augen bitten und wurden prompt erhört. Solche Wunder sind heute, jedenfalls hierzulande, leider sehr selten. Aber auch hierzulande will Jesus Heilung schenken, für kranke Ehen, für verletzte Seelen, für körperliche Leiden, auch mit Hilfe von Arzt und Medizin. Nennen wir ihm nur unsere Not wie die Blinden damals und bauen wir nur darauf, dass er sich dieser Not auch annehmen wird.

Er ist unser Herr. Das ist jetzt mehr als der Arzt, der nur in Nöten angerufen wird. Das ist jetzt der Meister, dem wir uns anschließen und dem wir nachfolgen wollen wie die geheilten Blinden am Schluss dieser Geschichte. Dann sehen wir über unserem Leben nicht mehr den Zufall oder das Schicksal, sondern den Weg, auf dem Jesus uns vorangeht. Und dann tun wir gut daran, auf diesem Weg konsequent an ihm festzuhalten und ihm die volle Autorität über unser Leben einzuräumen. Denn: *Er ist unser Herr.*

Ordne unsern Gang, Jesu, lebenslang.
Führst du uns durch raue Wege,
gib uns auch die nöt'ge Pflege;
tu uns nach dem Lauf deine Türe auf.
    (Nikolaus Ludwig Graf von Zinzendorf)

Matthäus 21, 1–11 25. März

Aber eine große Menge breitete ihre Kleider auf den Weg, andere hieben Zweige von den Bäumen und streuten sie auf den Weg; (V 8)

Heute rollt man den roten Teppich aus, wenn ein Staatsbesuch eintrifft. Dasselbe bedeuteten die Umhänge, die damals vor Jesus ausgebreitet wurden. Er wurde wie ein König empfangen:

Ein König ohne Heere. Jeder andere König festigt seine Macht mit militärischen Mitteln. Jesus auf seinem Eselsfohlen ist dagegen der Inbegriff der Gewaltlosigkeit. Als er kurz nach diesem triumphalen Einzug in Jerusalem verhaftet wurde, hat er ausdrücklich jede Gewaltanwendung zu seinem Schutz abgewiesen (Matthäus 26, 51–56), und als er dann absolut wehrlos an einem Kreuz hängen musste, hat er gerade damit die schlimmsten Feinde, den Tod und den Teufel, für immer überwunden. Das alles wird offenbar werden, wenn er – wie angekündigt – noch einmal auf dieser Erde erscheint. Dann ist er der König, und zwar:

Ein König ohne Grenzen. Das Friedensreich, das er uns bringen wird, wird sich dann über alle Welt erstrecken. Die Erlösung, die er bringt, ist dann wirklich global. In aller Welt wird man unter seiner Herrschaft aufleben.

Leider ist es noch nicht so weit. Aber wir müssen trotzdem nicht warten, bis das alles geschieht. Jesus will schon heute bei uns einkehren und in unserem Leben etwas von der Wohltat wahr werden lassen, die sein Kommen einmal in aller Welt bewirken wird. Lassen wir ihn nur bei uns ein. Damals haben die Leute ihre eigenen Mäntel vor ihm ausgebreitet. Heute geben wir ihm etwas von unserer Zeit, um mit ihm Gemeinschaft zu haben; wir zeigen ihm unsere Liebe, indem wir Opfer für ihn bringen. Breiten wir nur vor ihm aus, was wir haben. Auf diesem Weg kommt der König auch zu uns.

Auf, ihr betrübten Herzen, der König ist gar nah!
Hinweg all Angst und Schmerzen, der Helfer ist schon da!
Seht, wie so mancher Ort hochtröstlich ist zu nennen,
da wir ihn finden können in Nachtmahl, Tauf und Wort.
   (Johann Rist)

26. März Matthäus 21, 12–17

Und es gingen zu ihm Blinde und Lahme im Tempel. (V 14)

Der jungen Frau zog es den Boden unter den Füßen weg: Soeben hatte sie – zusammen mit anderen Muttis – ihr Neugeborenes über das Taufbecken gehalten; jetzt sagte der Pfarrer: „Und nun treten die verheirateten Mütter zur Segnung an den Altar." Das galt ihr. Sie hatte keinen Vater für ihr Kind. Jetzt war sie öffentlich bloßgestellt. Ihr Kind durfte getauft werden, aber sie war von der Segnung ausgeschlossen. So geschehen vor 90 Jahren in einer evangelischen Kirche. Die junge Frau war meine Tante.

Bei Jesus wäre ihr das nicht passiert. Freilich, laut Bibel gehört der Geschlechtsverkehr in den Schutzraum der Ehe (Lukas 1, 34 und 1. Korinther 7,9) und soll nicht davor oder daneben gesucht werden. Aber wenn das geschehen ist, erfährt man bei Jesus nicht Verachtung, sondern Vergebung (Johannes 8, 3–11), und wenn dabei ein Kind entstanden ist, das jetzt ohne Vater aufwachsen muss, braucht die Mutter in besonderer Weise den Segen Gottes. Und diesen Segen hätte Jesus ihr nie verweigert.

Das zeigt uns die heutige Bibellese. Sie handelt von Blinden und Lahmen. Sie waren damals genauso verachtet wie vor 90 Jahren eine ledige Mutter in unserer Kirche und durften deshalb den Tempel nicht betreten. Aber als Jesus dort aufgeräumt hatte (V 12+13), da hat er auch mit der Verachtung von Kranken und Benachteiligten aufgeräumt, da durften die „Mühseligen und Beladenen" zu ihm kommen (Kapitel 11, 28) und Erquickung erfahren.

Und wie verfahren wir heute in unserer Kirche? – Zum Glück nicht mehr so, wie vor 90 Jahren. Aber sind deshalb unsere Türen schon weit genug geöffnet für die, die am Rande der Gesellschaft leben? Wir sollten ihnen allerdings nicht nur eine Tasse Tee und einen Platz zum Aufwärmen geben; wir sollten ihnen den Weg zum Herzen Jesu zeigen. Denn nur bei ihm kann ihre verwundete Seele wirklich heil werden.

Deswegen schickst du auf die Straßen, zu laden alle, die man findet;
du willst auch die berufen lassen, die blind und lahm und Krüppel sind.
    (Friedrich Konrad Hiller)

Matthäus 26, 1–16   **27. März**

(Wir überschlagen ein Stück im Matthäus-Evangelium und holen das später nach. Heute lesen wir in Kapitel 26 weiter:)

Eine Frau hatte ein Glas mit kostbarem Salböl und goss es auf sein Haupt. Die Jünger sprachen: Wozu diese Vergeudung? (aus V 7. 8)

Ich liebe das Erzgebirge. Ich kenne dort Menschen, die auffallend fleißig und auffallend sparsam sind. Und ich kenne dort Kirchen, die auffallend schön und auffallend einladend sind. Die Menschen sollen sich dort wohlfühlen, wenn sie auf Gott hören, und Gott soll sich dort wohlfühlen, wenn er sie segnet. Deshalb wird bei der Renovierung nicht gespart. Für Jesus ist das Beste gerade gut genug.

Dasselbe wird auch jene Frau gedacht haben, die so wertvolles Salböl über Jesus ausgoss. Das muss ein Vermögen gekostet haben! Entsprechend befremdet waren die Jünger: „Wozu diese Vergeudung?" Die Frau weiß es besser: Für Jesus ist das Beste gerade gut genug. – Wusste sie, dass er auf dem Weg war, sein ganzes Leben hinzugeben mit seinem Tod am Kreuz, um uns damit aus unserer selbstverschuldeten Gottesferne herauszuholen und für Gott zurückzukaufen? Wusste sie, dass wir allein ihm das Glück des ewigen Lebens bei Gott verdanken?

Und wissen wir das eigentlich? Und wenn ja – wie können wir ihm dafür danken? Kostbares Parfüm können wir ihm nicht mehr bringen, aber „Vergeudung für Jesus" gibt es auch heute. Wenn jemand auf einen lang gehegten Wunsch verzichtet und das dafür angesparte Geld an ein christliches Werk spendet; wenn andere jeden Monat ein Zehntel ihrer Einkünfte für Gott opfern; wenn Christen die erste Stunde eines jeden Tages für die Bibel und das Gebet reservieren, ist das nicht immer „Vergeudung"? – Die, die das tun, werden antworten: Für Jesus ist das Beste gerade gut genug.

Wir entsagen willig allen Eitelkeiten, aller Erdenlust und Freuden;
da liegt unser Wille, Seele, Leib und Leben, dir zum Eigentum ergeben.
Du allein sollst es sein, unser Gott und Herre, dir gebührt die Ehre.
    (Gerhard Tersteegen)

28. März — Matthäus 26, 17–30

Nehmet, esset; das ist mein Leib. Und trinket alle daraus; das ist mein Blut des Bundes, das vergossen wird für viele zur Vergebung der Sünden. (aus V 26 bis 28)

„Mir brummt der Schädel", sagte ich als Student zu einem 17-jährigen Freund, „ich soll eine Hausarbeit über das Heilige Abendmahl schreiben. Ich musste so viele Bücher lesen, dass jetzt alles in mir durcheinandergeht." – „Von deinem schlauen Studentenkram verstehe ich ja gar nichts", meinte er, „ich weiß nur eins: Im Abendmahl ist Jesus mir ganz besonders nahe." Und, sehen Sie, *das* habe ich mir gemerkt. Die ganze Professoren-Weisheit habe ich vergessen, aber den Satz eines 17-Jährigen weiß ich noch heute: „Im Abendmahl ist Jesus mir ganz besonders nahe", und zwar:

Jesus für uns. Als er damals seinen Jüngern das Abendmahl reichte, dachte er an seinen bevorstehenden Kreuzestod und sagte ihnen, warum er sterben muss: „zur Vergebung der Sünden". Und wenn wir heute zum Abendmahl gehen, erfahren wir dasselbe. Die Sünden, die wir vor Gott bekennen, werden vergeben. Das zeigt uns Jesus im Abendmahl.

Jesus in uns. Wenn über den Oblaten gesagt wird „das ist mein Leib" und über dem Kelch „das ist mein Blut", dann heißt das: Das ist er selbst, dann nehmen wir beim Essen und Trinken ihn selber in uns auf, wie Paulus: „Ich lebe, doch nun nicht ich, sondern Christus lebt in mir" (Galater 2,20).

Jesus vor uns. Er hat beim ersten Abendmahl nicht nur an seinen Tod gedacht, sondern auch an die Ewigkeit. Dann wird er Abendmahl mit allen seinen Jüngern feiern. Und darauf können wir uns heute schon freuen.

Verstehen Sie das? – Ich nicht. Aber das brauchen wir auch gar nicht. Wir brauchen nur *eins* zu wissen: „Im Abendmahl ist Jesus mir ganz besonders nahe."

Herr, komm in mir wohnen, lass mein' Geist auf Erden
dir ein Heiligtum noch werden; komm, du nahes Wesen,
dich in mir verkläre, dass ich dich stets lieb und ehre.
Wo ich geh, sitz und steh, lass mich dich erblicken
und vor dir mich bücken. (Gerhard Tersteegen)

Matthäus 26, 31–35   29. März

In dieser Nacht wirst du mich dreimal verleugnen. (V 34)

„… und wenn mal was ganz Schlimmes passiert ist", habe ich zu unseren Töchtern gesagt, „dann dürft ihr zu uns kommen; wir werden nicht schimpfen." Das hieß: Wir werden ihnen unsere Liebe niemals entziehen; komme, was da mag. Dafür haben wir ein großes Vorbild, nämlich Jesus. Er wusste schon vorher, dass Petrus ihn dreimal verleugnen würde. Und wie ist er damit umgegangen?

Er hat ihn nicht verpflichtet. Er wusste ja, wie schnell der Glaube ins Wanken kommen kann, wie schnell auch der „Felsenmann Petrus" (Kapitel 16,18) Angst kriegen kann (Kapitel 14,30), und er hat ihn nicht verpflichtet, in der kommenden Versuchung stark zu bleiben.

Er hat ihn nicht verurteilt. Die Verleugnung durch Petrus hat Jesus sehr wehgetan. Sie hat die Schmerzen vergrößert, die ihm zugefügt worden sind. Aber er hat ihn dafür nicht verurteilt. Er hat ihn daran erinnert (Johannes 21, 17), aber er hat ihm vergeben.

Er hat ihn nicht verstoßen. Eine besondere Bestimmung hat auf Petrus gelegen (Matthäus 16,18; Lukas 22, 32); und diese Bestimmung hat sich an ihm erfüllt (Apostelgeschichte 2,14 und 15,7). So sehr er durch die Verleugnung Jesus wehgetan hat; seine hohe Bestimmung ist ihm erhalten geblieben. Jesus hat ihn nicht verstoßen.

Dasselbe sollen auch wir erleben. Wohl werden wir in der Bibel immer wieder dazu ermahnt, in unserem Glauben nicht zu wanken und an unserem Bekenntnis festzuhalten; aber wenn wir dennoch schwach geworden sind, dann haben wir zwar ihm (und uns!) sehr wehgetan, aber seine Liebe und sein Segen bleibt uns auch dann in vollem Maße erhalten.

Barmherzig, gnädig, geduldig sein,
uns täglich reichlich die Schuld verzeihn,
heilen, stillen, trösten, erfreun und segnen
und unsrer Seele als Freund begegnen, ist deine Lust.
   (Christian Gregor)

30. März   Matthäus 26, 36–46

Da sprach Jesus zu ihnen: Meine Seele ist betrübt bis an den Tod; bleibt hier und wacht mit mir! (V 38)

„Bitte, hilf mir beten", habe ich in einer ganz konkreten Not an eine Frau geschrieben, die in einer bewussten persönlichen Bindung an Jesus lebt. Und – ich bin nicht enttäuscht worden.

Dieselbe Bitte hat Jesus damals an seine drei vertrautesten Jünger gerichtet, als er in einer unbeschreiblich viel größeren Not gewesen ist, und – er *ist* enttäuscht worden. Als er den Beistand seiner Gefährten am dringendsten gebraucht hätte, da haben sie … geschlafen! Was für eine Enttäuschung! Was für ein Schmerz!

Wie mag es Jesus jetzt mit uns gehen, wenn wir ihn in der Bibel auf seinem schweren Weg zum Kreuz begleiten wollen? – Man soll sich ja nicht künstlich in die damalige Situation hineinversetzen wollen, das gäbe nur Krampf, aber man soll die Berichte der Bibel auch nicht nur wie eine erschütternde Geschichte aus vergangenen Zeiten lesen. Wir sollen schon merken, dass diese Ereignisse etwas mit uns zu tun haben; dass sie geschehen sind, um uns von unserer Schuld vor Gott zu befreien. Wenn Jesus dieses schwere Opfer nicht auf sich genommen hätte, dann hätten wir keine Aussicht auf Gottes Gnade, dann wäre uns die Tür zu Gott für immer verschlossen.

Nehmen wir dies in den Blick, wenn wir die erschütternden Berichte von dem Leiden Jesu lesen. Wir brauchen heute nicht für ihn zu beten, wie es damals die Jünger hätten tun sollen, aber wir sollten die Ereignisse von damals nicht gedankenlos hinnehmen. Wir haben allen Grund, Jesus von ganzem Herzen dafür zu danken, dass er diesen schweren Weg um unseretwillen gegangen ist. Unser Dank dafür sollte nie verstummen.

> *Herr Jesu, deine Angst und Pein und dein betrübtes Leiden*
> *lass mir vor Augen allzeit sein, die Sünde zu vermeiden.*
> *Lass mich an deine große Not und deinen herben, bittern Tod,*
> *dieweil ich lebe, denken.*
>
>   *(Tobias Clausnitzer)*

Matthäus 26, 47–56   31. März

Da traten sie heran und legten Hand an Jesus. (V 50)

Er hat Kranke geheilt und sogar Tote aufgeweckt; er hat einen Orkan zum Schweigen gebracht und 5.000 Menschen zu essen gegeben. Kleinen Kindern hat er zärtliche Liebe geschenkt; aber die Händler im Tempel hat er achtkantig rausgeschmissen. Seine Gegner hat er schlagfertig entwaffnet, und sogar für die Sorge um das Geld für die Tempelsteuer fand er die Lösung. Er ist eben Gottes Sohn, mit allen Vollmachten ausgestattet, die der Vater besitzt.

Und jetzt lässt er sich von einem Haufen schlecht bewaffneter Schergen festnehmen und abführen wie ein Schwerverbrecher. Eben hat er noch von 12 Legionen Engeln gesprochen; jetzt sind sogar seine eigenen Jünger ausgerissen. Und er ist der Willkür seiner Gegner wehrlos ausgeliefert. Von der Souveränität, mit der er bisher jedem Problem entgegengetreten ist, ist nichts mehr zu sehen.

Und dabei ist er jetzt auf dem direkten Weg zum größten Wunder seiner Erdentage. Er wird qualvoll an einem Kreuz sterben müssen, aber er wird siegreich aus dem Tod wieder auferstehen. Und damit wird er den Tod entmachten und den Teufel in seine Schranken weisen. Er wird allen seinen Nachfolgern die Vergebung ihrer Sünden ermöglichen und ihnen damit den Zugang aufschließen zu Gottes ewigem Reich. Hat er sich bisher bei Krankenheilungen und Totenauferweckungen immer nur an einzelnen Menschen verherrlicht und bei dem Speisungswunder nur an einem einzigen Abend die Menschen satt gemacht, so wird das Wunder, das er jetzt auf Golgatha vollbringen wird, allen seinen Nachfolgern zugutekommen und für alle Zeiten Gültigkeit haben. Wir werden nie aufhören können, ihm dafür zu danken. Am besten, wir fangen heute schon damit an.

Du großer Schmerzensmann, vom Vater so geschlagen,
Herr Jesu, dir sei Dank für alle deine Plagen:
für deine Seelenangst, für deine Band und Not,
für deine Geißelung, für deinen bittern Tod.
    (Adam Thebesius)

1. April   Matthäus 26, 57–68

Was ist euer Urteil? Sie sprachen: Er ist des Todes schuldig. (V 66)

Als nach dem Ende des Zweiten Weltkrieges die obersten Nazi-Bonzen vor dem Nürnberger Kriegsverbrecher-Tribunal für ihre millionenfachen Grausamkeiten angeklagt wurden, haben sie doch tatsächlich die Stirn besessen, auf alle Vorwürfe mit „nicht schuldig" zu antworten.

Als Jesus sich vor der religiösen Aufsichtsbehörde für seine Worte und Taten verantworten sollte, hat er mit keiner Silbe versucht, das Urteil gegen sich abzumildern. Er hat die böswilligen Verleumdungen seiner Feinde nicht entlarvt und ihre haltlosen Anschuldigungen nicht entkräftet. Hatte er bis dahin in jedem Streitgespräch die raffiniertesten Fangfragen seiner Gegner oft mit einem einzigen Wort zunichtemachen können, so hat er jetzt, wo es doch für ihn um Leib und Leben ging, nur geschwiegen.

Erst, als der Hohepriester selbst das Wort ergriff und ihn nach seinem Selbstverständnis fragte, brach er sein Schweigen und bekannte sich unumwunden zu seiner Sendung als Messias und Sohn Gottes. – Ja, wusste er denn gar nicht, dass diese Worte als reine Gotteslästerung aufgefasst werden würden? Wusste er denn gar nicht, dass er damit sein eigenes Todesurteil gesprochen hatte?

Doch, das wusste er. Und genau deshalb tat er das. Denn der Tod am Kreuz war ja nicht sein Schicksal oder sein Verhängnis, sondern sein Auftrag. Und der war bei Gott beschlossene Sache, lange bevor die Tempelpriester den ersten Argwohn gegen ihn hegen konnten. Jahrhunderte vorher hatte Gott das schon aussprechen lassen: „Mein Angesicht verbarg ich nicht vor Schmach und Speichel" (Jesaja 50,6); und als das jetzt geschah (V 67), da war er mitten auf dem Weg, der ihm von Gott verordnet worden war, allein zu unserer Rettung.

Du wirst gegeißelt und mit Dorn gekrönt,
ins Angesicht geschlagen und verhöhnt.
Du wirst mit Essig und mit Gall getränket,
ans Kreuz gehenket.
    (Johann Heermann)

Matthäus 26, 69–75   2. April

Da fing er an, sich zu verfluchen und zu schwören: Ich kenne den Menschen nicht. Und alsbald krähte der Hahn. (V 74)

Petrus tut mir leid. Er wird von vielen Christen dafür gescholten, dass er seinen Herrn verleugnet hat. Aber waren die anderen Jünger vielleicht mutiger? Sie sind gar nicht erst bis zum Palast des Hohenpriesters (V 58) mitgekommen. Petrus war der einzige, der – wenigstens von weitem – das Geschehen um Jesus verfolgen wollte. Was dann geschah, fasse ich so zusammen:

Er sorgt sich, nämlich um Jesus und um sein Schicksal. Diese Sorge müssen wir heute nicht mehr haben. Unsere Sorge soll stattdessen denen gelten, die in anderen Ländern wegen ihres Glaubens an Jesus verhaftet und gefoltert werden. Wer konkrete Einzelschicksale erfährt, kann an die Botschaft dieses Landes in Berlin schreiben und für die Freilassung dieses Christen plädieren. Je mehr das tun, umso weniger wird die dortige Regierung solche Eingaben ignorieren können.

Er kennt sich. Petrus hatte ja von Jesus ein hohes Amt bekommen (Kapitel 16, 18+19). Durch eine solche Beförderung kann man schnell hochmütig und eingebildet werden. Aber sein Versagen in jener Nacht hat ihn davor bewahrt. Jetzt hat er seine eigene Erbärmlichkeit kennengelernt. Jetzt kann er sein hohes Amt nur in tiefer Bescheidenheit ausüben.

Er schämt sich. Er denkt an die Warnung Jesu und weint aus Scham und Reue (V 75). Diese Scham öffnet ihm die Tür zur Vergebung und zum neuen Anfang (Johannes 21, 15–17). Solche Scham lernt jeder Christ kennen, dem sein eigenes Verschulden bewusst wird. Wer mit dieser Scham zu Jesus kommt und ihm das ganze Versagen bekennen kann, den erwartet bei Jesus kein einziger Vorwurf, sondern nur die reine Barmherzigkeit.

Kommet alle, kommet her, kommet, ihr betrübten Sünder!
Jesus rufet euch, und er macht aus Sündern Gottes Kinder.
Glaubets doch und denket dran: Jesus nimmt die Sünder an.
   (Erdmann Neumeister)

3. April   Matthäus 27, 1–10

Und er warf die Silberlinge in den Tempel und erhängte sich. (V 5)

Sagen Sie, hatte Judas seinen Meister nicht extra dazu verraten, dass er verhaftet würde? Woher kommt jetzt sein plötzlicher Sinneswandel? – Zu allen Zeiten hat man darüber gegrübelt und keine schlüssige Antwort gefunden. Ich kann nur sagen: Petrus hat nach der Verleugnung Jesu einen Neu-Anfang geschenkt bekommen (Johannes 21, 15). Diese Chance hat es für Judas nicht gegeben. Er hatte sich das Leben genommen.

Ein Selbstmord ist immer ein unbeschreiblich tragisches Geschehen. Wir können nie ermessen, was für eine abgrundtiefe Verzweiflung den Menschen zu diesem schrecklichen Schritt getrieben hat. Deshalb dürfen wir keinen Selbstmord, wenn er geschehen ist, verurteilen. Wenn aber jemand *davor steht* und diese Absicht auch irgendwie andeutet, dann dürfen wir nicht schweigen. Ein Selbstmord-Plan kann ein verzweifelter Hilferuf sein, ein letzter Schrei nach Beachtung und Beistand, nach Verständnis und Zuwendung. Wer diese Not erkennt und darauf zutreffend antworten kann, kann damit vielleicht einen unglücklichen Menschen vor diesem schlimmen Plan bewahren.

Deshalb sei jedem, der in seiner Qual keinen anderen Ausweg weiß, dringend empfohlen: Suchen Sie sich unbedingt einen Menschen, dem Sie sich anvertrauen können. Gehen Sie zum Arzt oder zum Pfarrer oder zu jemandem, der Ihnen wohlgesonnen ist. Oder rufen Sie die Telefon-Seelsorge an (0800 – 111 0 111 bzw. 0800 – 111 0 222). Hauptsache, Sie können sich irgendwo einmal aussprechen. Das kann der erste Schritt sein aus Ihrem Elend und damit zu einem neuen Anfang Ihres ganzen Lebens.

Jesu, hilf siegen! Wenn alles verschwindet
und ich mein Nichts und Verderben nur seh,
wenn kein Vermögen zum Beten sich findet,
wenn ich vor Angst und vor Zagen vergeh,
ach Herr, so wollst du im Grunde der Seelen
dich mit dem innersten Seufzen vermählen.
  (Johann Heinrich Schröder)

Matthäus 27, 11–14 　　　　　　　　　　　　　　　　　　　4. April

Bist du der König der Juden? Jesus aber sprach: Du sagst es! (V. 11)

Auf dem Balkon vom Palast steht die norwegische Königsfamilie mit ihren Kindern und Enkeln, alle in festlicher Kleidung. Die prächtigste Gala-Uniform, geschmückt mit den höchsten Orden und Ehrenzeichen, gibt zu erkennen: Das ist der König!

Am Kreuz von Golgatha hängt ein Sterbender, aller seiner Kleidung beraubt, aber bedeckt mit den Spuren einer unmenschlichen Folter, von seinen Anhängern verlassen, aber umgeben von sensationslüsternen Gaffern, die sich an seinen Qualen weiden. Und über dem Kopf des Gepeinigten ein Schild: „Jesus von Nazareth, König der Juden."

Was für ein König! – Ja, sagt uns heute unsere Bibellese. Er hat sich selber dazu bekannt. Und er hat sein Amt bei seinem schmachvollen Kreuzestod nicht eingebüßt, sondern angetreten. Beweis: Seine siegreiche Auferstehung am Ostermorgen. Da hatte er den Tod überwunden und den Teufel in seine Schranken gewiesen. Sechs Wochen später ist er in die unsichtbare Welt Gottes zurückgekehrt und herrscht seitdem unangefochten über alle, die sich aus freien Stücken seiner Autorität unterstellen.

Mehr noch: Es wird der Tag kommen, an dem er sichtbar auf diese Erde wiederkommen wird. Dann wird alle Welt ihn als ihren König erkennen, und zwar als den einzigen König über alle Reiche und Nationen. Und in seinem Glanz wird alle Pracht von irdischen Königshäusern restlos verblassen. Das kann sich noch keiner vorstellen, aber das können wir trotzdem schon wissen.

Du wirst, Herr der Herrlichkeit, ja wohl müssen sterben,
dass des Himmels Ewigkeit ich dadurch mag erben.
Aber ach, wie herrlich glänzt deine Kron von ferne,
die dein siegreich Haupt bekränzt, schöner als die Sterne.
　　(Abraham Kiesel)

5. April Matthäus 27, 15–30

Sein Blut komme über uns und unsere Kinder! (V 25)

Jahrhunderte lang hat sich in der Kirche hartnäckig die Ansicht gehalten, die Juden hätten Jesus gekreuzigt. Vielleicht hat diese Behauptung auch mit dazu beigetragen, dass früher in der Kirche, jedenfalls teilweise, die Diffamierung der Juden widerspruchslos hingenommen wurde, worauf schließlich ihre millionenfache Ermordung im Nazi-Deutschland erst möglich geworden ist. Trotzdem: Diese Behauptung ist falsch. Jesus ist nachweislich vom römischen Gouverneur (wenn auch wider besseres Wissen) zum Tode verurteilt und von römischen Soldaten ans Kreuz genagelt worden.

Aber haben die Juden mit dem oben zitierten Ausruf nicht selber die Kreuzigung Jesu gefordert und somit letztendlich auch veranlasst? – Ich antworte wieder: Nein. Aus dem ganzen Prozess um Jesus leuchten in allen Einzelheiten die Weissagungen aus dem Jesaja-Buch hervor, besonders deutlich heute in Vers 30 (entspricht Jesaja 50,6). Und in Jesaja 53,5 finden wir schon die Ursache für dieses entsetzliche Leiden: „Er ist um unserer Missetat willen verwundet und um unserer Sünde willen zerschlagen. Die Strafe liegt auf ihm, auf dass wir Frieden hätten, und durch seine Wunden sind wir geheilt." So waren es nicht aufgeputschte Juden, die Jesus ans Kreuz brachten, sondern unsere eigenen Sünden, also wir selbst.

Deshalb tun wir gut daran, den oben zitierten Satz auf uns zu beziehen, und zwar in doppelter Hinsicht: Wir sind schuld am Blut Jesu (=*an* seinem Tod), und wir sind erlöst durch das Blut Jesu (=*durch* seinen Tod). Sein „Blut", also sein Tod, bringt uns nicht nur die Vergebung unserer Sünden, sondern auch die Rettung aus dem Würgegriff des Satans. So gesehen, dürfen wir dankbar bekennen: „Sein Blut komme über uns und unsere Kinder."

Solang ich noch hienieden bin,
so ist und bleibet das mein Sinn:
Ich will die Gnad in Jesu Blut
bezeugen mit getrostem Mut.
  (Nikolaus Ludwig Graf von Zinzendorf)

Matthäus 27, 31–44　　　　　　　　　　　　　　　　　6. April

Als sie ihn aber gekreuzigt hatten, verteilten sie seine Kleider und warfen das Los darum. (V 35)

Wenn damals Schwerverbrecher gekreuzigt wurden, haben sie anfangs ihre Henker gotteslästerlich verflucht, dann hörte man gellende Schreie, dann nur noch jämmerliches Stöhnen. Von Jesus berichtet uns Matthäus in dieser Hinsicht gar nichts. Der Kreuzestod ist sein größter und bedeutsamster Auftrag gewesen. Damit sollte er das ganze Verhängnis auf sich laden, das seit dem Sündenfall auf den Menschen liegt und aus dem sie sich mit eigener Kraft niemals befreien konnten, und ihnen die ungetrübte Harmonie mit dem Himmlischen Vater ermöglichen. Ein Werk von ewiger Bedeutung.

Heute wird uns das in der Bibel geschildert. Im ganzen Evangelium, das wir bisher gelesen haben, wird uns dieses entscheidende Geschehen immer wieder vor Augen gestellt, da kommen wir beim Lesen diesem epochalen Ereignis immer näher. Jetzt sind wir an diesem wichtigen Punkt angelangt. Und wie wird es uns von Matthäus beschrieben? – „Als sie ihn aber gekreuzigt hatten", das ist alles. Das ist die Hauptsache der ganzen Bibel. Auf diesem Geschehen fußt die ganze Heilsgeschichte. Und das wird von Matthäus in einem einzigen kurzen Nebensatz genannt, wie nebenbei gestreift. Alle anderen Ereignisse, die vor und unter dem Kreuz passiert sind, werden genau und ausführlich geschildert, aber die Hauptsache, Jesus selber, kommt gerade mal in einem kurzen Nebensatz vor.

Das hat einen guten Grund. Denn das, was Jesus in diesen entsetzlichen Stunden gelitten hat, lässt sich mit menschlichen Worten nicht beschreiben. Das kann ich einfach nicht ermessen. Aber ich werde ihm in alle Ewigkeit dafür dankbar sein.

Drum sag ich dir von Herzen jetzt und mein Leben lang
für deine Pein und Schmerzen, o Jesu, Lob und Dank,
für deine Not und Angstgeschrei,
für dein unschuldig Sterben, für deine Lieb und Treu.
(Justus Gesenius)

7. April Matthäus 27, 45–56

Aber Jesus schrie abermals laut und verschied. (V 50)

„Der Sünde Sold ist der Tod", hat Paulus im Römer-Brief geschrieben (Römer 6, 23). Dabei bedeutet „Sünde" nicht einfach eine böse Tat (die natürlich auch), sondern zu allererst die Gesinnung eines Menschen, der gar nicht auf den Gedanken kommt, in seinem Leben nach Gott zu fragen. Wie andere Leute sein Verhalten beurteilen, spielt gar keine Rolle. Gott nennt ein Leben ohne ihn immer Sünde. Und die Sünde führt nun mal zum Tod. Damit ist nicht die Sterbe-Stunde gemeint, sondern die ewige Gottes-Ferne danach.

Davor wollte Gott uns um jeden Preis bewahren. Deshalb hat er nicht sein Gesetz geändert, sondern seinen Sohn gesandt. Er sollte den Preis zahlen, den unsere Sünde fordert. Und dieser Preis war der Tod. Heute steht uns das ganz konkret vor Augen. Er ist bei lebendigem Leibe an ein Holzkreuz genagelt worden und hat dort vor aller Augen unter unsäglichen Qualen sterben müssen. Damit hat er genau den Tod erlitten, den wir verdient hätten. Ich meine nicht die grausame Folter, sondern die furchtbare Trennung von Gott, die er am Kreuz erleiden musste. Das hatte er nicht verdient. Das hatten *wir* verdient. Und das hat er stellvertretend für uns auf sich genommen. Er hat für uns bezahlt.

Fühlen Sie sich angesprochen? Können Sie das „für uns" jetzt auch auf sich beziehen? – Welche Vergehen Ihr Gewissen Ihnen jetzt auch vorhält, über welche Taten oder Versäumnisse Sie sich auch vor Gott schämen müssen, Sie dürfen alle diese Anklagepunkte im Gebet vor Gott zur Sprache bringen und dazu sagen: „Dafür hat dein Sohn Jesus am Kreuz bezahlt." Dann gilt Ihnen das oben zitierte Paulus-Wort in seinem vollen Wortlaut: „Der Sünde Sold ist der Tod; die Gabe Gottes aber ist das ewige Leben in Christus Jesus, unserm Herrn."

Ach, das hat unsre Sünd und Missetat verschuldet,
was du an unsrer Statt, was du für uns erduldet.
Ach, unsre Sünde bringt dich an das Kreuz hinan;
o unbeflecktes Lamm, was hast du sonst getan?   (Adam Thebesius)

Matthäus 27, 57–66 8. April

Sie gingen hin und sicherten das Grab mit der Wache. (V 66)

In meinem Arbeitszimmer hängt eine Ikone aus Ägypten. Sie zeigt die Auferstehung Jesu: Der siegreiche Gottessohn wird in einem hellen Lichtkegel emporgehoben. An der Seite stehen die Frauen, die ihn noch hätten einbalsamieren wollen, und die Engel, die ihnen die Kunde von der Auferstehung gebracht hatten. Ganz unten kauern, klein und unscheinbar, die Wachtposten in tiefem Schlaf. – Die Botschaft dieses Bildes ist deutlich: Der Ostersieg Jesu lässt sich von keiner militärischen Macht aufhalten.

Dazu passt die heutige Bibellese. Sie zeigt mir: Die einzigen, die sich nach dem Tod Jesu an die Ankündigung seiner Auferstehung erinnerten, waren nicht seine Freunde, sondern seine Feinde (V 63). Sie wollten verhindern, dass die Jünger seinen Leichnam beseitigten, um dann behaupten zu können: Das Grab ist leer, er ist auferstanden! Deshalb baten sie um Posten vor der Höhle, in der er bestattet war. Das Gegenteil ist eingetreten. Denn wenn jemand heute die Auferstehung Jesu anzweifelt und sagt, seine Anhänger hätten den Leichnam irgendwie entsorgt und dann auf das leere Grab gezeigt, um seine Auferstehung zu begründen, antworte ich: Das ging nicht! Da haben Wachtposten davorgestanden! Als dann aber trotz der Wachtposten das Grab leer war, gab es keinen Zweifel: Hier muss Gott am Werk gewesen sein. So mussten ausgerechnet die Wachtposten dafür sorgen, dass die Nachricht von der Auferstehung Jesu absolut glaubwürdig ist.

Man sieht: Selbst den Argwohn seiner Gegner kann Gott brauchen für seine Absichten. Ja, wer sich dem allmächtigen Gott entgegenstellen will, der zieht am Ende immer den Kürzeren. Aber wer der Kunde von der Auferstehung Jesu Recht geben kann, zu dem wird Gott sagen: „Da hast du recht."

Dein Grab war wohl versiegelt, doch brichst du es entzwei;
wenn mich der Tod verriegelt, so bin ich dennoch frei.
Du wirst den Stein schon rücken, der auch mein Grab bedeckt;
da werd ich den erblicken, der mich vom Tod erweckt.
   (Benjamin Schmolck)

9. April — Matthäus 28, 1–10

Er ist nicht hier; er ist auferstanden, wie er gesagt hat. (V 6)

Ein farbenprächtiger Schmetterling sitzt auf einer Blüte und nascht von ihrem Nektar. Dann breitet er seine Flügel aus und lässt sich vom Sommerwind zu einer anderen Blume tragen. Früher war dieser schmucke Falter eine hässliche Raupe und konnte nur träge über Blätter und Äste kriechen. Wie konnte daraus so ein hübscher Schmetterling werden? – Sie wissen es schon: Die Raupe hat sich in einen erdfarbenen Kokon eingesponnen und blieb regungslos liegen. Eines Tages platzte dann die harte Schale, und der wunderschöne Schmetterling kam aus ihr hervor. Das nennt man Metamorphose (=Umwandlung).

Vielleicht kann dieses Beispiel uns helfen, das Wunder der Auferstehung Jesu zu begreifen. Bis zu seinem Tod war er, wie jeder Mensch, den Begrenzungen des irdischen Lebens unterworfen (Ausnahme: Matthäus 17, 1–13). Jetzt, nach seiner Auferstehung, lebt er ohne Ende und kann überall unsichtbar gegenwärtig sein. Das Leben nach seiner Auferstehung ist vollkommen anders als das Leben davor, aber es ist dieselbe Person.

Dieses Wunder ist zu allererst an Jesus geschehen. Das bezeugt uns die Bibel an vielen Stellen, auch in dem für heute vorgesehenen Kapitel, und die Christen feiern dieses Ereignis am Osterfest. Aber dabei soll es nicht bleiben. Mit seiner Auferstehung hat er für alle, die zu ihm gehören, dieselbe Möglichkeit geschaffen. Auch wir sollen einmal aus unserem Tod herauskommen wie der Schmetterling aus dem Kokon und dann in einer ganz neuen Seinsweise mit Jesus zusammen ewig leben. – Sie können sich das nicht vorstellen? Das macht nichts. Kann eine Raupe sich vielleicht vorstellen, dass sie einmal schwerelos durch die Lüfte gleiten wird?

Wir danken dir, Herr Jesu Christ,
dass du vom Tod erstanden bist
und hast dem Tod zerstört sein Macht
und uns zum Leben wiederbracht. Halleluja.
    (Nikolaus Herman, Thomas Hartmann)

Matthäus 28, 11–20 10. April

Und siehe, ich bin bei euch alle Tage bis an der Welt Ende. (V 20)

„Matthäi am letzten" hieß es früher, wenn man sagen wollte: „Es ist alles aus"; „wir sind am Ende"; „jetzt geht gar nichts mehr". Diese Redensart kam von der Kirche. Wenn vor über 100 Jahren ein Pfarrer unsere heutige Bibelstelle im Gottesdienst vorlesen wollte, dann sagte er nicht: „Das steht bei Matthäus im 28. Kapitel", sondern dann sagte er: „Das steht bei Matthäi am letzten".

Und was steht bei „Matthäi am letzten"? – „Siehe, ich bin bei euch alle Tage bis an der Welt Ende." Also nichts von Krisenstimmung und Mutlosigkeit, sondern ein starker Zuspruch, eine wirksame Ermutigung. Davor gibt Jesus seinen Jüngern einen großen Auftrag: „Machet zu Jüngern alle Völker" (V 19). Sie sollten das, was sie mit Jesus erlebt haben, nicht für sich behalten. Das geht jetzt alle etwas an, alle Menschen, in aller Welt.

Dieser Auftrag gilt für alle Zeit, bis heute. Heute müssen wir nicht mehr zu „allen Völkern" hingehen; die Völker kommen zu uns. Die Zahl der Flüchtlinge und Asyl-Suchenden in unserem Land wird immer größer. Ich sehe darin eine große Chance: Wir können denen, die in unser Land kommen, unseren Glauben bezeugen. Jesus ist auch für diese Menschen da. Bitten wir ihn nur um viel Phantasie und Liebe, ihnen dies vorleben zu können.

Und vergessen wir nicht: Der letzte Satz im Matthäus-Evangelium ist der beste. Jesus ist nach dem Ende seiner Erdentage nicht von seinen Jüngern weggegangen, sondern bei ihnen geblieben. Von jetzt ab unsichtbar, aber ebenso wirksam. Diese Zusage gilt unter allen Umständen „bis an der Welt Ende", also auch heute, auch für Sie. Wie es auch gerade jetzt um Sie bestellt sein mag, Sie sind niemals allein. Sie haben garantiert Jesus bei sich. So gesehen, ist heute auch bei Ihnen „Matthäi am letzten".

O des Tag's der Herrlichkeit! Jesus Christus, du die Sonne,
und auf Erden weit und breit Licht und Wahrheit, Fried und Wonne!
Mach dich auf, es werde Licht! Jesus hält, was er verspricht.
　　(Friedrich Adolf Krummacher)

11. April   Jakobus 1, 1–12

Selig ist der Mann, der die Anfechtung erduldet; denn nachdem er bewährt ist, wird er die Krone des Lebens empfangen. (V 12)

Wir stehen vor dem offenen Grab für unseren toten Enkel. Der Junge hat nach seiner Geburt gerade mal 26 Minuten gelebt; dann ist das kleine Herz stehengeblieben. Wir sehen seinen winzigen weißen Sarg; wir sehen seine beiden untröstlichen Eltern; und wir sehen nichts von der Liebe Gottes.

Solches Geschehen heißt in der Bibel Anfechtung. Da passieren Ereignisse, die wir mit dem, was wir von Gott wissen, einfach nicht in Einklang bringen können. Da steigen Gedanken in uns auf, die unser ganzes Vertrauen auf Gott ersticken wollen. Dann will uns alle Glaubenszuversicht verlassen.

Was dann? – Viele Menschen kehren in solchen Augenblicken Gott endgültig den Rücken. Ich kann sie nicht verurteilen. Ich muss aber trotzdem davor warnen. Denn dann hat man den einzigen Halt verloren, der in solchen Krisen noch tragen kann.

Der Jakobus-Brief rät uns heute das Gegenteil: Jetzt erst recht an Gott festhalten! So groß meine Zweifel auch sind – sie dürfen mir nicht verbieten, der Bibel trotzdem recht zu geben. Und wenn die Bibel mir bezeugt, dass Gott voller Liebe ist, dann will ich gegen allen Augenschein der Bibel recht geben und nicht meinen Enttäuschungen. Auch wenn ich Gott wirklich nicht verstehen kann, dann kann ich mich trotzdem noch an ihm festhalten. Glücklich (Jakobus sagt: „Selig") sind wir, wenn wir so auf diese Krisen reagieren können. Dann werden sie uns zu Bewährungsproben, aus denen wir im Glauben gestärkt und gefestigt hervorgehen können.

Und unsere Trauer um den verstorbenen Enkel? Die ist geblieben. Aber Gott ist auch geblieben. Er zeigt uns immer wieder, wie innig er uns liebt.

Ihn, ihn lass tun und walten! Er ist ein weiser Fürst
und wird sich so verhalten, dass du dich wundern wirst,
wenn er, wie ihm gebührt, mit wunderbarem Rat
das Werk hinausgeführt, das dich bekümmert hat.
    (Paul Gerhardt)

Jakobus 1, 13–18   **12. April**

Jeder, der versucht wird, wird von seinen eigenen Begierden gereizt und gelockt. (V 14)

Spätabends gehe ich durch die Straßen der Stadt. Da ist eine Konditorei! Das Schaufenster ist hell erleuchtet. Die leckersten Kuchen und Torten lachen mich an. Mir läuft schon das Wasser im Mund zusammen. Weit und breit ist kein Mensch zu sehen. Aber ein Ziegelstein liegt da, wie für mich hingelegt …

So etwas nennt man eine Versuchung. Und solche Versuchungen lauern überall. Für Kinder sind die Süßigkeiten in Mutters Küchenschrank eine Versuchung, für manche Frauen das neu eröffnete Schuh-Geschäft, für manche Männer das schäumende Bier. Und immer stehen wir vor einem Impuls, dem wir allzu gern folgen möchten, aber vor dem wir (zu unserem eigenen Besten!) dringend gewarnt werden.

Auch in der Bibel. Adam und Eva sind der Versuchung erlegen und haben dafür teuer bezahlt (1. Mose 3, 1–24); Jesus hat der Versuchung widerstanden und damit viel Segen bewirkt (Matthäus 4, 1–11), und sein leiblicher Bruder Jakobus warnt uns in diesem Brief davor. Ist Ihnen das Internet mit seinen Porno-Seiten eine Versuchung oder das Casino mit seinen Glücksspiel-Automaten, die attraktive Kollegin in der Firma oder die Aussicht auf das schnelle Geld bei einem krummen Geschäft? Was es auch sei – fragen Sie sich nur, ob Jesus Sie dabei beobachten dürfte, und Sie werden Ihre Versuchung entlarven. Und wenn Sie dann Jesus um seinen Beistand bitten, haben Sie den Sieger über die Versuchung schon auf Ihrer Seite.

Schaff in mir, Herr, den neuen Geist,
der dir mit Lust Gehorsam leist'
und nichts sonst, als was du willst, will;
ach Herr, mit ihm mein Herz erfüll.
    (Johann Friedrich Ruopp)

13. April   Jakobus 1, 19–27

Seid aber Täter des Worts und nicht Hörer allein. (V 22)

Meine Frau ist Krankenschwester. Ich lernte sie in der Klinik kennen nach einer Operation. Dort sagen Schwestern und Patienten grundsätzlich „Sie" zueinander. Als wir dann aber privat zusammen waren, habe ich sie gleich um das „Du" zwischen uns gebeten. Sie antwortete ganz erschrocken: „Ich kann Sie doch nicht duzen!" Das war eine kalte Dusche. – Vier Wochen später nahm ich allen meinen Mut zusammen und fragte sie noch einmal: „Wollen wir nicht vielleicht doch …?" Sie sagte nur „ja", und da schien die Sonne. Dieses kleine „ja" hat alles in mir verändert. Seitdem bin ich immer wieder bestrebt, ihr ganz praktisch zu zeigen, wie viel sie mir bedeutet.

Mit Gott geht es uns genauso. Er hat „Ja" zu uns gesagt. Deshalb dürfen wir „Du" zu ihm sagen. Das hören wir immer wieder aus seinem Wort.

Aber beim Hören kann es nicht bleiben. Wenn ich höre, dass Gott voller Liebe um mich bemüht ist, dann verstehe ich seine Ermahnungen nicht als lästige Gängelei, sondern als Hilfe zu einem gelingenden Leben; dann höre ich auch aus seinen Geboten lauter Liebe zu uns heraus, und dann richte ich mich schon deshalb nach seinen Weisungen, weil ich ihm damit zeigen will, wie hoch ich ihn schätze.

Freilich, dabei werden wir nie unfehlbar werden, aber dabei werden wir anders werden. Dann werden wir Menschen, denen das Wort Gottes viel bedeutet; so viel, dass es sich bemerkbar macht in unserem Tun und Lassen – zu unserem eigenen Besten und zu Gottes alleiniger Ehre.

> *Wohl denen, die da wandeln*
> *vor Gott in Heiligkeit,*
> *nach seinem Worte handeln*
> *und leben allezeit,*
> *die recht von Herzen suchen Gott*
> *und seine Zeugniss' halten,*
> *sind stets bei ihm in Gnad.*
>   *(Cornelius Becker)*

Jakobus 2, 1–13   **14. April**

Haltet den Glauben frei von allem Ansehen der Person. (V 1)

Es ist ein altes Lied: Privatpatienten kriegen beim Arzt viel schneller einen Termin als Kassenpatienten; wer es sich leisten kann, kauft sich alle drei Jahre ein neues Auto; und wer es bezahlen kann, fliegt im Flugzeug in der ersten Klasse. Der Mensch ist so viel wert, wie er Geld hat. Ist das nicht ungerecht?

Ja, das ist ungerecht. Gott sieht das auch so. Und deshalb geht es bei ihm gerecht zu. Wenn wir einmal vor ihm stehen werden, dann steht der Multi-Millionär neben dem Hartz-IV-Empfänger auf derselben Ebene. Dann gibt es wirklich die „klassenlose Gesellschaft", nach der die Welt sich schon so lange sehnt.

Aber warum erst „dann"? Wird uns Christen nicht vorgeworfen, wir vertrösten die Leute aufs Jenseits? – Der Jakobus-Brief tut das nicht. Unsere heutige Bibellese handelt sehr deutlich vom Diesseits, von der Gegenwart, und er ermahnt uns, die „klassenlose Gesellschaft" schon jetzt, auf Erden, Gestalt werden zu lassen, und zwar in unserer eigenen Gemeinde. Da gilt die oben abgedruckte Mahnung.

Und diese Mahnung ist heute genauso aktuell wie damals. Wer viel Geld hat, kann auch viel spenden. Schon ist er höher angesehen als der arme Schlucker, der nur kleine Münzen in die Kollekte gibt. Deshalb werden Reiche gern in die Gemeinde-Leitung aufgenommen. Dort können sie die Projekte, die sie beschließen, gleich mit bezahlen helfen. Aber dagegen sagt uns der Jakobus-Brief: Vor Gott gilt nicht das Bankkonto, sondern der Glaube; die Liebe zu Jesus und zu seiner Gemeinde. Und was vor Gott gilt, das soll auch in der Gemeinde gelten. So wird unser Gemeindeleben lebenswert.

Lass die Deinen noch auf Erden ganz nach deinem Herzen werden;
mache deine Kinder schön,
abgeschieden, klein und stille, sanft, einfältig, wie dein Wille,
und wie du sie gern willst sehn.
    (Gerhard Tersteegen)

15. April Jakobus 2, 14–17

So ist auch der Glaube, wenn er nicht Werke hat, tot in sich selber. (V 17)

Bitte, denken Sie jetzt nicht schlecht über mich: Ich sage selten zu meiner Frau: „Ich liebe dich". Warum? – Ich möchte ihr das lieber zeigen als sagen, das überzeugt sie mehr.

Genauso geht es uns mit Gott. Wenn ich sage: „Ich liebe Gott", aber keine Zeit finde, um auf ihn zu hören, dann kann ich mir das ganze schöne Bekenntnis sparen. Wenn ich sage: „Gott erhört Gebet", aber nie daran denke, zu ihm zu rufen, dann ist diese Aussage nichts wert. Und wenn ich sage: „Gott liebt alle Menschen", aber selber keinem einzigen etwas Gutes tun will, dann kann ich auch diese Behauptung vergessen.

Nichts anderes will uns unsere heutige Bibellese sagen. Wenn unser Glaube an Gott echt ist, dann wirkt er sich sichtbar aus in unserem Leben. Wohlgemerkt: Wir werden nie sündlos werden, aber wir können Menschen werden, an denen Gott seine Freude hat. Wenn unsere Beziehung zu ihm lebendig wird, dann stirbt der Egoismus, und dann erwacht die Liebe zu Gott und zu unseren Mitmenschen.

Ich habe die verwandelnde Kraft des Glaubens in meiner Ehe erfahren und im Umgang mit unseren Kindern; andere werden durch den Glauben an Gott zu friedfertigen und liebevollen Mitmenschen, in deren Umgebung man einfach nicht streiten kann; wieder andere werden durch ihre Bindung an Gott und sein Wort zu zuverlässigen und vertrauenswürdigen Arbeitskollegen, auf die keiner mehr verzichten möchte. In jedem Menschen wirkt der Glaube sich anders aus, aber in jedem *wirkt* er sich aus; anderenfalls wäre unser ganzer schöner Glaube tot.

Ein wahrer Glaube Gotts Zorn stillt,
daraus ein schönes Brünnlein quillt,
die brüderliche Lieb genannt,
daran ein Christ recht wird erkannt.
    (Nikolaus Herman)

Jakobus 2, 18–26   **16. April**

So seht ihr nun, dass der Mensch durch Werke gerecht wird, nicht durch Glauben allein. (V 24)

Er rutschte auf den Knien die große Freitreppe in Rom hinauf, um sich Gottes Erbarmen zu verdienen; er schlug mit einer Leder-Peitsche seinen Rücken blutig, um sich die Sünde aus dem Leib zu prügeln, und er fand keinen Frieden, Martin Luther als junger Mönch im Kloster. Und dann las er im Römer-Brief, „dass der Mensch gerecht wird ohne des Gesetzes Werke, allein durch den Glauben" (Römer 3, 28). Das war eine unvorstellbare Befreiung: Seine verzweifelten Bemühungen um Gottes Gnade konnte er vergessen; er brauchte nur dem Wort von der Liebe Gottes Glauben zu schenken, und schon gehörte sie ihm. Seitdem konnte er nicht mehr aufhören, zu predigen: Der Mensch wird vor Gott nicht durch seine Werke gerecht, sondern nur durch den Glauben.

Und jetzt lesen wir im Jakobus-Brief genau das Gegenteil (siehe oben). Ja, wer hat denn nun Recht? Paulus im Römer-Brief, oder Jakobus mit seinem Brief? – Antwort: Sie haben beide Recht: Paulus lehnt die Werke ab, die wir tun, um uns damit Gottes Gnade *zu verdienen*; und Jakobus zählt die Werke auf, die wir tun, um damit für Gottes Gnade *zu danken*. Paulus ist gegen die Werke, die wir tun, *damit* Gott uns gnädig ist; und Jakobus ist für die Werke, die wir tun, *weil* Gott uns gnädig ist. Also, sie haben beide Recht. Beweis: Sie berufen sich beide auf dasselbe Wort über Abraham im Alten Testament (Vers 23 entspricht Römer 4, 3; mehr dazu am 16. August in diesem Buch).

Und Martin Luther? – An ihm kann man sehen, zu wie viel guten Werken der dankbare Glaube an Gott fähig ist: Sein ganzes Lebenswerk ist die bleibende Frucht seiner befreienden Entdeckung von der Gnade Gottes.

Christus die Lieb' das Zeichen nennt,
daran man seine Jünger kennt;
in niemands Herz man sehen kann,
an Werken wird erkannt ein Mann.
    (nach Nikolaus Herman)

17. April   Jakobus 3, 1–12

So ist auch die Zunge ein kleines Glied und richtet große Dinge an. (V 5)

„WILLST DU MICH HEIRATEN?" stand in großen Lettern an einer Autobahn-Brücke. Leider stand nicht dabei, wie die Antwort ausgefallen ist.

Heute gibt es viele Möglichkeiten, jemanden anzusprechen, am Telefon oder per SMS, im Internet oder – auf einer Autobahn-Brücke. Jakobus kannte das alles nicht. Er kannte nur das gesprochene Wort (die „Zunge") oder das geschriebene Wort (seinen Brief). Für alle Worte aber, auch in den modernen Medien, gilt: Sie sollen aufbauen und nicht zerstören.

Das gilt zuallererst uns Predigern. Die Leute hören unsere Verkündigung als Wort von Gott. Daher haben wir eine besonders hohe Verantwortung. Können die Menschen von unseren Kanzeln den liebevollen Zuspruch Gottes empfangen oder die lieblose Kritik an ihrem Lebensstil? Unsere Predigt soll die Hörer trösten und ermutigen, und nicht belasten und erdrücken.

Jakobus spricht aber auch alle anderen Gemeindeglieder an. Wie lieblos und hässlich können wir über diejenigen reden, die gerade nicht da sind. Wollen Sie, dass man über Sie, wenn Sie nicht dabei sind, genauso hässlich spricht? – Hinzu kommen die elektronischen Medien. Da kann man, ganz anonym, über andere Menschen Schimpf und Schande bringen, ohne dafür jemals belangt zu werden. Damit sind schon manche in die Verzweiflung getrieben worden. Es ist erschütternd, wie viel Not unsere Worte bewirken können. Also, passen wir nur auf unser Mundwerk auf! Am besten, wir sprechen so über andere, wie die anderen über uns sprechen sollten, besonders in unseren Gemeinden. Man soll sich doch wohlfühlen in unseren Kreisen. Das gelingt am besten, wenn unser Reden und Tun geprägt ist von aufrichtiger Wertschätzung voreinander.

> *Verleihe mir das edle Licht, das sich von deinem Angesicht*
> *in fromme Seelen strecket und da der rechten Weisheit Kraft*
> *durch deine Kraft erwecket.*
>   *(Paul Gerhardt)*

Jakobus 3, 13–18   18. April

Die Frucht der Gerechtigkeit aber wird gesät in Frieden für die, die Frieden stiften. (V 18)

Martin Luther ist bekanntlich kein Freund vom Jakobus-Brief gewesen (siehe auch die Andacht zum 23. April). Er hat ihn im Neuen Testament extra so weit wie möglich nach hinten geschoben, als wollte er damit erreichen, dass die Leute ihn gar nicht mehr finden. Und dabei war Jakobus ein leiblicher Bruder von Jesus und muss ein führender Kopf in der jungen Christen-Gemeinde in Jerusalem gewesen sein. Sein Brief offenbart eine tiefe Gottes- und Menschen-Kenntnis, auch in dem für heute vorgesehenen Kapitel.

Hier geht es um das Leben von Gemeinden, in denen die leitenden Brüder von Ehrgeiz und Eifersucht beherrscht sind (V 14). Die Folgen sind „Unordnung und lauter böse Dinge" (V 16), man könnte auch sagen „Unfrieden und jede Art von Gemeinheit" (NeÜ, bibel.heute, Christliche Verlagsgesellschaft Dillenburg), mit anderen Worten: Ein Durcheinander, in dem jeder gegen jeden ist, und das deshalb, weil die Verantwortlichen die Gemeinde mit ihrer eigenen Klugheit führen wollten. Das Heilmittel für alle ist „die Weisheit von oben her" (V 17), also von Gott. Sie trägt die Wesenszüge Gottes in sich und gibt uns einen Vorgeschmack auf die Atmosphäre in Gottes ewigem Reich. Da gibt es nicht Ehrgeiz und Eigennutz, sondern Friedfertigkeit und Barmherzigkeit, mit einem Wort: Eine einzige Wohltat für alle.

Aber darauf müssen wir nicht warten. Wir können heute schon etwas davon erfahren, jedenfalls in unseren Gemeinden. Denn Gott will uns schon heute die Weisheit schenken, die allen Egoismus besiegt und seine Gesinnung in unser Herz legt. Menschen mit dieser Gesinnung können ihrer eigenen Gemeinde zum großen Segen werden.

Aller Weisheit höchste Fülle in dir ja verborgen liegt.
Gib nur, dass sich auch mein Wille fein in solche Schranken fügt,
worinnen die Demut und Einfalt regieret
und mich zu der Weisheit, die himmlisch ist, führet.
    (Johann Heinrich Schröder)

19. April Jakobus 4, 1–12

Naht euch zu Gott, so naht er sich zu euch. (V 8)

Jemand steigt in einen Omnibus: Rechte Hand am rechten Griff, rechter Fuß auf der unteren Tritt-Stufe. Aber dann geht es nicht weiter. Der linke Fuß bleibt unten auf dem Bordstein. Er geht nicht rein und nicht raus. Was passiert? – Gar nichts. Die Tür geht nicht zu, der Bus fährt nicht ab.

Das gibt es an keiner Haltestelle. Aber das gibt es bei vielen Christen. Sie wollen gerne „einsteigen" bei Gott; sie wollen gerne dazu gehören zu seinen geliebten Kindern; aber sie können sich nicht lösen von ihrem früheren Leben. Sie wollen gerne beides: Den Reichtum des Segens unter Gott und die Annehmlichkeiten des Lebens ohne Gott. Am Ende haben sie beides nicht.

Unsere Bibellese ist da heute sehr realistisch. Sie zeigt uns ein klares Entweder – Oder. Wie beim Omnibus: Entweder einsteigen oder draußen bleiben. Ein Mittelding gibt es nicht. Das bedeutet für unsere Beziehung zu Gott: Wer sich für ein Leben mit Gott entscheidet, hat sich damit gegen das Leben ohne Gott entschieden, gegen das Diktat von Gier und Neid, gegen den Genuss auf Kosten anderer und gegen die Herrschaft des Teufels. Das alles hat man rigoros hinter sich gelassen und dafür ein Leben eingetauscht, in dem die Güte Gottes konkret zu erleben ist und die Tür zur ewigen Seligkeit weit offen steht. Das alles spricht zu uns aus unserer heutigen Bibellese. Hier ist Jakobus sehr konsequent. Sind wir es auch – ?

Ach wie teur sind wir erworben,
nicht der Menschen Knecht zu sein!
Drum, so wahr du bist gestorben,
musst du uns auch machen rein,
rein und frei und ganz vollkommen,
nach dem besten Bild gebildt;
der hat Gnad um Gnad genommen,
wer aus deiner Füll sich füllt.
   (Gottfried Arnold)

Jakobus 4, 13–17 20. April

Wenn der Herr will, werden wir leben und dies oder das tun. (V 15)

An dem Tag, an dem ich diese Betrachtung schrieb, steckte ich in einer schlimmen persönlichen Bedrängnis. Ich wusste nicht, wie es mit mir weitergehen würde. Es stand einfach alles auf dem Spiel. – Heute, wenn Sie diese Zeilen lesen, ist die Krise glücklich überstanden, sonst hätte ich dieses Buch gar nicht herausbringen können. Aber damals war ich völlig hilflos. Und da bekam ich ausgerechnet diese Bibelstelle unter die Augen. Sie sagte mir klipp und klar in meine ausweglose Situation hinein: Gott hat einen Plan mit dir. Und das sagt Jakobus heute jedem, der in ähnlicher Weise angefochten ist wie ich:

Sein Plan ist fertig. Wir Christen sind die Kinder unseres guten Gottes. Und für jedes seiner Kinder hat Gott genaue Vorstellungen, wie er es führen will. Unsere Zukunft ist von Gott genauestens geplant. Und solange wir uns von diesem guten Gott nicht lossagen, bleiben wir unter seiner Führung und erfüllen sich an uns seine guten Absichten.

Sein Plan ist anders, als wir uns das ausrechnen. Wenn wir uns ihm überlassen, haben wir uns auch seinen Gedanken überlassen, die er sich für uns gemacht hat. Dann verfügt er über unser Leben, souverän und unangefochten. Und weil seine Absichten meistens viel besser sind als unsere eigenen Vorstellungen, sind sie auch anders als unsere Wünsche.

Sein Plan ist besser, besser als alles, was wir uns selber ausdenken konnten. Er spielt nicht willkürlich mit uns wie die Katze mit der Maus, sondern er hat die Dinge mit größter Sorgfalt so aufeinander abgestimmt, dass am Ende immer das beste Ergebnis für uns herauskommt. So schwer und verschlungen uns auch oft sein Weg erscheinen mag, am Ende werden wir immer bekennen: Es war der beste Weg!

Der Herr ist noch und nimmer nicht von seinem Volk geschieden;
er bleibet ihre Zuversicht, ihr Segen, Heil und Frieden.
Mit Mutterhänden leitet er die Seinen stetig hin und her.
Gebt unserm Gott die Ehre!   (Johann Jakob Schütz)

21. April   **Jakobus 5, 1–6**

Und nun, ihr Reichen: Weint und heult über das Elend, das über euch kommen wird! (V 1)

17 Milliarden Euro soll das Vermögen von Dieter Schwarz betragen, des Gründers der Discount-Kette Lidl. Was mögen wohl die Verkäuferinnen in seinen Filialen dazu sagen? – Wir lesen heute, was die Bibel dazu sagt: *Reichtum vergeht.* Innerhalb der letzten hundert Jahre sind durch Inflation, Krieg und Bankenpleiten unschätzbare Reichtümer verlorengegangen und unzählige Existenzen zerstört worden. Und heute? - Fragen Sie mal einen Bankberater nach einer sicheren Geld-Anlage. Die Antwort wird ernüchternd ausfallen.

Reichtum betrügt. Theo Albrecht, Mitbegründer der Aldi-Kette, ist 1971 von Kidnappern entführt und in einen Kleiderschrank eingesperrt worden. Dort hat er mehr als zwei Wochen in panischer Todesangst verbracht. Warum? Weil er so viel Geld hatte. Er richtete flehentliche Appelle an seine Angehörigen, die horrenden Summen der Entführer zu bezahlen. Sein Leben war ihm mehr wert als das ganze Geld.

Reichtum beherrscht. Die Reichen sind ständig mit der Sorge um ihr Vermögen beschäftigt. Sie müssen Aktien-Kurse studieren, Immobilien-Werte einschätzen, Steuer-Schlupflöcher suchen. Und sie müssen sich um ihre persönliche Sicherheit sorgen (siehe Theo Albrecht). Sie haben viele Neider, aber wenig Freunde. Die meisten von ihnen sind sehr einsam. Der aktuell Reichste unter ihnen, der Amazon-Chef Jeff Bezos, hat sich jetzt sogar von seiner Ehefrau scheiden lassen.

Da lobe ich mir doch das nordische Ehepaar, das seinen Lotto-Gewinn von 128 Millionen Euro mit Familie und Freunden teilen will: „Ich freue mich darauf, ihre Gesichter zu sehen" („Volksstimme" am 5.1.2019).

Lass mich mit Freuden ohn alles Neiden sehen den Segen,
den du wirst legen in meines Bruders und Nähesten Haus.
Geiziges Brennen, unchristliches Rennen nach Gut mit Sünde,
das tilge geschwinde von meinem Herzen und wirf es hinaus.
    (Paul Gerhardt)

Jakobus 5, 7–12   22. April

Seid nun geduldig, liebe Brüder, bis zum Kommen des Herrn. (V 7)

„Gott, gib mir Geduld", möchte man manchmal beten, „aber bitte schnell!", im Stau auf der Autobahn, im Wartezimmer beim Arzt, vor der Kasse vom Supermarkt. Viel mehr Geduld ist nötig, wenn man sich nach der Heilung einer langen Krankheit sehnt, nach der Lösung eines schweren Problems, nach dem Eintreffen einer wichtigen Nachricht. Dann braucht man die feste Gewissheit, dass das eigene Leben total in Gottes Händen ruht, dass er die volle Kontrolle behält über alle unsere Belange, und dass er mit seinem Eingreifen nie zu spät kommt. In dieser Weise warten können, das heißt Geduld.

Unsere Bibellese geht noch einen Schritt weiter. Sie blickt nicht auf das Handeln Gottes im eigenen Leben, sondern auf der ganzen Welt. Auf dieser Erde soll noch einmal die Herrlichkeit und die Macht-Fülle unseres Herrn Jesus Christus offenbar werden. So wenig wir uns das vorstellen können, so gewiss sollen wir darauf warten können. Manche Christen sehnen sich voller Ungeduld danach; andere haben die Hoffnung darauf längst aufgegeben.

Beiden Gruppen antwortet unsere Bibellese heute mit dem Hinweis auf Saat und Ernte. Den Hoffnungslosen unter uns sei gesagt: So wahr im Herbst die Ernte kommt, so wahr wird am Ende Jesus kommen. Und den Ungeduldigen sagt unser Text: So unbesorgt der Landwirt auf die Ernte warten kann, so unbesorgt können wir auf Jesus warten. Wir werden ihn sehen, ganz gewiss, entweder bei seiner Wiederkunft, oder nach unserer Sterbestunde. Auf jeden Fall: Wer zuversichtlich auf Jesus warten kann, der wird am Ende ganz gewiss nicht enttäuscht.

Ihr dürft euch nicht bemühen noch sorgen Tag und Nacht,
wie ihr ihn wollet ziehen mit eures Armes Macht.
Er kommt, er kommt mit Willen, ist voller Lieb und Lust,
all Angst und Not zu stillen, die ihm an euch bewusst.
   (Paul Gerhardt)

23. April   Jakobus 5, 13–20

Bekennt einander eure Sünden und betet füreinander, dass ihr gesund werdet. (V 16)

Martin Luther hat den Jakobus-Brief eine „stroherne Epistel" genannt („Epistel" heißt „Brief"). Ich sage das auch. Aber mit einem Zusatz: Das ist wie mit dem Stroh in der Krippe von Bethlehem. In diesem Stroh ist Jesus zu finden.

Ganz besonders heute, in den letzten Zeilen dieses Briefes. Es geht um Sündenvergebung und Krankenheilung. Beides ist das Kerngeschäft von Jesus gewesen (lesen Sie dazu noch einmal die Andacht zum 4. Februar). Aber nun war Jesus gestorben, danach auferstanden und dann in die unsichtbare Welt Gottes zurückgekehrt (Himmelfahrt). Sollte es jetzt auch mit Sündenvergebung und Krankenheilung ein Ende haben? – Nein, ganz und gar nicht. Diese Wohltaten will Jesus auch weiterhin den Menschen schenken, und zwar jetzt durch seine Jünger:

Krankenheilung ist kein magischer Zauber, sondern ein schlichter Gebetsdienst. Man legt die Not des Kranken in Gottes Hände und überlässt ihm, wann und wie er auf dieses Gebet antwortet. Dabei sind Arzt und Medizin für Gott kein Hinderungsgrund, sondern seine Werkzeuge.

Sündenvergebung ist keine Bedingung für die Heilung, aber oft genug ein Bestandteil davon. Den übereifrigen Seelsorgern unter uns sei aber gesagt: Hier oben steht „*Bekennt* einander …" und nicht „*Fragt* einander …" Wir dürfen jedem die Vergebung Gottes zusprechen, der seine Sünden bekennt, aber wir sollten niemanden nach seinen Sünden fragen, die er nicht bekennt. Das hat Jesus auch nicht getan. Und wir wollen doch den Menschen so dienen, wie es Jesus getan hat. Nur so kommt Jesus zu seiner Ehre und der Mensch zu seinem Heil.

Nur in ihm, o Wundergaben, können wir Erlösung haben,
die Erlösung durch sein Blut.
Hörts: Das Leben ist erschienen, und ein ewiges Versühnen
kommt in Jesu uns zugut.
      (Philipp Friedrich Hiller)

Judas 1–16 24. April

(Ich muss euch ermahnen,) dass ihr für den Glauben kämpft, der ein für allemal den Heiligen überliefert ist. (V 3)

Ein furchtbarer Verkehrsunfall ist passiert. Zum Glück hört man schon die Feuerwehr kommen. Aber andere Leute sind schneller: Sie zücken ihre Handys und filmen die Verletzten. Da kommt der Notarzt mit den Sanitätern, aber die Leute lassen ihn nicht durch: „Ihr stört uns hier beim Filmen!"

Sie glauben das nicht? – So was geschieht immer wieder auf unseren Straßen. Die Rettungskräfte werden zunehmend an ihrer Arbeit gehindert. Man will die Verletzten sehen, da sind die Retter unerwünscht. Ein Skandal.

Ein ganz ähnlicher Skandal begegnet uns heute im Judas-Brief. Hier geht es nicht um die Retter vom Roten Kreuz, sondern um den Retter vom Kreuz auf Golgatha. Er hat uns mit seinem Kreuzestod und mit seiner Auferstehung nicht von einem Verkehrsunfall gerettet, sondern von unserem ewigen Verderben. Aber diese Nachricht war den Menschen unerwünscht. Sie wollten religiöse Erlebnisse haben, philosophische Weisheiten hören, magische Kräfte verspüren, aber keinem Retter gehören. Jede übersinnliche Sensation wurde begierig aufgegriffen, aber der Retter Jesus wurde abgewiesen (V 4). Die Folge war ein Leben, in dem man mit immer höherem Tempo geradewegs in die Hölle raste (V 5–13).

So war das damals. Und wie ist es heute? – Heute steht das Kreuz auf jedem Altar. Und wo steht es in unserem Glaubens- und Gemeinde-Leben? Jede Aktion, bei der man keinen Jesus braucht, kann nützlich und ehrenwert sein, aber mit „Kirche" hat sie nichts zu tun. Und jede Überzeugung, bei der Jesus ausgeklammert wird, führt die Menschen in die Irre. Mir scheint, der kleine Judas-Brief ist mit seiner ernsten Ermahnung heute aktueller denn je.

Herr, zermalme, brich, vernichte alle Macht der Finsternis,
unterwirf sie dem Gerichte, mach des Sieges uns gewiss.
Heb uns aus dem Staub der Sünden, wirf die Schlangenbrut hinaus,
lass uns wahre Freiheit finden droben in des Vaters Haus.
    (Gottfried Arnold)

25. April — Judas 17–25

Ihr aber, meine Lieben, erbaut euch auf euren allerheiligsten Glauben und betet im heiligen Geist. (V 20)

Das Wort „Brief" kommt aus dem lateinischen Wort „breve", und „breve" heißt „kurz". Das kann man über die meisten Briefe im Neuen Testament nicht sagen, wohl aber über den Judas-Brief. Er besteht nur aus einem einzigen Kapitel, und das enthält gerade mal 25 Verse. Und er behandelt auch nur ein einziges Thema, nämlich die Warnung vor unbiblischen Normen in unserem Glaubensleben. Dazu sagt Judas:

Lasst euch nicht einschüchtern! – Wir Christen werden oft wegen unserer konsequenten Gewissens-Bindung an den Willen Gottes als rückständig verschrien. Man will den Eindruck erwecken, dass biblische Maßstäbe überholt seien und heute andere Gesetze gelten. Diese Meinung kann so herrisch auftreten, dass Judas uns warnen muss: Lasst euch nicht einschüchtern!

Lasst euch nicht anstecken! – Vielerorts herrscht ein Klima, in dem biblische Normen gar nichts mehr gelten. Da kann auch ein Christ die Ansichten und Einstellungen der anderen leicht übernehmen, und unversehens ist er in den Sog geraten, der ihn langsam, aber sicher, immer weiter von Gott wegzieht. Deshalb mahnt Judas: Lasst euch nicht anstecken!

Lasst euch nicht aufhalten! – Wir Christen sind auf dem Weg zu einem großen Ziel, zum ewigen Leben in der Herrlichkeit Gottes. Die Aussicht darauf prägt unser ganzes Tun und Lassen, unsere Sehnsucht und unsere Vorfreude. Hier darf uns nichts und niemand in den Weg treten. Darum schreibt Judas: Lasst euch nicht aufhalten!

Merken Sie, so kurz der Judas-Brief ist, so wertvoll ist er für ein gelingendes Glaubensleben.

Herrscher, herrsche, Sieger, siege, König, brauch dein Regiment!
Führe deines Reiches Kriege, mach der Sklaverei ein End!
Aus dem Kerker führ die Seelen durch des neuen Bundes Blut,
lass uns länger nicht so quälen; denn du meinst's mit uns ja gut.
   (Gottfried Arnold)

Sprüche 1, 1–7   26. April

Die Furcht des Herrn ist der Anfang der Erkenntnis. (V 7)

Das Buch der Sprüche in unserer Bibel ist oft verächtlich angesehen worden, sehr zu Unrecht! Enthält es doch Lebensweisheiten, die nicht schrullig und verstaubt sind, sondern im Gegenteil altbewährt und tragfähig.

Beginnen wir mit dem oben abgedruckten Satz. Er steht wie eine Überschrift über dem gesamten Buch der Sprüche und zeigt auf, wo all die wertvollen Lebensweisheiten ihren Ursprung haben, die wir in der nächsten Zeit kennenlernen werden, nämlich in der „Furcht des Herrn".

„*Furcht*" bedeutet hier aber nicht „Angst", sondern Ehrfurcht, Respekt, Hochachtung. Wer die „Furcht des Herrn" im Herzen hat, der ist gewiss, dass Gott souverän über allem steht, was uns begegnet, und dass er unangefochten regiert über alle sichtbare und unsichtbare Welt. Dann schaut man in die Unendlichkeit des Universums und wird von tiefem Staunen erfasst: Gott ist größer! Dann schaut man in die erstaunlichen Entdeckungen der Kern-Physik und bewundert Gottes absolute Präzision. Dann sieht man die vielen Ungereimtheiten im eigenen Leben und in der weiten Welt und glaubt zuversichtlich, dass Gott auch darüber die Kontrolle behält. – „Furcht des Herrn", das heißt kurz und knapp gesagt: Immer ist Gott größer.

Diese Überzeugung ist der „Anfang der Erkenntnis". Dabei bedeutet „*Erkenntnis*" hier nicht das Wissen von Professoren, sondern die Einsicht in das Wesen und die Wege Gottes. Diese Einsicht bleibt keine fromme Theorie, sondern wird zur alltäglichen Praxis. Sie hilft uns, das Leben in unserem ganz gewöhnlichen Alltag so zu gestalten, wie Gott sich das eigentlich gedacht hat. Das Buch der Sprüche ist voll davon. Es zeigt uns: Hier wird der Glaube praktisch! Sie können schon neugierig sein, wie die Bibellese der nächsten Tage Ihr ganz persönliches Glaubensleben bereichern und verändern wird.

Befördre dein Erkenntnis in mir, mein Seelenhort,
und öffne mein Verständnis, Herr, durch dein heilig Wort,
damit ich an dich glaube und in der Wahrheit bleibe
zu Trutz der Höllenpfort.   (Ludwig Andreas Gotter)

27. April   Sprüche 1, 8–19

So geht es allen, die nach unrechtem Gewinn trachten; er nimmt ihnen das Leben. (V 19)

Meine Mutter kriegte einen Schock: Der Sohn war ein Dieb! – Das war im Zweiten Weltkrieg. Ich ging in den Kindergarten und beschäftigte mich dort am liebsten mit den Spielzeug-Soldaten, die waren etwa so groß wie heute die Playmobil-Puppen. Natürlich besaß ich selber auch solche Figuren, aber die im Kindergarten waren schöner! Bald marschierten die tapferen Kita-Soldaten bei mir zu Hause in meiner eigenen siegreichen Armee … Das machte meiner Mutter die größten Sorgen. Ich musste die geklauten Soldaten persönlich der gestrengen Kindergarten-Chefin zurückgeben. Das war ein Gang nach Canossa! Ich schwamm in einem Meer von Tränen. Aber diese Lektion hat gewirkt: Ich habe mich in meinem ganzen Leben nie mehr an fremdem Gut vergreifen können.

Dieselbe Lektion lesen wir heute im Buch der Sprüche. Wir werden eindringlich gewarnt vor der Versuchung zum Stehlen. Denken wir nur daran, wie es uns gehen würde, wenn wir selbst bestohlen werden würden. „Was du nicht willst, was man dir tu, das füg auch keinem andern zu."

Das gilt auch dann, wenn wir keinen Menschen damit schädigen, höchstens den Supermarkt. *Einem* Menschen fügen wir damit immer Schaden zu, nämlich uns selbst. Wenn die Freude an unserer gestohlenen Beute verraucht ist, meldet sich das Gewissen. Zurückgeben ist schwerer als wegnehmen (ich muss es wissen!). Und wer die Stimme seines Gewissens permanent überhört, hat bald gar keins mehr. Da kann man eine reiche Beute gemacht haben; aber wenn man dabei sein Gewissen verloren hat, ist man ärmer als zuvor.

Lass mich mit jedermann in Fried und Freundschaft leben,
soweit es christlich ist. Willst du mir etwas geben
an Reichtum, Gut und Geld, so gib auch dies dabei,
dass von unrechtem Gut nichts untermenget sei.
  (Johann Heermann)

Sprüche 1, 20–33 28. April

Wie lange wollt ihr Unverständigen unverständig sein und ihr Toren die Erkenntnis hassen? (V 22)

„Man müsste lesen können", möchte ich den Ganoven ins Stammbuch schreiben, die im Dezember 2018 in Wernigerode einen Geld-Automaten sprengen wollten. Zwei Automaten standen nebeneinander, aber man hatte nur eine Spreng-Ladung vorbereitet. Also konnten sie nur an einem von beiden ihre Bombe zünden. Er explodierte und – war leer! Das Geld steckte im anderen Automaten; an diesem aber hatte gestanden: „Außer Betrieb". Ja, man müsste eben lesen können.

Nicht alle Einbrüche verlaufen so dilettantisch wie hier, und nicht alle Einbrecher sind solche Tölpel wie diese, aber auch die ausgefuchstesten Profis im Verbrecher-Syndikat sind ausgesprochene Toren, wenn sie hoffen, durch ihre Raubzüge glücklich zu werden. Nirgends gibt es so viel Hass, Neid und Angst vor einander wie unter den Kriminellen.

Und man muss nicht einmal auf die schiefe Bahn geraten, um zu den „Toren" zu gehören. Man braucht sich nur einzubilden, dass das Leben ohne Gott besser funktioniert als mit ihm, und dass die bewährten Lebensregeln der Bibel nur Hemmschuhe sind auf dem Weg zum eigenen Glück; schon muss man sich im Buch der Sprüche das Wort „Tor" gefallen lassen.

Aber mit diesem Wort will Gott uns nicht verurteilen, sondern zur Besinnung rufen. Wenn ich feststelle, dass ich mit meiner selbst-gebastelten Lebensphilosophie gehörig auf den Holzweg geraten bin, dann kann ich immernoch umkehren und mich neu orientieren an Gott und an seinem Wort. Dann bin ich auf dem besten Weg zu einem sinnvollen Leben, und dann wird Gott nie wieder zu mir sagen müssen: Du bist ein Tor.

Komm, Balsam Gottes, Heilger Geist, erfüll die Herzen allermeist
mit deiner Liebe Brennen.
Von dir allein muss sein gelehrt, wer sich durch Buß zu Gott bekehrt,
gib himmlisches Erkennen.
(Ambrosius Blaurer)

29. April Sprüche 2, 1–9

Er lässt es den Aufrichtigen gelingen und beschirmt die Frommen. (V 7)

„Zeig mal deinen Daumen", verlangte meine Mutter, wenn ich als Kind die Wahrheit sagen sollte. Zwar wusste ich nie, was mit dem Daumen passiert, wenn ich lüge, aber ich wollte es auch nicht darauf ankommen lassen. Deshalb bin ich dann immer ganz ehrlich gewesen …

Dieselbe Ehrlichkeit, nur ohne Angst um den Daumen, wird uns heute im Buch der Sprüche ans Herz gelegt (siehe oben). Man sieht: „Aufrichtigkeit" wird bei Gott groß geschrieben, denn sie gehört zu seinem eigenen Wesen.

Gott ist grund-ehrlich vor uns, wahrhaftig und zuverlässig, eben „aufrichtig". Wenn Gott zu uns sagt: „Ich habe dich je und je geliebt" (Jeremia 31,3), dann stimmt das auch. Seine Liebe zu uns ist echt und ungeheuchelt; darauf kann man felsenfest bauen. Und wenn Jesus zu uns sagt „Ich bin bei euch alle Tage" (Matthäus 28,20), dann können wir uns voll und ganz darauf verlassen. Dann wird er uns nicht eine Stunde aus den Augen verlieren; dann können wir ihn jederzeit bei uns wissen. Er hat's gesagt, und er betrügt uns nicht.

Und nun möchte Gott diesen Wesenszug auch bei seinen Kindern sehen. Wenn ich im Gebetskreis singe: „Ich lieb dich Herr, keiner ist wie du …" und dabei im Stillen denke: „Wann ist hier bloß endlich Schluss?", dann betrüge ich Gott. Und wer in der Gemeinde als fürsorglicher Ehemann auftritt und zu Hause seine Frau schikaniert, der wird von Jesus „Heuchler" genannt. Und „Heuchler" ist in Jesu Mund ein besonders heftiges Schimpfwort.

Lasst uns aufrichtig werden vor Gott und vor Menschen. Lasst uns offen und ehrlich zu unseren Schwächen und Begrenzungen stehen, und lasst uns Gott nichts versprechen, was wir nicht halten können. Gott lässt sich nie von großen Worten beeindrucken, aber den Aufrichtigen lässt er's gelingen.

Drum auch, Jesu, du alleine sollst mein Ein und Alles sein;
prüf, erfahre, wie ich's meine, tilge allen Heuchelschein!
(Johann Heinrich Schröder)

Sprüche 2, 10–22   30. April

… dass du nicht geratest an die Frau eines andern. (V 16)

Spät abends ging die Tür auf. Ich lag schon im Bett, in meinem Einzelzimmer im Gäste-Haus, hatte aber nicht abgeschlossen. Da stand eine Frau im Zimmer, ganz spärlich bekleidet, und wollte unbedingt zu mir. So energisch habe ich noch nie einen Menschen rausgeschickt wie da …

Ja, ich weiß, der Ehebruch geht viel häufiger von Männern aus als von Frauen. Aber es gibt eben auch die andere Variante. Ich habe das erlebt, und im Buch der Sprüche finden wir das auch (siehe oben).

Und nie waren diese Ermahnungen nötiger als in unserer Zeit. Auf sexuellem Gebiet brechen heute alle Dämme, aber werden die Menschen durch die trügerische Freiheit, die sie sich selber nehmen, vielleicht glücklicher? Wie viel Herzeleid bei einzelnen Menschen und in ganzen Familien hat damit begonnen, dass man meinte, sich einfach über die bewährten Lebensregeln Gottes hinwegsetzen zu können.

Und dabei hat Gott uns seine Maßstäbe nicht als Spaßbremse und Schikane gegeben, sondern aus echter, liebevoller Sorge um unser Glück. Als er uns Menschen „erfunden" hat, da hat er uns die Sexualität mitgegeben; nicht nur, um Kinder zu zeugen, sondern einfach, um immer wieder Freude am Leben und am Ehepartner zu haben. Dabei ist dieses Geschenk so kostbar und wertvoll, dass es nur im Schutzraum der Ehe seine ganze faszinierende Anziehungskraft entfalten kann. Deshalb hat Gott uns in seiner Weisheit für die Sexualität die Ehe gegeben. Wer aber denkt, auf diesem Gebiet klüger zu sein als Gott, der wird früher oder später feststellen müssen, dass er einem verhängnisvollen Irrtum aufgesessen ist. Daher ist diese Warnung im Buch der Sprüche nicht verstaubt, sondern hoch aktuell.

Ist's Werk von dir, so hilf zu Glück;
ist's Menschentun, so treib zurück
und ändre meine Sinnen.
Was du nicht wirkst, das pflegt von selbst
in kurzem zu zerrinnen.   *(Paul Gerhardt)*

1. Mai Sprüche 3, 1–12

Wen der Herr liebt, den weist er zurecht, und hat doch Wohlgefallen an ihm wie ein Vater am Sohn. (V 12)

Mit welchen Gefühlen werden Sie an den Vater in Ihrer Kindheit denken? War er ein Grobian oder ein Weichei? Oder war er ein guter Freund? Hat er Ihr Leben bereichert oder belastet? Oder haben Sie ganz ohne Vater aufwachsen müssen? Davon wird es abhängen, wie es Ihnen mit dem für heute ausgewählten Leitwort aus dem Buch der Sprüche geht. Hier lässt Gott uns wissen, dass er „Wohlgefallen" hat an uns wie ein guter Vater am Sohn (und natürlich auch an der Tochter). Und wenn Ihre Erinnerungen an die Kindheit eine ganz andere Sprache sprechen, dann sollen Sie aber wissen, dass die Liebe des Himmlischen Vaters wirklich unbestritten ist, und zwar auch zu Ihnen.

Diese Liebe zeigt Gott uns auf vielfältige Weise durch all die Wohltaten, mit denen er uns beschenkt und oft auch verwöhnt. Seine Liebe spricht aber auch dann zu uns, wenn er streng mit uns umgehen und ernst mit uns reden muss, und wenn er Ereignisse herbeiführen muss, die uns im Augenblick wehtun können. Später werden wir herausfinden, dass er uns gerade durch diese Ereignisse vor Schlimmerem bewahrt.

Es geht Gott mit uns so, wie es einem guten Vater mit seinen Kindern geht. Auch die liebsten Kinder sind keine Engel. Auch die liebsten Kinder sind zu bösen Taten fähig. Wer seine Kinder liebt, wird sie davor bewahren wollen, auch – wenn es sein muss – mit Strenge und Konsequenz. Genauso handelt Gott. Wenn er uns – oft schmerzhaft – zurechtweisen muss, dann tut er das nie aus Zorn oder Willkür, sondern immer aus tiefster Besorgnis, aus reinster, innigster Liebe. Und wir tun gut daran, solche Zurechtweisung aus seinen Händen auch anzunehmen.

Wie sich ein treuer Vater neigt und Guts tut seinen Kindern,
also hat sich auch Gott erzeigt allzeit uns armen Sündern;
er hat uns lieb und ist uns hold, vergibt uns gnädig alle Schuld,
macht uns zu Überwindern.
   (Michael Weiße)

Sprüche 3, 13–26   **2. Mai**

Mein Sohn, lass die Weisheit nicht aus deinen Augen weichen, bewahre Umsicht und Klugheit! (V 21)

„Wie schützt man sich vor Betrügern?" – „Wie bändigt man aufmüpfige Teenager?" – „Was tun, wenn der Ehemann eine Geliebte hat?" – Die Fragen von hilflosen Lesern auf den Ratgeber-Seiten von Illustrierten nehmen kein Ende. Es ist paradox: Wir können vom Auto aus mit dem Smartphone das Garagentor öffnen, aber unser Leben kriegen wir nicht in den Griff. Da hilft uns nur noch die Zeitung mit der Ratgeber-Seite.

Das ist nichts Neues. Eine uralte Ratgeber-Seite haben Sie soeben aufgeschlagen im Buch der Sprüche. Sie empfiehlt uns als Kompass im Dschungel des Lebens die *Weisheit*. Die Weisheit ist ein Wesensmerkmal Gottes. Mit ihrer Kraft hat Gott das ganze Universum geschaffen (V 19), und mit ihrer Kraft kann der Mensch die Herausforderungen seines Lebens bewältigen (V 23). Diese Weisheit kann man in keinem Supermarkt kaufen und in keiner Universität studieren; aber man kann sie von Gott empfangen (Jakobus 1,5).

Es ist so einfach: Je inniger unsere Beziehung zu Gott wird, umso mehr „färbt" Gottes Wesen auf uns „ab". Je mehr wir die Worte der Bibel zum Maßstab unseres Lebens machen, umso mehr werden sie im Alltag ihre Kraft entfalten. Auf diesem Weg schenkt Gott uns seine Weisheit und hilft uns damit zu einem gelingenden Leben (V 16). So gesehen, kann das Buch der Sprüche die besten Ratgeber-Seiten in unseren Zeitungen bei weitem übertreffen.

Es steht in keines Menschen Macht,
dass sein Rat wird ins Werk gebracht
und seines Gangs sich freue;
des Höchsten Rat, der machts allein,
dass Menschenrat gedeihe.
    (Paul Gerhardt)

3. Mai Sprüche 3, 27–35

Weigere dich nicht, dem Bedürftigen Gutes zu tun, wenn deine Hand es vermag. (V 27)

„Es gibt nichts Gutes, außer man tut es" – dieses geflügelte Wort von Erich Kästner könnte glatt in der Bibel stehen. Im Buch der Sprüche lesen wir ja fast dasselbe (siehe oben), und wirklich nicht nur da. Die Aufforderung, Gutes zu tun, begegnet uns in der Bibel überall. Denken Sie nur an das Gleichnis vom Barmherzigen Samariter (Lukas 10, 25–37).

Das hat einen guten Grund: Gott selber ist die Liebe in Person (1. Johannes 4,8), und er möchte, dass sein Wesen auf dieser Erde bekanntgemacht wird. Wer kann das besser tun als seine Kinder? – Und dieser Auftrag ist umso wichtiger, je mehr das Böse und der Hass unter den Menschen heutzutage zunehmen. Da braucht es die Christen, die eine wirksame Antwort geben können auf so viel Grausamkeit und Gewalt, und diese Antwort heißt: Dem geplagten Menschen Gutes tun.

Freilich, damit können wir das Elend nicht aus der Welt schaffen (das wird erst der Messias bei seiner Wiederkunft tun); aber wir sollen heute schon in unserer eigenen Umgebung etwas von dem „Wohlgeruch" (2. Korinther 2,15) der Liebe Gottes verbreiten. Die „Bedürftigen", von denen wir im Buch der Sprüche lesen, waren die Armen. Die gibt es heute genauso (Matthäus 26,11). Hinzu kommen die, die unter Krankheit leiden und unter Einsamkeit, die von schwerem Leid betroffen sind oder vor den Herausforderungen ihres Alltags kapitulieren. Diese Menschen müssen wir nicht lange suchen. Sie sind uns oft näher als wir dachten. Wir können hier nicht jede Not wegnehmen, aber wo unsere „Hand es vermag", da sagt uns das Buch der Sprüche heute: „Es gibt nichts Gutes, außer man tut es."

Die Lieb nimmt sich des Nächsten an,
sie hilft und dienet jedermann;
gutwillig ist sie allezeit,
sie lehrt, sie straft, sie gibt und leiht.
    (Nikolaus Herman)

Sprüche 4, 10–19 — 4. Mai

Bleibe in der Unterweisung, denn sie ist dein Leben. (V 13)

„Man lernt nie aus", haben schon unsere Großeltern gewusst. Damit waren sie nicht die Einzigen. Schon im Buch der Sprüche finden wir die hohe Wertschätzung von Unterweisung und Belehrung. Sie hilft uns, einen lohnenden Weg durchs Leben zu finden im Unterschied zu denen, die sich von ihrer eigenen Torheit auf die Straße ins Verderben locken lassen. Dazu lesen wir heute zwei grundlegende Ermahnungen:

Bleibe beim Lernen. Das Leben stellt uns vor immer neue Herausforderungen. Deshalb gibt es für viele Berufe Fachtagungen und Weiterbildungs-Seminare. Dasselbe gilt auch für das Leben mit Gott. Hier gibt es Bibelfreizeiten und Glaubenskurse, sehr zu empfehlen. Darüber hinaus empfangen viele Christen beim täglichen Lesen in der Bibel immer wieder neue Impulse für ihre persönliche Beziehung zu Gott. Ich selber habe an dem Tag, an dem ich diese Zeilen schrieb, in einer altbekannten Geschichte aus dem Neuen Testament ganz neue Wahrheiten entdeckt. Also, man lernt nie aus. Deshalb: Bleibe beim Lernen!

Bleibe beim Gelernten. Was wissen Sie noch von all den Sachen, die Sie damals in der Schule gelernt haben? Wie heißt doch gleich der Satz des Pythagoras? Alles vergessen? Schade! – Und wie geht doch gleich das Lied „Befiehl du deine Wege …"? Auch vergessen? Noch mehr schade! Gerade diese Strophen haben mich erst jüngst in einer schlimmen persönlichen Bedrängnis unwahrscheinlich aufgebaut. Wie arm wäre ich da gewesen, wenn ich sie alle vergessen hätte! Der Reichtum all der Wahrheiten, die wir über Gott gehört und gelernt haben, ist wirklich unverzichtbar. Den sollte man sich immer wieder vor Augen halten. Deshalb: Bleibe beim Gelernten!

Befiehl du deine Wege und was dein Herze kränkt
der allertreusten Pflege des, der den Himmel lenkt.
Der Wolken, Luft und Winden gibt Wege, Lauf und Bahn,
der wird auch Wege finden, da dein Fuß gehen kann.
  (Paul Gerhardt)

5. Mai Sprüche 4, 20–27

Behüte dein Herz mit allem Fleiß. (V 23)

Sage und schreibe 933 Mal steht in der Bibel das Wort „Herz". Damit ist nicht das Organ gemeint, das den Kreislauf in Schwung hält, sondern das innerste Zentrum des Menschen. Das ist nicht der Sitz von Stimmung und Gefühl, sondern das ist die unsichtbare Kommando-Zentrale in uns, die alle Triebkräfte steuert für unser Denken, Reden und Tun (Matthäus 12,35).

Ich denke an ein großes Schiff auf dem Meer. Die Stelle, an der das ganze Schiff gesteuert wird, heißt „Brücke". Dort steht der Kapitän und lenkt diesen großen Koloss sicher in den richtigen Hafen. Wenn aber Piraten das Schiff erobern und die Brücke besetzen, dann können sie es dahin bringen, wo sie es haben wollen. Alles hängt davon ab, wer auf der Brücke steht.

Genauso verhält es sich mit unserem Herz. Alles hängt davon ab, wer dort zu sagen hat. Das darf eigentlich nur Jesus sein. Er will in unserem Herzen wohnen (Epheser 3,17) und unser Leben in den sicheren Hafen der Ewigkeit steuern. Wer aber Jesus als seinen „Kapitän" noch nicht kennt oder gar nicht haben will, der gleicht einem Schiff, das von Piraten besetzt ist. Dessen Herz kann nur lauter Bosheit hervorbringen (Matthäus 15,19). Denken Sie nur an unsere Betrachtung vom 5. März.

Deshalb hat Gott so viel Interesse an unserem Herzen. Können wir doch nur mit unserem Herzen ihn aufrichtig lieben. Das steht in 5. Mose 6,5 und noch sieben weitere Male in der Bibel. – Am besten, wir erinnern uns an das Gebet aus unserer Kindheit und bekräftigen ganz neu die zweite Hälfte davon: „... soll niemand drin wohnen als Jesus allein."

Komm, o mein Heiland Jesu Christ,
meins Herzens Tür dir offen ist.
Ach zieh mit deiner Gnaden ein,
dein Freundlichkeit auch uns erschein.
Dein Heil'ger Geist uns führ und leit'
den Weg zur ew'gen Seligkeit.
　　　(Georg Weissel)

Sprüche 5, 1–14   **6. Mai**

Die Lippen der fremden Frau sind süß wie Honigseim, hernach aber ist sie bitter wie Wermut. (V 3 + 4)

Eine wirklich geniale Idee ist Gott eingefallen, als er für uns Menschen die Sexualität erfunden hat: Mann und Frau können einander mit diesem Geschenk immer und immer wieder neu eine prickelnde Freude bereiten. Je länger sie zusammen sind, umso besser kennen sie die Bedürfnisse des anderen und können einander diese kostbaren Minuten immer schöner gestalten. Und weil sie auf diesem Gebiet niemals einen anderen Menschen an sich heranlassen, ist der Ehepartner die einzige Person, mit der sie diese Höhepunkte erleben. Das macht den, mit dem man verheiratet ist, zum wichtigsten Menschen im ganzen Leben.

Ja, ich weiß, das klingt für viele wie ein schönes Märchen. In Wahrheit gibt es wenig Bereiche im Leben, wo man so viel Enttäuschungen und Bitterkeit verspürt, bis hin zum Ekel, wie bei der Sexualität. Sonst gäbe es nicht all die vielen beißenden Witze darüber. Wie konnte es nur so weit kommen?

Das hat ganz verschiedene Ursachen. Eine davon finden wir heute wieder im Buch der Sprüche: Ein Mann, der es sich angewöhnt hat, sexuellen Genuss bei jeder sich bietenden Gelegenheit zu suchen, wird dabei sehr bald die Fähigkeit verlieren, sich mit seiner ganzen Person und für sein ganzes Leben an eine Ehefrau zu binden. Und wenn er dann eines Tages seine Attraktivität für junge Frauen eingebüßt hat, kann er nur noch zur Prostituierten gehen. Dann ist aus dem beglückenden Geschenk der Sexualität nur noch quälende Gier geworden. Verstehen Sie, warum wir im Buch der Sprüche vor diesem Irrweg immer wieder gewarnt werden müssen?

Führe mich, o Herr, und leite meinen Gang nach deinem Wort;
sei und bleibe du auch heute mein Beschützer und mein Hort.
Nirgends als von dir allein kann ich recht bewahret sein.
    (Heinrich Albert)

7. Mai   Sprüche 5, 15–23

Freue dich des Weibes deiner Jugend. (V 18)

Im Juni 2017 ist ein Brautpaar in Staßfurt (Sachsen-Anhalt) auf dem Hochseil einer Artisten-Gruppe von einem Standesbeamten getraut worden. Es ist alles gut gegangen! Jetzt wünsche ich den beiden, dass ihre Ehe so schön wird – und so spannend! – wie am Tag ihrer Hochzeit.

Man sollte es kaum glauben: Heiraten liegt wieder im Trend. Allen Unkenrufen zum Trotz ist die Ehe immer noch die bestmögliche Lebensform für zwei Menschen, die sich lieben, denn sie ist eine Erfindung Gottes. Und sie enthält ein großes Potenzial an Freude aneinander und miteinander. Lesen Sie nur noch einmal aus unserem heutigen Bibel-Abschnitt die Verse 15 bis 19. So schön, wie hier die Freude eines Ehemannes an seiner Frau geschildert ist, kann das kein Liebes-Roman. Und da sage noch einer, die Bibel sei leibfeindlich und prüde! Das Gegenteil ist der Fall: Gott will, dass zwei Eheleute sich aus vollem Herzen aneinander und miteinander freuen können.

Für mich bedeutet das: Meine Frau soll für mich die einzige sein, mit der ich das volle Glück der Ehe genieße (und natürlich auch umgekehrt). So sehr ich mich an meiner eigenen Frau freuen soll und darf, so sehr soll ich der Versuchung widerstehen, dasselbe Glück auch mal bei einer anderen zu suchen. Bei uns gibt es keinen Frauentausch! Da empfiehlt uns das Buch der Sprüche heute eine energische Konsequenz.

Und das gilt auch dann, wenn Probleme und Konflikte die ganze schöne Freude am Ehepartner trüben wollen. Bevor man davor kapituliert, soll man alles daran setzen, um zu der anfänglichen Freude zurückkehren zu können. Wahrscheinlich ist es dann mit dem Ehepartner schöner als zuvor.

Halleluja, welche Höhen, welche Tiefen reicher Gnad,
dass wir dem ins Herze sehen, der uns so geliebet hat;
dass der Vater aller Geister, der der Wunder Abgrund ist,
dass du, unsichtbarer Meister, uns so fühlbar nahe bist.
    (Nikolaus Ludwig Graf von Zinzendorf)

Sprüche 6, 6–11   8. Mai

Geh hin zur Ameise, du Fauler, sieh an ihr Tun und lerne von ihr! (V 6)

„Heute bist du dran mit Abwaschen", habe ich zu unserer damals zwölf Jahre alten Tochter gesagt. „Dazu habe ich aber keine Lust", maulte sie. – „Das musst du auch gar nicht", gab ich zur Antwort, „du kannst gerne auch ohne Lust abwaschen; Hauptsache, du tust's."

Wir sind beim Thema. Das oben zitierte Leitwort gilt nicht denen, die zu ihrem großen Kummer nicht (oder nicht mehr) arbeiten können und für die der Verlust ihres Arbeitsplatzes ein einziges Unglück ist. Es gilt aber auch nicht denen, für die die Arbeit ein Götze ist und die danach süchtig sind wie nach einer Droge. Sondern es gilt denen, die „keine Lust" haben, selber den Rücken krumm zu machen, weil es sich auf Kosten der Familie und der Gesellschaft doch viel bequemer leben lässt. Da denke ich zum Beispiel an junge Leute, die nach erfolgreichem Schul-Abschluss lieber im „Hotel Mama" herumhängen, als sich um eine solide Berufs-Ausbildung zu kümmern. Die haben einfach vergessen, erwachsen zu werden. Es wird höchste Zeit, das nachzuholen.

Das Arbeiten gehört zum Mensch-Sein. Damit übernehme ich Verantwortung für mich und meine Familie und schaffe Werte, von denen die Allgemeinheit profitiert. Am Abend kann ich zufrieden auf das blicken, was ich heute geleistet habe, und weiß: Dieser Tag hatte einen Sinn. Das gilt übrigens auch für die – zu Unrecht missachtete – Arbeit im Haushalt („Das bisschen Haushalt macht sich von allein …"). Eine moderne Frau hat gesagt: „Ich habe den wichtigsten Beruf im Digital-Zeitalter. Ich bin Ehefrau, Hausfrau und Mutter von vier Kindern, die ich fit machen möchte für das Leben im 21. Jahrhundert."

Drum komm, Herr Jesu, stärke mich, hilf mir in meinen Werken,
lass du mit deiner Gnade dich bei meiner Arbeit merken;
gib dein Gedeihen selbst dazu, dass ich in allem, was ich tu,
erbe deinen Segen.
   (Salomo Liskow)

9. Mai   Sprüche 6, 12–19

Ein heilloser Mensch trachtet nach Bösem und Verkehrtem in seinem Herzen und richtet allezeit Hader (=Streit) an. (aus V 12.14)

„Wir sind von der Polizei", sagen zwei Männer an der Wohnungstür und halten ganz kurz eine Kennkarte hoch. „In dieser Gegend sind Diebe unterwegs und wollen gewiss auch bei Ihnen einbrechen. Deshalb müssen wir Ihr Geld in Sicherheit bringen." – Die vermeintlichen „Polizisten" sind infame Betrüger und haben mit dieser miesen Masche schon manche arglosen Rentner um ihre ganzen Ersparnisse gebracht. Man kann gar nicht ernst genug davor warnen.

Solche Warnungen sind schon immer nötig gewesen. Die faulen Tricks der Ganoven waren früher anders, aber sie waren genauso raffiniert und genauso gemein wie heute. Das zeigt uns die heutige Bibellese in Vers 13. Wir können die Bosheit nicht aus der Welt schaffen, aber wir sind der Bosheit nicht wehrlos ausgeliefert. Wir können uns selber davor schützen und sollen andere davor warnen. Deshalb haben wir die heutige Bibellese und – davon ausgehend – die heutige Betrachtung.

Ich habe es schon einmal erwähnt: Auf dem Treppenabsatz vor unserer Wohnungstür stehen zwei Stühle. Wenn eine (angeblich) schwangere Frau bei uns klingelt und sich ausruhen will, biete ich ihr davon einen Stuhl an. Wenn sie ein Glas Wasser (oder Papier und Stift) erbittet, schließe ich erst von Innen die Tür (!) und bringe ihr dann das Gewünschte nach draußen. Besondere Vorsicht ist geboten, wenn plötzlich eine Begleit-Person auftaucht. Auf keinen Fall in die Wohnung lassen! Es ist schlimm, aber nicht zu ändern: Man kann gar nicht misstrauisch genug sein.

All das spricht heute aus dem Buch der Sprüche zu uns. Merken Sie, wie aktuell diese alten Worte sind?

Im sichern Schatten deiner Flügel
find ich die ungestörte Ruh.
Der feste Grund hat dieses Siegel:
„Wer dein ist, Herr, den kennest du."
     (Johann Gottfried Herrmann)

Sprüche 7, 1–27   10. Mai

Er folgt ihr alsbald nach, wie ein Stier zur Schlachtbank geführt wird, und wie ein Hirsch, der ins Netz rennt. (V 22)

„Merken Sie, wie aktuell diese alten Worte sind?" – mit diesem Satz ging unsere gestrige Betrachtung zu Ende, und mit demselben Satz beginnen wir unsere heutige Andacht. Heute geht es um die Prostituierten, ein – wie wir sehen – uralter Beruf. Und es wird damals nicht anders gewesen sein als heute: Die meisten von ihnen sind gegen ihren Willen dorthin geraten und würden alles darum geben, wenn sie aussteigen könnten. Jesus hat dieses Elend gesehen und ist deshalb oft mit ihnen zusammen gewesen. Nicht, weil er ihr Tun gebilligt hätte, sondern weil er sie davon erlösen wollte.

In dieser Gesinnung lese ich den für heute angegebenen Passus aus dem Buch der Sprüche. Er spricht nicht die Prostituierten an, sondern ihre Kunden; die Männer, die im Bordell Praktiken verlangen, bei denen diese Frauen ihre Abscheu und ihren Ekel nur mühsam unterdrücken können und bei denen sie im Laufe der Zeit jegliche Selbstachtung einbüßen müssen. Was wird Gott nur dazu sagen?

Die Antwort finden wir heute in unserer Bibellese. Sie ist eine schallende Ohrfeige für die Kunden der Prostituierten und eine dringende Warnung davor, es ihnen gleichzutun. Und diese Warnung ist so aktuell wie eh und je. Noch nie hat man sich in sexueller Hinsicht so viele Freiheiten herausgenommen wie heute, und noch nie gab es in unserer Gesellschaft so viele Beziehungs-Konflikte wie heute. Sollten diese beiden Beobachtungen nicht irgendwie miteinander zusammenhängen? Die Sprüche jedenfalls zeigen uns, wo es mit einem Mann hinführt, der die Frauen nur als käufliche Lust-Objekte betrachtet. Und – ist das heute etwa anders?

Gib dich, mein Herz, gib dich nun ganz gefangen;
wo willst du Trost, wo willst du Ruh erlangen?
Lass los, lass los, brich alle Band entzwei!
Dein Geist wird sonst in Ewigkeit nicht frei.
   (Gerhard Tersteegen)

11. Mai   Sprüche 8, 1–21

Ich liebe, die mich lieben, und die mich suchen, finden mich. (V 17)

„Warum muss ich nur immer abends so pünktlich zu Hause sein?", hat sich bei uns unsere damals 15 Jahre alte Tochter beklagt. „Andere Mädchen dürfen viel länger wegbleiben; da ist es den Eltern ganz egal, wann sie heimkommen." – Was sollte ich da sagen? Sollte ich lospoltern nach dem bekannten Motto: „Solange du deine Füße unter unseren Tisch stellst …"? Nein. Ich habe sie gefragt: „Möchtest du solche Eltern haben? Möchtest du Eltern haben, denen es egal ist, wann du zu Hause bist? Ich denke: Solchen Eltern wird bald die ganze Tochter egal sein."

Es kommt immer auf die richtige Antwort an. Und das ist, wie wir sehen, gar nicht so einfach. Da braucht es viel Weisheit. Diese Weisheit haben wir nicht von Natur aus. Aber wir können sie bekommen. Wie das geht, steht ganz oben auf dieser Seite. Hier spricht die Weisheit selber zu uns, als wäre sie eine eigene Person. Das stimmt natürlich nicht. Sie ist ein Wesenszug Gottes. Wer Gott begegnet, begegnet auch seiner Weisheit; und wer die Weisheit sucht, der findet sie bei Gott.

So hören wir aus dem obigen Leitwort immer beides zugleich: Die Weisheit gehört zu Gott, und Gott schenkt uns gerne seine Weisheit. Das heißt: Je enger unsere persönliche Beziehung zu Gott wird, umso stärker kann seine Weisheit in uns wirksam werden. Wie sich das auswirkt, haben wir schon am 2. Mai gesehen. Wir merken: Die Weisheit, die Gott uns schenkt, ist kein Luxus, sondern eine unverzichtbare Hilfe zur Bewältigung unseres Lebens. Und Gott gibt sie uns heute genauso gerne wie damals im Alten Testament. Wir brauchen sie nur bei ihm zu suchen.

Sein Geist wohnt mir im Herzen, regiert mir meinen Sinn,
vertreibt Sorg und Schmerzen, nimmt allen Kummer hin,
gibt Segen und Gedeihen dem, was er in mir schafft,
hilft mir das Abba schreien aus aller meiner Kraft.
    (Paul Gerhardt)

Sprüche 8, 22–36　　　　　　　　　　　　　　　　　　　12. Mai

Wer mich findet, der findet das Leben und erlangt Wohlgefallen vom Herrn. (V 35)

Der Junge ist 17 Jahre alt. Er hat sich an einem Mädchen auf brutale Weise vergangen. Jetzt steht er vor Gericht. Der Richter weiß: Dafür muss der Täter ins Gefängnis. Und er weiß: Dieses Urteil wird von der Geschädigten erwartet. Er weiß aber auch: Im Gefängnis wird dieser Junge anderen Straftätern begegnen, die noch viel Schlimmeres auf dem Kerbholz haben und ihn mit ihrer kriminellen Energie anstecken werden. Dadurch wird sein ungefestigter Charakter nur noch mehr verdorben werden. Wie soll der Richter da urteilen? Hier helfen ihm keine Paragraphen. Hier braucht er eine Weisheit, die allen Gesichtspunkten gerecht wird.

Dieselbe Weisheit brauchen Eltern zum Umgang mit rebellischen Teenagern; dieselbe Weisheit brauchen Lehrer zur Reaktion auf Störenfriede in der Klasse; dieselbe Weisheit brauchen Ärzte bei der Behandlung von lebensbedrohlichen Krankheiten; dieselbe Weisheit brauchen Politiker zur Lösung weltweiter Probleme; dieselbe Weisheit braucht jeder zur Bewältigung von schweren Herausforderungen im Leben.

Von dieser Weisheit handelt im Buch der Sprüche jeder einzelne Satz. Mehr noch: Diese Weisheit spricht selber im Buch der Sprüche aus jedem einzelnen Satz. Ein solcher Satz steht hier ganz oben auf dieser Seite. Wir sehen: Diese Weisheit kommt von Gott; und sie ist für den Menschen ein großer Gewinn. Sie hilft uns nicht nur zur Lösung von schwierigen Problemen; sie bringt uns ein Leben, das wir vorher noch nicht kannten, und öffnet uns den Weg zu dem Herzen Gottes.

Du bist mein' Stärk', mein Fels, mein Hort,
mein Schild, mein' Kraft (sagt mir dein Wort),
mein' Hilf', mein Heil, mein Leben,
mein starker Gott in aller Not;
wer mag mir widerstreben?
　　　(Adam Reusner)

13. Mai — Sprüche 9, 1–12

Die Weisheit hat ihr Haus gebaut und ihre sieben Säulen behauen. Wer noch unverständig ist, der kehre hier ein! (V 1 + 4)

Ja, ich weiß, es ist noch gar nicht richtig Sommer. Trotzdem: Ich erzähle Ihnen heute schon von Weihnachten in meiner Kindheit, genauer gesagt, von den Tagen davor. Wenn damals unsere Eltern einkaufen waren und mit lauter geheimnisvollen Päckchen und Paketen nach Hause kamen, sagten sie bedeutungsvoll zu uns Kindern: „Wir waren beim Weihnachtsmann." Freilich, den Weihnachtsmann gab es gar nicht, aber die Geschenke, die unsere Eltern bei „ihm" für uns bekommen hatten, die waren sehr real. „Weihnachtsmann" war einfach die personifizierte Umschreibung für „Spielwarengeschäft".

So verstehe ich die Ausdrucksweise im Buch der Sprüche. „Weisheit" ist einfach die personifizierte Umschreibung für das Wesen Gottes. Die Bibel zeigt uns seine Weisheit in all seinem Tun, in seiner Schöpfung, in seinem Umgang mit einzelnen Menschen und mit seinem ganzen Volk, in seinen wohldurchdachten Plänen für die Zukunft unserer Welt. Und wir sollen das alles nicht nur sehen und hören, sondern auch an uns selbst erfahren. Die Weisheit will es mit uns persönlich zu tun bekommen, sie lädt uns regelrecht zu sich ein.

Das klingt sehr mystisch, ist aber ganz real. Wer hinter dem Begriff „Weisheit" einen versteckten Hinweis auf Gott erkennt, der versteht die Einladung von „Frau Weisheit" als eine Einladung zu Gott persönlich. Und wenn wir uns in diesen persönlichen Kontakt mit Gott hineinrufen lassen, dann werden wir erleben, dass seine Weisheit uns dazu befähigt, unser Leben in seinem Sinn zu gestalten. Es ist wie bei der Redensart unserer Eltern vom „Weihnachtsmann" und seinen Geschenken: Eine „Frau Weisheit" als Person gibt es gar nicht, aber der Segen, den man von „ihr" empfängt, der ist sehr real.

Von Herzensgrund ich spreche: Dir sei Dank allezeit,
weil du mich lehrst die Rechte deiner Gerechtigkeit.
Die Gnad auch ferner mir gewähr;
ich will dein' Rechte halten,
verlass mich nimmermehr. (Cornelius Becker)

Sprüche 9, 13–18   14. Mai

Frau Torheit ist ein unbändiges Weib, verführerisch, und weiß nichts von Scham. (V 13)

Ja, wo „wohnen" denn die beiden nun eigentlich, Frau Weisheit und Frau Torheit? – Antwort: Sie sind uns näher als wir denken; sie wohnen nämlich *in uns*, und zwar dicht beieinander. Sie sind Nachbarinnen. Und beide „laden" uns zu sich „ein". Das heißt: Sie wollen uns an sich binden und unser Tun und Lassen bestimmen. Frau Weisheit zeigt uns den Weg, der zum Leben führt, nämlich zu Gott, und Frau Torheit lockt uns auf die Straße, die ins Verderben führt, nämlich ins Chaos. Beide können wir nicht sehen, aber beide machen sich in uns unaufhörlich bemerkbar. Dasselbe hat Jesus gemeint, als er von dem breiten und dem schmalen Weg gesprochen hat (Matthäus 7, 13–14).

In den letzten Tagen ist uns unaufhörlich empfohlen worden, den Weg der Weisheit zu wählen und unser Leben nach den guten Maßstäben Gottes zu führen. Heute, am letzten Tag unserer Studien im Buch der Sprüche, werden wir dagegen dringend davor gewarnt, den Verlockungen von „Frau Torheit" auf den Leim zu gehen. Sie spricht unsere Wünsche und Begierden an; sie verspricht uns schnelle Befriedigung aller Bedürfnisse und lockt uns auf einen Weg, der verführerisch aussieht und entsetzlich endet.

Noch einmal: „Frau Weisheit" und „Frau Torheit" gibt es genauso wenig wie den Weihnachtsmann; aber ihre unterschiedlichen Angebote sind genauso real wie die Geschenke am Weihnachts-Abend. Und wir sind diesen Angeboten nicht wehrlos ausgeliefert. Wir entscheiden selbst, ob wir bei „Frau Weisheit" oder bei „Frau Torheit" zu Hause sein wollen; das heißt, auf welches dieser Angebote wir eingehen wollen; und damit entscheiden wir sehr real über die ganze Richtung unseres weiteren Weges.

Gott locket mich; nun länger nicht verweilet!
Gott will mich ganz, nun länger nicht geteilet!
Fleisch, Welt, Vernunft, sag immer, was du willst,
meins Gottes Stimm mir mehr als deine gilt.
    (Gerhard Tersteegen)

15. Mai — Philipper 1, 1–11

Ich bete darum, dass eure Liebe immer noch reicher werde an Erkenntnis und aller Erfahrung. (V 9)

„Gib mir Liebe zu meiner Frau", habe ich in einer schlimmen Ehe-Krise vor über 40 Jahren gebetet, Monate lang, jeden Tag. Und dann hat Gott mein Gebet erhört, fast unmerklich, aber sehr nachhaltig. Noch heute wird die Liebe zwischen uns beiden immer schöner und immer reicher.

Liebe kann man nicht einfordern und nicht herstellen, aber man kann sie erbitten, und zwar von Gott. So lesen wir das auch in den ersten Sätzen vom Philipper-Brief. Hier geht es nicht um die Liebe zum Ehepartner, sondern um die Liebe zu Gott und zu den anderen Christen.

Die Liebe zu Gott kann nur Antwort sein auf seine Liebe zu uns, und seine Liebe begegnet uns zuerst am Kreuz Jesu (Johannes 3, 16) und sodann in immer neuen Liebesbeweisen Gottes in unserem Alltag. Und darauf können wir ihm nur mit unserer Liebe antworten. Aber wie? – Liebe schenkt „am liebsten" Zeit. Wir schenken Gott Zeit, wenn wir auf sein Reden hören in der Bibel und wenn wir uns bei ihm aussprechen im Gebet, und zwar nicht aus Pflicht-Erfüllung, sondern aus dankbarer Freude an seiner Gegenwart. Das ist Liebe.

Die Liebe zu den anderen Christen meint nicht nur die sympathischen und angenehmen Glaubensgeschwister, sondern alle ohne Ausnahme, einfach deshalb, weil ihnen allen dieselbe Liebe Gottes gehört wie uns, und weil Gott uns seinen Blick der Liebe geschenkt hat für sie alle. Da ist es nicht schwere Aufgabe, ihnen Gutes zu tun, sondern echte Lebenserfüllung, eben Liebe.

Und unsere Ehe? – Ich bete heute noch zu Gott: „Mach mich zu einem Mann, mit dem meine Frau gerne verheiratet ist."

Kommt, ach kommt, ihr Gnadenkinder, und erneuert euern Bund,
schwöret unserm Überwinder Lieb und Treu aus Herzensgrund;
und wenn eurer Liebeskette Festigkeit und Stärke fehlt,
o so flehet um die Wette, bis sie Jesus wieder stählt.
   (Nikolaus Ludwig Graf von Zinzendorf)

Philipper 1, 12–18a   **16. Mai**

Ich lasse euch aber wissen: Wie es um mich steht, das ist nur mehr zur Förderung des Evangeliums geraten. (V 12)

Es war damals in der DDR. Bei uns in der Wohnung saß ein Offizier vom Staatssicherheitsdienst. Offensichtlich wollte er mich anwerben als IM, als Inoffiziellen Mitarbeiter. Dann hätte ich ihm alle Vorkommnisse in meiner Umgebung melden müssen, von denen ich Kenntnis erhalten würde. Ich konnte diese Anfrage klar ablehnen. Als Begründung brauchte ich nur zu sagen: „Mein Lebensinhalt besteht darin, die Menschen zum Glauben an Jesus Christus zu motivieren."

Derselbe Lebensinhalt hat schon den Apostel Paulus ausgefüllt (V 18). Ja, sogar in seinem Gefängnis-Aufenthalt konnte er diesen Sinn erkennen. Seine Verhaftung hat die Christen nicht eingeschüchtert, sondern im Gegenteil ermutigt und angespornt, sich öffentlich zu Jesus zu bekennen. Sogar seinen Bewachern konnte ihr Zeugnis nicht verborgen bleiben. Und Paulus fand mitten im Gefängnis neuen Grund zur Freude.

Solch schweres Schicksal wie damals bei Paulus bleibt uns heutzutage, jedenfalls hierzulande, weitgehend erspart. Aber auch wir können von Paulus lernen, Jesus in jeder beliebigen Situation bei uns zu wissen, am Arbeitsplatz wie am Ferien-Ort, im Krankenhaus wie beim Familien-Treff. Wo wir uns auch gerade aufhalten und wie es uns im Augenblick ergeht – immer und überall ist Jesus bei uns.

Das können die Leute ruhig wissen. Wenn es um Jesus geht, lasse ich mir nicht den Mund verbieten. Da will ich nicht aufdringlich werden, aber auch nicht schüchtern schweigen. Ich kann mich unbesorgt zu meinem Herrn bekennen. Er ist ja schließlich mein Lebensinhalt.

O du, den unser größter Regent uns zugesagt,
komm zu uns, werter Tröster, und mach uns unverzagt.
Gib uns in dieser schlaffen und glaubensarmen Zeit
die scharf geschliffnen Waffen der ersten Christenheit.
    (Philipp Spitta)

17. Mai   **Philipper 1, 18b–26**

Ich hoffe, dass Christus verherrlicht werde an meinem Leibe, es sei durch Leben oder durch Tod. (V 20)

An dem Tag, an dem ich diese Zeilen schrieb, konnte ich sagen: Ich bin jetzt 82 Jahre alt. Die längste Wegstrecke meines Lebens habe ich hinter mir. Jetzt kann jede Stunde meine Letzte sein. Aber daran will ich gar nicht denken. Und dabei weiß ich doch, dass ich nach meinem Sterben für immer bei Gott sein werde, und dass das Leben in seinem Reich unvergleichlich viel herrlicher sein wird als hier auf Erden. Dann werde ich mich wundern, dass ich auf Erden so stark an meinem irdischen Leben festgehalten habe. Aber noch bin ich auf Erden, und noch halte ich an diesem Leben fest.

Paulus war da ganz anders. Er war in einem römischen Gefängnis und konnte dort jederzeit zum Tod verurteilt werden. Das hieß: Hungrige Löwen würden ihn vor aller Augen bei lebendigem Leibe zerfleischen. Eine entsetzliche Todes-Art. Und Paulus konnte sagen: Ob er jetzt sein Todes-Urteil erfährt oder seine Begnadigung – in jedem Fall soll „Christus verherrlicht werden", soll Jesus zu seiner Ehre kommen.

Dieselbe Gesinnung wünsche ich mir für mich und für uns alle. Der tiefste Sinn unseres Lebens besteht darin, dass es Jesus Ehre macht. In einer Welt, in der die wenigsten Menschen nach Gott und seinem Willen fragen und die meisten Leute nur nach der Devise leben „Hauptsache, ihr habt Spaß", sind Christen, denen Jesus über alles geht, eine große Ausnahme. Mit unserer Einstellung stellen wir die trügerischen Lebens-Ideale von anderen Zeitgenossen infrage und sind damit für viele Menschen eine echte Provokation, aber für Jesus eine große Ehre.

Christus, der ist mein Leben, Sterben ist mein Gewinn;
dem tu ich mich ergeben, mit Fried fahr ich dahin.
An dir lass gleich den Reben mich bleiben allezeit
und ewig bei dir leben in Himmelswonn und -Freud.
        (Jena 1609)

Philipper 1, 27–30 — 18. Mai

Wandelt nur würdig des Evangeliums Christi. (V 27)

„Erlöster müssten die Christen aussehen", soll der Philosoph Friedrich Nietzsche gesagt haben, „wenn ich an ihren Gott glauben sollte." – Recht hat er. Denn unser Glaube ist keine Geheim-Wissenschaft. Die Menschen sollen an uns schon sehen können, welche Veränderungen die Predigt von Jesus an seinen Nachfolgern bewirkt:

Wir sind Kinder mit einem liebenden Vater. Gott liebt seine Gläubigen so rein und innig, so vollkommen und zuverlässig, wie das der beste Vater auf Erden niemals kann. Das macht sich in unserem Leben immer wieder bemerkbar. Auch in den schlimmsten Krisen können wir uns von Gott geliebt und bewahrt und getragen wissen. Das macht uns zuversichtlich und getrost.

Wir sind Sünder mit einem starken Retter. Wir Christen wissen oft am besten, dass wir Sünder sind, und wir erleben unser eigenes schmähliches Versagen. Aber wir kennen unseren Retter, Jesus, der unser ganzes Elend auf sich genommen und für uns vor Gott in Ordnung gebracht hat mit seinem qualvollen Sterben am Kreuz. Das macht uns unerhört dankbar und frei.

Wir sind Menschen mit einem großen Ziel. Wenn für die anderen „alles aus" ist, nämlich mit dem Tod, beginnt für uns erst die Hauptsache. Ob der natürliche Tod im Alter oder der qualvolle Tod nach einer Krankheit, ob der plötzliche Tod bei einem Unfall oder der gewaltsame Tod im Krieg oder in einer Katastrophe – immer ist er für die Christen die Tür zu einer Herrlichkeit, die unsere kühnsten Vorstellungen bei weitem übertrifft. Deshalb können wir dieser Grenze so gefasst entgegengehen.

Kann die Welt das an uns „*sehen*"? Dann sind wir nicht umsonst Christen geworden.

Gott will ich lassen raten, denn er all Ding vermag.
Er segne meine Taten, mein Vornehmen und Sach';
ihm hab ich heimgestellt mein' Leib, mein Seel', mein Leben
und was er sonst gegeben; er mach's, wie's ihm gefällt.

(Georg Niege)

19. Mai   **Philipper 2, 1–4**

Ein jeder sehe nicht auf das Seine, sondern auch auf das, was dem andern dient. (V 4)

Neulich rief eine ältere Frau aus unserer Gemeinde bei uns an: „Ich wollte nur fragen, wann die Operation bei Ihrem Enkel dran ist." – „Nächsten Mittwoch." – „Gut, dann kann ich daran denken" (das heißt: Dann kann ich dafür beten).

Das ist Gemeinde in Aktion. Wir sind kein Konzert-Publikum, wo jeder nur auf seinen eigenen Genuss bedacht ist, sondern wir sind eine große Familie, in der wir ein Herz füreinander haben.

Ein paar Beispiele: Jemand fährt mit dem Auto zum Gottesdienst und sieht eine Frau aus seiner Gemeinde dorthin laufen. Natürlich hält er an und nimmt sie mit. – Eine Frau aus der Gemeinde musste am letzten Freitag in die Klinik. Sogleich vereinbaren mehrere von uns einen Besuch bei ihr. – Ein junges Mädchen hatte letzte Woche eine schwere Prüfung. Heute werden wir sie fragen, wie das Examen verlaufen ist.

So einfach erfüllt sich das oben zitierte Leitwort. Da heißt es: „Ein jeder sehe…" Also, unsere *Augen* sind gefragt, wenn wir als Gemeinde zusammen sind. *Sehen* Sie den gehetzten Blick der jungen Mutter, die ihre drei lebhaften Kinder gleichzeitig bändigen muss? – *Sehen* Sie die Ungeschicklichkeit des alten Mannes, der mit seinen Rheuma-kranken Fingern keine Gesangbuch-Seite mehr umblättern kann? – *Sehen* Sie die Hilflosigkeit des Fremden, der unschlüssig da steht und nicht weiß, wie er jemanden ansprechen soll? – *Sehen* Sie denjenigen, dem Sie aus seiner Verlegenheit heraushelfen können? Dann tun Sie es doch! Sie sind ja schließlich in Ihrer Gemeinde. Und in Ihrer Gemeinde gilt die Regel: Je mehr Liebe wir an andere verschenken, umso reicher werden wir selber.

> *Ich umfasse, die dir dienen; ich verein'ge mich mit ihnen,*
> *und vor deinem Angesicht wünsch ich Zion tausend Segen;*
> *stärke sie in deinen Wegen, leite sie in deinem Licht.*
>
>   *(Gerhard Tersteegen)*

Philipper 2, 5–11   20. Mai

Darum hat ihn auch Gott erhöht. (V 9)

Sehen Sie sich diesen Buchstaben an: „**V**". – Wer ihn mit der Hand schreibt, zieht zuerst eine Linie von links oben nach unten und dann im spitzen Winkel nach rechts oben. Mit dieser Bewegung kann man den Weg vergleichen, den Jesus gegangen ist zu unserer Rettung:

Von ganz oben nach ganz unten. Bevor Jesus geboren wurde, war er schon immer bei seinem Himmlischen Vater und genoss dort alle Privilegien des Sohnes Gottes. Aber dann hat er freiwillig darauf verzichtet und ist hinabgekommen auf die niedrige Ebene des menschlichen Lebens. Und als er dann am Kreuz unendlich qualvoll sterben musste, da hatte er den tiefsten Tiefpunkt seiner Sendung erreicht. Tiefer hinab ging es nicht mehr.

Aber Gott ließ es dabei nicht bewenden. Der Weg seines Sohnes glich nicht einem Strich, der von oben nach unten führt und unten aufhört, sondern einem „**V**", wo ganz unten die zweite Linie beginnt und nach oben führt:

Von ganz unten nach ganz oben. Jetzt sieht man Gott selber handeln (V 9). Erst hat er seinen Sohn aus dem Tod herausgeholt und ihn dann sechs Wochen später zu sich in seine Herrlichkeit erhoben. Jetzt herrscht Jesus schon an der Seite des Vaters über alle sichtbare und unsichtbare Welt. – Aber das ist noch nicht alles. Bei dem „**V**", das den Weg Jesu beschreibt, fehlt noch das letzte Stück von der rechten Linie. Das wird Gott zeichnen, wenn sein Sohn noch einmal auf dieser Erde erscheinen und dann wirklich alle Menschen ohne Ausnahme ihn als ihren Herrn und König verehren werden (V 10 + 11).

Aber darauf müssen wir nicht warten. Wir können uns heute schon Jesus unterstellen. Dann ist für uns das göttliche „**V**" schon vollendet.

Gott ist Herr, der Herr ist Einer, und demselben gleichet keiner,
nur der Sohn, der ist ihm gleich;
dessen Stuhl ist unumstößlich, dessen Leben unauflöslich,
dessen Reich ein ewig Reich.
    (Philipp Friedrich Hiller)

21. Mai   **Philipper 2, 12–13**

Gott ist's, der in euch wirkt beides, das Wollen und das Vollbringen. (V 13)

Eine Glaubensschwester hatte mich schwer gekränkt. Ich wusste, ich muss ihr vergeben, und betete, dass ich das kann. Aber das war Heuchelei. Denn ich wollte ja gar nicht vergeben, selbst wenn ich es gekonnt hätte. Der Stachel saß einfach zu tief. Deshalb betete ich: „Gib, dass ich vergeben *will*." Eine lange Zeit hindurch, jeden Tag. Irgendwann spürte ich: Jetzt *will* ich vergeben, aber es geht nicht. Der Stolz ist noch viel zu groß. Also betete ich von da an: „Gib, dass ich vergeben *kann*", auch über eine längere Zeit hinweg. Und dann kam der Tag, an dem ich zu Gott sagen konnte: „Vater, ich bitte dich, dass du einmal in der Ewigkeit nie mit ihr über diese Sache reden musst; ich bitte dich, dass dann ihre Freude am ewigen Leben durch diese Geschichte nicht getrübt wird." –

Bald wurde sie krank. Ich konnte sie besuchen und ihr das Abendmahl reichen. Am Schluss sagte ich zu ihr: „Es ist alles gut zwischen Gott und Ihnen; und es ist alles gut zwischen Ihnen und mir." Mir schien: Sie hatte Tränen in den Augen; und mir schien: Ich auch.

So kann sich unser Bibelwort von hier oben auswirken. Gott zwingt keinem Menschen seinen Willen auf, sondern er lenkt und leitet sehr behutsam unseren Willen auf seinen Weg, und zwar immer nur so weit, wie wir bereitwillig mitgehen. So kann er mehr und mehr unseren Willen mit seinem Willen verschmelzen lassen, und es wird uns zum Lebensinhalt, nach seinen Maßstäben zu leben. Dann sind wir am Ende immer die Beschenkten.

Gib in unser Herz und Sinnen
Weisheit, Rat, Verstand und Zucht,
dass wir anders nichts beginnen,
als nur was dein Wille sucht;
dein' Erkenntnis werde groß
und mach uns vom Irrtum los!
        (Heinrich Held)

Philipper 2, 14–18   22. Mai

Und wenn ich auch geopfert werde bei dem Opfer und Gottesdienst eures Glaubens, so freue ich mich mit euch allen. (V 17)

„Ich bin sicher, ich sterbe lachend", hat der Rock-Musiker Pete York, 77 Jahre alt, am 1. November 2019 in einem Konzert in Barby (Sachsen-Anhalt) seinem Publikum verkündet. Ich fand das gar nicht originell. Der Mann hat keine Ahnung, wie bitter die Sterbestunde sein kann.

Ganz anders der Apostel Paulus: Er wusste, wovon er redete, als er die Sätze unserer heutigen Bibellese schrieb. Er konnte jederzeit zum Märtyrer-Tod verurteilt werden, und das würde bedeuten, mit anderen Christen zusammen in einem schaurigen Spektakel vor einem großen sensationsgeilen Publikum von hungrigen Löwen angefallen und zermalmt zu werden, wie wir das am 17. Mai schon einmal vor Augen hatten. Das wäre der Preis für seinen unerschütterlichen Glauben an Gott und für seine innige Liebe zu Jesus. Ein entsetzlicher Tod. Und das nennt Paulus „Opfer" und „Gottesdienst"? Und darauf kann er sich auch noch „freuen"? – Ich denke, er sah schon mehr als die blutrünstigen Bestien. Er sah Gott vor seinem inneren Auge und wusste, dass er seinem Herrn mit dem Opfer seines Lebens die allergrößte Ehre erweisen würde. Außerdem hatte er ja schon einmal einen kurzen Blick in den Himmel werfen dürfen (2. Korinther 12,2); er wusste also, wo er hinkommt, wenn es auf Erden mit ihm zu Ende geht. Er wusste, seine Verfolger könnten ihm nur das Erdenleben nehmen, aber das ewige Leben kann ihm niemand rauben.

Das will ich heute von Paulus lernen. Wenn ich weiß, was mich nach dem Sterben erwartet (und vor allem, wer mich dann erwartet), dann hat der Tod viel von seinem Schrecken verloren. Dann werde ich zwar nicht über das Sterben lachen, aber dann kann ich mich auf die Ewigkeit freuen.

O Ehrenburg, nun sei gegrüßet mir, tu auf der Gnaden Pfort!
Wie große Zeit hat mich verlangt nach dir, eh ich bin kommen fort
aus jenem bösen Leben, aus jener Nichtigkeit,
und mir Gott hat gegeben das Erb der Ewigkeit. (Johann Matthäus Meyfart)

23. Mai   **Philipper 2, 19–30**

Und Epaphroditus war todkrank, aber Gott hat sich über ihn erbarmt. (V 27)

Wie lange wird Epaphroditus bei Paulus wohl krank gewesen sein? – Auf jeden Fall lange genug, um uns von drei Missverständnissen zu befreien:

Missverständnis Nr. 1: *Wenn jemand trotz Gebet und Handauflegung krank bleibt, dann hat er keinen Glauben.* – Antwort: Hätten Sie das auch zu Epaphroditus gesagt, oder zu Trophimus, den Paulus krank in Milet zurücklassen musste (2. Timotheus 4, 20)? Nein? Dann sagen Sie das bitte auch nicht zu den Kranken in Ihrer Gemeinde.

Missverständnis Nr. 2: *Wenn jemand trotz Gebet und Handauflegung krank bleibt, dann hat er noch heimliche Sünden.* – Antwort: Meinen Sie, dass Epaphroditus seine Sünden mehr geliebt hat als Jesus? Wie hätte er es dann so lange bei Paulus ausgehalten? Und warum wohl hat Paulus seinem Schüler Timotheus wegen seines Magenleidens „ein wenig Wein" empfohlen (1. Timotheus 5, 23) und nicht vertiefte Sündenerkenntnis?

Missverständnis Nr. 3: *Wenn jemand trotz Gebet und Handauflegung krank bleibt, dann hat er noch okkulte Belastungen.* – Antwort: Das sollten Sie mal Paulus selber sagen! Er hat es mit „Satans Engel" persönlich zu tun gekriegt, und Gott hat ihm geantwortet: „Lass dir an meiner Gnade genügen, denn meine Kraft ist in den Schwachen mächtig" (2. Korinther 12, 7–9). Wir können einen Kranken mit der Frage nach okkulten Bindungen nur belasten, aber nie befreien.

Fazit: Für Glaubenswachstum, Sündenerkenntnis und Lösung vom Okkultismus brauchen wir keine Krankheit; das erledigt sich in gesunden Zeiten viel besser. Und wer *trotz Gebet und Handauflegung krank bleibt*, der darf zu Gott sagen: „Wenn mir gleich Leib und Seele verschmachtet, so bist du doch, Gott, allezeit meines Herzens Trost und mein Teil" (Psalm 73, 26).

Hilf gnädig allen Kranken, gib fröhliche Gedanken
den hochbetrübten Seelen, die sich mit Schwermut quälen.
    (Paul Gerhardt)

Philipper 3, 1–11 24. Mai

Ihn möchte ich erkennen und die Kraft seiner Auferstehung und die Gemeinschaft seiner Leiden, damit ich gelange zur Auferstehung von den Toten. (V 10 + 11)

Was ist ein „Tandem-Fallschirmsprung"? – Antwort: Man wird mit dem Rücken vor die Brust eines Profi-Fallschirmspringers geschnallt und stürzt sich, von Kopf bis Fuß an ihn festgebunden, aus einem Flugzeug hinaus. Man erlebt die Faszination des Freien Falls, man spürt den Ruck des aufgehenden Fallschirms, man schwebt sanft der Erde entgegen. Ein unvergessliches Erlebnis.

Das ist ein treffendes Beispiel für das Lebensmotto des Paulus, das uns heute im Philipper-Brief begegnet. Wohlgemerkt: Die „Gemeinschaft seiner Leiden" darf nicht mit der Sensation eines Fallschirmsprungs verglichen werden, aber die Bindung an Jesus, die Paulus anstrebt, darf verglichen werden mit der Bindung des Neulings an den Profi-Fallschirmspringer.

Paulus möchte Jesus „erkennen". Das bedeutet nicht, seine persönlichen Daten erfahren, sondern auf allen Gebieten immer fester mit ihm verbunden werden, so fest wie beim Fallschirmsprung der Neuling an den Profi. Und so, wie beim Fallschirmsprung der Neuling auf Gedeih und Verderb vom Profi abhängig ist, so will Paulus in jeder Lebenslage allein von Jesus abhängig sein; und so, wie der Neuling beim Fallschirmsprung alles das, was der Profi tut, an sich selber erlebt, so will Paulus alles das, was mit Jesus geschehen ist, auch an sich selbst erfahren.

Auch „die Gemeinschaft seiner Leiden". Das heißt nicht, dass er gern gekreuzigt worden wäre, sondern dass er die Leiden, die er durchmachen muss, als Wege sieht, die ihn mit Jesus enger verbinden. Wenn wir heute die Leiden, die uns begegnen, in dieser Gesinnung ertragen können, dann haben wir Paulus richtig verstanden.

Mein Kreuz und meine Plagen, sollts auch sein Schmach und Spott,
hilf mir geduldig tragen; gib, o mein Herr und Gott,
dass ich verleugne diese Welt und folge dem Exempel,
das du mir vorgestellt.   (Justus Gesenius)

25. Mai — Philipper 3, 12–21

Ich vergesse, was dahinten ist, und strecke mich aus nach dem, was da vorne ist, und jage nach dem vorgesteckten Ziel, dem Siegespreis der himmlischen Berufung Gottes in Christus Jesus. (V 13.14)

Hätten Sie das gewusst? Paulus war vergesslich! Wie tröstlich!

Aber Vorsicht, höre ich da aus dem Philipper-Brief. Paulus hat nicht Pflichten vergessen, die vor ihm lagen, und Aufgaben, die er noch zu erledigen hatte, sondern Taten, die hinter ihm lagen und die für seine Beziehung zu Gott keine Bedeutung mehr hatten. Ich denke, auf diesem Gebiet kann auch ich noch viel von Paulus lernen:

Ich kann alle meine schlechten Taten vergessen; jede Kränkung, die ich Gott zugefügt hatte, und jede Enttäuschung, die ich ihm bereitet hatte. Ich brauche Gott nur einmal um Vergebung dafür zu bitten, im aufrichtigen Gebet oder mit Hilfe eines Seelsorgers, und die Sache ist bei Gott vergessen. Dann kann auch ich sie vergessen.

Ich kann alle meine guten Taten vergessen; jedes Opfer, das ich für Gott und andere Menschen gebracht hatte, und jede Leistung, mit der ich mich bei ihm in ein besseres Licht rücken wollte. Das alles ist für mein Ansehen bei Gott absolut unerheblich. Ich verdanke meine Rettung zum ewigen Leben ausschließlich dem Kreuzestod Jesu. Alles andere kann ich vergessen.

Soll es deshalb keine guten Taten mehr geben unter den Christen? – O doch. Sie sind die Lebenszeichen unseres Glaubens (Jakobus 2, 14–17). Wenn sie ausfallen, stimmt etwas nicht mit unserer Beziehung zu Gott. Also, ich darf gerne heute wieder neue Opfer bringen für Gott und für andere Menschen, aber schon morgen darf ich alle diese Opfer wieder ganz getrost – vergessen.

Such, wer da will, Nothelfer viel, die uns doch nichts erworben;
hier ist der Mann, der helfen kann, bei dem nie was verdorben.
Uns wird das Heil durch ihn zuteil,
uns macht gerecht der treue Knecht, der für uns ist gestorben.
   (Georg Weissel)

Philipper 4, 1–9 26. Mai

Und der Friede Gottes, der höher ist als alle Vernunft, bewahre eure Herzen und Sinne in Christus Jesus. (V 7)

Sie wissen es schon: Wir haben drei verheiratete Töchter. Noch heute denke ich gern daran zurück, wie ich damals, als sie klein waren, abends oft bei ihnen am Bettchen stand und sie anschaute, wenn sie schliefen. Dann konnte ich es richtig sehen: Dieses Kind hat keine Schmerzen; dieses Kind kennt keine Sorgen; dieses Kind plagt keine Angst. Dieses Kind ist in eine tiefe Geborgenheit eingehüllt wie in eine warme Decke. Das nenne ich Frieden. An meinen Kindern konnte ich das richtig sehen.

Dieses Bild habe ich jetzt vor Augen, wenn ich über den Frieden Gottes nachdenke. Dabei ist „nachdenke" schon falsch. Der Friede, den Gott schenkt, ist „höher als alle Vernunft", den können wir mit unserem Verstand nie ergründen, aber wir sollen ihn erleben. Er wird uns regelrecht zugesprochen. Er wird uns bewahren (das heißt: bewachen) wie eine schützende Mauer; er wird um uns sein wie eine warme Decke; er schenkt uns eine geradezu unerklärliche Geborgenheit.

Und das mitten im schlimmsten Chaos um uns her. Der Gemeinde in Philippi damals standen raue Zeiten bevor; dann sollte der Friede Gottes um sie sein und sie schützend umgeben. Dasselbe wird uns heute zugesprochen. Ganz gleich, was jetzt gerade um uns und mit uns geschieht: Wir sind bei Gott geborgen wie ein schlafendes Baby in seinem Bettchen. Denn der Himmlische Vater ist da! Solange er da ist, kann uns auch das schlimmste Unheil keinen wirklichen Schaden zufügen.

Ja, ich weiß: Man kann das nicht erklären. Aber wir sollen das erleben. So wahr Gott unser Vater ist und wir seine Kinder sind, so wahr gehört uns sein Friede, der höher ist als alle Vernunft.

Im Frieden dein, o Herre mein, lass ziehn mich meine Straßen.
Wie mir dein Mund gegeben kund, schenkst Gnad du ohne Maßen,
hast mein Gesicht das sel'ge Licht des Heilands schauen lassen.
   (Johann Englisch)

27. Mai   Philipper 4, 10–23

Ich bin aber hoch erfreut in dem Herrn, dass ihr wieder eifrig geworden seid, für mich zu sorgen. (V 10)

Zu gerne hätte ich das Gesicht der Bank-Angestellten gesehen, bei der ich telefonisch eine Überweisung an eine Missionsgesellschaft aufgegeben habe. Verwendungszweck: „Für ein Klo in Afrika". – Hier ist die ganze Geschichte: Meine jüngste Tochter hat mit ihrem Mann eine Missionarin in Tansania besucht und ist mit ihr zu einer Frau gefahren, die gefährlich von einer Schlange gebissen worden war, als sie irgendwo draußen ihre Notdurft verrichtete. Denn eine Toilette hat sie nicht, nicht im Haus und auch nicht dahinter. Sie muss jedes Mal irgendwohin ins Freie gehen. „Unmöglich!" sagte unsere Tochter und startete zu Hause eine Spenden-Aktion. Damit konnte die Missionarin dort einen Maurer bezahlen, der dieser Frau ein massives Abort-Häuschen hinter ihrer Hütte baute. Ihre Freude war riesengroß!

Das ist kein Einzelfall. Schon immer haben Christen Geld gesammelt, um andernorts Not lindern zu helfen. Sogar der Apostel Paulus hat davon profitiert, wie wir heute lesen können. Dabei hat ihm nicht nur die materielle Hilfe gut getan, sondern auch die Gesinnung, die dahinter steckte, die Liebe und die Dankbarkeit seiner Gemeinde in Philippi.

Bis heute ist die Spendenbereitschaft ein Bestandteil unseres Glaubens. Aber nicht alle können sich darüber freuen. Wenn jemand mürrisch sagt: „Typisch Kirche! Immer will sie Geld!", dann antworte ich: Ja, das muss sein. Solange es so viel Not auf dieser Erde gibt, so lange wird die Kirche Spendengelder sammeln; wenn es sein muss, sogar „für ein Klo in Afrika"!

Es ist ja, Herr, dein G'schenk und Gab
mein Leib und Seel und was ich hab
in diesem armen Leben.
Damit ich's brauch zum Lobe dein,
zu Nutz und Dienst des Nächsten mein,
wollst mir dein Gnade geben.
        (Martin Schalling)

1. Mose (Genesis) 1, 1–13   28. Mai

Und die Erde war wüst und leer, und der Geist Gottes schwebte auf dem Wasser. (V 2)

Heute lernen wir hebräisch. „Wüst und leer" heißt auf Hebräisch „tohu wa bohu". Merken Sie, dieser Ausdruck gehört zu den vielen Redewendungen, die wir aus der Bibel übernommen haben, und sogar noch in der hebräischen Ursprache. Dabei bedeutet „tohu wa bohu" ursprünglich gar nicht Unordnung und Durcheinander, sondern leblos, eben „wüst und leer".

Ich stelle mir vor, dass es auf der Erde damals so ausgesehen haben wird, wie heute auf dem Mond. Absolut unwirtlich und lebensfeindlich. Hätte jemand damals die Erde gesehen, hätte er gesagt: „Hier wird nie etwas wachsen können." Und genau auf diesem leblosen Planeten hat Gott die ganze bunte Vielfalt entstehen lassen, die uns heute umgibt.

Fragen Sie mich bitte nicht, wie er das gemacht hat. Das sollten Sie die Naturwissenschaftler fragen. Die wenden all ihr Wissen und Können auf, um dahinter zu kommen, wie das Leben auf Erden eigentlich entstanden ist, und jede neue Erkenntnis von ihnen lässt mein Staunen wachsen, wie viel Weisheit und Phantasie Gott bei der Erschaffung der Welt aufgewendet hat.

Eins aber werden die Naturwissenschaftler nie herausfinden können, nämlich wer denn nun dieses ganze Geschehen in Gang gesetzt hat. Sie werden nie beweisen können, dass die Welt von Gott geschaffen wurde, aber sie werden auch nie beweisen können, dass die Welt *nicht* von Gott geschaffen wurde. Aus lauter Verlegenheit sprechen sie vom „Urknall" und wissen selber nicht, was das ist. Das brauchen sie auch gar nicht. Sie brauchen nur die Bibel aufzuschlagen. Da steht es schwarz auf weiß: „Am Anfang schuf *Gott* Himmel und Erde." So einfach ist das.

Wie lieblich ist der Maien aus lauter Gottesgüt,
des sich die Menschen freuen, weil alles grünt und blüht!
Die Tier sieht man jetzt springen mit Lust auf grüner Weid,
die Vöglein hört man singen, die loben Gott mit Freud.
    (Martin Behm)

29. Mai   **1. Mose (Genesis) 1, 14–25**

Und Gott sprach: Es werden Lichter an der Feste des Himmels, die da scheiden Tag und Nacht und geben Zeichen, Zeiten, Tage und Jahre. (V 14)

Glauben Sie an Ihr Horoskop? Dann lesen Sie die für heute angegebene Bibelstelle. Da sehen wir: Die Sterne haben keine übernatürlichen Kräfte, die auf das Ergehen der Menschen Einfluss haben. Sie sind einfach nur Materie, sie können über uns leuchten, aber nicht über uns herrschen. Und wenn hier oben „Zeichen" steht, dann heißt das nicht, dass sie uns zeigen sollen, was noch geschehen wird, sondern nur, was schon geschehen *ist*. So haben etwa zwei Sterne, indem sie am Himmel zu einem Stern verschmolzen sind, den Weisen im fernen Morgenland die Geburt Jesu Christi angezeigt (Matthäus 2, 2). Und wenn Sie jetzt trotzdem noch Ihr Horoskop befragen wollen, dann lesen Sie nur Jesaja 47, Vers 13 und 14, dann werden Sie hoffentlich klüger sein.

Noch einmal: die „Zeichen". Das ganze Universum in seinen unvorstellbaren Ausmaßen ist ein einziges Zeichen für die Größe seines Schöpfers. Da gibt es winzig kleine Sterne am Himmel, die in Wirklichkeit um ein Vielfaches größer, heller und heißer sind als unsere Sonne. Sie sind für uns nur deshalb so klein, weil sie so unendlich weit entfernt sind. Und dann gibt es Sterne, die schon längst erloschen sind. Sie sind kalt und dunkel wie der Mond, wenn er nicht das Sonnenlicht reflektiert. Aber die Lichtstrahlen, die sie damals ausgesandt haben, sind immernoch zu uns unterwegs und treffen unsere Augen. So weit sind sie von uns entfernt.

Wer das alles erforscht, der kann nur mit dem Astronomen Kopernikus, dem Vater der modernen Astronomie, bekennen: „Ich greife Gott mit Händen."

Mein Auge sieht, wohin es blickt, die Wunder deiner Werke;
der Himmel, prächtig ausgeschmückt,
preist dich, du Gott der Stärke.
Wer hat die Sonn an ihm erhöht?
Wer kleidet sie mit Majestät? Wer ruft dem Heer der Sterne?
      (Christian Fürchtegott Gellert)

1. Mose (Genesis) 1, 26–2,4a   30. Mai

Und Gott schuf den Menschen zu seinem Bilde; und schuf sie als Mann und Frau. (V 27)

Das Beste hat Gott sich bei der Erschaffung der Welt bis zum Schluss aufgehoben, den Menschen. Und nur den Menschen hat er „zu seinem Bilde" geschaffen. Das heißt nicht Ebenbild (jeder Mensch sieht anders aus), sondern *Spiegelbild*. Der Mensch ist das einzige Lebewesen, das etwas von dem Wesen Gottes widerspiegeln kann, nämlich seine Liebe. Wo der Mensch etwas davon an Gott und an andere Menschen ausstrahlen kann, da hat er seine Bestimmung erfüllt.

Gott schuf uns „als Mann und Frau". Natürlich ist jeder Mensch auch alleine in vollem Umfang Mensch, aber für unsere sexuelle Sehnsucht nach einem Gegenüber hat Gott das andere Geschlecht geschaffen. So erfahre ich in meiner Ehe gerade in den Unterschieden der Geschlechter die erotische Anziehungskraft, von der das oben zitierte Leitwort spricht.

Zudem können nur Mann und Frau das erste Gebot erfüllen, das in der Bibel steht: „Seid fruchtbar und mehret euch." – An dieser Stelle möchte ich einmal jeder Frau gratulieren, die ein Kind zur Welt gebracht hat:

„Herzlichen Glückwunsch zur Geburt Ihres Kindes! Sie wissen aus eigener Erfahrung, was das für eine Leistung ist. An Ihnen hat sich der Auftrag erfüllt, den Gott uns Menschen gegeben hat: 'Seid fruchtbar und mehret euch', und weil Christen davon ausgehen, dass Gott nicht nur damals die Welt und das Leben geschaffen hat, sondern bis heute Leben schaffen und erhalten will, dürfen Sie Ihr Kind aus Gottes Händen nehmen. So sind Sie durch die Geburt Ihres Kindes mitbeteiligt am Schöpfungshandeln Gottes. Das ist eine große Ehre."

Lobe den Herren, der künstlich und fein dich bereitet,
der dir Gesundheit verliehen, dich freundlich geleitet.
In wieviel Not hat nicht der gnädige Gott
über dir Flügel gebreitet!
    (Joachim Neander)

31. Mai   **1. Mose (Genesis) 2, 4b–17**

Du darfst essen von allen Bäumen im Garten; aber von dem Baum der Erkenntnis des Guten und Bösen sollst du nicht essen. (V 16 + 17)

Das Paradies war nicht das Schlaraffenland; es war viel mehr. Es war die ungetrübte Harmonie des Menschen mit seinem Gott. Alles, was Gott gehörte in diesem üppigen Garten, gehörte auch dem Menschen. Mit einer Ausnahme: *Ein* Baum im Garten gehörte Gott allein. Er bezeichnete den Unterschied zwischen dem Schöpfer und dem Geschöpf. An diesem Baum durfte der Mensch sich nicht vergreifen, denn dann hätte er wie Gott sein wollen (Kapitel 3, Vers 5).

Sie fragen, ob diese Geschichte jemals so passiert ist. – Ich antworte, dass diese Geschichte immer wieder passiert, ganz ohne Baum und Frucht, nämlich da, wo der Mensch sich seine Gesetze selber bastelt. Wohlgemerkt: Die Straßenverkehrsordnung steht nicht in der Bibel, genauso auch viele andere Gesetze. Die legen wir selber fest, je nach den äußeren Gegebenheiten. Darum geht es heute nicht.

Heute geht es um die Grundlagen von Ethik und Moral, wie wir sie etwa gestern hier vor uns hatten. Wenn wir Gott als oberste Autorität anerkannt haben und uns nach seinen Ordnungen richten, erfahren wir sie nicht als Last, sondern als Hilfe zu einem gelingenden Leben. Wenn wir aber seine Maßstäbe eigenmächtig entkräften, dann haben wir nach dem verbotenen Baum gegriffen und sind aus der Harmonie mit dem Schöpfer herausgefallen. Man wollte sich Freiheit schaffen und ist in die Knechtschaft seiner eigenen Begierden geraten.

Sie denken, das sei übertrieben? Sie denken, das könne man nicht so eindeutig sagen? – Sie dürfen denken, was Sie wollen. Ich spreche nur die Bibel nach, und die ist ja nun wirklich eindeutig genug.

Prüf alles wohl, und was mir gut, das gib mir ein;
was Fleisch und Blut erwählet, dass verwehre.
Der höchste Zweck, das beste Teil sei deine Lieb und Ehre.
    (Paul Gerhardt)

1. Mose (Genesis) 2, 18–25 1. Juni

Darum wird ein Mann seinen Vater und seine Mutter verlassen und seinem Weibe anhangen, und sie werden sein *ein* Fleisch. (V 24)

Ich habe es schon öfter erwähnt: Wir haben drei erwachsene Töchter. Alle drei haben geheiratet. Und jedes Mal haben wir *nicht* „einen Sohn dazu bekommen" (das ist eine dumme Redensart), sondern wir haben eine Tochter hergegeben, das ist Realismus. Von diesem Realismus spricht die Bibel gleich vier Mal (hier und Matthäus 19, 5; Markus 10,7+8; Epheser 5,31). Und trotzdem ist dies ein Gebot, das besonders häufig übertreten wird. Entweder können die Eltern ihre Kinder nicht loslassen, oder einer der jungen Eheleute (zumeist der Mann) kann sich nicht von seiner Mutter lösen. Und wenn dann auch noch das 4. Gebot bemüht wird, dann wird die Sache ganz verzwickt.

Also, ihr lieben Braut-Eltern: Eure Kinder wollen von jetzt ab ihre Probleme alleine lösen. Wenn sie euren Rat wünschen, werden sie fragen. Bis dahin müsst Ihr euch zurückhalten. Sagt eure Sorgen um die jungen Leute Gott; er kann mit ihnen besser umgehen als ihr.

Und du, junger Ehemann: Du darfst deinen Eltern allezeit mit dankbarer Wertschätzung begegnen; aber wenn sie sich in deine Ehe einmischen wollen oder deiner Frau ungefragt Ratschläge geben wollen, dann stellst du dich schützend vor deine Frau und zeigst deinen Eltern höflich, aber bestimmt, ihre Grenze. Deine Frau braucht einen starken Mann an ihrer Seite, und kein Muttersöhnchen. Also, werde erwachsen!

Ich denke an meinen Theologie-Professor in Göttingen, Wolfgang Trillhaas: „Wenn es Probleme gibt zwischen den jungen Eheleuten und deren Eltern, dann gehört der Seelsorger immer auf die Seite der jungen Eheleute. Denn die Ehe ist der engste Verwandtschaftsgrad."

Hilf du uns durch die Zeiten und mache fest das Herz,
geh selber uns zur Seiten und führ uns heimatwärts.
Und ist es uns hienieden so öde, so allein,
o lass in deinem Frieden uns hier schon selig sein.
(Eleonore Fürstin Reuß)

2. Juni 　　　　　　　　　　　　　　　　　　　　**1. Mose (Genesis) 3, 1–13**

Und sie nahm von der Frucht und aß und gab ihrem Mann, der bei ihr war, auch davon, und er aß. (V 6)

Meine Herz-Tabletten sind schön bunt. Trotzdem dürfen meine Enkelkinder keine davon in den Mund nehmen. Warum? Bin ich so geizig? Nein, sie würden sich damit schlimmsten Schaden antun. – So verstehe ich unsere heutige Bibellese. Sie berichtet nicht von einem längst vergangenen Geschehen (dann würde es uns herzlich wenig angehen), sondern sie zeigt uns das Wesen der Sünde (und des Sünders), und das allerdings muss uns sehr viel angehen.

Worin bestand die Sünde in unserer Geschichte? Dass die Leute eine verbotene Frucht gegessen haben? Du liebe Zeit, möchte man da sagen, es waren doch noch genügend Früchte am Baum, am Ende hätte das der Besitzer gar nicht gemerkt. – Sehen Sie, so gehen wir mit unserer Sünde um. Wir bagatellisieren sie; wir finden, sie sei gar nicht der Rede wert; wir sprechen uns am Ende selber davon frei. Aber die Sünde besteht nicht allein in der bösen Tat (so schlimm oder so harmlos sie auch gewesen sein mag), sondern in der Gesinnung, die dahinter steckt. Hier sind zwei Gedanken:

Das Misstrauen gegen Gott. Man denkt, Gott will uns mit seinem Verbot etwas vorenthalten, deshalb will man es ignorieren. Man denkt, Gottes Gebote engen uns ein; wir wissen selber besser, was uns gut tut als Gott. Aus diesem Grund übertreten wir massenhaft seine Gebote.

Die Abneigung gegen Gott. Man möchte keine Autorität über sich haben; man meint, ohne Gott gelingt das Leben besser; man will sein eigener Herr sein. „*Mein* Wille geschehe." – Sobald man diesem Irrtum erlegen ist, merkt man, wie verhängnisvoll er war. Wäre es nicht klüger, diese Gedanken als das zu entlarven, was sie wirklich sind, nämlich eine einzige Lüge?

Jesu, hilf siegen, wenn in mir die Sünde,
Eigenliebe, Hoffart und Missgunst sich regt,
wenn ich die Last der Begierden empfinde
und sich mein tiefes Verderben darlegt.
　　　(Johannes Heinrich Schröder)

1. Mose (Genesis) 3, 14–24 3. Juni

Und ich will Feindschaft setzen zwischen dir und dem Weibe, und zwischen deinem Nachkommen und ihrem Nachkommen; der soll dir den Kopf zertreten, und du wirst ihn in die Ferse stechen. (V 15)

Die Gelehrten sind sich nicht ganz sicher, aber die Bibelleser sind sich darin einig: In diesem auffallend geheimnisvollen Satz ist – gleichsam „zwischen den Zeilen" und reichlich verschlüsselt – ein allererster Ausblick auf die Erlösungstat durch Jesus enthalten, ist die Schlange doch bis in die Offenbarung hinein ein Bild für den Teufel (Offenbarung 20, 2), und ist der Teufel doch von Jesus am Kreuz besiegt worden, sodass er am Ende aller Tage sang- und klanglos für immer von der Bildfläche verschwinden muss (Offenbarung 20, 10). So spannt unser heutiges Leitwort den Bogen von den allerersten Anfängen der Geschichte Gottes mit den Menschen bis hin zu ihrem allerletzten Ziel, zum endgültigen Sieg Jesu über jede noch so raffinierte Verführungsmacht des Teufels.

Mitten in dieser Entwicklung stehen wir. Noch müssen wir erleben, wie die Versuchung zur Abkehr von Gott und zur Befriedigung unseres Eigenwillens auch vor uns nicht Halt macht und auch in uns immer wieder die Oberhand gewinnen will, aber wir können schon festhalten: Der, der uns aus der lebensnotwendigen Bindung an Gott herauslocken will, ist schon besiegt. Sein Ende ist beschlossene Sache. Aber Jesus, der uns unter Hingabe seines eigenen Lebens dem Zugriff des Versuchers entrissen und für Gottes ewiges Reich gerettet hat, lebt ohne Ende und wird uns einmal an seinem ewigen Triumph teilhaben lassen. Diese große Aussicht wollen wir uns durch keine noch so raffinierten Verführungs-Tricks des Teufels zerstören lassen.

Wie sträubte sich die alte Schlang', da Christus mit ihr kämpfte!
Mit List und Macht sie auf ihn drang, jedennoch er sie dämpfte.
Ob sie ihn in die Fersen sticht, so sieget sie doch darum nicht,
der Kopf ist ihr zertreten.
    (Justus Gesenius)

4. Juni 1. Mose (Genesis) 4, 1–16

Die Stimme des Blutes deines Bruders schreit zu mir von der Erde. (V 10)

Wir werden das Thema *Sünde* einfach nicht wieder los. Wenn uns vorgestern der Griff nach der verbotenen Frucht vergleichsweise harmlos vorkommen konnte, müssen wir heute das schlimmste Verbrechen vor uns sehen: Der erste nach dem Paradies geborene Mensch erschlägt seinen eigenen jüngeren Bruder, und das auch noch aus religiösen Motiven (V 5). Einfach entsetzlich.

Dieses Kapitel gibt uns lauter Rätsel auf. Daneben zeigt es uns aber auch, in Ergänzung zu unserer Bibellese von vorgestern, einen weiteren Aspekt der Sünde: Kain hatte sich sehr bewusst zum Mord an seinem Bruder entschieden. Er war von Gott gewarnt worden (V 7); er hätte sich auch genauso gut gegen diese böse Absicht entscheiden können; aber er hat sie bewusst und planvoll ausgeführt.

So geht es uns immer mit unserer Sünde. Wir entscheiden, ob wir gewisse Seiten im Internet anklicken oder nicht; wir entscheiden, ob wir private Einkünfte in der Steuer-Erklärung angeben oder nicht; wir entscheiden, ob wir einem anderen in einer konkreten Not beistehen wollen oder nicht. Und wenn wir zu einer bösen Tat zwanghaft getrieben werden, dann ist aus der Sünde eine Sucht geworden, dann entscheiden wir, ob wir professionelle Hilfe in Anspruch nehmen wollen oder nicht. Es ist immer eine Sache der persönlichen Entscheidung. Wir haben keine Ausrede.

Und wenn wir uns *falsch* entschieden haben? – So lange wir (wie Kain in Vers 9) unsere Sünde leugnen, haben wir Gott gegen uns. Sobald wir uns aber (wie Kain in Vers 13) zu unserem eigenen Versagen bekennen können, begegnet uns Gott mit seiner grenzenlosen Barmherzigkeit.

Gott rufet noch. Sollt ich nicht endlich hören?
Wie lass ich mich bezaubern und betören!
Die kurze Freud, die kurze Zeit vergeht,
und meine Seel noch so gefährlich steht.
   (Gerhard Tersteegen)

1. Mose (Genesis) 4, 17–26   5. Juni

Kain soll siebenmal gerächt werden, aber Lamech siebenundsiebzigmal. (V 24)

Ich hatte eine liebe Cousine. Sie hieß Annelie. Sie wohnte in Konstanz am Bodensee. Jahrzehnte lang hatte ich sie nicht gesehen, denn ich war damals Pfarrer in der DDR, und von dort aus waren Reisen nach Westdeutschland fast unmöglich. Aber dann durfte ich meinen Vater in Göttingen doch einmal besuchen, und der feierte seinen Geburtstag in einem Hotel in – Konstanz! Jetzt konnte ich Annelie treffen! Aber mein Vater sagte nur „nein" und stopfte sich neuen Tabak in die Pfeife. Warum? Es muss irgendwann einmal ein Missverständnis gegeben haben zwischen ihm und ihr, und seitdem waren sie und ihre ganze Familie für ihn gestorben. Das ist noch nicht die Blutrache des Lamech, aber das zeigt doch schon in diese Richtung. Denn von der Unversöhnlichkeit bis zur Rache ist der Weg gar nicht mehr so weit.

Meine Geschichte ist kein Einzelfall. Durch wie viele Familien zieht sich ein tiefer Riss, weil irgendeiner irgendeinem anderen aus der Verwandtschaft irgendeine dumme Sache von früher einfach nicht verzeihen kann. Oft vererbt sich das alles auch noch auf die Kinder und Enkel, und die wissen am Ende schon gar nicht mehr, warum sie eigentlich zerstritten sind.

Noch schlimmer ist das, wenn ein solcher Graben sich durch eine Gemeinde zieht, wenn Missverständnisse und Vorbehalte die Menschen so voneinander trennen, dass sie sich kaum noch ansehen können. Und im Gottesdienst singen sie dann: „Herz und Herz vereint zusammen …"

Das ist „Lamech" in unserem Leben. Und „Lamech" ist einfach ein Skandal. Lamech wollte sich „siebenundsiebzigmal" rächen, aber Jünger Jesu können einander „siebzigmal siebenmal" verzeihen (Matthäus 18,22)

Wie Gott lässt scheinen seine Sonn
und regnen über Bös und Fromm,
so solln wir nicht allein dem Freund
dienen, sondern auch unserm Feind.
    (Nikolaus Herman)

6. Juni   **1. Mose (Genesis) 6, 1–4**

Als aber die Menschen sich zu mehren begannen auf Erden, da sahen die Göttersöhne, wie schön die Töchter der Menschen waren. (V 1+2)

„Haben Sie den Engel gar nicht gesehen?", fragte mich eine Teilnehmerin nach einem Abendgottesdienst. – „Nein", konnte ich nur antworten. – „Der stand doch während der Predigt neben Ihnen, groß und stark, in einem ganz warmen Licht, und hat die ganze Zeit zu uns geschaut." – Ich war verblüfft. Ich hatte an diesem Abend nur über die Engel gesprochen, wie oft sie in der Bibel erwähnt werden und wie oft sie sich in unserer Zeit bemerkbar machen. Und währenddessen hat einer von ihnen neben mir gestanden, als wollte er meine Verkündigung bestärken und bekräftigen.

Das ist mir eine wertvolle Bestätigung gewesen. Ich selber habe bisher noch nie einen Engel sehen können, aber ich bin unerhört dankbar dafür, dass es sie gibt. Mein oben erzähltes Erlebnis bestätigt mir, dass die Engel oft in der Kirche aktiv werden. Jemand hat Engel bei einer Taufe gesehen, jemand anders beim Abendmahl. Einer Mitarbeiterin von mir ist in einem Jugendgottesdienst gezeigt worden, wie Engel die Störenfriede in den Bankreihen besänftigt haben. Mir scheint, wir ahnen gar nicht, wie aktiv die Engel sind.

Von Engeln spricht die Bibel auffallend oft, zum ersten Mal in unserer heutigen Schriftlesung. Da heißen sie noch „Göttersöhne", sind aber in Wirklichkeit Engel. Und sie haben natürlich keine Menschen geheiratet, das können sie gar nicht (siehe Matthäus 22, 30). Aber sie haben den Menschen etwas von der Atmosphäre des Himmels auf die Erde gebracht, und das tun sie heute noch. Und zwar so lange, bis die Menschen von der Erde in den Himmel kommen. Dann werde auch ich die Engel sehen können, die mein ganzes Leben lang um mich gewesen sind, und darauf freue ich mich schon sehr.

Deinen Engel zu mir sende, der des bösen Feindes Macht,
List und Anschlag von mir wende und mich halt in guter Acht,
der auch endlich mich zur Ruh trage nach dem Himmel zu.
    (Heinrich Albert)

1. Mose (Genesis) 6, 5–22 — 7. Juni

Als aber der Herr sah, dass die Bosheit der Menschen groß war auf Erden und alles Dichten und Trachten ihres Herzens nur böse war immerdar, da reute es ihn, dass er die Menschen gemacht hatte auf Erden, und es bekümmerte ihn in seinem Herzen. (V 5+6)

Ist Ihnen aufgefallen, dass die meisten Betrachtungen in diesem Buch mit einer Begebenheit aus dem Alltag beginnen, die als Beispiel dienen soll für die Aktualität der biblischen Inhalte? Dann wird Ihnen auch auffallen, dass die heutige Andacht ohne einen solchen Alltags-Bezug beginnt. Warum? – Der Schmerz im Herzen Gottes ist so groß, dass es dafür auf Erden einfach kein Beispiel gibt.

Bedenken Sie: Als Gott die Welt geschaffen hat in ihrer üppigen Vielfalt und als Krönung den Menschen schuf und ihm als einzigem Lebewesen die Freiheit zur eigenen Entscheidung gab, da war alles „sehr gut" (Kapitel 1, 31). Aber dann hat der Mensch seine Freiheit missbraucht. Er aß mit Absicht von dem einzigen Baum, der nur Gott gehören sollte (Kapitel 3,6); er ignorierte bewusst die Warnung Gottes vor der Ermordung des eigenen Bruders (Kapitel 4, 6–8); und seine Nachkommen haben es siebenundsiebzigmal schlimmer getrieben (Kapitel 4,24). Was war nur aus der guten Schöpfung Gottes geworden? Sie war „voller Frevel" (V 13). Was für ein Jammer!

Verstehen Sie den Schmerz in Gottes Herzen? Er hatte sich das so schön gedacht mit dieser farbenprächtigen Erde und mit dem Menschen als seinem fast ebenbürtigen Gegenüber (Kapitel 1,26); und nun steht er vor den Scherben seines eigenen Werkes. Er bereut, dass er den Menschen überhaupt geschaffen hat. Er sagt zu sich selbst: Hätte ich damit bloß nie angefangen! Können Sie ermessen, wie tief enttäuscht er war?

Ich, ich und meine Sünden, die sich wie Körnlein finden
des Sandes an dem Meer,
die haben dir erreget das Elend, das dich schläget,
und das betrübte Marterheer.
    (Paul Gerhardt)

8. Juni   **1. Mose (Genesis) 7, 1–16**

Und der Herr sprach zu Noah: Geh in die Arche, du und dein ganzes Haus, denn dich habe ich gerecht erfunden vor mir zu dieser Zeit. (V 1)

Das ist gestern ein rabenschwarzer Tag gewesen in diesem Buch. Die Enttäuschung, die Gott über die von ihm geschaffenen Menschen empfunden haben muss, ist wirklich unbeschreiblich. Aber heute sehen wir einen Lichtblick. Da gibt es Noah, und der ist anders als seine Mitmenschen von damals:

Er ist gerecht, das bedeutet nicht die stolze Selbstgerechtigkeit, die anmaßende Überheblichkeit über andere, sondern das bedeutet eine aufrichtige Hingabe an Gott. Da ist man zwar nicht sündlos, aber doch ehrlich bestrebt, Gott mit dem eigenen Leben Ehre machen zu können.

Er ist allein, mit seiner Liebe zu Gott und mit seinem Gehorsam vor seinem Wort. Er lebt unter lauter Mitmenschen, denen der allmächtige Gott regelrecht egal ist. Das ist bitter. – Ähnlich geht es vielen Christen heutzutage. Sie müssen sich mit ihrem Glauben in einer Umgebung behaupten, die dafür Null Interesse und oft auch Null Toleranz aufbringt.

Er ist gerettet. Gott lässt ihn ein Schiff bauen, in dem er mit den Seinen der bevorstehenden Katastrophe entrinnen kann. Wenn Gottes Strafgericht den Menschen um ihres Ungehorsams willen das Verderben bringt, soll Noah mit seiner Familie als einziger am Leben bleiben. Mit ihm wird Gott dann einen neuen Anfang wagen. So wertvoll ist für Gott ein einziger Mensch, der ihm kompromisslos gehört.

> *Es soll uns nicht gereuen der schmale Pilgerpfad;*
> *wir kennen ja den Treuen, der uns gerufen hat.*
> *Kommt, folgt und trauet dem;*
> *ein jeder sein Gesichte mit ganzer Wendung richte*
> *fest nach Jerusalem, fest nach Jerusalem.*
>   (Gerhard Tersteegen)

1. Mose (Genesis) 7, 17–24 — 9. Juni

Und die Wasser nahmen überhand und wuchsen so sehr auf Erden, dass alle hohen Berge unter dem ganzen Himmel bedeckt wurden. (V 19)

Ein Auto schwimmt im reißenden Strom; Verkehrsschilder ragen kaum noch aus den Fluten; Menschen hocken auf den Dächern und warten verzweifelt auf Rettung. Der Nachrichtensprecher sagt: „Sintflutartige Regenfälle".

Dieser Ausdruck trifft genau zu. Es sind Regenfälle *wie* damals in der Sintflut; aber es *ist* keine Sintflut. Denn Gott hat versprochen, ein solches globales Unwetter nie wieder zu senden (Kapitel 9,11). Trotzdem: Die Überschwemmungen, die uns vom Fernseher in das eigene Wohnzimmer gebracht werden, haben uns viel zu sagen:

Zum einen: Sie zeigen uns, wie damals die eigentliche Sintflut ausgesehen haben muss. Sie zeigen uns, dass Gott tatsächlich imstande ist, ganze Landstriche in den Fluten versinken zu lassen, und dass die Menschen gegen solche Wassermassen auch heute noch absolut machtlos sind. Das gibt uns eine Ahnung von dem Chaos, das damals, bei Noah, geherrscht haben muss.

Zum anderen: Diese Überschwemmungen zeigen uns auch, dass Gott jederzeit imstande ist, auch unser eigenes Land mit solchen Wassermassen zu bedecken. Wir haben keinen Anspruch auf ein sorgloses, geschütztes Leben. Wir sind allein abhängig von der Bewahrung durch Gott.

Zum dritten: Die Sintflut damals muss uns zeigen, dass Gott den permanenten Ungehorsam der Menschen auf die Dauer nicht kommentarlos hinnimmt. Er lässt sich so viel Verachtung wie durch die Menschen damals einfach nicht gefallen. Wie wird er da auf unser Verhalten heute antworten?

Gott warnet täglich für und für, das zeugen seine Zeichen,
denn Gottes Straf steht vor der Tür;
Deutschland, lass dich erweichen,
tu rechte Buße in der Zeit, weil Gott dir noch sein Gnad anbeut
und tut sein Hand dir reichen.
    (Johann Walter)

10. Juni	1. Mose (Genesis) 8, 1–12

Am siebzehnten Tag des siebenten Monats ließ sich die Arche nieder auf das Gebirge Ararat. (V 4)

Forscher wollen einmal vom Flugzeug aus dunkle Schatten entdeckt haben – irgendwo in den schneebedeckten Hängen des zerklüfteten Ararat-Gebirges in der Türkei. Diese Schatten könnten durchaus die Umrisse eines großen hölzernen Schiffes darstellen. Aber Vorsicht! Bitte diese Nachricht nicht wörtlich nehmen! Es ist bisher noch keiner Expedition gelungen, zu dieser Stelle vorzudringen und die Echtheit dieser Vermutung zu bestätigen. Wenn das einmal gelingen würde, wäre das natürlich eine Sensation.

Aber keine Glaubens-Stärkung. Denn mein Glaube hängt nicht an wissenschaftlichen Beweisen, sondern an der absoluten Zuverlässigkeit der Bibel. Und dabei enthält die Bibel mehr als historische Ereignisse; sie bietet mit den historischen Ereignissen einen Zuspruch Gottes für unser eigenes Leben. Und dieser Zuspruch lautet in unserer heutigen Bibellese: Gott schenkt denen, die ihm vertrauen, mitten im schlimmsten Chaos Rettung.

Dazu sollte Noah damals eine Arche bauen. Wir haben es heute noch leichter. Für uns hat Gott ein Kreuz auf Golgatha errichten lassen, an dem sein eigener Sohn qualvoll zugrunde gehen musste. Das war sein strenges Strafgericht über die grenzenlose Anmaßung der Menschen, ohne Gott durchs Leben gehen zu wollen. Hier ist die Sühne geleistet worden auch für unsere eigene Schuld. Wer das auf sich beziehen und für sein eigenes Leben in Anspruch nehmen kann, der ist gleichsam „in die Arche" gekommen, der braucht kein Strafgericht zu fürchten, der ist gerettet zur ewigen Seligkeit.

O Abgrund, welcher alle Sünden
durch Christi Tod verschlungen hat!
Das heißt die Wunde recht verbinden,
da findet kein Verdammen statt,
weil Christi Blut beständig schreit:
Barmherzigkeit, Barmherzigkeit!
(Johann Andreas Rothe)

1. Mose (Genesis) 8, 13–22 — 11. Juni

Ich will hinfort nicht mehr die Erde verfluchen um der Menschen willen, denn das Dichten und Trachten des menschlichen Herzens ist böse von Jugend auf. (V 21)

Blättern Sie bitte noch einmal zurück zum 7. Juni. Da steht über die Menschen, dass „alles Dichten und Trachten ihres Herzens nur böse war immerdar" und Gott deshalb die Sintflut schicken musste. Jetzt, am Ende dieser globalen Katastrophe, stellt Gott genau dasselbe fest (siehe oben), und genau deshalb wird er ein solches schreckliches Chaos nicht wieder schicken. Warum? – Zwei Gründe mögen ihn dazu bewogen haben:

Zum einen: Gott weiß, auch das schwerste Strafgericht kann die Herzen der Menschen nicht verändern, es kann sie höchstens verhärten. Wenn heute Menschen ein entsetzliches Unglück überleben, sagen sie bestenfalls: „Ich bin nochmal davongekommen", wenn sie sich nicht gleich beschweren: „Wie kann Gott das zulassen?" Aber keiner kommt darauf, zu fragen: „Was will Gott uns damit sagen?"

Zum anderen: Als Noah nach der Sintflut aus der Arche kam, hat er nicht zuerst ein Haus für sich und seine Familie gebaut, sondern einen Altar für Gott und ihm als erstes dort ein Dankopfer dargebracht. Dieses Opfer hat Gottes Herz so stark angerührt, dass er ihm versprach, ein solches schweres Strafgericht wie die Sintflut nie wieder zu schicken. Deshalb hat unsere Erde noch heute Bestand. Und sie wird so lange Bestand behalten, bis die neue, die ewige, Gottes-Welt hereinbrechen wird (Offenbarung 21,1). Das verdanken wir einzig und allein dem Opfer, das Noah in grauer Vorzeit seinem Gott gebracht hat. Solche Kraft haben Opfer, die wir Menschen aus Dank und Liebe Gott darbringen können.

Ich will von deiner Güte singen, solange sich die Zunge regt;
ich will dir Freudenopfer bringen, solange sich mein Herz bewegt;
ja, wenn der Mund wird kraftlos sein,
so stimm' ich doch mit Seufzen ein.
    (Johann Mentzer)

12. Juni   **1. Mose (Genesis) 9, 1–17**

Meinen Bogen habe ich in die Wolken gesetzt; der soll das Zeichen sein des Bundes zwischen mir und der Erde. (V 13)

„Seitdem du getauft bist, kann Jesus dich nie wieder vergessen", habe ich zu meinem damals sechs Jahre altem Enkelsohn gesagt. Freilich, die Taufe hat noch eine viel größere Bedeutung, und das muss dem Jungen alles zu gegebener Zeit erläutert werden, aber so viel kann ein 6-Jähriger schon heute verstehen: Die Taufe ist ein sichtbares Zeichen für die Treue Gottes.

Dieselbe Bedeutung hat das sichtbare Zeichen des Regenbogens. Er soll Gott und die Menschen in gleicher Weise erinnern an Gottes Zusage, die Erde vor einer zweiten Sintflut zu bewahren (siehe gestern). So ist der Regenbogen für uns ein untrüglicher Hinweis auf die immerwährende Gnade Gottes.

Mehr noch: Der Regenbogen erinnert uns immer wieder daran, dass Gott mit dieser Erde regelrecht einen Bund geschlossen hat, wie einen Vertrag, in dem er uns den bleibenden Bestand der Erde zusichert. Und jedes Mal, wenn wir den Regenbogen sehen, will Gott uns zeigen: Er hält sein Versprechen ein.

Solche Zeichen haben bei Gott eine große Bedeutung, sie sind für ihn verbindlich. Das gilt für den Bund, den Gott mit Noah geschlossen hat, genauso wie für den Bund, den er uns mit Jesus angeboten hat. Da ist die Taufe ein Zeichen für seine Treue über uns, und da ist das Abendmahl ein Zeichen für die leibhaftige Gegenwart Jesu unter uns. Und immer wollen diese Zeichen uns sagen: Auf Gottes Zusagen ist unbedingt Verlass.

Mein treuer Gott, auf deiner Seite
bleibt dieser Bund wohl feste stehn;
wenn aber ich ihn überschreite,
so lass mich nicht verloren gehn;
nimm mich, dein Kind, in Gnaden an,
wenn ich hab einen Fall getan.
            (Johann Jakob Rambach)

1. Mose (Genesis) 9, 18–28 — 13. Juni

Da nahmen Sem und Japheth ein Kleid und legten es auf ihrer beider Schultern und gingen rückwärts hinzu und deckten ihres Vaters Blöße zu. (V 23)

Es gibt Gegenden auf der Welt, die noch immer nicht von der Zivilisation berührt wurden. Dort lebt man heute noch wie in der Steinzeit, also auch ohne jegliche Bekleidung. Wenn aber Missionare dort hinkommen und den Menschen Tücher und Stoffe schenken, dann binden sie sich die Tücher nicht etwa um den Hals, sondern um die Hüften. Das erste, was sie intuitiv bedecken, ist die Genital-Region.

Damit greifen sie unbewusst eine uralte biblische Tradition auf. Das erste, was die Menschen von Gott bekamen, waren Röcke aus Fell (Kapitel 3,21). Denn unsere Sexualität ist besonders schützenswert, auch vor neugierigen Blicken von anderen. Deshalb haben zwei Söhne von Noah ihren Vater, der sich im Schlaf aufgedeckt hat, so umständlich zugedeckt. Wenn sie dabei seine Nacktheit schadenfroh betrachtet hätten, wie ihr Bruder Ham, hätten sie ihn in seiner Ehre tief gekränkt.

Dieses Grundgesetz gilt auch im ach so toleranten 21. Jahrhundert. Gott hat den Schutz unserer sexuellen Würde nicht aufgehoben. Deshalb halte ich FKK-Strände für genauso fragwürdig wie die gemischte Sauna. Und zwar nicht aus verklemmter Prüderie, sondern aus Einsicht in die heilsamen Lebensordnungen Gottes. Gott hat uns nur einen Bereich gegeben, in dem wir uns vor anderen Blicken nicht zu schützen brauchen, und das ist die Ehe. Zwei Verheiratete dürfen so unbefangen miteinander verkehren wie im Paradies. Wer dieses Paradies aber woanders schaffen will, der ist gehörig auf dem Holzweg.

Was genannt mag werden droben und auf Erden, alles reicht nicht zu.
Einer kann mir geben Freude, Ruh und Leben. Eins ist not, nur du!
Hab ich dich nur wesentlich,
so mag Leib und Seel verschmachten, ich wills doch nicht achten.
    (Gerhard Tersteegen)

14. Juni   1. Mose (Genesis) 11, 1–9

Lasst uns eine Stadt und einen Turm bauen, dessen Spitze bis an den Himmel reiche, damit wir uns einen Namen machen. (V 4)

Wenn Adolf Hitler den Zweiten Weltkrieg gewonnen hätte, dann hätte er in Berlin wahre Protz-Bauten errichtet. Die Reichskanzlei sollte so aussehen wie der Petersdom in Rom, aber sehr viel größer und monumentaler, höher als der Eiffelturm in Paris und die Wolkenkratzer in New York und prunkvoller ausgestattet als der Kreml in Moskau, ein Sinnbild für Größe, Macht und Ehre, und in Wahrheit doch nur der Ausdruck von einem krankhaften Größenwahn.

Dieses Bestreben ist nicht neu. Schon die Bibel kennt solchen Größenwahn bei den Menschen, wie uns die heutige Bibellese berichtet. Sie wollten sich „einen Namen machen" in der Welt, und sie sind damit doch zu einer sehr traurigen Berühmtheit gekommen. Die Bibel sieht darin eine Wurzel von Feindseligkeit und Krieg zwischen den Menschen und ganzen Völkern.

Leider ist dieses Ansinnen auch mit Adolf Hitler nicht gestorben. Dieser Größenwahn ist dann am verhängnisvollsten, wenn der Mensch sich selbst noch über Gott erheben will. Dazu muss man sich keinen Turm bauen; das kann man auf jede andere Weise auch tun. Man muss nur sagen: Wir brauchen keinen Gott über uns; jeder ist sich selbst der Nächste; man ist seines eigenen Glückes Schmied. Die Menschen suchen ihre eigene Ehre durch herausragende Leistungen im Sport, in der Kultur, in der Wissenschaft, und übertreffen alle Konkurrenten, und das oft genug nur, um sich einen Namen zu machen.

Ach ja, Adolf Hitler: Er hat es tatsächlich geschafft, sich „einen Namen zu machen", nämlich einen Namen, an den wir uns heute nur noch mit Abscheu und Grauen erinnern können.

Mache mich einfältig, innig, abgeschieden, sanft und still in deinem Frieden;
mach mich reines Herzens, dass ich deine Klarheit
schauen mag in Geist und Wahrheit;
lass mein Herz überwärts wie ein Adler schweben
und in dir nur leben.   *(Gerhard Tersteegen)*

1. Mose (Genesis) 11, 27–12,9 — 15. Juni

Der Herr sprach zu Abram: Geh aus deinem Vaterland und von deiner Verwandtschaft und aus deines Vaters Hause in ein Land, das ich dir zeigen will. (Kapitel 12, V 1)

Ein Mann verlässt das Dorf, nicht mit Kind und Kegel, denn er hat keine Kinder, aber mit Sack und Pack, mit seiner Frau und seinem Neffen und mit seinem ganzen Viehzeug. Die Leute fragen ihn: „Abram, was hast du denn vor?" – „Wir ziehen weg." – „Wohin denn?" – „Das weiß ich nicht."

Genau diese Situation schildert uns unsere heutige Bibellese. Damit beginnt Gott ein ganz neues Kapitel in seiner Geschichte mit den Menschen. Die Hauptperson heißt Abram (später wird er den Namen Abraham bekommen). Von ihm erfahren wir ab heute dreierlei:

Er konnte gehorchen. Ein schier unsinniger Auftrag drängt diesen alten Mann auf die Reise. Er hätte zurückfragen können; er hätte mit Gott diskutieren können; er kannte nicht das Ziel und nicht den Sinn seines Weges; er kannte nur seinen Auftrag, und er konnte ihm gehorchen. Damit ist er uns bis heute ein leuchtendes Vorbild, wenn Gott einen Menschen beruft.

Er konnte vertrauen. Er ging geradewegs ins Ungewisse. Der einzige, der den Weg kannte, war Gott. Abram war total darauf angewiesen, dass Gott ihn leitete. Diese absolute Abhängigkeit heißt Vertrauen. Wir werden noch sehen, wie reich diese Gesinnung belohnt wird.

Er konnte nicht warten, wie wir am 21. Juni sehen werden. Das war kein Ruhmesblatt für den gesegneten Abram, aber das war kein Hinderungsgrund für Gott, seinen Plan mit ihm dennoch in die Tat umzusetzen. Denn Gott lässt sich auch durch unsere eigenen Schwächen und Fehler nicht abbringen von seinen guten Absichten mit uns. So ist Abram für uns beides: Vorbild und Trost in einer Person.

Ich bin das Licht, ich leucht euch für mit heilgem Tugendleben.
Wer zu mir kommt und folget mir, darf nicht im Finstern schweben.
Ich bin der Weg, ich weise wohl, wie man wahrhaftig wandeln soll.
  (Johann Scheffler)

16. Juni   **1. Mose (Genesis) 12, 10–20**

Warum sprachst du denn: Sie ist meine Schwester, sodass ich sie mir zur Frau nahm? (V 19)

„Bitte nicht nachmachen", heißt es im Fernsehen, wenn dort gefährliche Kunststücke gezeigt werden. – „Bitte nicht nachmachen", möchte ich auch über unsere heutige Bibellese schreiben. Sie ist zwar nicht lebensgefährlich, aber keineswegs vorbildlich. Zum Glück würde sich das keine Frau heute mehr gefallen lassen, was Abram damals mit Sarai angestellt hat, aber auch heute noch kann es einem Mann passieren, dass ein anderer sich in seine Frau verliebt. Da hilft kein Poltern; sondern, zum Ehemann gesagt:

Sorgen Sie dafür, dass Ihre Frau sich beim Geschlechtsverkehr mit Ihnen so wohl fühlt, dass sie dieses Erlebnis nie bei einem anderen Mann sucht. Niemand kennt seine Frau so gut wie Sie. Niemand kennt ihre Wünsche und Bedürfnisse auf diesem Gebiet so gut wie Sie. Machen Sie sich das zunutze und schenken Sie ihr, so oft sie es mag, alles, wonach sie sich sehnt, und sie wird tabu sein für jeden anderen.

Sodann: Eine außereheliche Affäre beginnt nicht damit, dass zwei Leute ins Bett gehen, sondern damit, dass ein anderer Mann Ihrer Frau Aufmerksamkeit schenkt, Wertschätzung vermittelt, Komplimente macht. Wenn ihr das in der Ehe fehlt, wird sie gern darauf eingehen, ohne daran zu denken, was danach kommt. Wenn sie das alles aber reichlich und täglich von ihrem Mann bekommt, wird sie jede Schmeichelei von anderen Männern nur als lästige Anmache empfinden.

So, lieber Kollege Ehemann: *Das* können Sie jetzt gerne *nachmachen*, und ein „Pharao" dürfte bei Ihrer Frau wohl kaum Glück haben…

Wenn Mann und Frau sich wohl verstehn und unverrückt zusammen gehn
im Bande reiner Treue,
   da geht das Glück in vollem Lauf, da sieht man, wie der Engel Hauf
im Himmel selbst sich freue.
   Kein Sturm, kein Wurm kann zerschlagen, kann zernagen,
     was Gott gibet dem Paar, das in ihm sich liebet.   (nach Paul Gerhardt)

1. Mose (Genesis) 13, 1–18　　　　　　　　　　　　　　17. Juni

Und es war immer Zank zwischen den Hirten von Abrams Vieh und den Hirten von Lots Vieh. (V 7)

Ich hatte es schon mal erzählt: Ich habe in Göttingen und in Heidelberg Theologie studiert. Damals war Deutschland noch zweigeteilt. Die Lebensverhältnisse zwischen West und Ost unterschieden sich wie Tag und Nacht. – Damals haben sich viele meiner Mitstudenten verliebt. Genügend hübsche Studentinnen hatten wir ja um uns. Nur ich habe mich bewusst zurückgehalten. Warum? Ich trug den starken Impuls in mir, nach dem Studium in die DDR zu gehen und dort Pfarrer zu werden. Und ich wusste: Diesen Weg muss ich alleine gehen. Dorthin kann ich niemanden mitnehmen.

Dasselbe hätte auch Abram wissen können, als Gott ihn aus seiner Heimat nach Kanaan rief (Kapitel 12,1). Natürlich sollte auch seine Frau Sarai mitkommen, das musste nicht extra erwähnt werden, aber von Lot (Kapitel 12,4) ist von Gott aus nicht die Rede gewesen. Den hatte Abram eigenmächtig mitgenommen. Sollte der Neffe ihm als Trost dafür dienen, dass er keine eigenen Kinder hatte? Wollte er ihn vielleicht als Betreuer bei sich haben, wenn er selber hinfällig wird? – Wie dem auch sei, ich meine, er hat diesen Schritt ohne Gott getan.

Dadurch hat er nicht den Segen verloren, den Gott ihm zugedacht hatte, aber er hat sich und seinem Neffen damit viel Schererei bereitet, wie wir heute und morgen sehen können.

Wir merken: Wenn Gott uns auf den Weg des Gehorsams ruft, dann sollten wir ihm kompromisslos folgen. Jeder Schritt von Eigenwilligkeit bringt nur unnötigen Stress. Und den sollte man sich im Dienst für Gott tunlichst ersparen.

Gott rufet noch. Wie, dass ich mich nicht gebe!
Ich fürcht sein Joch und doch in Banden lebe;
ich halte Gott und meine Seele auf.
Er ziehet mich, mein armes Herze, lauf!
　　(Gerhard Tersteegen)

18. Juni   **1. Mose (Genesis) 14, 1–16**

Und er brachte alle Habe wieder zurück, dazu auch Lot, seines Bruders Sohn, mit seiner Habe, auch die Frauen und das Volk. (V 16)

Als am 1. September 1939 Polen von Deutschland überfallen wurde, haben England und Frankreich dem Deutschen Reich den Krieg erklärt, denn zwischen diesen Dreien bestand ein militärischer Beistandspakt: Wenn eins von ihnen angegriffen wird, springen die zwei anderen ihm zur Seite.

Dasselbe Grundgesetz, nur ganz ohne Politik, begegnet uns schon beim alten Vater Abram. Der Krieg der Könige um ihn her ging ihn so lange nichts an, bis sein eigener Neffe Lot dabei in Gefangenschaft geriet. In dem Moment rüstete er auf und befreite Lot aus der Hand seiner Feinde.

Damit ist er ein starkes Vorbild geworden für seine Nachkommen. Immer wieder ist sein Volk von Feinden angegriffen worden, die ihm das Existenzrecht in diesem Land streitig machen wollten. Und dabei hat doch Gott selber ihnen dieses Land als ihre Heimat zugewiesen. Trotzdem gab es immer wieder Krieg. Das Alte Testament ist voll davon. Aber Israel hat nie Angriffskriege geführt, sondern immer nur Verteidigungskriege. Es musste nur seine Heimat verteidigen.

Nicht anders ergeht es den Nachkommen dieses Volkes heute, im 21. Jahrhundert. Heute muss Israel dieselbe Feindschaft von vielen Völkern erleben und sich mit allen Mitteln vor ihren Angriffen schützen. Dazu kommen üble Verurteilungen aus der halben Welt, die dieses Volk als Aggressor und Besatzer verleumden. Es hat viele Völker gegen sich, aber es hat den allmächtigen Gott über sich, und es hat ein starkes Vorbild hinter sich, und das ist der Vater Abram.

Der Herr gedenkt an sein Erbarmen, und seine Wahrheit stehet fest.
Er trägt sein Volk auf seinen Armen und hilft, wenn alles uns verlässt.
Bald schaut der ganze Kreis der Erde, wie unsers Gottes Huld erfreut.
Gott will, dass sie ein Eden werde;
rühm, Erde, Gottes Herrlichkeit!
    (Johannes Stapfer, Matthias Jorissen)

1. Mose (Genesis) 14, 17–24 — 19. Juni

Aber Melchisedek, der König von Salem, trug Brot und Wein heraus und sprach: Gesegnet seist du, Abram, vom höchsten Gott. (V 18 + 19)

Die bedeutsamste Persönlichkeit in ihrer Geschichte ist für die Juden der alte Vater Abram, der später den Namen Abraham bekam, denn von ihm stammen sie ja alle ab. Heute aber begegnet uns in der Bibel eine noch bedeutsamere Gestalt, der geheimnis-umwitterte Priester Melchisedek. Er steht noch über Abram, denn er empfängt von ihm den Zehnten, und er spendet ihm den Segen. Damit verkörpert er eine wahrhaft göttliche Würde.

Wir wissen nur das über ihn, was wir heute in der Bibel lesen, aber er war den Israeliten wohlbekannt (Psalm 110,4), und der Hebräer-Brief widmet ihm das ganze Kapitel 7. Demnach haben schon die ersten Christen in Melchisedek einen heimlichen Vorläufer von Jesus gesehen. Er kommt aus Salem, das ist das spätere Jerusalem (Psalm 76,3), das geistliche Zentrum von Israel. In ihren Mauern stand der Tempel, vor ihren Toren hat Jesus mit seinem Kreuzestod seine Nachfolger für Gott gerettet und mit seiner Auferstehung den Tod besiegt und den Teufel in seine Schranken gewiesen. Das alles leuchtet schon zeichenhaft durch diese Begebenheit hindurch.

Und Melchisedek begegnet Abram mit Brot und Wein (V 18). Wer muss dabei nicht sofort an das Abendmahl denken? Man sieht: Hinter dem äußeren Ablauf dieses Geschehens verbirgt sich, gleichsam „zwischen den Zeilen", der Hinweis auf eine noch bedeutsamere Persönlichkeit in der Heilsgeschichte, nämlich auf Jesus. Und wenn die Juden noch heute sagen dürfen: „Wir haben Abraham zum Vater" (Matthäus 3,9), dann können wir Christen dankbar bekennen: „Wir haben Jesus zum Retter."

Gleicher Macht und gleicher Ehren sitzt er unter lichten Chören
über allen Cherubim;
in der Welt und Himmel Enden hat er alles in den Händen,
denn der Vater gab es ihm.
   (Philipp Friedrich Hiller)

20. Juni   **1. Mose (Genesis) 15, 1–21**

Der Herr sprach zu Abram: Sieh gen Himmel und zähle die Sterne. So zahlreich sollen deine Nachkommen sein! (aus V 4 + 5)

Wenn heute ein Vertrag zwischen zwei Ländern geschlossen wird, dann sitzen die beiden Regierungs-Chefs nebeneinander an einem Tisch und setzen unter das fertige Dokument feierlich ihre Unterschriften. Im alten Volk Israel hat man dann Tiere geschlachtet und in Hälften zerteilt auf den Boden gelegt. Dann ging man mit brennenden Fackeln dort hindurch und sagte: „Wenn ich diesen Vertrag breche, soll es mir so ergehen wie hier diesen Tieren."

Diese Tradition steht hinter den merkwürdigen Versen 9 und 10 und 17 bis 21. Gott verbürgt sich damit persönlich für die Erfüllung seines Versprechens, das er dem Abram in den Versen 4 und 5 gegeben hat (s.o.). Und er hat es eingehalten. Sehen Sie nur das pulsierende Leben in Tel Aviv und die verstopften Straßen in Jerusalem und denken Sie an die vielen Juden, die heute noch in allen Erdteilen dieser Welt zu Hause sind. Wirklich, Abrams Nachkommen sind unzählig. Gott hat Wort gehalten.

Daran konnten auch die Nazis mit ihren perfiden Vernichtungsplänen nichts ändern. Sechs Millionen Juden haben sie in ihren Konzentrationslagern ermordet, das ist sechsmillionenfaches Leid für die Juden und sechsmillionenfache Schuld auf den Deutschen. Aber Gottes Plan mit Abrams Nachkommen konnten sie damit nicht verhindern. Denn auf diesem besonderen Volk liegt ein besonderer Segen, und den lässt Gott sich von keiner Macht der Welt zerstören.

Heilig, Herr Gott Zebaoth!
Heilig, Herr der Himmelsheere!
Starker Helfer in der Not;
Himmel, Erde, Luft und Meere
sind erfüllt von deinem Ruhm;
alles ist dein Eigentum.
    (Ignaz Franz)

1. Mose (Genesis) 16, 1–16 — 21. Juni

Und Hagar gebar Abram einen Sohn, und Abram nannte ihn Ismael. (V 15)

Eheleute, die zu ihrem großen Schmerz keine eigenen Kinder bekommen können, werden Abram und Sarai verstehen. Hinzu kommt, dass Kinderlosigkeit damals als ein Makel galt, dessen man sich schämen musste (V 4). Am schwersten wog aber für diese beiden, dass Gottes Zusage (Kapitel 15,4) ganz offensichtlich nicht in Erfüllung gehen konnte. So kam Sarai auf die Idee mit der „Leihmutter". Aber das bedeutete für Abram:

Er konnte nicht warten. Es dauerte ihm einfach zu lange, bis Gott aktiv wurde. Deshalb nahm er die Geschichte selber in die Hand. Diese Ungeduld kennt jeder, der auf ein Handeln Gottes warten muss. Dann will man Gott zuvorkommen.

Er wollte Gott helfen. Er meinte, dass Gott seine Zusage gar nicht mehr einlösen kann. Er musste dafür schon selber aktiv werden. Damit stellte er Gottes Allmacht infrage und schnitt sich gehörig in die eigenen Finger.

Er schuf sich Probleme. Wohlgemerkt: Den Segen, der ihm gehören sollte (Kapitel 15,1–6) hat er nicht eingebüßt, aber den Konflikt mit Hagar (V 5) hätte er sich ersparen können. Man sieht: Unsere Eigenmächtigkeit fällt uns am Ende immer auf die eigenen Füße.

Übrigens: Manche vermuten, dass die Religion des Islam auf Ismael zurückgeht, weshalb auch im Koran Abraham als Stammvater angesehen wird. In diese Richtung könnte auch unser Vers 12 weisen. Wenn das zutrifft, dann wären die Probleme, die Abram sich damals mit Ismael geschaffen hat, heute noch genauso aktuell wie der Segen, den er uns mit Isaak hinterlassen hat.

Du sollest bringen gute Frucht, so du recht gläubig wärest,
in Lieb und Treu, in Scham und Zucht, wie du solchs selbst begehrest,
in Gottes Furcht dich halten fein und suchen Gottes Ehr allein,
dass du niemand beschwerest.
   (Johann Walter)

22. Juni **1. Mose (Genesis) 17, 1–14**

Du sollst nicht mehr Abram heißen, sondern Abraham; denn ich habe dich gemacht zum Vater vieler Völker. (V 5)

Nein, „Abram" auf den letzten Seiten ist kein Druckfehler gewesen. Seinen vollen Namen bekam der Patriarch erst in der heutigen Bibellese. Damit hat Gott ihm gleich dreierlei geschenkt:

Der Name. „Abraham" heißt: Vater vieler Völker, natürlich zuerst seines eigenen Volkes, das von ihm abstammen wird, dann aber auch der Glaubensvater für alle, die sich an seinem Vorbild orientieren können, also letztlich auch für uns.

Die Heimat. Seine Nachkommen gab es noch gar nicht, da zeigte Gott ihm schon ihre spätere Heimat, das ganze Land Kanaan an der Ostküste vom Mittelmeer, das heute, wie seine Bewohner, „Israel" heißt, und zwar „zu ewigem Besitz" (V 8). Und „ewig" ist noch lange nicht vorbei. Das heißt: Wenn heute die Juden exakt dieses Land als ihre Heimat in Anspruch nehmen, dann haben sie zwar die halbe Welt gegen sich, aber den großen Gott hinter sich, und das ist das Geheimnis ihrer ganzen Stärke.

Das Zeichen. Noch heute wird jeder jüdische Junge acht Tage nach seiner Geburt beschnitten, das heißt, die Vorhaut am Penis wird entfernt. Das ist für die Juden von Anfang an das Zeichen für ihre Zugehörigkeit zu Gott und zu seinem auserwählten Volk. Aber das geschieht nur bei den Jungen! In anderen Kulturen werden Mädchen beschnitten, und das ist eine unmenschliche Grausamkeit, die dringend abgeschafft werden muss.

Und nun begleiten wir in den nächsten Tagen Abraham als unseren Glaubensvater und wollen von ihm lernen, wie man Gott sein ganzes Vertrauen schenken kann.

Gib uns Abrahams gewisse, feste Glaubenszuversicht,
die durch alle Hindernisse, alle Zweifel siegend bricht,
die nicht bloß dem Gnadenbunde trauet froh und unbewegt,
auch das Liebste jede Stunde Gott zu Füßen niederlegt.
    (Philipp Spitta)

1. Mose (Genesis) 17, 15–27 23. Juni

Gott sprach zu Abraham: Von Sara will ich dir einen Sohn geben. Da fiel Abraham auf sein Angesicht und lachte: Soll mir mit 100 Jahren ein Kind geboren werden, und soll Sara, 90 Jahre alt, gebären? (aus V 15–17)

„Die Mauer wird noch in 100 Jahren stehen", hat Erich Honecker gesagt, der damalige Staats-Chef der DDR, über die Grenze nach Westdeutschland, und zwar am 19. Januar 1989. Wenn damals jemand das Gegenteil behauptet hätte, hätte ich ihn glatt aus*gelacht*. Zehn Monate später ging die Mauer auf und war mein Kleinglaube blamiert. – Ähnlich ging es Abraham, als er in diesem hohen Alter noch einen eigenen Sohn versprochen bekam. Da konnte er nur lachen. Gott hat ihm das nicht übel genommen. Der Sohn kam trotzdem. Aber er sollte Isaak heißen, auf Deutsch: *Der Lacher,* um Abraham damit an seinen Kleinglauben zu erinnern.

Und auf Isaak sollte ein besonderer Segen liegen. Von ihm und seinen Nachkommen wird einmal ein ganzes Volk abstammen, das am Ende eine große Bedeutung haben wird für die ganze Welt. Abraham wollte Gott umstimmen: Das kannst du doch alles auch durch Ismael bewerkstelligen. Aber Gott ließ nicht mit sich handeln. Er blieb bei seinem Plan, und er führte ihn auch aus.

Das lerne ich aus unserer heutigen Bibellese: Die Absichten, die Gott hat, sind immer die besten. Dagegen sind unsere Vorschläge, wie er die Probleme lösen könnte, ausgesprochen töricht. Die können wir uns alle sparen. Am besten, wir sagen nur zu Gott: „Dein Wille geschehe", dann sind wir immer auf der sicheren Seite.

Und meines Glaubens Unterpfand ist, was er selbst verheißen,
dass nichts mich seiner starken Hand soll je und je entreißen.
Was er verspricht, das bricht er nicht, er bleibet meine Zuversicht;
ihn will ich ewig preisen.
    (Philipp Spitta)

24. Juni   **1. Mose (Genesis) 18, 1–15**

Und der Herr erschien ihm im Hain Mamre, als er in der Tür seines Zeltes saß, und siehe, da standen drei Männer vor ihm. (V 1+2)

In meinem Arbeitszimmer hängt eine Ikone, das ist ein Heiligenbild aus der russisch-orthodoxen Kirche, von dem Mönch und Künstler Andrej Rublev (sprich: „Rubljoff" mit Betonung auf der letzten Silbe) aus dem 15. Jahrhundert. Dort ist die Szene aus unserer heutigen Bibellese dargestellt: Die drei Männer, die zu Abraham kamen, sitzen an einem Tisch, der wie ein Altar aussieht. Abraham damals hat es bald gemerkt, dass mit diesem Besuch Gott persönlich zu ihm gekommen war.

Beim Lesen unserer Bibelstelle weiß man nicht, ob man es hier mit einer oder mit drei Personen zu tun hat. Offenbar trifft beides zu. Rublev sah darin einen ersten geheimnisvollen Hinweis auf die Dreieinigkeit Gottes. Deshalb hat er die drei Männer wie Boten aus der Himmlischen Welt dargestellt, mit Heiligenschein und Flügeln. Aber sie verkörpern keine Engel, sondern die Dreieinigkeit Gottes. Alle drei strahlen dieselbe göttliche Würde aus, und doch verkörpert jeder eine eigene Erscheinungsform des einen Gottes, einer den Vater, einer den Sohn, und einer den Heiligen Geist.

Diese drei sind in vollkommener Einheit beisammen und haben doch jeder seine eigene Aufgabe. Der Vater hat die Welt geschaffen und auch mich selbst; der Sohn hat mich gerettet zum ewigen Leben; der Heilige Geist hat mir diese Wahrheiten aufgeschlossen. Und alle drei verkörpern nur ein und denselben Gott. – Ich finde, in dieser Ikone ist das Geheimnis der Dreieinigkeit Gottes besser dargestellt als in allen meinen schlauen Büchern.

Wohlgemerkt: Ich bete nicht zu Bildern, sondern zu dem unsichtbaren Gott. Aber ich bete zu einem Gott, dessen einzigartige Vielfalt mir aus der Dreieinigkeits-Ikone von Rublev immer wieder neu entgegenleuchtet.

Gott Vater, Sohn und Heilger Geist, o Segensbrunn, der ewig fließt,
durchfließ Herz, Sinn und Wandel wohl,
mach uns deins Lobs und Segens voll.
    (nach Gerhard Tersteegen)

1. Mose (Genesis) 18, 16–33

25. Juni

Es könnten vielleicht fünfzig Gerechte in der Stadt sein; wolltest du die umbringen und dem Ort nicht vergeben um fünfzig Gerechter willen, die darin wären? (V 24)

Waren Sie schon einmal in der Altstadt von Jerusalem? Haben Sie dort in einem Basar Reise-Andenken gekauft? Und haben Sie dafür den Preis bezahlt, den der Händler verlangte? Das wäre falsch gewesen. Denn im Basar ist Handeln angesagt: Verkäufer und Kunde nennen beide den Preis, der ihnen recht wäre. Und dann verändern sie ihr Gebot so lange, bis sie sich auf eine bestimmte Summe einigen können.

Daran muss ich denken, wenn ich unsere heutige Bibellese betrachte. Abraham handelt mit Gott wie auf einem Basar. Und Gott lässt sich das gefallen. Er geht doch tatsächlich von 50 bis auf 10 hinunter. Das heißt: Am Ende hätten nur 10 Gerechte ausgereicht, um ganz Sodom vor dem Verderben zu bewahren. Wobei „Gerechte" nicht sündlos sind, sondern einfach mit Gott leben. Solche Menschen haben für Gott und ihre Gesellschaft eine große Bedeutung. Um ihretwillen hält Gott manches verdiente Strafgericht über unsere sündhafte Welt zurück.

In Sodom hätten zehn Gerechte eine ganze Stadt gerettet. Viel später hat ein einziger Gerechter die ganze Welt gerettet. Ich meine den einzig wirklich Gerechten, der als einziger wirklich sündlos war, Gottes eigener Sohn. Er hat das Verhängnis dieser ganzen schuldbeladenen Welt auf sich genommen und ist mit seinem Kreuzestod dafür aufgekommen. Jeder, der diese Mitteilung auf sich beziehen kann, kann Vergebung erlangen für jede noch so schlimme Schuld und ist damit dem Strafgericht Gottes über die Sünden dieser Welt entronnen. Das nenne ich Rettung.

Gelobet seist du, Jesu Christ,
dass du ein Mensch geboren bist
und hast für mich und alle Welt
bezahlt ein ewig Lösegeld.
  (Nikolaus Ludwig Graf von Zinzendorf)

26. Juni   **1. Mose (Genesis) 19, 1–14**

Wo sind die Männer, die zu dir gekommen sind diese Nacht? Führe sie heraus zu uns, dass wir uns über sie her machen. (V 5) – Wir werden diese Stätte verderben, weil das Geschrei über sie groß ist vor dem Herrn. (V 13)

Das Wichtigste zuerst: Gott liebt alle Menschen mit derselben Herzlichkeit, ganz gleich, welche Prägungen in ihnen stecken und welche Neigungen in ihnen leben, also auch Sie und mich. Trotzdem: Gott verurteilt alle Sünden mit derselben Schärfe, ganz gleich, um welche Taten es sich handelt und wie die Menschen darüber denken, also auch die Sünden von Ihnen und von mir.

Und worin haben die Sünden in Sodom bestanden? Das wird hier nicht näher beschrieben. Wir lesen nur, dass die Leute sich über die „Männer her machen" wollten, die bei Lot zu Gast waren (und nicht über seine Töchter, V. 8). Aus diesen Worten hat die Kirche schon immer einen Hinweis auf homosexuelle Neigungen gelesen. Aber Vorsicht! Den so geprägten Menschen ist in der Vergangenheit viel Unrecht zugefügt worden, vielleicht sogar wegen dieser Bibelstelle. Deshalb dürfen wir sie aber nicht aus der Bibel herausstreichen, sondern wir müssen genauer hinsehen. Dann merken wir: Hier wird nicht die sexuelle Orientierung angeprangert, sondern hier wird die Aggressivität angeprangert, mit der diese Männer über Lots Gäste herfallen wollten. Und wo später im Volk Israel diese Geschichte erzählt wurde, ist dieses Geschehen immer mit dem Untergang von Sodom in Zusammenhang gebracht worden.

Das gibt mir zu denken. Wenn ich überzeugt bin, dass Gott der Herr über mein Leben ist, dann muss ich akzeptieren, dass er mein Fehlverhalten nicht kommentarlos hinnimmt. Dann kann seine Antwort so empfindlich ausfallen, dass man noch lange davon sprechen wird.

> *Es gehe nur nach dessen Willen, bei dem so viel Erbarmen ist;*
> *er wolle selbst mein Herze stillen, damit es das nur nicht vergisst;*
> *so stehet es in Lieb und Leid in, durch und auf Barmherzigkeit.*
>   *(Johann Andreas Rothe)*

1. Mose (Genesis) 19, 15–29

27. Juni

Mach dich auf, nimm deine Frau und deine beiden Töchter, die hier sind, damit du nicht auch umkommst in der Missetat dieser Stadt. (V 15)

Mitten in der Nacht gab es eine ohrenbetäubende Detonation in einem Wohnhaus in Halberstadt und schreckte die Menschen aus dem Schlaf. Die Rettungskräfte waren schnell vor Ort. Sie fanden einen schwer verletzten Mann in seiner total zerstörten Wohnung und dazu viele Chemikalien, die jederzeit eine zweite, viel größere, Explosion hervorrufen konnten. 670 Hausbewohner in der nächsten Umgebung mussten sich schnellstens in Sicherheit bringen. Wer nicht sofort die Wohnung verließ, wurde dringend zur Eile gemahnt.

Dieselbe Dringlichkeit begegnet uns in unserer heutigen Bibellese. Lot soll sich und seine Familie in Sicherheit bringen vor dem drohenden Untergang seiner Stadt Sodom. Offenbar hat Gott nicht einmal zehn Gerechte ausmachen können, die das Unheil hätten abwenden können (siehe die Andacht von vorgestern), aber Lot und die Seinen sollten unbedingt bewahrt werden.

Damit sind wir im Zentrum unseres Glaubenslebens: Rettung aus dem unausweichlichen Strafgericht Gottes. Wenn Gott auf die Eigenwilligkeit der Menschen mit aller Strenge antworten muss, dann will er aber seine Getreuen vor diesem Urteil bewahren. Für sie hat er Jesus gesandt, und der hat für alle ihre Verschuldungen vollständige Buße geleistet mit seinem Tod am Kreuz und mit seiner Auferstehung am Ostermorgen. Dem können wir nichts hinzufügen, aber wir müssen uns dieses Angebot aneignen, darauf eingehen, dazu ja sagen. Und das nicht irgendwann, sondern jetzt. Diese Entscheidung duldet keinen Aufschub.

Ach sucht doch den, lasst alles stehn, die ihr das Heil begehret;
er ist der Herr, und keiner mehr, der euch das Heil gewähret.
Sucht ihn all Stund von Herzensgrund,
sucht ihn allein; denn wohl wird sein
dem, der ihn herzlich ehret.

(Georg Weissel)

28. Juni 1. Mose (Genesis) 19, 30–38

Lass uns unserm Vater Wein zu trinken geben und uns zu ihm legen, dass wir uns Nachkommen schaffen von unserm Vater. (V 32)

Zwei von unseren drei verheirateten Töchtern wohnen mit ihren Familien nahe bei uns. Nicht im selben Haus (das wäre gar nicht gut!), aber in derselben Stadt. Weit genug weg, dass wir uns bei ihnen nicht einmischen können, aber nahe genug, dass sie jederzeit zu uns kommen können, am liebsten die Enkel. Sie sind bei uns immer wieder gern gesehen. Sie geben uns noch einmal ein gutes Stück Lebensinhalt.

Ich weiß, mit diesen Zeilen rühre ich bei vielen Ehepaaren, die keine eigenen Kinder haben können, eine blutende Wunde an. Ihnen wünsche ich von Herzen, dass Gott Sie für diesen Schmerz reich entschädigt. Sie werden am besten die Töchter von Lot verstehen können mit ihrem abenteuerlichen Trick, zu eigenen Kindern zu kommen.

Diese Methode würde zum Glück heute niemand nachmachen. Das wäre auch nicht zu empfehlen. Im Gegenteil: Paulus hat ein ähnliches Verhältnis, nämlich vom Sohn mit der Mutter, aufs schärfste verurteilt (1. Korinther 5, 1–5). Trotzdem: Mit ihrer Sehnsucht nach einem eigenen Kind sind uns Lots Töchter ein echter Ansporn, werden doch heute Kinder weithin als Kostenfaktor, Karriere-Killer und Spaß-Bremse angesehen. Hier ist ein konsequentes Umdenken vonnöten. Kinder sind nicht nur eine ungeahnte Bereicherung für das eigene Leben, und zwar bis ins hohe Alter (denken Sie nur an uns und unsere Enkel), sie sind auch eine bedeutsame Aufgabe Gottes für uns.

Noch einmal unsere Enkel: Die drei kleinsten von ihnen stammen von unserer jüngsten Tochter. Als damals meine Frau mit ihr schwanger war, wurde ihr sofort die Abtreibung nahegelegt. Hätten wir damals diesen Rat befolgt, wie wären wir heute arm!

Liebster Jesu, wir sind hier, deinem Worte nachzuleben;
dieses Kindlein kommt zu dir, weil du den Befehl gegeben,
dass man sie zu dir hinführe, denn das Himmelreich ist ihre.
   (Benjamin Schmolck)

1. Mose (Genesis) 21, 1–21   29. Juni

Und Sara ward schwanger und gebar dem Abraham in seinem Alter einen Sohn um die Zeit, von der Gott zu ihm geredet hatte. (V 2)

Wenn meine Mutter früher einen Liebes-Roman lesen wollte, hat sie immer zuerst die letzte Seite aufgeschlagen. Sie wollte wissen, ob die Geschichte gut ausgeht. Dann fiel es ihr leicht, die vielen Verirrungen und Verwicklungen zu ertragen, die in dem ganzen Buch geschildert sind.

Bibelleser brauchen das nicht zu tun. Bibelleser wissen schon lange, wie die Abrahams-Geschichte ausgeht, dass der Patriarch am Ende mit Sara seinen Sohn bekommen wird, wie es ihm Gott versprochen hatte. Deshalb haben wir in den letzten Tagen gar nicht richtig nachvollziehen können, was für eine Geduldsprobe Gott ihm auferlegt hatte: Mit 75 Jahren bekam er von Gott den Sohn verheißen, und 24 Jahre später hatte er ihn immer noch nicht. Der mit Hagar gezeugte Junge sollte nicht der Erbe sein, aber von Sara noch ein Kind zu bekommen, wurde immer aussichtsloser. Wer ermisst die quälende Ungeduld dieser beiden?

Manchmal geht es uns ganz ähnlich, nämlich wenn Gott uns auf einen Weg gestellt hat, dessen Ziel wir nicht sehen können. Wir warten sehnsüchtig auf Gottes Eingreifen, und die Lösung erscheint uns immer aussichtsloser. Dann ist Warten-Können angesagt, dann soll uns der Blick auf Abraham und Sara trösten: Wenn Gott am Ende mit diesen beiden doch noch zu seinem großen Ziel gekommen ist, dann wird er auch bei uns seine guten Pläne zur Vollendung bringen. Sein Eingreifen kommt oft für unser Empfinden reichlich spät; aber es kommt nie *zu* spät.

Und was er mit mir machen will,
ist alles mir gelegen;
ich halte ihm im Glauben still
und hoff auf seinen Segen;
denn was er tut, ist immer gut,
und wer von ihm behütet ruht,
ist sicher allerwegen.   *(Philipp Spitta)*

30. Juni   **1. Mose (Genesis) 22, 1–19**

Lege deine Hand nicht an den Knaben und tu ihm nichts; denn nun weiß ich, dass du Gott fürchtest und hast deines einzigen Sohnes nicht verschont um meinetwillen. (V 12)

Wenn der Vater oder die Mutter stirbt, ist der Schmerz groß; wenn der Ehepartner stirbt, ist der Schmerz viel größer; aber wenn man das eigene Kind hergeben muss, dann ist der Schmerz schier unbeschreiblich.

Diesen Schmerz hat Abraham kennenlernen müssen, als er mit seinem Sohn Isaak auf den Berg Moria steigen musste, um ihn dort für Gott zu opfern. Hatte Gott nicht auf Isaak eine besondere Verheißung gelegt (Kapitel 15, 4–5)? Sollte das alles jetzt keine Bedeutung mehr haben? – Er konnte ja nicht ahnen, dass Gott ihm buchstäblich in letzter Sekunde in den Arm fallen würde (siehe oben); er war zerrissen zwischen Gehorsam und Verzweiflung. Was für ein schwarzer Tag!

Jahrhunderte später gab es einen noch viel schwärzeren Tag, und zwar für Gott selber, als er Jesus, seinen „einzigen Sohn, den er lieb hatte" (V 2!), auf dem Weg zum Berg Golgatha sehen musste. Und als dann ein römischer Legionär den Hammer hob, um Jesus am Kreuz anzunageln, da ist niemand dem Henker in den Arm gefallen; da hat Jesus diesen qualvollen Tod erleiden müssen. Was Gott dem Isaak ersparen konnte, hat er seinem eigenen Sohn *nicht* erspart; er hat „seinen eigenen Sohn nicht verschont, sondern hat ihn für uns alle dahingegeben" (Römer 8, 32). Damit hat er uns die Rettung aus unserem ewigen Verderben geschaffen. So können wir mit dem Theologie-Professor Gottfried Voigt (in: „Geliebte Welt", Evangelische Verlagsgesellschaft Berlin, 1980, S. 176) den Vers 12 aus unserem heutigen Kapitel so umformulieren und zu Gott sagen: „Nun weiß ich, dass du uns Menschen liebhast und ernst nimmst und hast deines einzigen Sohnes nicht verschont um unseretwillen."

O große Lieb, o Lieb ohn alle Maße,
die dich gebracht auf diese Marterstraße!
Ich lebte mit der Welt in Lust und Freuden,
und du musst leiden.   *(Johann Heermann)*

1. Mose (Genesis) 23, 1–20 — 1. Juli

Danach begrub Abraham seine Frau im Lande Kanaan. (V 19)

„Was hat denn der Mann da vorne in der Büchse?", hat ein kleiner Junge seine Mutter bei einer Urnenbeisetzung gefragt …

Wir sind schon beim Thema. Machen Sie sich jetzt bitte keine Sorgen um Ihre bereits verstorbenen Angehörigen. In der Ewigkeit brauchen wir unseren irdischen Körper sowieso nicht mehr. Ob er in die Erde gelegt oder im Krematorium verbrannt wurde, – vor Gott gilt nicht die Bestattungsform, sondern nur unsere persönliche Beziehung zu Jesus.

Trotzdem: Die Bibel widmet heute ein ganzes Kapitel den Bemühungen des Abraham um ein vernünftiges Grab für seine Frau; für Jesus ist nach seinem Kreuzestod ein eigenes Grab von größter Bedeutung gewesen (Matthäus 27,60 und Matthäus 28,1); und die ersten Christen haben ihre Toten grundsätzlich nicht verbrannt wie die Heidenvölker in ihrer Umgebung, sondern zum Zeichen ihrer Auferstehungshoffnung in einer Höhle oder in der Erde (1. Korinther 15, 42–44) bestattet.

Deshalb: Wir haben gute Gründe, uns über unsere eigene Bestattungsart Gedanken zu machen. Also, wenn Sie an Ihren eigenen Tod denken, wird es Ihnen dann lieber sein, dass Ihr Körper in die Erde gebettet oder in den Ofen geschoben wird? Wird es Ihnen dann lieber sein, dass Ihr Grab unauffindbar ist, oder dass ein Fleckchen auf dem Friedhof nur Ihnen gehört? Das sollten Ihre Angehörigen beizeiten von Ihnen wissen. – Ja, ich weiß: Eine „klassische" Beerdigung ist unverschämt teuer, aber die „grüne Wiese" ist heutzutage auch nicht mehr viel preiswerter. Und Ihre Familie möge bedenken, wie viel Geld Abraham für das Grab seiner Frau bezahlt hat (V 16). Daran kann man heute noch sehen, wie sehr er sie lieb hatte.

Du, Herr, liegst in der Erde und hast sie eingeweiht,
wenn ich begraben werde, dass sich mein Herz nicht scheut,
auch in den Staub zu legen, was Asch und Staub vermehrt,
weil dir doch allerwegen die Erde zugehört.
　　　(nach Benjamin Schmolck)

2. Juli   **1. Mose (Genesis) 24, 1–28**

Abraham sprach zu dem ältesten Knecht seines Hauses: Schwöre mir, dass du ziehst in mein Vaterland und nehmest meinem Sohn Isaak dort eine Frau. (aus Vers 1–4)

„Glück und Glas, wie leicht bricht das", haben unsere Großeltern gewusst. Und wir? – Wissen wir das nicht auch? Ein mir bekannter Berufs-Fotograf stellt grundsätzlich keine Hochzeits-Fotos aus, weil er nie wissen kann, ob die Brautleute dann noch zusammen sind, wenn ihr Bild im Schaufenster hängt. Ja, das Sprichwort meiner Großeltern trifft leider oft genug auch auf das Ehe-Glück zu. Deshalb wünschen sich die Eltern von jungen Leuten, dass ihre Kinder den richtigen Ehepartner finden. Bestes Beispiel: Abraham:

Er schickt seinen Diener. Machen Sie das bitte nicht nach! Ihre Kinder würden sich bedanken. Schicken Sie dafür den besten Vermittler, Gott selbst. Bitten Sie Gott, dass er für Ihre Kinder den Ehepartner aussucht, der am besten zu ihnen passt.

Er setzt eine Grenze. Der Knecht soll die Braut für den Sohn nicht bei Fremden suchen, sondern in der eigenen Verwandtschaft. Auch das bitte nicht nachmachen! Junge Christen sollten ihren Ehepartner in der „geistlichen Verwandtschaft" suchen, also unter anderen Christen, in Jugendgruppen und Freizeiten von Kirche und Gemeinschaft. Das Wichtigste im Leben soll auch für diese beiden das Wichtigste in ihrer Ehe sein.

Er sucht Gottes Willen. Bei jeder Begegnung soll der Christ Gott fragen, was er davon hält. Wie Abrahams Knecht in Vers 12 bis 14. So ehrlich diese Frage ist, so gewiss wird Gott darauf antworten. Dann ist man am ehesten auf dem Weg zu einem Glück, das nicht so schnell zerbricht wie Glas.

Sonderlich gedenke deren, die es, Herr, von mir begehren,
dass ich für sie beten soll.
Auf dein Herz will ich sie legen, gib du jedem solchen Segen,
wie es not; du kennst sie wohl.
        (Gerhard Tersteegen)

1. Mose (Genesis) 24, 29–49 — 3. Juli

Seid ihr nun die, die meinem Herrn Freundschaft und Treue beweisen wollen, so sagt mir's; wenn nicht, so sagt mir's auch. (V 49)

Ich bin selbst dabei gewesen: Ein Mann kam aufgeregt in die Gärtnerei gerannt: „Habt Ihr noch einen Blumenstrauß? Gerade habe ich erfahren, dass meine Tochter geheiratet hat."

Ihr lieben jungen Leute, bitte, erspart Euren Eltern diesen Schock. Sagt ihnen beizeiten, dass Ihr heiraten wollt (und vor allem: *wen*!). Sie können Eurem Glück nicht im Wege stehen, aber sie bekommen doch dadurch die Chance, zu Eurem (oder Eu*rer*) Zukünftigen Ja sagen zu können.

Deshalb hat Abrahams Knecht zuallererst die Eltern der Auserwählten gefragt. Er hatte zwar schon von Gott die feste Gewissheit (V 48), aber trotzdem fragte er noch die Eltern. Dahinter steht ein Grundgesetz Gottes: Gott hat zwar ganz konkrete Pläne mit uns Menschen, aber er zwingt sie uns nicht auf. Wenn wir dazu Nein sagen, dann löst er sie nicht ein. Er ist allmächtig, aber er muss auf unsere Zustimmung warten, das hat er selbst so geordnet. Bei ihm wird niemand gezwungen, noch nicht einmal zum eigenen Glück.

Also, die Eltern hätten Gottes Plan durchkreuzen können, so viel Einfluss legt er in unsere Hände. Erst nach ihrem Ja konnte er seine segensreichen Absichten mit ihrer Tochter in die Tat umsetzen.

Bedenken Sie, was das bedeutete: Der zukünftige Bräutigam für Rebekka lebte mehr als tausend Kilometer Luftlinie von ihnen entfernt. Sie würden ihre Tochter nie wieder sehen und ihre Enkel nie im Arm halten können. Ein Abschied für immer stand bevor. Wie schwer muss ihnen da die Entscheidung gefallen sein, und wie schwer wird der Segen gewogen haben, mit dem Gott sie für dieses Opfer entschädigte.

Was mein Gott will, das gscheh allzeit, sein Will, der ist der beste;
zu helfen dem er ist bereit, der an ihn glaubet feste.
Er hilft aus Not, der fromme Gott, er tröst't die Welt ohn Maßen.
Wer Gott vertraut, fest auf ihn baut, den will er nicht verlassen.
   (Herzog Albrecht von Preußen)

4. Juli — 1. Mose (Genesis) 24, 50–67

Willst du mit diesem Manne ziehen? Sie antwortete: Ja, ich will es. (V 58)

„Ey, halt mal an", rief ein Junge, als ein Mädchen mit dem Fahrrad kam, „der Heilige Geist hat mir gerade gezeigt, dass wir beide heiraten sollen!" – „Aber *mir* hat er das nicht gezeigt", sagte das Mädchen und fuhr weiter.

Solch ein Tollpatsch ist Abrahams Knecht nicht gewesen. Nachdem er mit Rebekkas Eltern und Bruder gesprochen hatte, werden sie ihr das alles erzählt haben. Aber sie haben nicht über sie verfügt. Das entscheidende Wort sollte sie selber sprechen. Ihre Antwort war eindeutig: „Ja, ich will es."

Dieselbe Antwort geben Brautleute noch heute, zuerst im Standesamt und danach möglichst auch vor dem Altar. Beide Male werden sie nicht nach ihren Gefühlen gefragt und nicht nach ihrem Verstand, sondern nur nach ihrem Willen. Denn nur darauf kann man eine Ehe dauerhaft aufbauen. Auch wenn es die Brautleute am Hochzeitstag nicht glauben können – irgendwann werden die „Schmetterlinge im Bauch" weggeflogen sein. Wer dann seine Ehe auf den Gefühlen aufgebaut hat, ist schlecht beraten. Wenn die Gefühle schwanken und der Verstand nichts mehr begreift, dann kann nur noch der Wille festhalten an dem Versprechen vom Hochzeitstag. Und wer am Hochzeitstag sogar „Ja, mit Gottes Hilfe" sagen konnte, der darf auf Gottes Hilfe bauen, in guten und in bösen Tagen.

So sehen wir heute auf Rebekkas Weg die starke Hand Gottes. Dieselbe starke Hand wissen wir auch über uns. Unter dieser Hand Gottes kann man am Hochzeitstag mit großer Zuversicht sagen: „Ja, ich will es."

Wie Gott mich führt, bin ich vergnügt,
ich ruh in seinen Händen;
wie er es schickt und mit mir fügt,
wie er's will kehren, wenden,
sei ihm hiermit ganz heimgestellt;
er mach es, wie es ihm gefällt.
   (Lambert Gedicke)

1. Mose (Genesis) 25, 19–34 5. Juli

Der Ältere wird dem Jüngeren dienen. (V 23)

„Herr Pfarrer Fischer, bitte ins Sprechzimmer", sagt die Ärztin durch den Lautsprecher in das volle Wartezimmer. Ja, es stimmt, ich bin Pfarrer, auch noch im Ruhestand, und ich bin gerne Pfarrer, das kann jeder wissen. Trotzdem sage ich zur Ärztin: „Den *Pfarrer* können Sie gerne weglassen. Bei Ihnen bin ich einfach nur Patient, wie alle anderen auch."

Genauso wird es uns einmal vor Gott ergehen. Bei ihm gelten keine Titel und keine Auszeichnungen, keine Stellung und keine Verdienste. Er legt seine Maßstäbe nach eigenem Gutdünken fest, und die können sich von unseren menschlichen Maßstäben weit unterscheiden.

Bestes Beispiel: Jakob und Esau. Sie waren Zwillinge, also gleich alt. Aber auch Zwillinge kommen nacheinander zur Welt. Der zuerst ans Licht gekommen ist, ist der Ältere. Das hat bei uns nichts zu sagen, aber in Israel war das sehr wichtig. Denn der Ältere wird dem Jüngeren immer vorgezogen und wird später einmal alle Befugnisse und alle Segnungen des Vaters erben; der Jüngere nicht. Das war in Israel ein ehernes Gesetz.

Und dieses Gesetz hat Gott aufgebrochen. Er bestimmte bei Jakob und Esau schon vor ihrer Geburt, dass der Jüngere vorgezogen werden soll. Und er hat nicht gesagt, warum. Deshalb können wir das auch nicht sagen. Wir sehen nur an der Geschichte vom Linsengericht, dass Esau, ohne es zu ahnen, mit seiner Entscheidung den Absichten Gottes genau entsprochen hat.

Haben Sie jetzt Angst, bei Gott zu kurz zu kommen? – Wenn Sie bei ihm nicht auf Ihren Stand und Ihre Würde pochen, dann sind Sie bei ihm immer bevorzugt.

Schmückt euer Herz aufs Beste, sonst weder Leib noch Haus;
wir sind hier fremde Gäste und ziehen bald hinaus.
Gemach bringt Ungemach;
ein Pilger muss sich schicken, sich dulden und sich bücken
den kurzen Pilgertag, den kurzen Pilgertag.
   (Gerhard Tersteegen)

6. Juli　　　　　　　　　　　　　　　　　　　1. Mose (Genesis) 27, 1–29

Verflucht sei, wer dir flucht; gesegnet sei, wer dich segnet. (aus V 29)

„Gott schreibt auch auf krummen Linien gerade", lautet eine beliebte Redensart. Das trifft auch auf unsere heutige Bibellese zu. – Zuerst die „krummen Linien": Wieviel Bosheit und Hinterlist! Was für ein Schmerz für den sterbenden Vater Isaak (V 33); was für eine Enttäuschung für den überlisteten Bruder Esau (V 34)! Was für „krumme Linien"!

Das sieht Gott genauso. Wohl hatte er von Anfang an vorgehabt, den Jakob anstelle von Esau zu segnen (Kapitel 25, 23), aber er hat das garantiert nicht auf solchen krummen Wegen tun wollen. Hier haben Rebekka und Jakob Gott vorgegriffen. Das hat Jakob 21 Jahre lang bitter bereuen müssen.

Heute aber sehen wir, wie Gott auf diesen „krummen Linien" „gerade schreiben" kann. Der Segen, den Isaak dem Jakob und seinen Nachkommen zugesprochen hat, hat seine volle Gültigkeit behalten, bis heute. Denken Sie nur daran, was für ein schmachvolles Ende Adolf Hitler und seine Helfershelfer gefunden haben, auch als Quittung für das namenlose Leid, das sie über sechs Millionen Juden gebracht hatten. Und denken Sie bitte auch daran, dass bald nach dem Ende der Nazi-Diktatur in Deutschland die erste Bundesregierung umfangreiche Wiedergutmachungs-Zahlungen an den jungen Staat Israel geleistet hat. Genau in dieser Zeit hat Westdeutschland einen unerwarteten wirtschaftlichen Aufschwung erlebt. Merken Sie was?

Ach, Sie wollen gern gesegnet sein. Das ist ganz einfach: Beten Sie nur in aufrichtiger Liebe für das Volk Israel. Das wird gleich doppelten Segen bringen, nämlich für Israel und – für Sie.

Ach, dass die Hilf aus Zion käme!
O dass dein Geist, so wie dein Wort verspricht,
dein Volk aus dem Gefängnis nähme!
O würd es doch nur bald vor Abend licht!
Ach, reiß, o Herr, den Himmel bald entzwei
und komm herab zur Hilf und mach uns frei!
　　(Karl Heinrich von Bogatzky)

1. Mose (Genesis) 27, 30–40   7. Juli

Hast du mir denn keinen Segen vorbehalten? (V 36)

Da sind zwei Jungen, Zwillinge, acht Jahre alt. Der eine darf Fußball spielen, der andere nicht. Der eine darf zur Kletter-Tour fahren, der andere nicht. Der eine darf im Schwimmen einen Leistungskurs belegen, der andere nicht. Ist das nicht ungerecht? –

Da sind zwei andere Zwillinge, Jakob und Esau. Der eine wird von Gott überreich gesegnet, der andere nicht. Ist das nicht ungerecht?

Zurück zu den beiden Achtjährigen. Der „andere", dem so vieles verboten ist, hat einen schweren angeborenen Herzfehler. Bei einer größeren körperlichen Belastung könnte sein Herz ganz aufhören zu schlagen. Was uns als „ungerecht" erscheint, ist eine medizinisch zwingende Notwendigkeit. Wer das nicht weiß, hält die Eltern für ungerecht.

Und nun Jakob und Esau: Es geht uns mit Gott wie den Leuten, die die Eltern unserer achtjährigen Jungen nicht verstehen. Wir können nicht verstehen, warum Gott diesen beiden ein so unterschiedliches Schicksal zugedacht hat. Wir können nur sagen, sein Handeln an ihnen war keine Belohnung und keine Bestrafung, denn er hatte das ja schon vor ihrer Geburt (Kapitel 25,23) so beschlossen. Seine Gründe dafür nennt er uns nicht. Deshalb ist es müßig, darüber zu spekulieren.

Noch einmal die beiden Achtjährigen: Beide werden von ihren Eltern ganz unterschiedlich behandelt. Aber beide wissen, dass sie von ihren Eltern mit derselben Innigkeit geliebt werden. Und das möchte ich, wenn ich jetzt an Gott denke, von diesen beiden Jungen lernen.

Man halte nur ein wenig stille
und sei doch in sich selbst vergnügt,
wie unse'rs Gottes Gnadenwille,
wie sein Allwissenheit es fügt;
Gott, der uns sich hat auserwählt,
der weiß auch sehr wohl, was uns fehlt.
    (Georg Neumark)

8. Juli 1. Mose (Genesis) 27,41–28,9

Der allmächtige Gott segne dich und mache dich fruchtbar und mehre dich, dass du besitzest das Land, darin du jetzt ein Fremdling bist. (aus V 3+4)

Vor einigen Jahren haben irgendwo in Deutschland junge Leute einen schlafenden Obdachlosen mit Benzin übergossen und angezündet. Einfach so. Aus Spaß. Obdachlose haben keine Tür, die sie hinter sich verschließen können. Sie sind nicht nur dem Wetter schutzlos ausgeliefert, sondern auch der Willkür von anderen Menschen.

Was für einen einzelnen Menschen gilt, das gilt auch für ein ganzes Volk. Ein Volk ohne Heimat ist schutzlos wie ein schlafender Obdachloser. Dieses Schicksal hat das Volk Israel mehrmals erleiden müssen: Schon die ersten Nachkommen seiner Stammväter waren Fremde in Ägypten; viel später war das ganze Volk Israel in Babylon interniert; und seit 70 n.Chr. waren die Juden fast 1.900 Jahre lang in aller Herren Länder verstreut. Und meistens wurden sie von der Bevölkerung ihres Gast-Landes mit Argwohn betrachtet, oft schikaniert und im Nazi-Deutschland auf brutalste Weise verfolgt und gepeinigt. Da waren sie schutzlos und rechtlos zugleich, eben „obdachlos".

Und dabei hatte Gott ihnen ein eigenes Land als Heimat gegeben, Kanaan, das später Palästina genannt wurde und heute – genau wie das Volk – „Israel" heißt. Schon seinen Stammvätern hat Gott es zugesagt, heute lesen wir das wieder in der Bibel, und diese Zusage hat solche Kraft, dass sogar die UNO im Jahr 1948 den Juden aus aller Welt genau diesen Landstrich wieder als Besitz zugesprochen hat. Wer trotzdem dem Volk Israel heute seinen eigenen Grund und Boden wieder streitig machen will, kriegt es nicht nur mit der UNO zu tun, sondern vor allem mit dem allmächtigen Gott. Und das kann sehr riskant werden.

Er ist ein Fels, ein sicher Hort, und Wunder sollen schauen,
die sich auf sein wahrhaftig Wort verlassen und ihm trauen.
Er hat's gesagt, und darauf wagt mein Herz es froh und unverzagt
und lässt sich gar nicht grauen. (Philipp Spitta)

1. Mose (Genesis) 28, 10–22　　　　　　　　　　　　　　　　9. Juli

Und siehe, eine Leiter stand auf Erden, die rührte mit der Spitze an den Himmel. (V 12)

Die Gelehrten vermuten, dass dies eine Treppe gewesen sein muss, die Jakob da im Traum vor sich sah, denn das gleichzeitige Auf- und Ab-Steigen der Engel kann man sich auf einer breiten Treppe besser vorstellen als auf einer schmalen Leiter. Aber, ganz gleich, ob Leiter oder Treppe, auf der obersten Stufe steht Gott, und vor der untersten Stufe liegt Jakob. Daran können wir zwei Wahrheiten erkennen:

Unser Abstand von Gott. Jakob liegt nicht von ungefähr da draußen. Er hat seinen Vater und seinen Bruder so schmählich hintergangen, dass er zu Hause um sein Leben fürchten muss. Zwar sollte er auch nach Gottes Willen der Erbe des Segens werden, den er empfangen hat, aber nicht auf diesem Wege. Damit ist er vor Gott in tiefe Schuld gefallen. Ein Sinnbild dafür ist die Treppe in seinem Traum. Sie zeigt uns den Abstand zwischen Gott und Jakob, und damit zugleich zwischen Gott und uns, die wir auf andere Weise in genauso schlimme Schuld hineingeraten sind wie er.

Unsere Verbindung mit Gott. Zwischen Gott und dem Sünder klafft in Jakobs Traum kein Abgrund, sondern steht eine Treppe. Und eine Treppe stellt eine Verbindung her zwischen zwei Ebenen. Gott bleibt für Jakob oben stehen, aber er erneuert von dort aus den Segen, der ihm zugesagt wurde, und er zeigt ihm die Engel, die mit ihrem gleitenden Auf- und Ab-Steigen die Verbindung symbolisieren, die Gott mit dem Sünder sucht.

Viele Jahrhunderte später ist Gott selber *die Treppe herabgekommen*, als sein Sohn Jesus Mensch geworden ist. Da hat er sich auf unsere Stufe gestellt und brachte uns in die tiefste Tiefe unserer eigenen Schuld die vollkommene Barmherzigkeit, unser ewiges Heil.

Wir sollen nicht verloren werden, Gott will, uns soll geholfen sein;
deswegen kam der Sohn auf Erden und nahm hernach den Himmel ein,
deswegen klopft er für und für so stark an unsers Herzens Tür.
　　(Johann Andreas Rothe)

10. Juli 1. Mose (Genesis) 29, 1–14a

Als Jakob aber Rahel sah, die Tochter Labans, trat er hinzu und tränkte die Schafe Labans (aus V 10)

„Dieses Buch werde ich mal nie aus der Hand geben", sagte mir ein junger Pfarr-Kollege, damals, als wir beide noch nicht verheiratet waren. Kurze Zeit später war ich dabei, wie er ein junges Mädchen zum ersten Mal sah und ihm genau dieses Buch gegeben hat. Ich verstand die Welt nicht mehr! Aber je häufiger ich danach diese beiden zusammen gesehen habe, umso besser habe ich sie verstanden … Sie sind heute noch miteinander verheiratet.

Das ist die Jakobs-Geschichte in der Gegenwart. Ob einer für die Auserwählte damals einen schweren Stein weghob oder heute ein wertvolles Buch weggab, bleibt sich gleich. Beide Male war es Liebe auf den ersten Blick.

Und das macht mir die Menschen der Bibel so sympathisch. Sie haben genauso gelebt und empfunden wie wir heute. Sie kannten Liebe und Leid, Glück und Enttäuschung, Schuld und Versagen, die ganze Palette des menschlichen Lebens. Und sie kannten den allmächtigen Gott, wie er in den Wirren ihres Lebens seine guten Pläne verfolgt und seine großen Absichten verwirklicht.

Und wenn wir jetzt sehen, dass wir Menschen heute nicht anders sind als die Menschen der Bibel damals, dann sollen wir auch wissen, dass unser Gott heute nicht anders ist als der Gott der Bibel damals. So, wie er an den Menschen damals gehandelt hat zu ihrem Besten und zu seiner Ehre, so will er noch heute an uns handeln. Am besten, Sie geben ihm dazu Ihr Einverständnis.

Du durchdringest alles, lass dein schönstes Lichte,
Herr, berühren mein Gesichte.
Wie die zarten Blumen willig sich entfalten
und der Sonne stille halten,
lass mich so still und froh
deine Strahlen fassen und dich wirken lassen.
  (Gerhard Tersteegen)

1. Mose (Genesis) 29, 14b–30 — 11. Juli

So diente Jakob um Rahel sieben Jahre und sprach zu Laban: Gib mir nun meine Braut, denn die Zeit ist da, dass ich zu ihr gehe. (aus V. 20 + 21)

Das muss man sich mal vorstellen: Sieben Jahre hat Jakob bei Laban als Knecht gearbeitet, nur um dessen Tochter Rahel heiraten zu können (das sollte man den jungen Leuten von heute einmal sagen!). Endlich ist es so weit; jetzt ist die Hochzeit gekommen. Da steht der Bräutigam mit klopfendem Herzen, und da kommt die Braut in vollem Ornat, und – es ist Lea! Die Falsche! Sofort reklamiert Jakob beim Schwiegervater: Das muss eine Verwechselung sein! Und der antwortet: Mitnichten! Lea ist die Ältere, die wird zuerst geheiratet. Rahel kannst du auch noch kriegen; dann musst du eben noch einmal sieben Jahre bei mir arbeiten.

Wohlgemerkt: In Israel konnte man damals (wie in seinen Nachbarvölkern noch heute) gerne mehrere Frauen nebeneinander haben, bis hin zum König David. Die Ein-Ehe hat Gott in seinem Volk erst später eingeführt. Trotzdem: Mit Lea ist Jakob regelrecht betrogen worden. Er, der Betrüger (Kapitel 27, 18–29), musste erleben, wie sehr es weh tut, betrogen zu werden.

Zugleich begegnet uns in dieser Geschichte ein gutes Stück ausgleichender Gerechtigkeit. Rahel war die Schönere von beiden; hierin ist Lea die Benachteiligte gewesen (V 17). Zum Ausgleich dafür durfte Lea mehr Kinder bekommen, und Kinder waren damals keine Last, sondern ein großer Segen (Kapitel 15,3 und 16,4). So ist auch über dieser verzwickten Geschichte die starke Hand Gottes zu sehen, „der alles so herrlich regieret".

Lobe den Herren, der alles so herrlich regieret,
der dich auf Adelers Fittichen sicher geführet,
der dich erhält, wie es dir selber gefällt;
hast du nicht dieses verspüret?
  (Joachim Neander)

12. Juli   **1. Mose (Genesis) 31, 1–7. 14–32**

So floh er mit allem, was sein war, und richtete seinen Weg nach dem Gebirge Gilead. (aus V 21)

Die Familie war ihr ganzer Halt, wurde über die Tennis-Spielerin Steffi Graf auf dem Gipfel ihrer traumhaften sportlichen Karriere gesagt. Dann kam der Vater wegen Steuer-Hinterziehung ins Gefängnis, und der Halt war zerbrochen.

Ja, die Familie ist für viele Menschen ein großer Segen. Aber die Familie darf uns nicht halten, wenn Gott uns einen neuen Weg führen will. Dann müssen wir uns von ihr lösen, und die Familie muss uns dafür freigeben. Das möchte bitte nicht mit so viel Hinterlist und Betrug ablaufen wie damals bei Jakob, aber es möchte bitte so konsequent und kompromisslos geschehen wie in dieser Geschichte. Wenn Gott ruft, dann dürfen keine noch so hochgeschätzten Familien-Traditionen im Weg stehen.

Der Hausgott ihres Vaters muss eine kleine Götzenfigur gewesen sein. Indem Rahel diese Statue mitgenommen hat (V 19 + 32), hat sie sich allerdings nichts Gutes getan. Wollte sie damit ein letztes Stück Verbindung zum Elternhaus erhalten, oder wollte sie einfach nur ein Erinnerungsstück an den Vater haben, das sei dahingestellt. Auf jeden Fall hat sie damit ihr eigenes Leben aufs Spiel gesetzt (V 32). Denn Gott duldet bei seinen Kindern keine Götzen, keine sichtbaren und keine unsichtbaren. Er will der einzige sein, dem wir gehorchen und dem wir vertrauen. Denn er gibt uns in jeder Lebenslage den allerbesten Halt.

Kommt, lasst uns munter wandern, der Weg kürzt immer ab;
ein Tag, der folgt dem andern, bald fällt das Fleisch ins Grab.
Nur noch ein wenig Mut,
nur noch ein wenig treuer, von allen Dingen freier,
gewandt zum ewgen Gut, gewandt zum ewgen Gut.
      (Gerhard Tersteegen)

1. Mose (Genesis) 31, 33–54 — 13. Juli

Dieser Steinhaufe sei Zeuge, dass ich nicht an ihm vorüberziehe zu dir oder du zu mir in böser Absicht. (aus V 52)

Wenn heute Verträge geschlossen werden, dann setzen beide Partner ihre Unterschrift unter einen vorher gemeinsam formulierten Text. In der Frühgeschichte des Volkes Israel gab es das noch nicht. Da brauchte man andere Zeichen zur Bestätigung eines Vertrages. In unserer heutigen Bibellese ist das ein Steinhaufen auf dem Weg zwischen Labans und Jakobs Heimat, überragt von einem riesigen Felsbrocken. An dieser Stelle haben sie einander versprochen, nie in böser Absicht in das Land des anderen zu ziehen, und Gott zum Zeugen für ihre Aufrichtigkeit angerufen. Dieser Hügel aus Steinen sollte ein beständiges Zeichen sein für den Frieden zwischen diesen beiden Patriarchen und ihren Nachkommen.

Ein noch viel stärkeres Zeichen hat Gott seinen Kindern gegeben, viele Jahrhunderte später. Das ist auch wieder ein Hügel gewesen, nämlich der Hügel Golgatha, und der wurde überragt von dem Kreuz, an dem Jesus seinen qualvollen Tod erleiden musste. Damit hat er alle Kränkungen auf sich geladen, die wir Menschen dem allmächtigen Gott zugefügt hatten; damit hat er das Schicksal erlitten, das uns als Folge für unseren Ungehorsam vor Gott erwartet hätte; damit hat er den Frieden gebracht, der das Leben in Gottes Gegenwart ausmacht.

Das Zeichen dafür ist das Kreuz. Das dürfen wir vor Augen haben, wenn wir bei Gott um Vergebung für unsere Sünden bitten. Dann sollen wir wissen: Wenn Gott in unser Leben tritt, dann geht er immer am Kreuz seines Sohnes Jesus vorbei, und dann kommt er nie in böser Absicht. Dann ist immer Frieden zwischen ihm und uns.

Seh ich dein Kreuz den Klugen dieser Erden
ein Ärgernis und eine Torheit werden,
so sei's doch mir, trotz allen frechen Spottes,
die Weisheit Gottes.
    (Christian Fürchtegott Gellert)

14. Juli   **1. Mose (Genesis) 32, 1–22**

Da fürchtete sich Jakob sehr, und ihm wurde bange. (V 8)

Der frühere belgische König Albert II ist im Jahr 2019 als 84-Jähriger von einer damals 51 Jahre alten Frau beschuldigt worden, ihr unehelicher Vater zu sein. Ein Vaterschafts-Test bestätigte ihren Verdacht. Hier ist jemand von seiner eigenen Vergangenheit eingeholt worden …

So ist es auch dem Jakob in unserer heutigen Bibellese ergangen. Vor mehr als 20 Jahren (Kapitel 31,38) hatte er seinen Bruder Esau schändlich hintergangen. 20 Jahre lang hatte er sich durch die Flucht nach Haran seiner Rache entziehen können. Jetzt, bei seiner Rückkehr, ist eine Begegnung mit ihm unausweichlich. Da meldet sich das schlechte Gewissen. Es ist, als hätte er den Betrug erst gestern begangen. Die Vergangenheit hat ihn eingeholt.

Kennen Sie das? – Jahrelang verdrängte Schuld vor Gott und oft genug auch vor einem anderen Menschen taucht plötzlich im Gewissen auf und will keine Ruhe mehr geben. Dann soll uns Jakob ein Vorbild sein: Er tut alles, um den gefürchteten Zorn seines Bruders zu besänftigen (V 14–22). Genauso sollten auch wir, wenn es noch möglich ist, Wiedergutmachung leisten, wo wir schuldig geworden sind.

Zugleich trübt jede unvergebene Schuld unsere Beziehung zu Gott. Hier gibt es keine Verjährung! Hier hilft nur das ehrliche Eingeständnis unserer Schuld und die aufrichtige Bitte um Vergebung. Dann kommen uns der Kreuzestod Jesu zugute und die Sühne, die er für alle seine Nachfolger geleistet hat. Wenn wir dieses Opfer für uns in Anspruch nehmen können, dann können wir dem großen Gott jederzeit unbekümmert unter die Augen treten.

Mein Gewissen quält mich nicht,
will mich das Gesetz verklagen;
der mich frei und ledig spricht,
hat die Schulden abgetragen,
dass mich nichts verdammen kann:
Jesus nimmt die Sünder an.
    (Erdmann Neumeister)

1. Mose (Genesis) 32, 23–33 — 15. Juli

Du hast mit Gott und mit Menschen gekämpft und hast gewonnen. (V 29)

Vater und Sohn führen einen zünftigen Ringkampf durch. Endlich gibt der Vater auf und sagt: „Du hast gewonnen." Natürlich ist er viel stärker; das weiß sein Sohn nur zu genau, aber er gibt dem Jungen aus freien Stücken den Sieg und belohnt damit seinen Kampfgeist.

So verstehe ich das geheimnisvolle Wort, das Gott in jener dunklen Nacht zu Jakob sagt. Natürlich ist Gott ungleich viel stärker, aber er gibt Jakob aus freien Stücken den Sieg.

Denn Jakob ist vor dem unbekannten Gegner nicht geflüchtet, wie das bisher seine Art war (Kapitel 27, 43 und Kapitel 31, 21), sondern er hat der unerwarteten Herausforderung standgehalten; und als ihm während dieses unheimlichen Kampfes bewusst wurde, dass er es dabei mit Gott persönlich zu tun hat, hat er sich nicht aus seiner Umklammerung herausgewunden, sondern extra an ihm festgehalten und zu ihm gesagt: „Ich lasse dich nicht, du segnest mich denn." Da konnte Gott nur antworten: „Du hast gewonnen."

Diese Geschichte ist einmalig in der Bibel. Aber sie kann sich jederzeit in unserem eigenen Leben wiederholen. Es können Ereignisse eintreten, durch die es so dunkel um uns wird, dass wir von Gott und seiner Liebe nichts mehr sehen können. Wir können in eine Nacht geraten, in der wir Gott einfach nicht mehr verstehen können. Und Gott kann uns dann so fest in die Zange nehmen, dass sein Griff richtig wehtut. Wenn wir dann diesem unbegreiflichen Gott nicht den Rücken kehren und ihn endgültig loslassen, sondern im Gegenteil mit dem Mut der Verzweiflung an ihm festhalten und zu ihm sagen können: „Ich lasse dich nicht, du segnest mich denn", dann wird er uns antworten: „Du hast gewonnen."

Und ob es währt bis in die Nacht und wieder an den Morgen,
doch soll mein Herz an Gottes Macht verzweifeln nicht noch sorgen.
So tu Israel rechter Art, der aus dem Geist erzeuget ward
und seines Gotts erharre.   *(Martin Luther)*

16. Juli   1. Mose (Genesis) 33, 1–20

Esau aber lief ihm entgegen und herzte ihn und fiel ihm um den Hals und küsste ihn, und sie weinten. (V 4)

Als Kinder haben wir „Onkel He" zu ihm gesagt. Er war ein guter Freund unseres Vaters, der Patenonkel meiner älteren Schwester und ein gern gesehener Gast in unserer Familie. – Irgendwann muss es irgendein harmloses Missverständnis gegeben haben zwischen ihm und meinem Vater. Da war der humorvolle Studienkollege für meinen Vater gestorben. Onkel He hat mehrmals versucht, sich mit ihm wieder zu versöhnen. Umsonst. Im Nachtragen ist unser Vater Weltmeister gewesen.

Ein solches vernichtendes Urteil hat man über Esau damals nicht aussprechen müssen. Er konnte sich mit seinem Bruder Jakob wieder versöhnen, obwohl er von ihm früher schmählich hintergangen worden ist (Kapitel 27). Sicher haben die reichen Sühne-Geschenke, die Jakob vorausgeschickt hatte (Kapitel 32, 14–22), mit dazu beigetragen. Vor allem aber hat Gott auf Jakobs Gebet geantwortet (Kapitel 32, 10–13).

Trotzdem ist Jakob nicht, wie Esau vorgeschlagen hatte, mit ihm zusammengeblieben, sondern er ist seine eigenen Wege gegangen (V 16+17). Daraus lerne ich: Wir möchten alles tun, um mit unserer Familie in Frieden und Eintracht zu leben, aber wir dürfen uns nicht an sie binden. Wir möchten bei aller Wertschätzung der Verwandtschaft allezeit offen sein für die Wege, die Gott uns selber führt, und uns dafür jederzeit von Eltern und Geschwistern lösen können. Wir sind verantwortlich für Ehepartner und Kinder, aber nicht für die übrigen Angehörigen. Das ist das Geheimnis unserer königlichen Freiheit.

Darum, du Gott der Gnaden, du Vater aller Treu,
wend allen Seelenschaden und mach mich täglich neu;
gib, dass ich deinen Willen gedenke zu erfüllen
und steh mir kräftig bei.
        (Ludwig Andreas Gotter)

1. Mose (Genesis) 37, 1–11 — 17. Juli

Siehe, wir banden Garben auf dem Felde, und meine Garbe richtete sich auf und stand, aber eure Garben stellten sich rings umher und neigten sich vor meiner Garbe. (V 7)

Ich weiß, wir haben noch Sommer, aber ich erzähle Ihnen trotzdem schon von Weihnachten. Als Kind habe ich in den Wochen vor dem Fest gern im Schlafzimmer unserer Eltern herum-spioniert, denn dort hatten sie die Weihnachts-Geschenke für uns versteckt. Einmal entdeckte ich – in Packpapier eingehüllt – ein großes, flaches Dreieck mit einem langen, runden Bauch. Zur Bescherung am Heiligen Abend prangte dann auf meinem Platz eine stolze Segeljacht. Da wusste ich, was ich zuvor im Packpapier gesehen hatte.

Ähnlich muss es Josef gegangen sein mit seinen merkwürdigen Träumen. Bibelleser kennen die Lösung. Allen anderen empfehle ich: Sie sollten sich diese Träume des Joseph gut merken. Wir werden garantiert zu ihrer Auflösung kommen. Für heute nur so viel: Nicht alles, was Gott uns wissen lässt, können wir auf Anhieb verstehen. Aber alles, was Gott uns wissen lässt, wird sich zu gegebener Zeit erfüllen. Bis dahin sollten wir nicht daran herumgrübeln, sondern es uns einfach nur merken.

Das gilt jetzt auch für die Wahrheiten, die Gott uns ins Herz gelegt hat. Sie zeigen uns, dass Gott auch mit uns einen ganz konkreten Plan hat. Er überschaut schon die ganze Wegstrecke unseres Lebens. Und er wird den Tag kommen lassen, an dem wir im Rückblick das alles verstehen werden.

Rühmt, Völker, unsern Gott; lobsinget,
jauchzt ihm, der uns sich offenbart,
der uns vom Tod zum Leben bringet,
vor Straucheln unsern Fuß bewahrt.
Du läuterst uns durch heißes Leiden
– das Silber reiniget die Glut –,
durch Leiden führst du uns zu Freuden,
ja, alles, was du tust, ist gut.
  (Matthias Jorissen)

18. Juli   1. Mose (Genesis) 37, 12–36

Als aber die midianitischen Kaufleute vorüberkamen, zogen sie Joseph aus der Grube heraus und verkauften ihn um 20 Silberstücke den Ismaelitern; die brachten ihn nach Ägypten. (V 28)

Blutüberströmt liegt eine junge Frau im Supermarkt auf dem Boden. Ihr früherer Freund hatte ihr ein Messer in den Hals gejagt. Vor vier Wochen hatte sie die Beziehung zu ihm abgebrochen. Jetzt hatte er ihr ganz offensichtlich im Supermarkt aufgelauert. Alle Indizien sprechen für eine Tat aus Eifersucht.

Von Eifersucht spricht auch unsere heutige Bibellese, nicht wegen einer abgebrochenen Liebes-Beziehung, sondern wegen der Vorzüge, die Joseph gegenüber seinen Brüdern beim Vater genoss (Kapitel 37, 3+4). Aber auch diese Eifersucht hätte ihn beinahe das Leben gekostet. Jetzt wurde er stattdessen nach Ägypten verschleppt.

Eifersucht ist eine schreckliche Trieb-Kraft. Sie kann den Menschen in seiner Seele so weit zerfressen, dass er am Ende zum Schlimmsten imstande ist. Sie kommt daher, dass wir einen anderen aus irgendwelchen Gründen beneiden und uns selber stattdessen zurückgesetzt fühlen. Am Ende sind uns solche Regungen selber gar nicht so fremd.

Aber sie müssen uns nicht beherrschen. Das beste Mittel dagegen heißt Zufriedenheit. Richten wir doch einmal unser Augenmerk darauf, was Gott *uns* geschenkt und an *uns* bewirkt hat. Wir sehen nur das scheinbare Glück eines anderen und merken dabei gar nicht, dass Gott uns ja auf anderen Gebieten noch viel reicher beschenkt hat. Fangen Sie einfach an, Gott für das alles zu danken, was er an Ihnen getan hat. Je mehr Sie dafür danken können, umso besser sind Sie gefeit vor dem Gift von Neid und Eifersucht.

Der ewigreiche Gott woll uns bei unserm Leben
ein immer fröhlich Herz und edlen Frieden geben
und uns in seiner Gnad erhalten fort und fort
und uns aus aller Not erlösen hier und dort.
    (Martin Rinckart)

1. Mose (Genesis) 39, 1–23　　　　　　　　　　　　　　　　　19. Juli

Da nahm ihn sein Herr und legte ihn ins Gefängnis. (V 20)

Jahrelang hatte er unschuldig hinter Gittern zubringen müssen. Ihm wurde ein Mord vorgeworfen, den er nie begangen hatte. Endlich konnte ein DNA-Abgleich seine Unschuld beweisen. Da erst öffneten sich für ihn die Tore vom Gefängnis.

Mit diesem Schicksal ist er nicht allein. Schon die Bibel berichtet uns von einem unschuldig Gefangenen damals in Ägypten. Er war als Sklave in das Haus eines gewissen Potiphar gekommen und hat sich dort alsbald die Sympathie seiner Besitzer erworben. Bis die Dame des Hauses Appetit bekam auf ein Schäferstündchen mit diesem hübschen jungen Mann. Aber der hat dieses Ansinnen kategorisch abgelehnt. Da drehte die verschmähte Liebhaberin den Spieß um und beschuldigte ihn, dass er zudringlich zu ihr geworden sei. Dafür kam er ins Gefängnis. – Wie tragisch: Zu Hause ist er der Lieblingssohn seines Vaters gewesen; aber hier, in der Fremde, ist er der absolute Pechvogel geworden.

Jetzt versteht er gar nichts mehr! Alles hat sich gegen ihn verschworen. Völlig unschuldig ist er in so viel Elend gekommen. Und wo ist Gott? Früher hatte Gott einmal voller Liebe zu ihm gesprochen; jetzt, wo es am dunkelsten um ihn ist, schweigt Gott. Hat er ihn denn ganz vergessen? – Darauf gibt es keine Antwort. Aber es gibt einen Hoffnungsschimmer. In jeder Phase seines schweren Weges, auch jetzt in der allergrößten Not, heißt es in der Bibel: „Der Herr war mit ihm" (V 2 und V 21). Das war sein einziger Trost.

Und jetzt lesen Sie bitte den letzten Absatz noch einmal. Und ersetzen Sie dabei die Wörter „er" und „sein" mit den Wörtern „ich" und „mein". Dann werden Sie eine wichtige Mitteilung Gottes für sich selbst erhalten.

Weicht, ihr Trauergeister, denn mein Freudenmeister, Jesus, tritt herein.
Denen, die Gott lieben, muss auch ihr Betrüben lauter Freude sein.
Duld ich schon hier Spott und Hohn,
dennoch bleibst du auch im Leide, Jesu, meine Freude.
　　(Johann Franck)

20. Juli   **1. Mose (Genesis) 40, 1–23**

Aber gedenke meiner, dass du dem Pharao von mir sagst und mich so aus diesem Hause bringst. (aus V 14)

Sie werden es nicht glauben: Ein Mann hat seine eigene Frau auf der Autobahn vergessen. Aber nicht mit Absicht, sondern aus Versehen. Sie haben vor einer Raststätte angehalten und sind zur Toilette gegangen. Als die Frau wieder herauskam, war der Mann schon weg. Erst viel später hat er sein Versehen gemerkt und fuhr zurück. Da stand die Frau immernoch …

Noch viel tragischer ist die Geschichte, die wir heute in der Bibel lesen: Ein Mithäftling von Joseph wird begnadigt und verspricht ihm, sich für seine Freilassung einzusetzen. Kaum entlassen, hat er alles vergessen.

Kennen Sie das? – Nicht jeder wird vom Ehepartner auf der Autobahn vergessen, aber so mancher ist auf andere Weise von Menschen enttäuscht und sitzengelassen worden. Ja, wer sich auf Menschen verlässt, der ist oft „verlassen". Natürlich, wir brauchen den Arzt, den Handwerker, den Omnibus-Fahrer und viele andere. Und wir müssen ihnen unser Vertrauen schenken können, sonst funktioniert gar nichts mehr.

Aber unsere Bibellese zeigt uns: Wenn es darauf ankommt, können wir von Menschen bitter enttäuscht werden. Wer hat das nicht schon einmal erleiden müssen? – Da ist es gut, wenn wir unser Vertrauen auf eine zuverlässigere Person richten können, nämlich auf den allmächtigen Gott. Denn Gott kann alles, aber eins kann er nicht: Er kann die nicht enttäuschen, die ihm vertrauen. Deshalb: Geben Sie nur Ihr ganzes Leben mit allem, was Ihnen zu schaffen macht, in Gottes gute Hände und vertrauen Sie sich kompromisslos seiner Führung an. Dann werden Sie sagen können: „Wie Gott mich führt, das weiß ich nicht, aber dass er mich *gut* führt, darüber freut sich mein Herz."

So lasst uns nun dem lieben Herrn mit unserm Kreuz nachgehen
und wohlgemut, getrost und gern in allem Leiden stehen;
wer nicht gekämpft, trägt auch die Kron
des ewgen Lebens nicht davon.
         (Johann Scheffler)

1. Mose (Genesis) 41, 1–36 — 21. Juli

Und nach zwei Jahren hatte der Pharao einen Traum. Da sandte der Pharao hin und ließ Joseph rufen. (V 1 + 14)

Wissen Sie, wie lang zwei Jahre sein können? Wenn man krank im Bett liegt; wenn man eine Arbeit sucht; wenn man auf die verschollene Tochter wartet; wenn man hinter Gittern sitzt? – Joseph wusste das.

Und dabei ist in dieser Zeit viel geschehen: Der Pharao hatte merkwürdige Träume; der Mundschenk erinnerte sich an seinen Gefängnis-Kollegen; Joseph konnte dem Pharao die Absichten Gottes mitteilen. So können quälende Wartezeiten für Gottes Kinder oft besonders bedeutsame Zeiten sein.

Bedenken Sie: Joseph war offiziell immer noch ein Sklave von Potiphar. Wenn der Mundschenk gleich nach seiner Entlassung aus der Haft für Josephs Begnadigung gesorgt hätte, dann wäre Joseph zu seinem Besitzer zurückgebracht worden, und Potiphars Frau hätte ihn hemmungslos schikanieren können. Jetzt aber, zwei Jahre später, ist er nicht zu Potiphar, sondern zum Pharao gekommen. Dort ist aus dem rechtlosen Häftling der königliche Berater geworden. Was für ein Unterschied!

Und das alles ohne sein geringstes Zutun. Joseph war im Gefängnis zur absoluten Untätigkeit verurteilt; er konnte nichts für seine Freilassung tun; er musste tatenlos abwarten, was mit ihm geschieht. Wir sehen: Wo unsere Möglichkeiten aufhören, fangen Gottes Möglichkeiten an. Ja, Gott kann uns regelrecht in eine Situation der absoluten Hilflosigkeit kommen lassen, denn dann kann er am besten für uns aktiv werden.

Wie Gott mich führt, so bleib ich treu
im Glauben, Hoffen, Leiden.
Steht er mit seiner Kraft mir bei,
was will mich von ihm scheiden?
Ich fasse in Geduld mich fest;
was Gott mir widerfahren lässt,
muss mir zum Besten dienen.
    (Lambert Gedicke)

22. Juli   **1. Mose (Genesis) 41, 37–57**

Und alle Welt kam nach Ägypten, um bei Joseph zu kaufen; denn der Hunger war groß in allen Landen. (V 57)

„Drei Haselnüsse für Aschenbrödel" – wer zur Weihnachtszeit den Fernseher anschaltet, wird an diesem Märchenfilm kaum vorbeikommen, so beliebt ist die Geschichte vom Aufstieg eines verachteten jungen Mädchens zur Prinzessin.

Nicht weniger ergreifend ist die Geschichte Josephs, der als Sklave nach Ägypten kam und später Pharaos Wirtschaftsminister war. Vom hebräischen Sklaven zum zweiten Mann im Staate – was für eine märchenhafte Karriere!

Und das alles, weil er durch eine böse Intrige unschuldig ins Gefängnis gekommen ist. Nur dort konnte er dem königlichen Mundschenk begegnen und ihm einen bedeutsamen Traum erläutern (Kapitel 40, 9–13). Als dann nach dessen Rückkehr in den Palast der Pharao so merkwürdige Träume hatte, konnte der Mundschenk seinen früheren Gefängnis-Kollegen an den königlichen Hof holen, wo er in seine hohe Stellung erhoben wurde. Als Joseph im Gefängnis war, in der tiefsten Tiefe seines Schicksals, da konnte er nicht ahnen, dass er unmittelbar vor der Erhöhung in das höchste Staatsamt stand. Wenn diese Ziege von „Frau Potiphar" das gewusst hätte …

Diese Geschichte ist einmalig. Aber auch wir können bis heute immer wieder erleben, wie Gott die größten Ungerechtigkeiten und Demütigungen gebrauchen kann, um uns gerade dadurch auf seine guten Wege zu bringen. Wenn es so dunkel um uns ist wie für Joseph im Gefängnis, dann stehen wir oft genug ganz dicht vor dem Segen, der alle erlittenen Schmerzen weit in den Schatten stellen wird.

Solls uns hart ergehn, lass uns feste stehn
und auch in den schwersten Tagen
niemals über Lasten klagen;
denn durch Trübsal hier geht der Weg zu dir.
    (Nikolaus Ludwig Graf von Zinzendorf)

1. Mose (Genesis) 42, 1–28 — 23. Juli

Als nun seine Brüder kamen, fielen sie vor ihm nieder zur Erde auf ihr Antlitz. (V 6)

„Jetzt verstehe ich, warum dir der Unfall passieren musste", hat erst dieser Tage ein Glaubensbruder zu mir gesagt, „dadurch bist du vor einem übereilten Schritt bewahrt worden." – Er hatte recht. Dieser Unfall, der mir bis dahin einfach nur lästig erschienen war, bekam plötzlich einen guten Sinn.

In einem viel umfassenderen Maße muss es dem Joseph damals in Ägypten so ergangen sein, nicht im Blick auf einen einzigen Unfall, sondern auf sein ganzes bisheriges Leben. Mit 17 Jahren hatte er geträumt, dass seine Brüder sich einmal vor ihm verneigen würden (Kapitel 37, 2–7). Stattdessen haben sie ihn nach Ägypten verkauft. Dort kam er unschuldig ins Gefängnis und von dort aus unerwartet an den Hof des Pharao. In einer globalen Hungersnot konnte er aus ausreichend vorhandenen Reserven nicht nur die Ägypter, sondern auch die Bittsteller aus den Nachbarländern mit Getreide versorgen.

Eines Tages sind sogar seine Brüder dort erschienen und warfen sich in tiefster Ehrfurcht vor ihm nieder. Da schossen ihm die Tränen in die Augen: *Das habe ich doch mal geträumt!* – Gott hatte von Anfang an geplant, dass er einmal seine Brüder (und damit die Stammväter des späteren Volkes Israel) in einer großen Hungersnot mit Lebensmitteln versorgen wird. Gott hatte ihm nichts von Hunger gezeigt und nichts von Ägypten; sondern nur, dass seine Brüder sich einmal vor ihm verneigen würden. Und als das geschah, da begriff er: Alles, was ihm bis dahin widerfahren war, war Gottes Plan mit ihm gewesen und sollte ihn genau dorthin bringen, wo er jetzt stand.

Wie Gott mich führt, so geb ich mich in seinen Vaterwillen.
Scheints der Vernunft gleich wunderlich, sein Rat wird doch erfüllen,
was er in Liebe hat bedacht, eh er mich an das Licht gebracht;
ich bin ja nicht mein eigen.

(Lambert Gedicke)

24. Juli   1. Mose (Genesis) 42, 29–38

Bringt euren jüngsten Bruder zu mir, so merke ich, dass ihr nicht Kundschafter, sondern redlich seid. (V 34)

Man erschrickt richtig, wie schroff Joseph mit seinen Brüdern umgeht. Will er ihnen das Unrecht heimzahlen, das sie ihm damals zugefügt hatten, oder will er einfach seine Macht ausspielen? Das wird uns in der Bibel nicht verraten. Ich würde am ehesten fragen:

Hat er vielleicht Sehnsucht nach seinem jüngeren Bruder; nach dem einzigen, mit dem zusammen er dieselbe Mutter hatte (Kapitel 35, 24)?

Will er wenigstens einen von seinen Brüdern einmal die Angst und die Hilflosigkeit spüren lassen, in die er damals von ihnen gestürzt worden ist?

Oder will er seine Brüder auf die Probe stellen, ob sie heute noch imstande sind, einen von ihnen genauso gleichgültig seinem Schicksal zu überlassen, wie sie das damals mit ihm gemacht hatten?

Darauf bekommen wir keine Antwort. Wir wissen nur: Er behält Simeon als „Pfand" zurück, bis sie mit Benjamin wieder bei ihm erschienen sind. Dann kann alles gut werden.

Auch diese Geschichte gehört unbedingt in die Bibel, zeigt sie uns doch: Bei Gott gibt es keine Verjährungsfrist. Schuld, die wir einmal begangen haben, wird uns so lange anklagen, bis wir sie erkannt, bereut und vor Gott zugegeben haben. Dann erwartet uns seine vollständige Vergebung. Bis dahin können wir unsere Schuld Jahre lang vergessen. Irgendwann holt sie uns doch wieder ein. Dann wird sie uns so lange verfolgen, bis wir sie bei Gott richtig losgeworden sind.

Muss ich an meinen besten Werken,
darinnen ich gewandelt bin,
viel Unvollkommenheit bemerken,
so fällt wohl alles Rühmen hin;
doch ist auch dieser Trost bereit:
Ich hoffe auf Barmherzigkeit.
      (Johann Andreas Rothe)

1. Mose (Genesis) 43, 1–14 — 25. Juli

Der allmächtige Gott gebe euch Barmherzigkeit vor dem Mann, dass er mit euch ziehen lasse euren andern Bruder und Benjamin. (V 14)

Widerstehen Sie bitte der Versuchung, schon einmal weiterzulesen und zu sehen, wie diese dramatische Geschichte ausgeht. Versetzen Sie sich bitte in den alten Vater, der jetzt auch noch seinen jüngsten Sohn für eine Reise ins Ungewisse hergeben muss. Er kann nicht in der Bibel weiterlesen. Er weiß nicht, wer „der Mann" ist, der in Ägypten so erschreckend streng mit seinen Söhnen umgegangen ist; er kann nur hoffen, dass er seine Söhne wohlbehalten zurückkehren lässt.

Und nun denken wir mal bitte an uns selber. Denken wir einmal daran, wie es uns mit Gott geht. Auch für uns können Zeiten kommen, in denen wir Gott und sein Handeln nicht verstehen können. Dann will es uns erscheinen, als ob Gott für uns genauso unberechenbar und willkürlich wäre wie damals „der Mann" in Ägypten. Dann will die Angst in uns hochkriechen, unsere Geschichte könnte ein schlimmes Ende nehmen.

Zurück zu Jakob, der jetzt Israel heißt (Kapitel 32,29) und seinen Söhnen in Kanaan. Hätte der alte Vater doch gewusst, dass „der Mann" in Ägypten in Wirklichkeit sein Sohn Joseph ist! Hätte er doch gewusst, mit welcher Liebe Joseph an seine Brüder und an seinen Vater denkt! Dann wäre bei ihm alle Angst und alle Bangigkeit im Augenblick besiegt.

Und jetzt noch einmal zu Ihnen und zu mir: Sind wir über Gott so ahnungslos wie damals der Patriarch über den „Mann" in Ägypten? Wissen wir nicht allzu gut, dass Gott unser Vater ist, der mit allergrößter Liebe um uns besorgt ist?

Auf ihn will ich vertrauen in meiner schweren Zeit;
es kann mich nicht gereuen, er wendet alles Leid.
Ihm sei es heimgestellt; mein Leib, mein Seel, mein Leben
sei Gott dem Herrn ergeben, er schaffs, wies ihm gefällt.
    (Ludwig Helmbold)

26. Juli   **1. Mose (Genesis) 43, 15–34**

Und man trug ihnen Essen auf von seinem Tisch, und sie tranken und wurden fröhlich mit ihm. (V 34)

Neulich waren wir zu einer Familienfeier in einem beliebten Restaurant. Alle Tische waren besetzt, nur eine Tafel war frei. Sie war für uns reserviert.

Eine ganz andere Form von Tischordnung begegnet uns heute in der Bibel im Palast des Joseph, des Wirtschaftsministers vom reichen Ägypten: An einem Tisch tafelt der Hohe Herr, umgeben von seinen ägyptischen Untertanen, und – streng von ihnen abgegrenzt (V 32!) – die hebräischen Bittsteller. Sie wissen gar nicht, wie ihnen geschieht. Und dann werden die Fremden aus dem fernen Land Kanaan auch noch bewirtet mit all den Köstlichkeiten, die eigentlich nur Joseph zustehen und nur auf seinem Tisch zu finden sind. Das war absolut unüblich. Damit wollte Joseph ihnen zeigen: Ich gehöre zu euch, und ihr gehört zu mir! Ob sie dieses Zeichen wohl verstehen konnten?

Und jetzt machen wir einen großen Sprung von damals in die Gegenwart. Ich denke an eine ganz andere Form von Essen und Trinken, nämlich an das Heilige Abendmahl. Da sind wir Gäste an einem Tisch, der eigentlich nur Jesus gehört, und werden von ihm bewirtet mit Gaben, die absolut einmalig sind, weil sie aus seinen – für uns unsichtbaren – Händen kommen. Und da geht es uns wie den Brüdern des Joseph in seinem Palast: Jesus zeigt uns bei diesem Mahl: Ich gehöre zu Euch, und Ihr gehört zu mir. Ob wir dieses Zeichen wohl verstehen können?

Kommt her, ihr seid geladen,
der Heiland rufet euch,
der süße Herr der Gnaden,
an Huld und Liebe reich;
der Erd und Himmel lenkt,
will Gastmahl mit euch halten
und wunderbar gestalten,
was er in Liebe schenkt.
      (Ernst Moritz Arndt)

1. Mose (Genesis) 44, 1–34   27. Juli

Der, bei dem der Becher gefunden ist, soll mein Sklave sein; ihr aber zieht hinauf mit Frieden zu eurem Vater. (V 17)

Also, jetzt verstehe ich gar nichts mehr. Hatten wir nicht erst gestern gelesen, wie freundlich, ja geradezu liebevoll, Joseph mit seinen Brüdern umgegangen ist, allerdings, ohne sich ihnen zu erkennen zu geben? Und heute müssen wir erfahren, dass derselbe Joseph dieselben Brüder erschreckend streng und hart behandelt hat, und das alles, nachdem er selber seinen silbernen Becher in das Gepäck seines Lieblingsbruders Benjamin hat schmuggeln lassen. Absolut schuldlos müssen sie seinen Zorn erfahren. Verstehen Sie das? – Ich nicht.

Genauso wenig kann ich es verstehen, wenn wir als Gottes geliebte Kinder erst seine verschwenderische Liebe erleben und dann eines Tages mit diesem guten Gott Erfahrungen machen müssen, die überhaupt nicht zu seinem barmherzigen Wesen passen. Plötzlich geht dieser Gott erschreckend ernst und hart mit uns um und führt uns auf Wege, die viel Leid und Schmerzen bringen. Dann verstehen wir gar nichts mehr. Und das alles, ohne dass wir irgendeine Schuld daran hätten.

Dann geht es uns wie den verschreckten Brüdern mit dem gestrengen Joseph. Aber Bibelleser wissen mehr. Sie wissen: Dieses schlimme Geschehen um Joseph und seine Brüder wird ein gutes Ende nehmen. Mit derselben Gewissheit können wir die Nöte ertragen, die Gott ohne unser Zutun bei uns zugelassen hat. Wir können ihn dann nicht verstehen, aber wir sollen wissen: Auch dieser schwere Weg führt zu einem guten Ziel.

Seine Strafen, seine Schläge, ob sie mir gleich bitter seind,
dennoch, wenn ichs recht erwäge, sind es Zeichen, dass mein Freund,
der mich liebet, mein gedenke und mich von der schnöden Welt,
die uns hart gefangen hält, durch das Kreuze zu ihm lenke.
Alles Ding währt seine Zeit, Gottes Lieb in Ewigkeit.
    (Paul Gerhardt)

28. Juli 1. Mose (Genesis) 45, 1–24

Und er sprach: Ich bin Joseph, euer Bruder, den ihr nach Ägypten verkauft habt. (V 4)

Endlich! Auf diesen Augenblick haben wir lange gewartet. Endlich lüftet Joseph sein Geheimnis und erlöst die Brüder von ihren schrecklichen Ängsten.

Warum erst heute? Warum musste Joseph das Versteck-Spiel so weit auf die Spitze treiben? Warum hat er sich seinen Brüdern nicht schon viel früher offenbart? Darauf gibt die Bibel, wie Sie sich selber überzeugen konnten, keine Antwort. Sie zeigt uns nur: Als die Brüder sich bei Joseph so engagiert für die Rettung ihres jüngsten Bruders einsetzten (Kapitel 44, 18–34), da ist bei ihm das Eis vollends geschmolzen. Endlich!

Geht es uns in unserem eigenen Leben nicht oft genauso? Kennen Sie das nicht auch, dass eine konkrete Not nicht weichen will, sondern im Gegenteil immer schlimmer wird? Kennen Sie nicht auch solche Zeiten, in denen Sie das Elend nicht mehr aushalten konnten? – Dann denken Sie bitte auch daran, wie Gott damals das Elend am Ende eben doch noch gewendet hat.

Und wenn Sie gerade jetzt in einer solchen Spirale von Not und Bedrängnis stecken, dann lassen Sie sich von unserer heutigen Bibellese trösten: Auch wenn wir manchmal lange auf Gottes Eingreifen warten müssen, so kommt doch seine Hilfe nie zu spät. Und wenn sie kommt, dann kommt sie auf eine Weise, wie wir das nie erwartet hätten. Und dann wird unser Staunen genauso groß wie das Staunen der Brüder von Joseph. Und dann werden Sie aufatmen können: Endlich!

Endlich bricht der heiße Tiegel,
und der Glaub empfängt sein Siegel
als im Feur bewährtes Gold,
da der Herr durch tiefe Leiden
uns hier zu den hohen Freuden
jener Welt bereiten wollt.
    (Albert Knapp)

1. Mose (Genesis) 45,25–46,7 — 29. Juli

Fürchte dich nicht, nach Ägypten hinabzuziehen, denn daselbst will ich dich zum großen Volk machen. (aus V 3)

Im Süden von Kanaan (das heute Israel heißt), zwischen Mittelmeer und dem Südzipfel vom Toten Meer, liegt Beerscheba. Dort ist schon Abraham gewesen (Kapitel 21,33); dort hatte Isaak einen Brunnen bauen lassen (Kapitel 26,23–33); von dort ist der junge Jakob nach Haran aufgebrochen, um dem Zorn seines Bruders Esau zu entrinnen (Kapitel 28,10); und dort kommt er jetzt im Alter auf dem Weg nach Ägypten wieder vorbei (Kapitel 46,1).

Beerscheba ist ein besonderer Offenbarungs-Ort Gottes gewesen. Schon Isaak bekam dort die Zusage einer großen Nachkommenschaft (Kapitel 26, 23 + 24); für Jakob hat Gott dann bei seiner Flucht vor Esau diese Verheißung erweitert (Kapitel 28,13–15); und jetzt, auf dem Weg nach Ägypten, bekräftigt Gott sein Versprechen erneut (siehe oben). – Wir sehen: Gott kann seine eigenen Pläne mit uns Menschen nicht vergessen. Seine Absichten sind unkündbar, für das Volk Israel und für alle, die durch den Glauben an Jesus zu Gott gehören. Und er erinnert uns immer wieder einmal daran, damit wir sie im Glauben festhalten, auch wenn alle äußeren Umstände dagegensprechen wollen.

Die besten Verheißungen Gottes finden wir immer noch in der Bibel. Ich erinnere nur an Jesaja 52,13 bis 53,12: „Fürwahr, er trug unsere Krankheit und lud auf sich unsere Schmerzen … Die Strafe liegt auf ihm, auf dass wir Frieden hätten, und durch seine Wunden sind wir geheilt" (Vers 4 und 5). Jahrhunderte später hat Jesus dieses Wort erfüllt (Matthäus 8,17). So haltbar sind Gottes Pläne mit uns. Wir haben allen Grund, uns mit Fug und Recht darauf zu verlassen.

Und ob gleich alle Teufel hier wollten widerstehn,
so wird doch ohne Zweifel Gott nicht zurücke gehn;
was er sich vorgenommen und was er haben will,
das muss doch endlich kommen zu seinem Zweck und Ziel.
   (Paul Gerhardt)

30. Juli   **1. Mose (Genesis) 46, 28–34**

Ihr sollt sagen: Deine Knechte sind Leute, die Vieh haben, damit ihr wohnen dürft im Lande Gosen. Denn alle Viehhirten sind den Ägyptern ein Gräuel. (aus V 33 und 34)

Was haben die Ägypter bloß gegen Vieh-Hirten? – Keine Ahnung. Das steht nirgends in der Bibel. Das muss einfach nur ein dummes Vorurteil gewesen sein. Für Josephs Brüder war das kein Nachteil. Sie bekamen trotzdem fruchtbares Land östlich vom Nil-Delta zugewiesen. Dort konnten sie unbehelligt sesshaft werden.

Zurück zum Vorurteil. Die Verachtung der Ägypter gegen Vieh-Hirten ist nicht das einzige Vorurteil gewesen, das es in der Geschichte gab. Die Welt ist voll von Geringschätzung gegenüber anderen Völkern, Rassen und Kulturen. Am schlimmsten sind zu allen Zeiten die Nachkommen der Brüder Josephs davon betroffen gewesen, das Volk Israel, die Juden. Schon im Alten Testament hatten sie sich unaufhörlich gegen den Vernichtungswillen feindlicher Nachbarvölker zur Wehr setzen müssen, und als sie dann im Jahr 70 n.Chr. von den Römern aus ihrer Heimat vertrieben wurden, sind sie in aller Herren Länder verstreut worden und haben überall als Fremdlinge gelebt, mehr oder weniger geduldet in ihrem Gastland.

Überall gab es Vorurteile gegen die Juden, auch in Deutschland. Als dann Adolf Hitler kam, brauchte er nur diese Vorurteile anzufachen; schon war der Weg frei für die beispiellosen Verbrechen der Nazis an den Juden im Holocaust. Heute ist es mit Adolf Hitler vorbei, zum Glück. Aber ist es jetzt auch mit unseren Vorurteilen gegen die Juden vorbei? – Hoffentlich.

O bessre Zions wüste Stege
und was dein Wort im Laufe hindern kann,
das räum, ach räum aus jedem Wege;
vertilg, o Herr, den falschen Glaubenswahn
und mach uns bald von jedem Mietling frei,
dass Kirch und Schul ein Garten Gottes sei.
    (Karl Heinrich von Bogatzky)

1. Mose (Genesis) 47, 1–12 — 31. Juli

Und Jakob segnete den Pharao. (V 7)

Das muss man sich mal vorstellen: Da sitzt der Pharao in seinem prächtigen Palast auf seinem goldenen Thron, umgeben von seinen dienstbeflissenen Paladinen, und da kommt ein hebräischer Kleinvieh-Züchter (denken Sie nur an die Andacht von gestern!) und will bei ihm Asyl erbitten. Er müsste in tiefster Ehrfurcht vor ihm zu Boden fallen, aber er bleibt aufrecht vor ihm stehen, erhebt seine Hände zu ihm hin und spricht ihm die Güte und den Beistand des allmächtigen Gottes zu. Und der Pharao lässt sich das gefallen! Was für eine göttliche Würde muss auf diesem alt gewordenen Jakob liegen! Einfach sagenhaft.

Gar nicht sagenhaft, sondern sehr real dagegen ist unsere eigene Regierung heute. Sie kommt mit viel weniger Prunk und Pracht aus als der Pharao damals, aber sie hat dafür umso mehr Probleme. Wieviele weitreichende Entscheidungen müssen jeden Tag getroffen werden; wieviele innen- und außen-politische Zwänge müssen beachtet werden; wieviele widersprechende Intercssen wollen berücksichtigt sein! Jede Kabinett-Sitzung gleicht der Quadratur des Kreises. Wie dringend brauchen unsere Entscheidungsträger in Staat und Regierung Weisheit von Gott, Autorität vor den Menschen und Mut zu unpopulären Entscheidungen.

Nein, Sie können jetzt nicht nach Berlin fahren und dem Bundeskanzler die Hand auf den Kopf legen und Gottes Segen zusprechen. Das brauchen Sie auch gar nicht. Sie können ganz bequem zu Hause bleiben, die Augen und die Hände schließen und Gott um seinen wirksamen Beistand für unsere Regierung bitten. Und das hat Kraft. Mit Protesten und Beschwerden richten wir gar nichts aus; aber mit unseren Gebeten betreiben wir hohe Politik.

Beschirm die Obrigkeiten, richt auf des Rechtes Thron,
steh treulich uns zur Seiten, schmück als mit einer Kron
die Alten mit Verstand, mit Frömmigkeit die Jugend,
mit Gottesfurcht und Tugend das Volk im ganzen Land.
    (Paul Gerhardt)

1. August   1. Mose (Genesis) 47, 27–31

Als nun die Zeit herbeikam, dass Israel (=Jakob) sterben sollte, rief er seinen Sohn Joseph und sprach zu ihm: Ich will liegen bei meinen Vätern, und du sollst mich aus Ägypten führen und in ihrem Grab begraben. (aus V 29 + 30)

Die Rucksäcke mit den Utensilien für die Übernachtung waren größer als die kleinen Kerle. Zum ersten Mal durften sie bei Oma und Opa schlafen. Ein echtes Abenteuer! Aber je näher der Abend kam, umso einsilbiger wurden sie. Und als es draußen richtig dunkel wurde, da kullerten die Tränen …

Ein ähnliches Heimweh muss schon der greise Jakob in Ägypten gekannt haben. Er wusste, dass er nicht wieder zurück kann, aber er wollte doch wenigstens in seiner Heimat bestattet werden.

Diese geheimnisvolle Sehnsucht nach dem Land ihrer Väter hat Jakob seinen Nachkommen vererbt. Bis heute zieht es die Juden aus aller Herren Länder in ihre angestammte Heimat. Dort will Gott sie versammeln, denn dort wird er sich noch einmal an ihnen allen in überwältigender Weise verherrlichen.

Noch nicht alle Juden verspüren diesen Drang nach ihrer eigentlichen Heimat. Meine jüdischen Freunde hier in Schönebeck fühlen sich in unserer Stadt sehr wohl. Ich darf ihnen nicht die Auswanderung nach Israel nahelegen, schon gar nicht als Deutscher. Das würde Erinnerungen an eine sehr böse Vergangenheit wachrufen. Die Sehnsucht nach dem Land der Väter kann nur Gott in ihnen wecken. Bis dahin sollen sie sich, und zwar als Juden, unter uns ganz herzlich willkommen wissen.

Du wirst dein herrlich Werk vollenden,
der du der Welten Heil und Richter bist.
Du wirst der Menschheit Jammer wenden,
so dunkel jetzt dein Weg, o Heilger, ist.
Drum hört der Glaub nie auf, zu dir zu flehn;
du tust doch über Bitten und Verstehn.
      (Albert Knapp)

1. Mose (Genesis) 48, 1–22   2. August

Aber Israel (=Jakob) streckte seine rechte Hand aus und legte sie auf Ephraims, des Jüngeren, Haupt und seine linke Hand auf Manasses Haupt, obwohl Manasse der Erstgeborene war. (V 14)

Die Braut hatte Angst um ihren Schleier, als ich ihr bei der Trauung die Hand auf den Kopf legte. Aber das gehört bei der Segnung eines Menschen mit dazu, bei der Konfirmation wie bei der Trauung. Und wenn jemand in der Seelsorge bei mir sein Herz ausschüttet und ich mit ihm sprechen und beten darf, dann segne ich ihn gern. Dann lege ich eine Hand auf seinen Kopf und spreche ihm den wirksamen Beistand Gottes zu. Das heißt: In Wirklichkeit kommt dieser Segen von Gott. Ich bin bloß der Vermittler. Ich borge Gott meine Hand, damit er damit den Menschen berührt.

    Diese Geste ist uralt. Wir lesen heute in der Bibel davon. Dabei hat der alte Vater Israel (oder Jakob, siehe Kapitel 32,29) bei der Segnung seiner beiden Enkelsöhne die Hände über Kreuz gehalten. So kam seine rechte Hand auf den Jüngeren von beiden. Wieso? – Antwort: Die rechte Hand ist meistens (mit Ausnahme von Linkshändern) die kräftigere. Deshalb dachte man damals: Durch sie kommt der stärkere Segen. Und den hätte von Rechts wegen der ältere Enkel bekommen sollen. Aber Gott richtet sich nicht nach Brauchtum und Sitte, und auch nicht nach Stand und Vorrecht. Er segnet, wen er will und wie er will.

    Man sieht: Segen ist kein netter Wunsch, den man beliebig oft aussprechen kann, sondern ein sehr konkreter Zuspruch Gottes an einen einzelnen. Der nächste bekommt eine ganz andere Zusage, denn mit ihm hat Gott ganz andere Pläne. Aber für jeden Menschen bedeutet Segen die persönliche Zuwendung Gottes. Das gibt Kraft und Zuversicht für die nächste Wegstrecke im Leben. Wir können dieses Geschenk gar nicht hoch genug einschätzen.

Ach bleib mit deinem Segen bei uns, du reicher Herr;
dein Gnad und alls Vermögen in uns reichlich vermehr.
    (Josua Stegmann)

3. August   1. Mose (Genesis) 49, 1–28

Es wird das Zepter von Juda nicht weichen noch der Stab des Herrschers von seinen Füßen. (V 10)

Er musste in Dresden unter dem Gespött der Leute die Straße fegen, ein Professor für Philosophie, und zwar zur Nazi-Zeit. Warum? – Er war Jude. Andere mussten im KZ in sengender Sonne stundenlang auf dem Appell-Platz stehen und danach unter dem mörderischen Gebrüll von primitiven SS-Schergen bis zum Umfallen Schwerst-Arbeit leisten. Warum? – Sie waren Juden.

Juden wurden von den Nazis als Untermenschen verachtet. Jedes Kind durfte sie ungestraft beleidigen und anspucken. Und dabei sind sie in Gottes Augen das bedeutendste Volk des ganzen Erdballs. Schon ihrem Stammvater Juda ist vom greisen Patriarchen Jakob die höchste Würde zugesprochen worden. „Zepter" ist das Herrschaftssymbol des Königs, und „Stab" gehört zur Ausrüstung jedes Hirten. Beides hat sich, Jahrhunderte später, in David erfüllt. Er ist zuerst Hirte gewesen und dann König geworden (1. Samuel 16, 1–13).

Aber die Verheißung an den Stammvater Juda blickt noch weiter. Sein berühmtester Nachkomme heißt Jesus. Er hat von sich selber sagen können: „Ich bin der gute Hirte" (Johannes 10, 11); und vor Pilatus bekannte er: „Ich bin ein König. Mein Reich ist nicht von dieser Welt" (Johannes 18, 37 und 36). Und dabei hat er beides, sein Hirten- und Königs-Amt, noch gar nicht voll ausgelebt. Das geschieht erst bei seiner Wiederkunft. Dann wird unter seiner wohltuenden Herrschaft die ganze Welt aufatmen. Unvorstellbar, aber wahr. Die Prognose des alten Jakob behält Gültigkeit für alle Zeiten, bis sie einst in ihrer ganzen Fülle eingetreten sein wird.

Geist und Kraft nun überfließen, drum wirk in mir kräftiglich,
bis zum Schemel deiner Füße alle Feinde legen sich.
Aus Zion dein Zepter sende weit und breit bis zum Weltende;
mache dir auf Erden Bahn, alle Herzen untertan.
      (Gerhard Tersteegen)

1. Mose (Genesis) 49,29–50,14 — 4. August

Da zog Joseph hinauf, seinen Vater zu begraben. (V 7)

Das muss ein Leichenzug gewesen sein! Und das auch noch über eine so weite Entfernung hinweg! Das zeigt mir, welch hohe Bedeutung Jakob nicht nur für seine Nachkommen gehabt haben muss, sondern auch für die Ägypter. Mehr noch: Alle, die von ihm und seinen zwölf Söhnen abstammen, tragen heute seinen neuen Namen: Israel (nach Kapitel 32, 29). Man sieht: Menschen, die Gott zur Verfügung stehen, können für ihn und sein Reich eine große Bedeutung haben, wie Jakob (=Israel) damals. Der aufwändige Leichenzug ist ein unübersehbares Zeichen dafür.

Die Bestattung im Grab seiner Väter ist für den verstorbenen Patriarchen aus mehreren Gründen bedeutsam gewesen. Zunächst: Prediger 6,3 sagt: „Wenn einer sehr alt würde, aber er bliebe ohne Grab, von dem sage ich: Eine Fehlgeburt hat es besser als er." Das hieß damals: Wenn ein Verstorbener nicht bestattet wurde, irrte seine Seele ruhelos umher. Das war das größte Unglück. – Sodann: Nach 2. Samuel 19,38 wünscht sich jeder Israelit, bei seines Vaters und seiner Mutter Grab bestattet zu werden, und laut 1. Könige 13,22 ist es damals eine schwere Strafe gewesen, nicht in seiner Väter Grab zu kommen. All das leuchtet heute schon in unserer Bibellese auf.

Uns Heutigen erscheinen diese Gedanken fremd. Aber auch uns empfiehlt diese Bibelstelle, dass wir die Wünsche unserer Angehörigen im Blick auf ihre Bestattung rechtzeitig erfragen und dann auch respektvoll erfüllen. Lesen Sie dazu noch einmal die Andacht zum 1. Juli. Und bedenken Sie, wie viel Mühe Joseph damals auf sich nahm, um seinem Vater eine würdige Bestattung zu bereiten. Sollten dann nicht auch wir unseren Angehörigen diesen letzten Liebesdienst erweisen können?

O meines Lebens Leben, o meines Todes Tod,
ich will mich dir ergeben in meiner letzten Not.
Ich will mein Bette machen in deine liebe Gruft;
da werd ich schon erwachen, wann deine Stimme ruft.
  (Benjamin Schmolck)

5. August — 1. Mose (Genesis) 50, 15–26

Ihr gedachtet es böse mit mir zu machen, aber Gott gedachte es gut zu machen. (V 20)

Heute kommen wir zum Höhepunkt, zum krönenden Abschluss dieser Geschichte von Joseph, die man nur mit großer Anteilnahme lesen kann. Hier oben ist die Quintessenz abgedruckt:

„Ihr gedachtet es böse mit mir zu machen …" Ja, es war böse, wie Josephs Brüder ihn an eine Karawane verkauft hatten; es war böse, wie „Frau Potiphar" ihn ins Gefängnis gebracht hatte; und es war böse, wie der Mundschenk ihn nach seiner Entlassung total vergessen konnte.

„… aber Gott gedachte, es gut zu machen." Joseph sollte einmal in der reichen Kornkammer Ägypten seine Brüder vor dem Verhungern bewahren. Aber dazu musste er ja erst einmal dorthin kommen. Bloß wie? Das einzige Verkehrsmittel damals waren Karawanen. Also sorgte Gott (!) dafür, dass er an eine Karawane verkauft wurde. – In Ägypten hätte er an den Hof des Pharao kommen müssen, aber er kam in das Haus von Potiphar. Da war die königliche Residenz unerreichbar. Er musste mit jemandem aus dem engsten Umkreis um den Pharao zusammentreffen, aber wo? Am besten im Gefängnis! Den Mundschenk dorthin zu bringen, war für Gott nicht schwer. Aber wie sollte der tadellose Joseph hinter Gitter kommen? Das besorgte „Frau Potiphar". Damit ist sie, ohne es zu ahnen, ein Werkzeug Gottes gewesen.

Merken Sie was? – Über allen Bosheiten, die Joseph angetan wurden, waltete die vortreffliche Logik Gottes. Denn nur auf diesen verschlungenen Wegen konnte er zu seiner hohen Bestimmung gelangen.

Wie Gott mich führt, so will ich gehn,
es geh durch Dorn und Hecken.
Sein Antlitz lässet Gott nicht sehn;
zuletzt wird er aufdecken,
wie er nach seinem Vaterrat
mich treu und wohl geführet hat.
Dies sei mein Glaubensanker. (Lambert Gedicke)

Römer 1, 1–7   **6. August**

An alle Geliebten Gottes und berufenen Heiligen in Rom: Gnade sei mit euch und Friede von Gott, unserm Vater, und dem Herrn Jesus Christus. (V 7)

Er hat das Julius-Schniewind-Haus in Schönebeck bei Magdeburg zu einem evangelischen Seelsorge- und Tagungsheim ausgebaut. Vorher war er Gemeindepfarrer in Sonneberg in Thüringen, Bernhard Jansa. Viel früher, als junger Mann, hat er einmal eine evangelische Einkehrstätte in Möttlingen in Süddeutschland besucht. Dort betete ein schlichter Glaubensbruder für ihn um die Erfüllung mit dem Heiligen Geist. – Nichts geschah. Er fuhr wieder so zurück, wie er gekommen war.

In der Bahn schlug er nach seiner Gewohnheit die Bibel auf und kam zum Römerbrief. Er traute seinen Augen kaum: Diese tiefsinnigen Gedankengänge, worüber die Gelehrten sich noch heute die Köpfe zerbrechen, waren für ihn auf einmal klar und einleuchtend; schwer verständliche Aussagen konnte er mühelos erfassen; ihm war, als ob der Apostel Paulus mit ihm ganz persönlich spräche. Der Heilige Geist machte sich bemerkbar und erschloss ihm dieses Standardwerk des evangelischen Glaubens.

Und jetzt wagen *wir* uns an diesen schweren Brocken. Am besten, wir lernen dafür von Pfarrer Bernhard Jansa. Am besten, wir bitten den Heiligen Geist, dass er uns dabei beisteht und uns die tiefen Wahrheiten dieses epochalen Schreibens erschließt. Dann können wir in der nächsten Zeit, wenn wir uns in den Römerbrief vertiefen, reichen Gewinn für unser Glaubensleben davontragen.

> *Du Quell, draus alle Wahrheit fließt, die sich in fromme Seelen gießt,*
> *lass deinen Trost uns hören,*
> *dass wir in Glaubenseinigkeit auch können alle Christenheit*
> *dein wahres Zeugnis lehren.*
> *Höre, lehre, dass wir können Herz und Sinnen dir ergeben,*
> *dir zum Lob und uns zum Leben.*
>   *(Michael Schirmer)*

7. August — Römer 1, 8–15

Darum, so viel an mir liegt, bin ich willens, auch euch in Rom das Evangelium zu predigen. (V 15)

13.000 Euro hat jemand bei einer Versteigerung für einen Brief von Friedrich Schiller aus dem Jahr 1794 bezahlt. Ich frage mich, wie viel dann ein Brief des Apostels Paulus aus dem Jahr 58 wert wäre? Einfach unbezahlbar.

Und diesen unbezahlbar wertvollen Brief haben wir in Händen, und das auch noch ganz umsonst. Diese Bevorzugung soll uns vor Augen stehen, wenn wir uns in der nächsten Zeit mit diesem Schreiben beschäftigen. Heute, noch im Eingangsteil, erklärt Paulus den Christen in Rom, dass er sie persönlich besuchen möchte. Er ist ja bisher noch nie dort gewesen; er hat diese Gemeinde nicht selbst gegründet. Aber er widmet sich in seinem Brief schon den Problemen, die ihm über sie zu Ohren gekommen sind. Das war das Verhältnis von Christen aus dem Judentum zu den Christen mit nicht-jüdischer Herkunft, und das war die Beziehung der Christen zu ihrer Regierung (Kapitel 12–15). Vorher, in den Kapiteln 1 bis 8, stellt er das tragende Fundament des christlichen Glaubens dar, und in Kapitel 9 bis 11 die Pläne Gottes mit dem Volk Israel.

Eine Fülle von unverzichtbaren Mitteilungen Gottes auch an uns! Wir werden noch merken, wie aktuell die Probleme sind, die Paulus hier anspricht. So werden uns in der nächsten Zeit bei der Beschäftigung mit diesem Brief Wahrheiten offenbart werden, die alles Gut und Geld dieser Welt bei weitem übertreffen. Sie dürfen schon gespannt sein.

> *O starker Fels und Lebenshort,*
> *lass uns dein himmelsüßes Wort*
> *in unsern Herzen brennen,*
> *dass wir uns mögen nimmermehr*
> *von deiner weisheitsreichen Lehr*
> *und treuen Liebe trennen.*
> *Fließe, gieße deine Güte ins Gemüte, dass wir können*
> *Christum unsern Heiland nennen.* (Michael Schirmer)

Römer 1, 16–17   **8. August**

Ich schäme mich des Evangeliums nicht; denn es ist eine Kraft Gottes, die selig macht alle, die daran glauben. (V 16)

Als die „Titanic" unterging, im April 1912, ist ein sträflicher Leichtsinn offenbar geworden: Es gab viel zu wenig Rettungsboote! Die sind beim Bau des Schiffes eingespart worden, denn sie wären den Passagieren beim Flanieren auf dem Oberdeck im Wege gewesen. Man würde sie ja sowieso nicht brauchen, denn das Schiff war ja bekanntlich „unsinkbar". Ein Leichtsinn, den die meisten Menschen an Bord mit ihrem Leben bezahlen mussten.

Ein ähnlicher Leichtsinn begegnet uns dort, wo Menschen meinen, das Evangelium nicht brauchen zu müssen, das ist die gute Nachricht von der Liebe Gottes zu uns Menschen, die sich im Kreuzestod und im Ostersieg seines Sohnes Jesus offenbart. Wer auf diese Mitteilung verzichten will, ist wie ein Kapitän, der auf die Rettungsboote in seinem Schiff verzichtet. Denn nur diese Nachricht kann uns retten aus dem ewigen Verderben. Ohne Kreuz und Auferstehung Jesu müssten wir am Ende unseres Erdenlebens in einer abgrundtiefen Verlorenheit ertrinken und hätten keine Chance auf Rettung. Nur das Evangelium von Jesus hat die Kraft, uns davor zu bewahren. Dieser Tatsache Recht geben – das heißt „glauben".

Und das gilt allen Menschen, damals bis nach Rom, und heute bis zu Ihnen.

Der Grund, da ich mich gründe,
ist Christus und sein Blut;
das machet, dass ich finde
das ewge, wahre Gut.
An mir und meinem Leben
ist nichts auf dieser Erd;
was Christus mir gegeben,
das ist der Liebe wert.
      (Paul Gerhardt)

9. August   Römer 1, 18–32

Sie wissen, dass, die solches tun, nach Gottes Recht den Tod verdienen; aber sie tun es nicht allein, sondern haben auch Gefallen an denen, die es tun. (V 32)

Lieber Apostel Paulus!
Du weißt, ich schätze Dich und Deine Briefe sehr. Aber was ich da heute von Dir lesen musste, hat mir die Sprache verschlagen. Warum bist Du mit denen, die sexuell anders leben als Du und ich, so hart ins Gericht gegangen? Das erschreckt mich sehr. Viele Grüße, Dein ratloser Schüler Peter

Nein, ich habe diesen Brief nicht zur Post gebracht. Aber ich habe eine Antwort gefunden in Kapitel 7, Vers 23 und 24: „Ich sehe aber ein anderes Gesetz in meinen Gliedern, das widerstreitet dem Gesetz in meinem Gemüt und hält mich gefangen im Gesetz der Sünde, das in meinen Gliedern ist. Ich elender Mensch! Wer wird mich erlösen von diesem todverfallenen Leibe?" – Wir sehen: Auch er kennt ein Verlangen, dem er nicht nachgeben soll. Das treibt ihn schier zur Verzweiflung.

Und wenn er heute in Kapitel 1 denschwer schuldig gewordenenen Menschen das Urteil Gottes über ihr Tun ausrichten muss, dann sagt er ihnen in Kapitel 7: Ihm geht es nicht anders. Er steht vor Gott mit ihnen auf einer Stufe. Aber er kann bereits im nächsten Satz (V 25) ausrufen: „Dank sei Gott durch Jesus Christus, unsern Herrn!" Warum? – Er weiß, dass Jesus mit seinem Sterben am Kreuz unser ganzes Verhängnis auf sich genommen und vor Gott auf unseren Namen in Ordnung gebracht hat. Diese Erlösung gilt allen Menschen, auch denen aus unserem heutigen Kapitel. Wer von ihnen diese Mitteilung auf sich beziehen kann, der darf (laut Kapitel 8, Vers 1) mit Paulus bekennen: „So gibt es nun keine Verdammnis für die, die in Christus Jesus sind."

Du bist mein Vater, ich dein Kind; was ich bei mir nicht hab und find,
hast du zu aller Gnüge.
So hilf nur, dass ich meinen Stand wohl halt und herrlich siege.
        (Paul Gerhardt)

Römer 2, 1–16   **10. August**

Weißt du nicht, dass dich Gottes Güte zur Buße leitet? Denn es ist kein Ansehen der Person vor Gott. (V 4 und 11)

Die Polizei ermittelte 2019 gegen einen Autofahrer, der betrunken und ohne Führerschein einen Verkehrsunfall verursacht und eine 19-Jährige schwer verletzt hat. Dieser Mann war der Leiter eines Ordnungsamtes. – Ein Landrat kam wegen Bestechlichkeit und Untreue ins Gefängnis. – Einem früheren VW-Chef drohte wegen des Diesel-Skandals Anklage vom Staatsanwalt. Man sieht: Vor Gericht sind alle Menschen gleich.

    Dieses Grundgesetz begegnet uns auch heute in der Bibel (siehe oben). Vor dem Thron Gottes gilt für den Bischof dasselbe wie für jedes schlichte Gemeindeglied. Da hilft uns kein Titel und keine Ehrenurkunde. Da hilft uns nur eins: Unsere persönliche Beziehung zu Jesus.

    Zurück zu den prominenten Persönlichkeiten vor Gericht: Ganz so „gleich", wie immer behauptet wird, erscheinen sie mir manchmal doch nicht. Uli Hoeneß, 2019 Präsident des deutschen Fußball-Meisters Bayern München, war rechtmäßig verurteilt, ist aber überraschend schnell wieder aus der Haft entlassen worden. Und gegen Prinz Philipp von England ist nach seinem selbstverschuldeten Verkehrs-Unfall Anfang 2019 erst gar kein Verfahren eröffnet worden. Mir scheint, es geht in solchen Fällen weniger um die große Schuld, sondern viel mehr um den besten Anwalt.

    Und auch hier geht es uns vor Gott genauso. Wenn wir uns am Ende vor ihm für unsere Lebensführung verantworten müssen, helfen uns keine Ausflüchte und keine mildernden Umstände. Da hilft uns nur ein guter Anwalt. Das ist Jesus. Wenn er sich schützend vor uns stellt, ist uns Gottes Freispruch gewiss. Wer auf diesen Anwalt verzichtet, begeht die größte Torheit.

Der, der hat ausgelöschet, was mit sich führt den Tod;
der ists, der mich rein wäschet, macht schneeweiß, was ist rot.
In ihm darf ich mich freuen, hab einen Heldenmut,
darf kein Gerichte scheuen, wie sonst ein Sünder tut.
    (Paul Gerhardt)

11. August Römer 2, 17–29

Du rühmst dich des Gesetzes und schändest Gott durch Übertretung des Gesetzes? – Der ist ein Jude, der es inwendig verborgen ist, und das ist die Beschneidung des Herzens. (V 23 und 29)

Mitten auf der Autobahn schaut mich plötzlich Martin Luther an, von einer großen Plakat-Wand an der Landesgrenze zu Sachsen-Anhalt. „Willkommen im Ursprungsland der Reformation" steht neben seinem Bild. Man sieht: Der Reformator genießt hohe Wertschätzung. Sein Lebenswerk, in Büchern zusammengetragen, füllt ganze Regal-Wände. Am bekanntesten davon ist der *Kleine Katechismus*, die evangelische Glaubenslehre für jedermann. Ich greife davon nur einen Satz heraus, nämlich Luthers Erklärung zum 1. Gebot: *„Wir sollen Gott über alle Dinge fürchten, lieben und vertrauen."*

Das hat Martin Luther seinen Anhängern ins Stammbuch geschrieben. Wieviel ist davon lebendig geblieben im „Ursprungsland der Reformation"? Sein Bild hat es bis an die Autobahn geschafft, aber was bedeuten uns seine Worte? Er wollte uns zu einer ganz persönlichen Beziehung zu Gott führen. Gott soll in unserem Leben nicht irgendwo am Rande vorkommen, sondern „über alle Dinge" zu sagen haben. Gott hat unser volles Vertrauen verdient, unsere ganze Liebe, unseren ehrlichen Respekt. Wie ist es bei uns darum bestellt? Anders gefragt: Wie weit sind wir davon entfernt?

Eine ganz ähnliche Frage haben sich schon die Juden vom Apostel Paulus gefallen lassen müssen. Sie waren stolz auf ihre Gesetze wie wir auf Martin Luther. Und sie sind darin im Alltag genauso schuldig geworden wie wir an Luthers Worten. Das sollte uns sehr zu denken geben. Mehr noch: Das sollte uns zur Umkehr bringen, und zwar zu dem Gott, den Luther uns so eindrücklich vor Augen gestellt hat.

Ich bin allein dein Gott und Herr,
kein Götter sollst du haben mehr;
du sollst mir ganz vertrauen dich,
von Herzensgrund lieben mich. Kyrieleis.
   (Martin Luther)

Römer 3, 1–8   **12. August**

Sollte ihre Untreue Gottes Treue aufheben? Das sei ferne! (V 3 + 4)

Jetzt kann ich es ja sagen: Es gab eine Zeit in meinem Leben, da konnten sich in besonders verdrießlichen Momenten heftige Jähzorns-Anfälle bei mir entladen. Wenn Sie das einmal miterlebt hätten, dann hätten Sie denken müssen: Wenn Gott so ist wie dieser Mann, dann möchte ich es nie mit Gott zu tun bekommen. – Zum Glück ist Gott nicht so. Das versichert uns Paulus heute im Römerbrief. Wenn wir wissen wollen, wie Gott ist, dann dürfen wir nie auf seine Diener schauen. Sie haben viel zu viele menschliche Schwächen und Fehler an sich, die niemals zu Gott passen würden. Es gibt nur einen, der uns das Wesen Gottes unverfälscht offenbaren kann, das ist Jesus.

Freilich, auch Jesus konnte erschreckend energisch auftreten. Man denke nur an die Tempelreinigung (Matthäus 21, 12–17). Aber das war kein Jähzorn, sondern sein „Eifer" (Johannes 2, 17) um die Ehre Gottes. Und bei der Ehre Gottes kennt Jesus keine Kompromisse. Dieselbe Gesinnung spricht aus unserer heutigen Bibellese. Wer Gott kritisieren möchte und dabei noch von ihm Rechenschaft fordert für sein Tun, der verbrennt sich gehörig die Finger. Nur wer Gott Recht geben kann in seinem Walten, der erfährt die Gerechtigkeit Gottes, die ihn gerecht spricht, allein um des Kreuzestodes Jesu willen.

Ach so, mein Jähzorn: Ich habe das alles einmal meinem Seelsorger bekannt. Wir haben gemeinsam Gott um Befreiung davon gebeten. Seitdem kann ich mich immer noch kräftig ärgern; aber „ausrasten" musste ich dabei nie mehr. Ist Gott nicht gut?

Ja, freilich bin ich zu geringe
der herzlichen Barmherzigkeit,
womit, o Schöpfer aller Dinge,
mich deine Liebe stets erfreut;
ich bin, o Vater, selbst nicht mein,
dein bin ich, Herr, und bleibe dein.
        (Johann Gottfried Herrmann)

13. August — Römer 3, 9–20

Wir haben soeben bewiesen, dass alle, Juden wie Griechen, unter der Sünde sind. (V 9)

Ein einziger überlauter Knall hat die Ruhe der Nacht zum 23. Juni 2019 zerrissen: In einem Feld bei Limburg an der Lahn war eine Fliegerbombe aus dem Zweiten Weltkrieg explodiert und hatte einen 10 m breiten Krater gerissen. Bis dahin hatte sie 4 m tief unter der Erde gelegen, und keiner von denen, die all die Jahre hindurch auf diesem Feld gearbeitet hatten, ahnte etwas von der tödlichen Gefahr unter seinen Füßen.

Eine ebenso tödliche Gefahr bringt Paulus heute im Römerbrief zur Sprache: Unsere Sünde. Sie lauert ebenso verborgen und unerkannt in unserem Leben wie die Fliegerbombe im Acker, und ihre zerstörende Kraft ist viel größer als bei einem Blindgänger aus dem Zweiten Weltkrieg. Denn wenn eine Bombe explodiert, kann sie Erdenleben zerstören; aber die Sünde kann uns das ewige Leben rauben.

Deshalb spricht Paulus so eindringlich über diese Gefahr, damit wir nicht länger ahnungslos über die Sünde hinweg gehen wie über eine im Erdreich verborgene Bombe, sondern sie als das entlarven, was sie wirklich ist, nämlich eine geradezu tödliche Gefahr.

Davor ist niemand gefeit, weder die Juden mit ihrer langen Tradition, noch die Griechen mit ihrer reichen Kultur, und genauso wenig wir Heutigen mit unserer aufgeklärten Gesinnung. In jedem Menschen steckt dieselbe Abneigung dagegen, dass Gott sich in unser Leben mischt. Diese Abneigung muss erkannt und entfernt werden wie ein Blindgänger aus dem Zweiten Weltkrieg, sonst könnte es einmal ein sehr böses Ende mit uns nehmen.

Das helfe Gott uns allen gleich, dass wir von Sünden lassen,
und führe uns zu seinem Reich, dass wir das Unrecht hassen.
Herr Jesu Christe, hilf uns nu' und gib uns deinen Geist dazu,
dass wir dein Warnung fassen.
   (Johann Walter)

Römer 3, 21–26   **14. August**

Sie sind allesamt Sünder und werden ohne Verdienst gerecht aus seiner Gnade durch die Erlösung, die durch Christus Jesus geschehen ist. (aus V 23 und 24)

12.400 Menschen mussten in Halle überstürzt ihre Häuser verlassen. Bei Bauarbeiten ist eine Fliegerbombe aus dem Zweiten Weltkrieg entdeckt worden und sollte erst von Spezialisten entschärft werden. Wenn sie unvermittelt explodiert wäre (wie gestern von einem Blindgänger erzählt), in diesem dicht besiedelten Wohngebiet mit Kitas, Schulen und Pflegeheimen, gerade mal 100 m vom Hauptbahnhof entfernt, was hätte das für ein Chaos gegeben!

Ein Chaos von ganz anderer Art erwartet den Menschen, der nach dem Tod vor Gott steht und sich für seine ganze Lebensführung verantworten muss. Auch wenn er keine gravierenden Verbrechen begangen hat, allein die sträfliche Missachtung Gottes in seinem Alltag ist für Gott eine einzige Kränkung gewesen. Der Preis dafür muss schrecklich sein.

Daneben wird es aber auch andere vor dem Thron Gottes geben, deren Leben keinesfalls vorbildlicher gewesen ist und denen dann doch eine unendlich beglückende Herrlichkeit bevorsteht. Was ist der Unterschied? – Antwort: Sie sind von allen Anklagepunkten freigesprochen, die sie vor Gott belastet hätten. Für all ihr Versagen ist Jesus aufgekommen mit seinem Kreuzestod und seinem Ostersieg. Das haben sie bei Lebzeiten erfahren und auf sich beziehen können. In diesem Augenblick sind ihre Sünden „entschärft" worden wie eine Fliegerbombe im Erdreich und konnten ihnen keinen Schaden mehr bringen.

Ist das auch schon bei Ihnen geschehen? Dann kann ich Ihnen gratulieren. – Ist das aber noch nicht geschehen? Dann „tickt der Zeitzünder" noch. Dann wird es höchste Zeit, ihn von Jesus entschärfen zu lassen.

Wach auf, Deutschland, 's ist hohe Zeit, du wirst sonst übereilet,
die Straf dir auf dem Halse leit, ob sich's gleich jetzt verweilet.
Fürwahr, die Axt ist angesetzt
und auch zum Hieb sehr scharf gewetzt,
was gilts, ob sie dein fehlet.   *(Johann Walter)*

15. August — Römer 3, 27–31

So halten wir nun dafür, dass der Mensch gerecht wird ohne des Gesetzes Werke, allein durch den Glauben. (V 28)

Wo ist bloß der Autoschlüssel? – Ich stehe vor dem verschlossenen Wagen und kann meinen Schlüssel nicht finden. Ein Alptraum …

Unser oben abgedrucktes Bibelwort kommt mir vor wie ein Schlüssel, nicht zum Auto, sondern zum Evangelium. Da muss ich an Martin Luther denken. Ihm ist beim Studium der Heiligen Schrift bewusst geworden, dass er mit allen seinen Bemühungen nie den Vorstellungen gerecht werden kann, die Gott von uns Menschen hat. Am 16. April hatte ich Ihnen schon erzählt, wie verzweifelt er darüber war. Und dann stieß er beim Lesen des Römerbriefes auf das oben zitierte Leitwort. Plötzlich wurde ihm alles klar: Der Mensch kann auch mit seinen frömmsten Anstrengungen niemals den breiten Graben seiner Sünden überbrücken, der ihn von Gott trennt.

Und er muss das auch gar nicht. Denn die „Brücke" hat Jesus schon für uns gebaut. Sie ist das Kreuz, an dem er für alle unsere Unzulänglichkeiten und Verkehrtheiten gestorben ist und damit vor Gott die vollkommene Genugtuung geleistet hat, und zwar auf unseren Namen. All unsere Schuld und Schande liegt jetzt auf Jesus, und all sein Gehorsam und seine Hingabe gilt jetzt für uns. Damit ist der Weg zu Gottes Herzen für uns wieder frei, und in Gottes Herzen finden wir nichts als lauter tiefe, innige Liebe.

Wer dieses Faktum begriffen hat, der hat den Schlüssel gefunden zum ganzen Evangelium. Der ist von allem aussichtslosen Bemühen um Gottes Gunst erlöst und kann sich an Gottes Liebe dankbar erfreuen. Das ist ein Schlüssel, den man nie verlieren sollte.

Gott sprach zu seinem lieben Sohn: „Die Zeit ist da, zu erbarmen, fahr hin, meins Herzens werte Kron, und sei das Heil dem Armen und hilf ihm aus der Sünden Not, erwürg für ihn den bittern Tod und lass ihn mit dir leben."

(nach Martin Luther)

Römer 4, 1–12   16. August

Was sagt die Schrift? „Abraham hat Gott geglaubt, und das ist ihm zur Gerechtigkeit gerechnet worden." (V 3)

Sie weinte vor lauter Hilflosigkeit: Ein junges Mädchen aus meiner Evangelisations-Mannschaft. Sie war spät abends zu ihrem Schlaf-Quartier bei Gemeindegliedern im Ort gegangen und stand kurz danach wieder bei mir im Gemeindehaus: „Der Schlüssel passt nicht." Da ging ich mit und probierte es selber. Und – siehe da! – die Tür ging auf.

Ein Schlüssel ist unverzichtbar. Aber er möchte richtig gebraucht werden. Das gilt auch für den Schlüssel, den wir gestern vor Augen hatten, unsere Erlösung durch den Kreuzestod und den Ostersieg unseres Herrn Jesus Christus. Dieser Schlüssel möchte richtig angewendet werden, sonst nützt er uns gar nichts, sonst stehen wir bei Gott vor verschlossener Tür. Der richtige Gebrauch dieses Schlüssels heißt bei Paulus kurz und klar: *Glauben*.

Und dazu nennt er gleich das beste Beispiel: Abraham aus dem Alten Testament. Als er noch im hohen Alter von Gott einen eigenen Sohn versprochen bekam, hat er gegen allen Augenschein dieser Zusage recht geben können. Das heißt, er konnte Gott glauben (1. Mose 15,6).

Also, Glauben heißt: Ich gebe Gott recht. Das bedeutet in unserer heutigen Bibellese: Ich gebe Gott recht, wenn er sagt, dass ich ein Sünder bin, und ich gebe Gott recht, wenn er sagt, dass nur Jesus mich von diesem Verhängnis erlösen kann. Wenn ich zu diesen beiden Mitteilungen aufrichtig und unumwunden ja sagen kann, dann ist mir die Tür zu Gottes Vaterherzen aufgegangen. Und wenn ich damit Probleme habe wie das Mädchen aus meiner Mannschaft mit dem fremden Hausschlüssel, dann sollte ich – wie dieses Mädchen – einen, der sich darin auskennt, um seine Hilfe bitten.

Es ist das Heil uns kommen her aus Gnad und lauter Güte;
die Werk, die helfen nimmermehr, sie mögen nicht behüten.
Der Glaub sieht Jesum Christum an, der hat gnug für uns all getan,
er ist der Mittler worden.

    (Paul Speratus)

17. August   Römer 4, 13–25

Abraham zweifelte nicht an der Verheißung Gottes durch Unglauben, sondern wurde stark im Glauben und gab Gott die Ehre. (V 20)

Hoch über den Niagara-Fällen in Amerika ist ein Drahtseil gespannt. Ein Artist hat atemberaubende Kunststücke angekündigt. Die Leute stehen bis dicht vor seinem Podium. „Glaubt ihr, dass ich hier darüber balancieren kann?" – „Ja!", machen sie ihm Mut. – Scheinbar mühelos gelangt er nach drüben und wieder zurück. – Er greift nach einer Schubkarre mit einem schweren Sandsack darin: „Glaubt ihr, dass ich das jetzt auch mit dieser Schubkarre kann?" – „Ja", schallt es begeistert, und er schiebt seine Last sicher hin und her. – Dann nimmt er den Sandsack heraus: „Glaubt Ihr, dass ich in dieser Schubkarre auch einen Menschen über das Drahtseil schieben kann?" – „Ja!", rufen sie ihm alle zu. – „Wer will einsteigen?" …

Gott ist kein Artist, der uns mit Kunststücken begeistert; Gott ist ein Vater, der mit größter Sorgfalt über jedem von uns waltet. Wenn er fragt: „Glaubt ihr, dass ich mit allen Problemen fertigwerden kann?", dann antworten wir gerne „Ja"; aber wenn er uns fragt: „Glaubst du, dass ich auch mit *deinen* Problemen fertigwerden kann?" – wie fällt dann unsere Antwort aus?

Wir wollen gerne die Wunder sehen, die er an anderen tut; aber er will, dass wir uns *selber* an ihn ausliefern; dass wir uns ohne Angst und Zweifel mit allem, was uns betrifft, seiner Weisheit anvertrauen.

Ach ja, der Artist mit der Schubkarre: Ein Junge steigt bei ihm ein und lässt sich über das Seil schieben. „Hast du denn keine Angst?", fragen die Leute. „Nein", sagt der Junge, „das ist doch mein Vater."

Gott ist mein Trost, mein Zuversicht, mein Hoffnung und mein Leben;
was mein Gott will, dass mir geschicht, will ich nicht widerstreben.
Sein Wort ist wahr, denn all mein Haar er selber hat gezählet.
Er hüt' und wacht, stets für uns tracht', auf dass uns gar nichts fehlet.
    (Herzog Albrecht von Preußen)

Römer 5, 1–5 | **18. August**

Wir wissen, dass Bedrängnis Geduld bringt, Geduld aber Bewährung, Bewährung aber Hoffnung, Hoffnung aber lässt nicht zuschanden werden. (V 3–5)

Bis in die Zuchthäuser auf den Bermudas ist Corrie ten Boom gekommen, eine holländische Missionarin im 20. Jahrhundert. Ihre Ausbildung zum Predigt-Dienst erhielt sie im Konzentrationslager Ravensbrück. Dort wurde sie von den Nazis festgehalten, weil sie in ihrem Haus in Holland Juden vor den Deutschen versteckt hatte. Andere haben im KZ ihren Glauben verloren; ich kann es ihnen nicht verdenken. Corrie ten Boom hat in dieser Hölle von Arbeitslager ihren Leidensgefährtinnen das Wort Gottes verkündigt, in einer von Wanzen wimmelnden KZ-Baracke, die Aufseherin mit der Peitsche in ihrem Rücken. Die Liebe Gottes in ihrem Herzen war stärker.

Das ist ein lebendiger Kommentar zu dem oben abgedruckten Leitwort. Bedrängnisse muss jeder erleben. Sie kommen auf ganz verschiedene Weise ins Leben, und wir können in ganz verschiedener Weise darauf reagieren. Paulus weiß, und zwar aus eigener Erfahrung, dass man davor nicht kapitulieren muss. Im Gegenteil: Wer erst einmal die ganze Barmherzigkeit Gottes in ihrer überwältigenden Fülle erlebt hat, der lässt sich auch durch Bedrängnisse das Wissen um Gottes Liebe nicht rauben.

Und dann bescheren uns unsere Bedrängnisse eine unerwartete Erfahrung: Sie bewirken, dass wir mit Geduld auf ihr Ende warten können; aus solcher Geduld erwächst Bewährung, das ist ein fester Stand in allen Stürmen des Lebens. Daraus erwächst eine Hoffnung; und die „stirbt" bekanntlich „zuletzt", sondern sie wird sich noch einmal erfüllen in überwältigender Weise. Diese Hoffnung hat Corrie ten Boom aus den Bedrängnissen im KZ mitgebracht, und damit hat sie unzählige Verzweifelte aufrichten und ermutigen können.

Ich steh in meines Herren Hand und will drin stehen bleiben;
nicht Erdennot, nicht Erdentand soll mich daraus vertreiben.
Und wenn zerfällt die ganze Welt, wer sich an ihn und wen er hält,
wird wohlbehalten bleiben.   *(Philipp Spitta)*

19. August   Römer 5, 6–11

Gott aber erweist seine Liebe zu uns darin, dass Christus für uns gestorben ist, als wir noch Sünder waren. (V 8)

Wo würden Sie im Supermarkt Glühbirnen suchen? Bitte nicht am Obststand, sondern in der Elektro-Abteilung. Und wo würden Sie in Ihrem Leben die Liebe Gottes suchen? Bitte nicht im Schlaraffenland, sondern auf dem Hügel Golgatha. Dort sehen wir Jesus am Kreuz, und wir wissen: Diesen grausamen Tod hat er nicht um seinetwillen erlitten, sondern um unseretwillen. Gott sah, dass wir Menschen auf unsrem Weg durchs Leben total versäumt hatten, nach ihm zu fragen, und dass wir uns dabei immer weiter von ihm entfernt hatten. Mit eigener Kraft würden wir nie zu ihm zurückfinden können, das Ende unseres Eigenwillens würde entsetzlich sein.

    Das konnte Gott nicht hinnehmen. Gott konnte es einfach nicht mit ansehen, wie wir Menschen ihm für immer verlorengehen. Er wollte uns um jeden Preis unserem selbstverschuldeten Verderben entreißen. Dieser Preis war hoch. Er kostete nicht weniger als den Tod seines eigenen Sohnes.

    Und diesen Preis hat Gott gezahlt. Er musste mit ansehen, wie sein geliebter Sohn am Kreuz qualvoll zugrunde ging, weil wir nur auf diesem Weg zu retten gewesen waren. So viel sind wir ihm wert. So groß ist seine Liebe zu uns. – Diese Liebe dürfen Sie sich jetzt gefallen lassen. Nehmen Sie es dankbar für sich in Anspruch, dass Gott Ihnen durch den Kreuzestod Jesu die volle Erlösung geschenkt hat. Sobald Ihnen das bewusst geworden ist, werden Sie auch in vielen anderen Gelegenheiten bemerken, wie herzlich Gott Sie liebt und wie gern er Ihnen Gutes tut. So finden Sie Gottes Liebe.

O Wunderlieb, o Liebesmacht,
du kannst, was nie kein Mensch gedacht,
Gott seinen Sohn abzwingen.
O Liebe, Liebe, du bist stark,
du streckest den in Grab und Sarg,
vor dem die Felsen springen.
       (Paul Gerhardt)

Römer 5, 12–21   **20. August**

Denn wie durch den Ungehorsam des einen Menschen die Vielen zu Sündern geworden sind, so werden auch durch den Gehorsam des Einen die Vielen zu Gerechten. (V 19)

Die Lampe flog in hohem Bogen durch zwei offenstehende Türen in die gegenüberliegende Stube. Mein Vater wollte sie unbedingt reparieren, aber das klappte nicht. Da platzte ihm der Kragen …

Dieses Wesen habe ich von ihm geerbt. Wenn ein Gerät nicht funktionieren wollte, konnte ich genauso wütend werden. Und wenn ich sagte, das habe ich vom Vater geerbt, dann war das eine Erklärung, aber keine Entschuldigung. Dann musste ich den Schaden trotzdem ersetzen.

Genauso geht es uns allen mit unserem gemeinsamen Stammvater Adam. Er hat, zusammen mit Eva, das einzige Gebot übertreten, das Gott ihm gegeben hatte (siehe die Andacht zum 2. Juni). Vor dem einzigen Baum, an dem er sich nicht bedienen durfte, regte sich sein Ungehorsam.

Und diesen Ungehorsam hat er uns vererbt, wie mir mein Vater den Jähzorn vererbt hat. Dabei äußert sich der Ungehorsam gegen Gott bei jedem von uns anders. Seit Adam lastet er auf jedem Menschen. Das ist eine Erklärung, aber keine Entschuldigung. Wir sind für unseren Ungehorsam vor Gott genauso verantwortlich wie ich für meine Wutausbrüche.

Aus diesem Dilemma kann uns nur Jesus erlösen. Er ist als Einziger in seinem ganzen Erdenleben nicht einmal aus dem Willen Gottes herausgefallen; er hat als Einziger bis zur letzten Konsequenz Gott vollkommenen Gehorsam geleistet. Und diesen Gehorsam hat er nicht mitgenommen ins Grab; den hat er uns „vererbt"; den sieht Gott jetzt an allen, die zu Jesus gehören. Und der Gehorsam Jesu hat vor Gott größere Bedeutung als der Ungehorsam des Adam.

Wie uns nun hat ein fremde Schuld in Adam all verhöhnet,
also hat uns ein fremde Huld in Christo all versöhnet;
und wie wir all durch Adams Fall sind ewgen Tods gestorben,
also hat Gott durch Christi Tod uns ewges Heil erworben.
      (nach Lazarus Spengler)

21. August   **Römer 6, 1–11**

So sind wir ja mit ihm begraben durch die Taufe in den Tod, damit, wie Christus auferweckt ist von den Toten durch die Herrlichkeit des Vaters, auch wir in einem neuen Leben wandeln. (V 4)

Sie war fast Millionärin und wusste es nicht. Sie spielte zwar Lotto, hat aber nie ernsthaft an einen Gewinn geglaubt. Bis man ihr bei einer Routine-Kontrolle ihrer letzten Lotto-Scheine sagte: „Sie haben 994.790,90 Euro gewonnen!" – Da wusste sie erst, wie reich sie ist.

Und jetzt zur Bibel. Heute geht es hier nicht um arm und reich, sondern um Tod und Leben. Wohlgemerkt: Es geht hier nicht ums Sterben, das steht jedem bevor, sondern um den eigentlichen Tod, das ist die ewige Trennung von Gott. Diese Trennung steht uns nicht mehr bevor; die liegt schon hinter uns. Als Jesus am Kreuz starb, da hat er genau diesen schrecklichen Tod erlitten, diese furchtbare Trennung von Gott, und zwar auf unseren Namen. Da hat er uns gleichsam schon mitgenommen ins Grab, seitdem hat sich das mit dem ewigen Tod für uns erledigt.

Stattdessen haben wir jetzt sein Leben bekommen, die ungetrübte Gemeinschaft mit dem ewigen Gott. Seitdem können wir *mit* Gott leben, *für* Gott leben, und nach dem Sterben für immer *bei* Gott leben.

Und das gehört uns seit unserer Taufe, wie ein Lotto-Gewinn. Aber es gibt Lotto-Spieler, die – anders, als oben erzählt – nie etwas von ihrem Gewinn erfahren. So gibt es Christen, die noch nie erfahren haben, was für ein Reichtum ihnen seit ihrer Taufe gehört. Sie konnten diesen Gewinn noch gar nicht einlösen. Für sie ist diese Seite geschrieben.

> *Ich bin getauft auf deinen Namen,*
> *Gott Vater, Sohn und Heilger Geist;*
> *ich bin gezählt zu deinem Samen,*
> *zum Volk, das dir geheiligt heißt.*
> *Ich bin in Christum eingesenkt,*
> *ich bin mit seinem Geist beschenkt.*
>   *(Johann Jakob Rambach)*

Römer 6, 12–23   **22. August**

Indem ihr nun frei geworden seid von der Sünde, seid ihr Knechte geworden der Gerechtigkeit. (V 18)

„Ich war der typische Manager-Kotzbrocken", bekennt der frühere Arcandor-Chef Thomas Middelhoff am 30. Januar 2019 in meiner Zeitung. Er hat in jedem Hotel das größte Zimmer verlangt; er hat für 70.000 Euro im Monat Jachten in St. Tropez gepachtet; und wenn ihm mal wieder der zähe Verkehr auf der Autobahn zu lästig war, flog er einfach mit dem Hubschrauber ins Büro. Er führte sein Leben in hemmungslosem Luxus.

    Aber irgendwann war Schluss mit Lustig. Er musste seinen Posten als Vorstands-Chef bei der Arcandor AG räumen; kurz danach hat der Konzern Insolvenz anmelden müssen. Er selber wurde beschuldigt, Gelder veruntreut zu haben, und kam ins Gefängnis. Dort hat er wieder zum christlichen Glauben gefunden (er ist Katholik). „Morgens um 5 Uhr habe ich das Licht angemacht, die Bibel gelesen, den Rosenkranz gebetet." Und dort ist er zur Beichte gegangen.

    Seitdem ist er ein anderer Mensch. Er ist jetzt Vortragsreisender und Schriftsteller. In Kirchgemeinden und Universitäten berichtet er über seine Erfahrungen. Er habe Demut gelernt, sagt er. „Schiff weg, Haus in Frankreich weg … Je mehr ich verlor, desto befreiter habe ich mich gefühlt. Ich bin heute glücklicher." Einmal beschrieb er seinen Lebensweg so: „Aus der Hölle in den Himmel."

    Das ist ein guter Kommentar zu unserer heutigen Bibellese. Manche Leute bezweifeln, ob seine Wende echt ist. Ich nicht. Ich lese in der Bibel, dass das geht. Und ich lese in der Zeitung, *wie* das geht.

Jesu, hilf siegen und lass mirs gelingen,
dass ich das Zeichen des Sieges erlang,
so will ich ewig dir Lob und Dank singen,
Jesu, mein Heiland, mit frohem Gesang.
    (Johann Heinrich Schröder)

23. August   Römer 7, 1–6

Nun aber sind wir vom Gesetz frei geworden und ihm abgestorben, das uns gefangen hielt, so dass wir dienen im neuen Wesen des Geistes und nicht im alten Wesen des Buchstabens. (V 6)

Zwei Leute gehen zum Gottesdienst; der eine freut sich auf eine gute Stunde in der Gegenwart Gottes, der andere tut das nur aus Sorge um sein Ansehen in der Gemeinde. – Zwei Leute lesen in der Bibel; der eine entdeckt dabei immer neue Wesenszüge Gottes; der andere erfüllt damit nur eine christliche Pflicht. – Zwei Leute beten zu Gott; der eine tankt dabei Kraft für den ganzen Tag, der andere will dadurch nur bei Gott Pluspunkte verdienen.

Man sieht: Wenn zwei dasselbe tun, dann ist das nicht dasselbe. Der eine tut das alles, *damit* Gott ihm gnädig ist; der andere tut das alles, *weil* Gott ihm gnädig ist und weil er ihm dafür danken will. Paulus nennt das „Dienen im neuen Wesen des Geistes und nicht im alten Wesen des Buchstabens", das heißt: „... des Gesetzes".

Also, es kommt nicht darauf an, *was* wir tun, sondern *warum* wir es tun, auf das Motiv, das hinter unserem Tun steckt. Das heißt: Aus welchen Motiven entspringt heute Ihr christliches Handeln? Meinen Sie noch, Sie müssten sich Ihre Rettung bei Gott verdienen, oder können Sie sich schon dankbar an der erfahrenen Rettung erfreuen?

Ja, es stehen viele Anweisungen, Ermahnungen und Gebote Gottes in der Bibel, aber nicht als Bedingung für unser Heil, sondern nur als Hilfe für unser Leben. Wir befolgen sie nicht aus Angst vor Gottes Zorn, sondern aus Dank für Gottes Liebe und in der großen Freiheit, die Jesus uns erworben hat. An solchen Leuten hat Gott die größte Freude.

Dein soll sein aller Ruhm und Ehr;
ich will dein Tun je mehr und mehr
aus hocherfreuter Seelen
vor deinem Volk und aller Welt,
solang ich leb, erzählen.
        (Paul Gerhardt)

Römer 7, 7–13   24. August

Ist das Gesetz Sünde? Das sei ferne! Aber die Sünde erkannte ich nicht außer durchs Gesetz. (V 7)

Jeden Morgen bin ich erschrocken, wenn ich zum Rasieren vor dem Spiegel stehe: Was für ein alter Mann schaut mich da an! – Um wieviel größer muss unser Schreck werden, wenn Gott uns *seinen Spiegel* vor Augen hält, und das sind seine Gebote; die berühmten „zehn" und ihre Auslegung durch Jesus in der Bergpredigt (Matthäus 5, 17–48) und die vielen anderen Ermahnungen Gottes im Alten und im Neuen Testament. Damit zeigt er uns, wie er sich uns Menschen vorgestellt hat. Und wir müssen zugeben: Davon sind wir meilenweit entfernt. Ein riesengroßer Schreck.

Dieser Schreck hat Paulus schier zur Verzweiflung gebracht (und nicht nur ihn!), musste er doch einsehen, dass er nie und nimmer diesem Bild entsprechen könnte, das Gott von uns hat. Aber dieser Schreck war ein heilsamer Schreck, denn dadurch konnte er begreifen, was Jesus für uns getan hat. Er hat doch tatsächlich unser ganzes Verhängnis auf sich genommen und für uns vor Gott in Ordnung gebracht. Ohne den „Spiegel" der Gebote Gottes wäre das dem Paulus nie aufgegangen. So hat das Gesetz, das Gott uns gegeben hat, gerade damit, dass wir es eben *nicht* erfüllen können, uns den größten Dienst getan. Es hat uns die Augen geöffnet für die Erlösung, die Jesus uns gebracht hat.

Heißt das, dass die Gebote Gottes sich jetzt für uns erledigt haben? – Keinesfalls. Vom 16. Bis 28. Januar konnten wir täglich hier lesen, welch wohltuende Hilfestellung die Gebote Gottes uns geben für unsere tägliche Lebensführung. Wohlgemerkt: Die Seligkeit werden wir uns dadurch nie verdienen können, aber für unseren Alltag sind sie unverzichtbar.

Gebote uns gegeben sind,
dass du die Schuld, o Menschenkind,
erkennen sollst und lernen wohl,
wie man vor Gott leben soll. Kyrieleis.
    (nach Martin Luther)

25. August Römer 7, 14–25

Ich elender Mensch! Wer wird mich erlösen von diesem todverfallenen Leibe? (V 24)

„Ich schaffe das nicht", seufzt der Student, der eine schier unlösbare Aufgabe vor sich hat. – „Ich schaffe das nicht", klagt die Frau, die einen schwerkranken Angehörigen pflegen muss. – „Ich schaffe das nicht", stöhnt der Mensch, der eine zentnerschwere Last die Treppe hochschleppen will. – Man strengt sich an; man quält sich bis zur Erschöpfung; man will das Problem bewältigen und muss doch kapitulieren. „Ich schaffe das nicht." Es ist zum Verzweifeln.

Besonders groß ist diese Verzweiflung für Paulus gewesen. Er hat die innige Liebe Gottes erfahren, die vollkommene Vergebung aller seiner Schuld und die totale Erlösung von jeglicher Belastung. Jetzt möchte er Gott seine unendliche Dankbarkeit beweisen; er möchte Gott und den Menschen zeigen, dass er ein neues Leben bekommen hat; er möchte Gott mit Worten und mit Taten Ehre machen. Und er muss feststellen: „Ich schaffe das nicht." Immer noch und immer wieder regt sich seine sündhafte Natur in ihm und erstickt alle seine guten Vorsätze. Es ist zum Verzweifeln!

Diese Verzweiflung spricht heute erschütternd aus dem Römerbrief zu uns. Paulus sagt nicht, worin „das Gute" und „das Böse" in ihm besteht. So können wir hier die Begriffe und die inneren Kämpfe vor uns sehen, die auch uns selbst nicht fremd sein dürften, und die Dinge einsetzen, die uns in unserem Leben zu schaffen machen. Dann ist uns Paulus nahe in seiner Verzweiflung. Dann können wir aber auch mit Paulus aufatmen: „Dank sei Gott durch Jesus Christus, unseren Herrn" (V 25).

Ich hatte nichts als Zorn verdienet
und soll bei Gott in Gnaden sein;
Gott hat mich mit sich selbst versühnet
und macht durchs Blut des Sohns mich rein.
Wo kam dies her, warum geschichts?
Erbarmung ists und weiter nichts.
   (Philipp Friedrich Hiller)

Römer 8, 1–11 **26. August**

So gibt es nun keine Verdammnis für die, die in Christus Jesus sind. (V 1)

Er wollte nur nach Kassel. Aber er wohnte in Eisenach. Wo war das Problem? – Das Problem stand wenige Kilometer westlich von Eisenach. Da verlief die „Mauer", die hermetische Grenze nach Westdeutschland, damals in der DDR. Ein Überqueren war strengstens verboten. Wer es dennoch versuchte, kam nicht nach Westdeutschland, sondern ins Zuchthaus. Nur wenigen ist die Flucht gelungen. Die wurden „drüben" für diesen Schritt nicht bestraft, denn dort hatten die Gesetze der DDR keine Gültigkeit.

Wer an Jesus glaubt, der ist wie in ein neues Land gekommen, unter eine neue Regierung. Da haben seine früheren Vergehen gegen Gott keine Gültigkeit. Ja, sogar die Sünden, die er jetzt noch, unter der Herrschaft Jesu, zu seinem eigenen Kummer begeht, werden von Gott gnädig vergeben. Gott sieht an diesen Menschen nicht mehr ihre Schuld und ihr Versagen, sondern nur noch die Erlösung, die Jesus ihnen erworben hat.

Jetzt geht es also nur noch darum, dass wir wirklich „in Christus Jesus sind", das heißt, dass wir in sein Kraftfeld eingetreten sind. Wir haben die Grenze überwunden, die uns von der Gnade Gottes trennt; wir sind im Machtbereich Jesu wie in einem neuen Land, wo nur noch seine Gnade regiert. Nichts darf mehr zwischen ihn und uns treten; dann sagen wir zu ihm: „Von allen Seiten umgibst du mich und hältst deine Hand über mir". Und wenn Gott dann nach uns sieht, sieht er an uns nicht mehr unsere Schwächen und Fehler, sondern nur noch die vollkommene Reinheit seines Sohnes Jesus.

Daran ich keinen Zweifel trag,
dein Wort kann nicht betrüben.
Nun sagst du, dass kein Mensch verzag,
das wirst du nimmer lügen:
„Wer glaubt an mich und wird getauft,
demselben ist das Heil erkauft,
dass er nicht wird verloren." *(nach Paul Speratus)*

27. August Römer 8, 12–17

Der Geist selbst gibt Zeugnis unserm Geist, dass wir Gottes Kinder sind. (V 16)

Die Kinder blieben allein in der Wohnung. Die Mutter ging hinaus, schloss die Tür und kam nie wieder. Einen Vater gab es offenbar nicht. Als man die Kleinen fand, kam der dreijährige Junge ins Heim und das Mädchen – ein Jahr alt! – in eine psychiatrische Klinik. Wie sollen diese Kinder später einmal zu Gott „Vater" sagen können?

Wir müssen unsere – oft belasteten – Erinnerungen an die Kindheit hinter uns lassen. Denn Gott ist anders:

Er liebt uns. Was manche Menschen über ihre Eltern leider nicht sagen können, das können alle Christen über ihren Gott sagen. Er liebt uns mit einer unvergleichlich innigen Güte, warmherzig und rein, und wird uns nie allein lassen. Am stärksten hat er uns seine Liebe durch den Kreuzestod Jesu bewiesen, wie wir vor acht Tagen lesen konnten, und er will uns seine Liebe auch heute wieder neu bewusst machen.

Er versorgt uns. Jesus hat uns im „Vater-Unser" ausdrücklich erlaubt, Gott um das „tägliche Brot" zu bitten (siehe die Andacht zum 21. Januar). Denn Gott ist ein Vater, der auch für alle Belange des Alltags zuständig ist, und das bedeutet nicht nur Essen und Trinken, sondern auch Familie und Gesundheit, Wohnung und Beruf. Wo der Schuh auch gerade drückt – er versorgt uns.

Er erzieht uns. Wohlgemerkt: Er nimmt uns so, wie wir sind. Aber er lässt uns nicht so, wie wir sind. Er macht uns zu Menschen, die seinen Vorstellungen von uns mehr und mehr nahekommen. Dazu nimmt er sich viel Zeit, und dazu handelt er auf verschiedenste Weise an uns, und dabei ist er immer nur auf *eins* bedacht: Auf unser Bestes.

Nun weiß und glaub ich feste, ich rühms auch ohne Scheu,
dass Gott, der Höchst und Beste, mein Freund und Vater sei
und dass in allen Fällen er mir zur Rechten steh
und dämpfe Sturm und Wellen und was mir bringet Weh.
 (Paul Gerhardt)

Römer 8, 18–25   **28. August**

Die Schöpfung wird frei werden von der Knechtschaft der Vergänglichkeit zu der herrlichen Freiheit der Kinder Gottes. (V 21)

„Fridays for Future" (=„Freitage für die Zukunft") lautete eine Aktion von Teenagern im Jahr 2019. Sie gingen freitags nicht zur Schule, sondern auf die Straße und demonstrierten gegen den Klimawandel. Das war ehrenwert und sicher auch sehr notwendig, aber in der Bibel steht das jedenfalls nicht, auch nicht in 1. Mose 1,28. Und unser heutiges Kapitel im Römerbrief spricht nicht von der *Bewahrung* der Schöpfung, sondern von ihrer *Erlösung*.

Als Gott die ganze Welt geschaffen hatte, da war alles „sehr gut" (1. Mose 1,31). Erst, als der Mensch aus der Harmonie mit seinem Schöpfer herausgefallen ist (siehe die Andacht zum 2. Juni), sind Krankheit und Tod nicht nur über die Menschen gekommen, sondern auch über die Tier- und Pflanzenwelt. Die Schöpfung steht sozusagen in einer „Schicksalsgemeinschaft" mit uns Menschen und sehnt sich wie wir nach ihrer Erlösung.

Wohlgemerkt: Den Klimawandel hat es schon immer gegeben, in grauer Vorzeit war ganz Europa von Schnee und Eis bedeckt. Auch das Artensterben in der Tierwelt ist ein uraltes Phänomen (man denke nur an die Dinosaurier). Das ist nicht neu, aber das war für die Menschen zur Zeit der Bibel kein Problem. Deshalb steht davon nichts in der Heiligen Schrift, und deshalb kann ich mich dazu hier nicht äußern. Ich kann nur sagen: Wenn Gott am Ende aller Tage die vollkommene Erlösung für die Menschheit eintreten lässt, dann wird auch über die Natur eine gewaltige Erneuerung kommen. Das kann sich keiner vorstellen; wir können uns schon darauf freuen.

Geh aus, mein Herz, und suche Freud
in dieser lieben Sommerzeit
an deines Gottes Gaben;
schau an der schönen Gärten Zier
und siehe, wie sie mir und dir
sich ausgeschmücket haben.
    (Paul Gerhardt)

29. August   **Römer 8, 26–30**

Wir wissen nicht, was wir beten sollen, sondern der Geist selbst vertritt uns mit unaussprechlichem Seufzen. (V 26)

Bis 2019 hatten wir eine Landesbischöfin, Ilse Junkermann. Einmal durfte ich selber bei ihr sein, ganz alleine, eine volle Stunde lang. Mit größtem Wohlwollen hat sie mir zugehört. Das war für mich „ein Sechser im Lotto".

Seitdem weiß ich es noch mehr zu schätzen, dass der große Gott selber mir Audienz gewährt. Dann ist mein Zimmer ausgefüllt mit seiner wohltuenden Gegenwart, dann schaut er mich an in seiner grenzenlosen Güte, dann darf ich bei ihm mein Herz ausschütten und kann alle meine Sorgen in seine Hände legen. Das heißt Beten. Ein unbeschreiblicher Vorzug.

Aber nicht immer. Oft genug bin ich viel zu müde zum Gebet, zerstreut und abgelenkt, und kann mich für die Gegenwart Gottes einfach nicht aufschließen, dann ist mein ganzes Beten nur noch ein freudloses Stammeln. Aber auch damit erreiche ich Gottes Herz. Das bewirkt der Heilige Geist. Er vertritt mich beim Vater in vorbildlicher Weise, er verwandelt mein kümmerliches Beten in reine Anbetung.

Manchmal kann ich das sogar erfahren. Dann höre ich mich Worte sprechen, die ich selber nicht kenne, in einer Sprache, die ich nie gelernt habe. Dann legt der Heilige Geist mir Sätze in den Mund, die jetzt die besten sind. Ich brauche das dann nur noch geschehen zu lassen.

Und wenn Sie selber dieses Phänomen nicht kennen, dann beten Sie nur ganz einfach „wie Ihnen der Schnabel gewachsen ist". Der Heilige Geist sorgt schon dafür, dass Sie damit bei Gott richtig ankommen.

Dein Geist kann mich bei dir vertreten
mit Seufzern, die ganz unaussprechlich sind;
der lehret mich recht gläubig beten,
gibt Zeugnis meinem Geist, dass ich dein Kind
und ein Miterbe Jesu Christi sei,
daher ich: „Abba, lieber Vater!" schrei.
        (nach Bartholomäus Crasselius)

Römer 8, 31–38 | **30. August**

Ist Gott für uns, wer kann wider uns sein? (V 31)

Haben Sie die ganzen letzten Tage hier mit mir den Römerbrief studiert? Dann haben Sie das ganze Fundament des christlichen Glaubens kennengelernt: Gott hat das größte Verhängnis von uns Menschen, nämlich unsere eigene Schuld, seinem Sohn Jesus aufgebürdet und uns damit den Rückweg frei gemacht zur ungetrübten Harmonie mit ihm. Er hat den Urheber unserer Abkehr von Gott, den „alten Adam", zum Tode verurteilt und dieses Urteil auf unseren Namen an seinem Sohn Jesus vollstreckt. Seitdem steht uns der Himmel offen. Was für ein Glück!

Heute ziehen wir den Schluss-Strich unter dieses wegweisende Kapitel. Was ist jetzt bei uns anders geworden? – Die Nöte und Bedrängnisse des Erdenlebens können uns nicht erspart werden, aber mitten in allen Nöten und Bedrängnissen sollen wir erleben, wie stark und liebevoll der allmächtige Gott uns umgibt. Will unser Gewissen uns um neuer Verschuldungen willen anklagen? „*Gott ist hier, der gerecht macht.*" – Wollen Mächte der Finsternis uns neu in ihren Bann ziehen? „*Christus Jesus ist hier, der gestorben, ja vielmehr, der auch auferweckt ist und uns vertritt.*" – Wollen Menschen uns etwas Böses antun? *Die Liebe Christi können sie uns niemals nehmen.* – Soll es sogar zum Märtyrer-Tod kommen? *Dann wird es durch diese dunkle Pforte in die Herrlichkeit gehen.*

Wir sehen: Auch den erlösten Christen können Anfechtungen verschiedenster Art nicht erspart bleiben. Wir können die Liste des Paulus ergänzen mit: Krankheit, Verlust der Arbeitsstelle, Tod eines Angehörigen ... Aber worin die Erschütterung auch bestehen mag, Paulus versichert uns heute, dass keine noch so große Bedrängnis „uns scheiden kann von der Liebe Gottes, die in Christus Jesus ist, unserem Herrn."

Ist Gott für mich, so trete gleich alles wider mich;
so oft ich ruf und bete, weicht alles hinter sich.
Hab ich das Haupt zum Freunde und bin geliebt bei Gott,
was kann mir tun der Feinde und Widersacher Rott?
   (Paul Gerhardt)

31. August — Römer 9, 1–5

Ich sage die Wahrheit, dass ich große Traurigkeit und Schmerzen habe für meine Brüder, die Israeliten sind. (aus V 1–4)

„Die Juden sind unser Unglück", lautete eine verhängnisvolle Parole der Nazis, mit der sie während ihrer Schreckensherrschaft in Deutschland sechs Millionen von ihnen in ihren Konzentrationslagern umgebracht haben. Nicht ganz unschuldig daran waren einzelne (aber nicht alle!) Teile der evangelischen Kirche, denn Martin Luther hat am Ende seines Lebens erschreckend feindselige Worte gegen die Juden geschrieben. Als die SA am 9. November 1938 in Deutschland die jüdischen Synagogen anzündete und manche evangelische Pfarrer dagegen protestierten, sagten ihre Offiziere: Wir tun nur das, was euer Luther gefordert hat!

Es ist unbegreiflich: Luther hat den Apostel Paulus besonders hoch geschätzt und ist gerade durch den Römerbrief zu seinen grundlegenden Glaubenserkenntnissen gekommen. Hätte er doch unsere heutige Bibellese beherzigt! Aus ihr spricht keine Spur von Hass und Verachtung, sondern eine tiefe, opferbereite Liebe zu Gottes auserwähltem Volk.

Davon sollten wir uns anstecken lassen. Schließlich ist Jesus selber Jude gewesen, alle seine Apostel waren Juden, und dieses Volk wird am Ende dieser Weltzeit noch eine besondere Ehrenstellung erfahren. Dann werden Menschen aus allen Völkern nach Jerusalem pilgern; dann werden die Juden für sie die Wegweiser zu ihrem Gott sein (Sacharja 8, 23); dann wird man sagen: „Die Juden sind unsere Rettung!"

Gott, furchtbar in dem Heiligtum,
erschütternd strahlt hier dein Ruhm,
wir fallen vor dir nieder.
Der Herr ist Gott, der Herr ist Gott,
der Herr ist seines Volkes Gott,
er, er erhebt uns wieder.
Kommt, heiligt seinen Namen!
Gelobt sei Gott! Ja, Amen. (Matthias Jorissen)

Römer 9, 6–13　　　　　　　　　　　　　　　　1. September

Nicht das sind Gottes Kinder, die nach dem Fleisch Kinder sind, sondern nur die Kinder der Verheißung werden als seine Nachkommenschaft anerkannt. (V 8)

Was ist „ein rechter Israelit" (Johannes 1,47)? Einer, der vom alten Vater Abraham abstammt? – Nicht unbedingt. Abraham hatte bekanntlich zwei Söhne, Ismael und Isaak. Die Bibel bezeugt eindeutig, dass das Volk Israel nur aus der Linie des Isaak hervorgegangen ist. Aber auch Ismael sollte eine zahlreiche Nachkommenschaft haben (1. Mose 21, 12 + 13). Wir dürfen annehmen, dass aus diesem Zweig die spätere Religion des Islam entstanden ist. Denn auch die Moslems berufen sich auf Abraham als ihren Stammvater, aber Israeliten sind sie jedenfalls nicht (siehe dazu die Andacht zum 21. Juni).

Ist das nicht leeres Theologen-Gezänk? – Keineswegs. Es haben zwar beide Völker Abraham als Ahnherrn, die aus Ismael und die aus Isaak hervorgegangen sind, aber die gewaltigen Verheißungen, die Gott dem Vater Abraham gegeben hat, beziehen sich allein auf die Nachkommen von Isaak und nicht auf die von Ismael (1. Mose 17, 18–21). Ist das nicht ungerecht?

Ja, das ist ungerecht, antwortet uns Paulus heute im Römerbrief, genauso ungerecht wie die Bevorzugung des jüngeren Bruders bei Jakob und Esau (V 12). Aber was heißt hier „ungerecht"? Wer will hier Gott zur Rechenschaft ziehen? Wir können darüber empört sein und uns dagegen auflehnen; an den Fakten werden wir nichts ändern, die hat Gott in seiner Souveränität geschaffen, und zwar nach seinem Gutdünken. Wir tun gut daran, Gott nicht nach unseren menschlichen Maßstäben zu kritisieren, sondern ihm die Ehre zu geben, die ihm allein gebührt.

Ich weiß, mein Gott, dass all mein Tun
und Werk in deinem Willen ruhn,
von dir kommt Glück und Segen;
was du regierst, das geht und steht
auf rechten, guten Wegen.
　　(Paul Gerhardt)

2. September — Römer 9, 14–29

So liegt es nun nicht an jemandes Wollen oder Laufen, sondern an Gottes Erbarmen. (V 16)

Die Ampel sprang auf Rot, das Auto vor mir stand, und ich trat in die Bremse. Aber mein Wagen rutschte mit blockierten Rädern auf dieser glitschigen Straße immer weiter, bis in das Heck vom Auto vor mir. Dort war der Schaden gering; bei mir war er beträchtlich. Ein Polizist hat das alles gesehen und kam auf mich zu: „Eigentlich müsste ich Sie jetzt bestrafen, aber ich denke …", (er schaute auf meine lädierte Stoßstange) „… Sie sind schon bestraft genug."

So geht es uns mit Gott. Eigentlich müsste er uns bestrafen; aber er will barmherzig zu uns sein. Freilich, das *muss* er nicht. Er könnte auch erschreckend streng auf unser Fehlverhalten reagieren, verdient hätten wir's. Wenn er das nicht tut, dann nur aus unverdienter Gnade.

Die Gnade wäre nicht Gnade, wenn es nicht auch das Gegenteil bei Gott gäbe. Nur wenn ich weiß, wie streng Gott mit Menschen umgehen kann, die ihn verachten, kann ich ermessen, wie groß das Wunder seiner Gnade über mir ist. So soll das oben abgedruckte Leitwort uns keine Angst davor machen, dass Gott uns verstoßen könnte, sondern es soll unser Staunen darüber wecken, dass Gott sich über uns erbarmt hat.

Ist das nicht ungerecht? – Ja, das ist es. Wenn Gott gerecht mit uns umgehen wollte, müsste er uns alle ausnahmslos in die Hölle schicken. Aber weil er uns trotz unserer immer neuen Verschuldungen so unendlich liebt, lässt er „Gnade vor Recht ergehen". Und darauf beruht unsere ganze Rettung.

> *Erbarm dich deiner bösen Knecht,*
> *wir bitten Gnad und nicht das Recht;*
> *denn so du, Herr, den rechten Lohn*
> *uns geben wollst nach unserm Tun,*
> *so müsst die ganze Welt vergehn*
> *und könnt kein Mensch vor dir bestehn.*
>   *(Martin Moller)*

Römer 9,30–10,4   3. September

Christus ist des Gesetzes Ende; wer an den glaubt, ist gerecht. (V 4)

Wenn im Winter über Nacht frischer Schnee gefallen ist, dann kann man früh am Morgen draußen vor unseren Fenstern ein emsiges Fegen und Schaben hören: Die Leute müssen den Fußweg vor ihrem Haus säubern. Dazu bin auch ich verpflichtet; aber ich kann entspannt im Bett bleiben, denn unser Mit-Mieter erledigt diese Arbeit den ganzen Winter über zuverlässig für mich mit.

Genauso verhält es sich zwischen Jesus und uns: Die Bibel ist voller Gesetze und Gebote, die Gott zur Bedingung gemacht hat für unsere Erlösung, für unsere Teilhabe an seiner ewigen Herrlichkeit. Diese Vorschriften sind auch für mich absolut verbindlich. Aber ich kann mich entspannt zurücklehnen. Denn alle diese Forderungen sind schon lange erfüllt, nämlich von Jesus. Er hat in seinem ganzen Leben den vollkommenen Gehorsam vor Gott geleistet, und zwar auf unseren Namen. So, wie mein Mit-Mieter für mich die Verordnung zum Fußweg-Reinigen befolgt, so hat Jesus für uns das ganze Gesetz Gottes erfüllt. Damit ist für uns die Tür zur ewigen Herrlichkeit aufgegangen. Denn bei Jesus ist das Gesetz Gottes zu seinem endgültigen Ziel gekommen.

Hat sich das deshalb mit den Geboten Gottes für uns erledigt? – Keinesfalls. „Du sollst nicht ehebrechen" gilt immer noch genauso wie „Lasset die Sonne über eurem Zorn nicht untergehen" und die vielen anderen unverzichtbaren Ermahnungen der Bibel. Aber nun nicht mehr als Bedingung für unsere Erlösung, sondern nur noch als Hilfe zur Bewältigung unseres Lebens.

Doch musst das Gsetz erfüllet sein,
sonst wärn wir all verdorben;
drum schickt Gott seinen Sohn herein,
der selber Mensch ist worden;
das ganz Gesetz hat er erfüllt,
damit seins Vaters Zorn gestillt,
der über uns ging alle.
    (Martin Luther)

4. September — Römer 10, 5–15

Wenn man von Herzen glaubt, so wird man gerecht; und wenn man mit dem Mund bekennt, so wird man gerettet. (V 10)

„Ich glaube an Gott, den Vater, den Allmächtigen …" leiert ein Junge im Konfirmanden-Unterricht lustlos runter und ist dabei mit seinen Gedanken ganz woanders. Also, *so* hat sich das der Apostel Paulus jedenfalls nicht vorgestellt. Aber auch nicht so, dass wir den Glauben an Gott ganz tief in unserem Herzen vergraben wie ein junges Mädchen seine erste Liebe. Paulus meinte, dass beim Glauben Herz und Mund in gleicher Weise aktiv sind.

Zuerst das Herz: Der Glaube ist keine Angelegenheit vom Verstand (wie oft können wir Gott nicht verstehen!), und auch nicht vom Gefühl (wie oft verspüre ich von Gott gar nichts!), sondern vom Herz. Das ist die Stelle, wo die Liebe zum liebsten Menschen wohnt, aber auch die Überzeugung von einer tiefen Wahrheit und auch der Eifer um einen Sieg in einem Wettkampf. Dort soll unsere Liebe zu Jesus wohnen, unsere Überzeugung von seiner Allmacht, unser Eifer für sein Reich, im Herzen.

Und dann auch im Mund. Bitte nicht so, dass Sie jetzt an jeder Wohnungstür klingeln und den Leuten ein Glaubensgespräch aufnötigen, aber vielleicht so, dass Sie bei einem Geburtstag nicht einfach „alles Gute", sondern stattdessen „Gottes Segen" wünschen; dass Sie zu einem Kranken nicht nur sagen: „Es wird schon wieder werden", sondern auch: „Ich bete für dich", und zu Ihrem Kind, das vor einer schweren Aufgabe steht: „Jesus ist bei dir." Wo es sich ergibt und wo man es hören will, werden Sie noch ganz andere Worte finden, um auf Jesus aufmerksam zu machen. – Und im Gottesdienst am nächsten Sonntag dürfen Sie dann aus tiefster Überzeugung und aus vollem Herzen mitsprechen: „Ich glaube an Gott, den Vater, den Allmächtigen …"

> *Nun danket alle Gott mit Herzen, Mund und Händen,*
> *der große Dinge tut an uns und allen Enden,*
> *der uns von Mutterleib und Kindesbeinen an*
> *unzählig viel zugut und noch jetzund getan.*
>   *(Martin Rinckart)*

Römer 10, 16–21   5. September

So kommt der Glaube aus der Predigt, das Predigen aber durch das Wort Christi. (V 17)

„Ich finde Gott in der Natur", sagen manche Leute. Ich sage das nicht. Mir hat noch nie ein Baum erzählt, dass Gott mich liebt, und mir hat noch nie ein Strauch verkündigt, dass Jesus mich erlöst hat. Aber genau das (und noch vieles mehr!) brauche ich für meinen Glauben. Und das kann man sich nicht ausdenken, und so was kann man auch nicht träumen. Das muss man einfach hören, am besten in den Predigten im Gottesdienst. Wenn uns dann geschildert wird, wie Jesus die Liebe Gottes zu uns Menschen sichtbar gemacht hat und wie er uns durch seinen Kreuzestod den Zugang zu dieser Liebe aufgeschlossen hat, dann können wir diese guten Nachrichten auf uns beziehen, dann wächst in uns der Glaube. Deshalb „kommt der Glaube aus der Predigt".

Allerdings: Die Predigt muss uns schon zum Glauben an Gott motivieren, und nicht nur zu einem verantwortungsbewussten Umgang mit unserer Umwelt. Solche Predigten hat Paulus nicht gemeint. Die Leute sollen das, was sie jeden Tag in der Zeitung lesen, nicht auch noch am Sonntag in der Kirche hören, sondern sie sollen in der Kirche *das* hören, was eben nicht in der Zeitung steht, nämlich „das Wort Christi", das ist das Wort *von* Jesus, und das ist das Wort *über* Jesus.

Dazu gehört, dass Jesus mit seinem Kreuzestod unsere Schulden bei Gott abgezahlt hat, dass er mit seiner Auferstehung Tod und Teufel in ihre Schranken gewiesen hat und dass er am Ende aller Tage sein Erlösungswerk auf dieser Erde zur Vollendung bringen wird. Diese Nachricht hört man sonst nirgends. Deshalb müssen wir sie in unseren Gottesdiensten umso deutlicher hören. Denn sie sind für unseren Glauben wirklich unverzichtbar.

Mein Herz hängt treu und feste an dem, was dein Wort lehrt.
Herr, tu bei mir das Beste, sonst ich zuschanden werd.
Wenn du mich leitest, treuer Gott, so kann ich richtig laufen
den Weg deiner Gebot.
    (Cornelius Becker)

6. September   Römer 11, 1–10

Gott hat sein Volk nicht verstoßen, das er zuvor erwählt hat. (V 2)

Etwa 1.200 Menschen haben am 1. Juni 2019 beim „Al-Kuds-Marsch" in Berlin gegen das Volk Israel protestiert und zu seiner Zerstörung aufgerufen, berichtete zwei Tage später meine Zeitung. Ich frage: Was haben diese Menschen nur gegen Israel? Kein anderes Volk auf der ganzen Welt wird so heftig angefeindet, sogar schon wieder in der deutschen Hauptstadt (!), wie Israel. Ich weiß nur eine Erklärung: Auf diesem Volk liegt eine besondere Bestimmung und ein besonderer Segen (siehe unsere Andacht zum 1. September). Das können andere Völker einfach nicht ertragen.

Gott lässt sich dadurch nicht einschüchtern. Er hält an seinen eigenen Plänen mit Israel unverrückbar fest. Und wer in der Betrachtung vom 2. September unter denen, die Gott „verstockt", die Juden vermutet hat, der wird heute eines Besseren belehrt: „Gott hat sein Volk nicht verstoßen, das er zuvor erwählt hat." An seinen Zusagen ist nicht zu rütteln. Sie werden alle noch eintreffen.

Das gilt sogar dann, wenn die Mehrheit der Juden sich selber dieser hohen Bestimmung noch gar nicht bewusst ist und den Einen, an dessen Person Gott selber die Erfüllung seiner Pläne gebunden hat, nämlich Jesus, einfach nicht kennen will. Auch dafür wird Gott zu gegebener Zeit die Lösung finden. Darin ist Paulus sich ganz sicher.

Ach ja, der „Al-Kuds-Marsch" in Berlin: Zur selben Zeit hat ein Bündnis aus jüdischen und nicht-jüdischen Organisationen „gegen Islamismus und Antisemitismus in Berlin" protestiert und „Solidarität mit Israel" eingefordert. An dieser Demo haben 1.300 Menschen teilgenommen …

Er mache uns im Glauben kühn und in der Liebe reine.
Er lasse Herz und Zunge glühn, zu wecken die Gemeine.
Und ob auch unser Auge nicht in seinen Plan mag dringen;
er führt durch Dunkel uns zum Licht,
lässt Schloss und Riegel springen.
Des wolln wir fröhlich singen.   *(Friedrich Spitta)*

Römer 11, 11–16   **7. September**

Sind sie gestrauchelt, damit sie fallen? Das sei ferne! Sondern durch ihren Fall ist den Heiden das Heil widerfahren. (V 11)

Die Geschichte hätte auch ganz anders ausgehen können: Paulus hat auf allen seinen Missionsreisen in jeder neuen Ortschaft grundsätzlich zuerst in der Synagoge zu den Juden gepredigt, und erst, wenn er dort Redeverbot bekam, ging er zu den Heiden (so nannte man damals alle, die nicht Juden waren) (siehe Apostelgeschichte 13, 44–46 und öfter). Hätte er offene Türen (und offene Herzen!) bei den Juden gefunden, wäre er nie zu den Heiden gegangen. Dann wäre der christliche Glaube zu einer Sonder-Lehre innerhalb der jüdischen Religion geworden und hätte außerhalb des Judentums niemanden interessiert. Dann würden wir heute noch an den germanischen Gott Donar glauben und bei jedem Gewitter vor ihm Angst bekommen.

Aber es kam anders: Die Juden konnten der Predigt des Paulus keinen Glauben schenken. Und er begriff, dass er den nicht-jüdischen Völkern das Evangelium bringen sollte. So kam es durch ihn bis nach Rom und durch seine Nachfolger bis zu uns. Alles nur deshalb, weil die Juden damals von einem Messias namens Jesus nichts wissen wollten.

War das ihre Schuld? – Nein, das war Gottes Absicht. Nur dadurch konnte das Evangelium über die engen Grenzen der jüdischen Glaubenswelt hinaus zu allen Völkern gelangen. Aber sind die Juden dann etwa davon ausgenommen? – Keineswegs! Gott wird auch Mittel und Wege finden, um sein eigenes geliebtes Volk an dem Reichtum des Evangeliums teilhaben zu lassen. Das wird uns übermorgen beschäftigen. Heute aber kann ich nur staunen, dass auch über den unbegreiflichsten Wegen Gottes mit uns Menschen seine fehlerlose Weisheit waltet.

Lobt Gott, den Herrn, ihr Heiden all, lobt Gott von Herzensgrunde,
preist ihn, ihr Völker allzumal, dankt ihm zu aller Stunde,
dass er euch auch erwählet hat und mitgeteilet seine Gnad
in Christo, seinem Sohne.
    (Joachim Sartorius)

8. September   Römer 11, 17–24

Du sollst wissen, dass nicht du die Wurzel trägst, sondern die Wurzel trägt dich. (V 18)

„Wir haben eure Thora in unserer Bibel", sagte ich zu meinen jüdischen Freunden. Abraham, Mose und David sind uns genauso wertvoll wie ihnen, und an den Gräbern ihrer Eltern bete ich gern einen Psalm aus dem Alten Testament. Ohne die Religion der Juden wäre unser ganzer christlicher Glaube ein Torso, ist doch der Vater unseres Herrn Jesus Christus genau der Gott, der sich von Mose bis Maleachi unaufhörlich seinem Volk geoffenbart hat. Ohne ihre Schriften im Alten Testament wäre uns das ganze Neue Testament unverständlich. Unser Glaube hat seine Wurzel in der jüdischen Religion.

Paulus hat das im Römerbrief überzeugend dargestellt mit dem Bild vom Ölbaum und den neuen Zweigen. „Eingepfropft" steht in unserer heutigen Bibellese. Heute sagen die Gärtner dazu „veredelt": In die Rinde eines Obstbaums wird ein kurzer Schnitt angebracht, nur bis zum eigentlichen Stamm. Dort ist das Gewebe ganz weich. Und dann wird ein neuer Zweig genommen, an der Bruchstelle schräg angeschnitten und „zwischen Baum und Borke" geschoben. Jetzt kommt noch ein kunstgerechter „Verband" um die Wunde, und im nächsten Jahr kann man hier schon Früchte ernten.

So sind wir Christen in die jüdische Religion „eingepfropft" und wären ohne sie wie ein abgebrochener Zweig. Unser Glaube empfängt „Saft und Kraft" aus den Wurzeln des Judentums. Schauen Sie sich nur in diesem Andachtsbuch um: Wenn alle Stellen, wo das Alte Testament ausgelegt wird, fehlen würden, wie wären wir arm! Wir haben allen Grund, unsere jüdischen Geschwister mit Respekt, Hochachtung und Dankbarkeit für ihre Religion anzusehen, ist doch Jesus selbst ein Jude gewesen.

Geist des Glaubens, Geist der Stärke, des Gehorsams und der Zucht,
Schöpfer aller Gotteswerke, Träger aller Himmelsfrucht,
Geist, du Geist der heilgen Männer, Kön'ge und Prophetenschar,
der Apostel und Bekenner, auch bei uns werd offenbar!
    (Philipp Spitta)

Römer 11, 25–32 9. September

Verstockung ist einem Teil Israels widerfahren, so lange bis die Fülle der Heiden zum Heil gelangt ist; und so wird ganz Israel gerettet werden. (V 25 + 26)

Jetzt, da ich diese Zeilen schreibe, im Jahr 2019, ist es hochaktuell: Flüchtlinge aus Afrika wollen in primitiven Schlauchbooten nach Europa kommen. Viele davon gehen im Mittelmeer unter. Das lässt humanitären Organisationen keine Ruhe. Sie fahren in geeigneten Seenot-Kreuzern ihnen entgegen und wollen sie retten.

„Retten" ist auch ein Hauptwort bei Paulus, nicht vor dem Ertrinken, sondern vor dem ewigen Verderben. Deshalb rief er die Menschen so eindringlich zum Glauben an Jesus. Nur sein Volk Israel blieb für diesen Ruf beharrlich verschlossen. Vorgestern konnten wir sehen, warum das so war.

Heute gehen wir einen Schritt weiter. Sollte Gott sein geliebtes Volk Israel von seiner ewigen Rettung ausgeschlossen haben? Von Anfang an hat er es zuverlässig geführt und liebevoll umgeben; für die letzte Epoche der Weltgeschichte würde es noch einmal von besonderer Bedeutung sein, aber das ewige Heil soll ihm vorenthalten bleiben? – Diese Gedanken brachten Paulus schier zur Verzweiflung, aber heute lesen wir die Antwort:

Am Ende wird Israel in keiner Weise übergangen sein. Wenn aus allen anderen Völkern genügend Menschen zu Jesus gefunden haben, werden auch die Juden in ihm ihren Messias erkennen und ihre Rettung erfahren. Gott hat es dem Paulus versprochen, und er wird auch diese Zusage einlösen, dafür liegt ihm gerade dieses besondere Volk viel zu sehr am Herzen.

Ach lass dein Wort recht schnelle laufen;
es sei kein Ort ohn dessen Glanz und Schein.
Ach führe bald dadurch mit Haufen
der Heiden Füll zu deinen Toren ein.
Ja wecke doch auch Israel bald auf
und also segne deines Wortes Lauf!
    (Karl Heinrich von Bogatzky)

10. September — Römer 11, 33–36

O welch eine Tiefe des Reichtums, beides, der Weisheit und der Erkenntnis Gottes! (V 33)

Zwei Leute besichtigen das Schloss Friedenstein in meiner Geburtsstadt Gotha: Der eine bewundert die imposanten Marmor-Säulen mit ihren goldenen Kapitellen, der andere schlurft lustlos in großen Filz-Pantoffeln über das blanke Parkett; der eine bewundert im fürstlichen Schlafgemach das reich verzierte Himmelbett (in dem Napoleon leider nicht gelegen hat), der andere steht im herrschaftlichen Speisezimmer vor der sorgfältig eingedeckten Festtafel und würde jetzt lieber zu Hause vor seinem Essen sitzen. Der eine entdeckt immer neue Reichtümer, der andere langweilt sich immer mehr.

Und jetzt springen wir vom Schloss Friedenstein zum Römerbrief. Wie ist es Ihnen in diesen Tagen beim Studium der letzten drei Kapitel ergangen? Haben Sie den Reichtum entdeckt, der darin enthalten ist, oder waren diese Sätze für Sie nur graue Theorie? – Ich denke nur an den Reichtum der Liebe Gottes zu allen Menschen, aus der jüdischen und aus der nicht-jüdischen Welt. Bei Gott ist jeder willkommen, und sei er bisher auch noch so weit von ihm entfernt gewesen.

Der Reichtum der Liebe Gottes übertrifft den Reichtum aller irdischen Schlösser und Paläste bei weitem. Aber er soll uns gehören. Wir müssen ihn nicht zurücklassen wie die Ausstellungsstücke im königlichen Schloss, sondern wir dürfen ihn mitnehmen in unser tägliches Leben. Und *nach* diesem Leben sollen wir mitten in diesem Reichtum für immer zu Hause sein wie in einem wunderschönen Schloss. Da kann ich nur staunen: „O welch eine Tiefe des Reichtums Gottes!"

> *Sollt ich meinem Gott nicht singen? Sollt ich ihm nicht dankbar sein?*
> *Denn ich seh in allen Dingen, wie so gut ers mit mir mein.*
> *Ist doch nichts als lauter Lieben, das sein treues Herze regt,*
> *das ohn Ende hebt und trägt, die in seinem Dienst sich üben.*
> *Alles Ding währt seine Zeit, Gottes Lieb in Ewigkeit.*
> (Paul Gerhardt)

Römer 12, 1–8   **11. September**

Ich ermahne euch nun, liebe Brüder, durch die Barmherzigkeit Gottes, dass ihr eure Leiber hingebt als ein Opfer, das lebendig, heilig und Gott wohlgefällig ist. (V 1)

Hätten Sie das geahnt? Gott interessiert sich tatsächlich auch für unseren Körper, für alle Kräfte unseres Leibes, aber auch für alle Schmerzen und Gebrechen, die wir an uns tragen. Das alles dürfen uns sollen wir Gott anvertrauen.

Und dabei hat Paulus mit diesem Wort nicht nur den Körper gemeint mit seinen vielfachen Funktionen. Zwei Sätze nach unserem oben zitierten Leitwort schreibt er: „Ändert euch durch Erneuerung eures Sinnes" (V 2), und damit meint er die Fähigkeit zum Denken und Empfinden, unser ganzes Sinnen und Trachten, also alles, was in uns so vorgeht. Dieses alles soll Gott gehören, Leib und Seele, der ganze Mensch.

Und zwar als „Opfer". Der Bibelleser denkt dabei an Tiere, die im Tempel für Gott geschlachtet und verbrannt wurden. Paulus meint aber hier ein „lebendiges Opfer", also den Menschen, der sich Gott mit seinem ganzen Leben hingegeben hat. Und dieses Opfer ist – im Unterschied zu den Tier-Opfern im Alten Testament (Amos 5,22) – „Gott wohlgefällig".

Zu diesen Opfern wird niemand gezwungen. Paulus kann uns nur nahelegen, dass wir uns Gott hingeben. Das tun wir, wenn wir ihm die volle Verfügung über unser Leben einräumen. Dann bestimmt er unseren Weg; dann überlassen wir ihm jede wichtige Entscheidung. Dann sind wir sein Besitz. Dann kann er uns nach seinen Plänen einsetzen. Dann will man nicht nur von ihm beschützt, beschenkt und bewahrt werden, sondern von ihm gebraucht werden. Und das gibt unserem Leben einen völlig neuen Sinn.

Meinen Leib und meine Seele samt den Sinnen und Verstand,
großer Gott, ich dir befehle unter deine starke Hand.
Herr, mein Schild, mein Ehr und Ruhm,
nimm mich auf, dein Eigentum.
    (Heinrich Albert)

12. September Römer 12, 9–16

Seid fröhlich in Hoffnung, geduldig in Trübsal, beharrlich im Gebet. (V 12)

Als ich am 31. Oktober 1961 zum Pfarrer geweiht wurde, bin ich mit diesem Bibelwort gesegnet worden. Das ist für mich ein Wegweiser durch 60 bewegte Jahre gewesen. Diesen Reichtum gebe ich heute an Sie weiter:

„*Fröhlich in Hoffnung*": Der Christ ist nie „am Ende mit seinem Latein." Und sei die Situation auch noch so verfahren; es gibt immer einen Ausweg, es gibt immer eine Zukunft. Und diesen Ausweg findet Gott, diese Zukunft wird von ihm gestaltet. Ich kann nach vorn blicken, über die heutige Notlage hinaus, und da blicke ich auf Gott und auf seine fehlerlose Weisheit. Und wenn ich an das ultimative Ende meines ganzen Lebens gekommen bin, dann habe ich die beste Zukunft noch vor mir, nämlich in Gottes ewigem Reich.

„*geduldig in Trübsal*": Dieses große Ziel habe ich noch nicht erreicht. Noch wollen Bedrängnisse und Nöte mir das Leben schwer machen. Auch dem Christen kann das nicht erspart bleiben. Aber er bekommt von Gott die Kraft, mit diesen Lasten fertig werden zu können. Er weiß sich in jeder noch so großen Not von Gott getragen. Das gibt ihm die Geduld, das Ende dieser schweren Zeit erwarten zu können.

„*beharrlich im Gebet*": Wir können jederzeit Gottes Nähe suchen (und finden!), wenn wir zu ihm beten und unser Herz bei ihm ausschütten. Es wird Gott nie zu viel, uns anzuhören. Hauptsache, es wird uns nie zu viel, ihn anzurufen. Das beharrliche Gebet ist eine Quelle von immer neuer Kraft.

Diese Wahrheiten haben sich 60 Jahre lang in meinem Leben bestätigt. Aber auch *Sie* sollen die Kraft dieser Worte erfahren.

Ob auch der Feind mit großem Trutz und mancher List will stürmen,
wir haben Ruh und sichern Schutz durch seines Armes Schirmen.
Wie Gott zu unsern Vätern trat auf ihr Gebet und Klagen,
wird er, zu Spott dem feigen Rat, uns durch die Fluten tragen.
Mit ihm wir wollens wagen.

(Friedrich Spitta)

Römer 12, 17–21 13. September

Lass dich nicht vom Bösen überwinden, sondern überwinde das Böse mit Gutem. (V 21)

Selbst Richter und Anwälte konnten es nicht fassen: Vier Menschen haben eine Frau einen ganzen Abend lang in einer unvorstellbaren Folter brutal zu Tode gequält und sadistische Freude an ihren entsetzlichen Qualen gehabt. – Leider ist diese Geschichte kein Einzelfall. Fast täglich muss meine Zeitung von Mord und Totschlag berichten, „aus niederen Beweggründen", „aus Hass und Rache", oder einfach nur „aus Mordlust". So viel Brutalität ist unter uns.

Das Böse hat viele Gesichter, aber eine Wurzel: *„Aus dem Herzen* kommen böse Gedanken, Mord, Ehebruch, Unzucht, Diebstahl, falsches Zeugnis, Lästerung …" (Matthäus 15,19). Jede böse Tat hat hier ihren Ursprung. Neid kann zum Diebstahl führen, Hass zur Schlägerei, Eifersucht zum Mord.

Auch wenn wir vor solchen Untaten zu unserem eigenen Glück bewahrt geblieben sind, wollen sich diese Regungen doch auch in unserem Herzen bemerkbar machen. Was können wir ihnen entgegensetzen? Den Neid bekämpfen wir am besten mit *Dankbarkeit*. Schauen wir nur auf das, womit Gott uns beschenkt hat in unserem Leben, und der Neid auf andere bekommt keine Nahrung mehr. – Der Sieger über den Hass heißt *Liebe*. Denken Sie jetzt an die Menschen, die Sie nicht leiden können (und umgekehrt!), und bitten Sie Gott, dass Sie diese Menschen mit seinen Augen ansehen können. Sein Blick ist ein Blick voll barmherziger Liebe. – Und die Eifersucht wird im Herzen nur weichen, wenn wir unserem Partner *Vertrauen* entgegenbringen können. Damit werden böse Verdächtigungen besiegt und kann neue Freude aneinander entstehen. – Das alles ist leicht gesagt, aber wer Gott um seine Hilfe dazu bittet, hat dafür in ihm einen starken Verbündeten.

Jesu, hilf siegen in Wachen und Beten,
Hüter, du schläfst ja und schlummerst nicht ein;
lass dein Gebet mich unendlich vertreten,
der du versprochen, mein Fürsprech zu sein.
  (Johann Heinrich Schröder)

14. September   Römer 13, 1–7

Jeder sei untertan der Obrigkeit, die Gewalt über ihn hat. (V 1)

Wussten Sie schon, dass wir einen König haben? Er heißt Peter Fitzek und nennt sich selber „König von Deutschland". Er gehört zu den „Reichsbürgern", die unsere Regierung und ihre Institutionen strikt ablehnen. Bei einer Verkehrskontrolle zeigte er den Polizisten den selbstgebastelten Führerschein seines „Königreiches"; einen anderen besaß er nicht.

Es wäre zum Lachen, wenn es nicht zum Weinen wäre. Immerhin hat die Zahl der „Reichsbürger", die keine staatliche Ordnung anerkennen, innerhalb von drei Jahren von 10.000 auf 19.000 zugenommen. Sie verkörpern die tiefe Abneigung von Menschen gegen jede Form von Obrigkeit.

Dieses Problem muss schon Paulus gekannt haben. Er ermahnte die Christen in Rom ausdrücklich zum Gehorsam vor ihrer Regierung, und das war damals der Kaiser, der göttliche Verehrung verlangte und bald die Christen in seinem Reich blutig verfolgen würde. Aber Paulus meinte nicht nur ihn; er meinte ganz allgemein jegliche Form von staatlicher Ordnungsmacht. Ohne klare Gesetze und ihre wirksame Kontrolle versinkt ein Volk in der Anarchie. Wo jeder machen kann, was er will, herrscht bald das reine Chaos. Solange Gott nicht sichtbar die Herrschaft über die ganze Welt ausübt, müssen das die Regierungen tun.

Dieser Ordnung müssen auch die Christen sich fügen. Wir können bei jeder Bundestags-Wahl die Machtverhältnisse an der Spitze des Staates mit unserer Stimme beeinflussen (und sollen das bitte unbedingt auch tun!), aber abschaffen können (und dürfen!) wir unsere Regierung nicht. Denn sie ist das Instrument, durch das Gott uns in dieser kranken Welt ein einigermaßen geordnetes Leben möglich macht.

Von Herzen will ich bitten, o Schutzherr Israel',
du wollest treu behüten auch heut' mein Leib und Seel.
All unsre Obrigkeiten, auch Schule und Gemein
in diesen bösen Zeiten lass dir befohlen sein.
    (nach Johannes Mühlmann)

Römer 13, 8–14 • 15. September

Die Nacht ist vorgerückt, der Tag aber nahe herbeigekommen. (V 12)

Wenn eine Braut am Morgen ihres Hochzeitstages vom Schlaf erwacht, wird sie andere Gedanken in sich haben als eine Berufstätige, die wieder ihren Arbeitstag vor sich hat. Die Braut denkt an den Bräutigam, an die Feier, an ihr Kleid. Für sie dreht sich jetzt alles nur noch um die Hochzeit.

Damit ist sie ein Beispiel für uns Christen. Wir denken an Jesus und daran, dass er kommen wird, um sein Erlösungswerk auf dieser Erde zur Vollendung zu bringen. Dann werden wir für immer mit ihm vereint sein in inniger Liebe und ungetrübter Freude. Deshalb hat er selber dieses große Ziel gern mit einer Hochzeit verglichen (z.B. Matthäus 25, 1–13).

Heute lesen wir bei Paulus: Dieses herrliche Fest ist nahe. Das dürfen wir aber bitte nicht wie eine verbindliche Zeitangabe verstehen, sondern eher wie ein Stimmungsbild, wie eine Situationsbeschreibung. Es geht uns Christen wie einer Braut am Morgen ihres Hochzeitstages. Die Vereinigung mit Jesus ist uns gewiss. Wir können uns auf ihn freuen wie die Braut auf ihren Bräutigam.

Und zwar auch dann, wenn der große Tag seiner Wiederkunft auf diese Erde noch länger auf sich warten lässt. Dann werden wir trotzdem nicht zu kurz kommen. Spätestens nach unserer Sterbestunde sollen wir bei ihm sein und dann die Erfüllung aller unserer Vorfreude erfahren können.

Diesen großen Moment sollten wir nicht verschlafen. Wie die Braut am Hochzeitstag ein besonders festliches Kleid anzieht, so sollten wir für die Begegnung mit Jesus allezeit gerüstet sein. Wer weiß – vielleicht erfahren wir diese Begegnung schneller als wir dachten.

„Wachet auf!" ruft uns die Stimme
der Wächter sehr hoch auf der Zinne.
„Wohlauf, der Bräut'gam kommt,
steht auf, die Lampen nehmt!
Halleluja! Macht euch bereit zu der Hochzeit,
ihr müsset ihm entgegen gehn."
    (Philipp Nicolai)

16. September   Römer 14, 1–12

Leben wir, so leben wir dem Herrn; sterben wir, so sterben wir dem Herrn. (V 8)

„Hauptsache, Ihr habt Spaß!", lautet ein bekannter Werbe-Spruch. Mir ist das zu wenig. Mir ist mein Leben zu kostbar, als dass ich es mit ein bisschen Spaß verplempern wollte. Ich erwarte vom Leben mehr, und heute werde ich fündig: Bei Paulus heißt es nicht „Hauptsache Spaß", sondern: „Hauptsache Jesus", und zwar in dreierlei Hinsicht:

Er besitzt mich. Er hat mich gekauft (1. Korinther 6,20), „mit seinem heiligen, teuren Blut und mit seinem unschuldigen Leiden und Sterben" (Martin Luther im Kleinen Katechismus). Seitdem gehöre ich ihm. Ich bin nicht mehr irgendwer; ich bin das Eigentum meines Herrn und Retters Jesus Christus. Das verleiht meinem Leben einen unerhörten Wert.

Er gebraucht mich. Er kann mich tatsächlich einsetzen in seinem Reich, ich bin für ihn nützlich, er verfügt über mich. Da kann ich mir selber noch so schwach und kümmerlich vorkommen; für ihn bin ich brauchbar. Ich kann mich ihm unbesorgt überlassen; er weckt in mir die Gaben, die ich einsetzen kann für ihn. Das gibt meinem Leben einen tiefen Sinn.

Er behält mich. Wenn die liebsten Menschen mich hergeben müssen in der Stunde meines Todes, wird er mich nicht verlieren. Er behält mich in seiner Hand. Wer sich ihm einmal hingegeben hat, den wird er im Sterben nicht fallen lassen, sondern festhalten und hinübertragen in sein ewiges Reich. Das schenkt meinem Leben ein überaus herrliches Ziel.

Das alles habe ich jetzt von mir gesagt. Aber das habe ich nicht für mich gepachtet. Das dürfen Sie sich genauso aneignen. Und dann können Sie mit Paulus bekennen: „Wir leben oder sterben, so sind wir des Herrn" (V 8b).

Es kennt der Herr die Seinen und hat sie stets gekannt,
die Großen und die Kleinen in jedem Volk und Land;
er lässt sie nicht verderben, er führt sie aus und ein;
im Leben und im Sterben sind sie und bleiben sein.
    (Philipp Spitta)

Römer 14, 13–23　　　　　　　　　　　　　　17. September

Denn das Reich Gottes ist nicht Essen und Trinken, sondern Gerechtigkeit und Friede und Freude in dem heiligen Geist. (V 17)

Da ist der Vater, da ist die Mutter, da ist ihr gemeinsames Kind. Diese drei bilden eine Familie. Genauso ist es mit dem Reich Gottes. Da ist Gerechtigkeit, da ist Friede, da ist Freude. Diese drei bilden das Reich Gottes. Das heißt: Wo wir diese drei Erfahrungen machen, da erfahren wir „Reich Gottes", die wohltuende Herrschaft Gottes über das Leben:

Gerechtigkeit meint hier nicht die Gleichbehandlung für alle Menschen, sondern die Gerechtsprechung des Menschen vor Gott. Dadurch, dass wir unser Schicksal zunächst einmal in die eigene Hand genommen hatten und für Gott in unserer Zukunftsplanung überhaupt keinen Platz hatten, hatten wir uns rettungslos von ihm getrennt und uns damit sein Urteil zugezogen. Aber Gott hat dieses Urteil auf seinen Sohn abgewälzt und uns seine Gnade zugesprochen. Das ist seine Art von „Gerechtigkeit".

Friede ist die Frucht dieser Gerechtigkeit. Das bedeutet hier also nicht das Schweigen aller Waffen auf dieser Welt, sondern die entspannte Atmosphäre zwischen Gott und uns. Jetzt ist alles wieder gut zwischen ihm und uns; die Harmonie mit dem Vater ist wiederhergestellt. Wir können ihm jetzt jederzeit unter die Augen treten. Die Spannung zwischen ihm und uns ist aufgehoben; zwischen ihm und uns herrscht tiefer Friede.

Freude ist das Resultat davon. Wer sich mit Gott im Reinen weiß, der kann frei atmen, der erfährt Gottes Nähe und seine Zuneigung als ein großes Geschenk und den ungetrübten Kontakt mit ihm als ein unbezahlbares Vorrecht. Das ist die Quelle unserer ganzen Freude.

So passiert „Reich Gottes". Man findet es auf keinem Globus, sondern man erlebt es in der persönlichen Bindung an unseren guten Gott.

O König aller Ehren, Herr Jesu, Davids Sohn,
dein Reich soll ewig währen, im Himmel ist dein Thron;
hilf, dass allhier auf Erden den Menschen weit und breit
dein Reich bekannt mög werden zur Seelen Seligkeit.　　*(Martin Behm)*

18. September   Römer 15, 1–6

Der Gott aber der Geduld und des Trostes gebe euch, dass ihr einträchtig gesinnt seid untereinander. (V 5)

Manche Christen fasten in der Passionszeit, andere nicht. – Manche Christen pilgern auf dem Jakobs-Weg, andere nicht. – Manche Christen demonstrieren für die Ungeborenen, andere nicht. – Aber alle Christen gehören zu einer Gemeinde, denn sie sind sich darin einig, dass Jesus ihnen durch seinen Kreuzestod Vergebung der Sünden und durch seine Auferstehung ewiges Leben ermöglicht hat. Auf dieser Grundlage können sich die unterschiedlichsten Glaubens- und Lebens-Formen entwickeln.

So war es schon damals in der jungen Christen-Gemeinde in Rom. Aber die unterschiedlichen Lebensformen wurden nicht von allen toleriert. Es gab Spaltungen und Vorbehalte, und oft genug hat man zwischen angeblich „besseren" und „schlechteren" Christen unterschieden.

Dagegen ist Paulus eingeschritten. Es gibt nicht „gute" und „schlechte" Christen; es gibt höchstens die „Schwachen" und die „Starken" im Glauben, man könnte auch sagen, die sensiblen und die großzügigen Christen. Sie sollen einander nicht beurteilen, sondern tragen. Sie sollen nicht das Trennende in ihrer Glaubenspraxis ansehen, sondern das Verbindende, nämlich die Erlösung durch den Kreuzestod und den Ostersieg ihres gemeinsamen Herrn und Königs Jesus Christus.

Heute trifft diese Ermahnung auf uns. Es hat sich viel geändert zwischen damals und heute. Aber die Grundlage unseres Christ-Seins ist absolut stabil. Auf dieser Grundlage kann auch heute noch die Eintracht untereinander gedeihen, die das Leben in unseren Gemeinden so lebenswert macht.

Erhalt uns, Herr, im rechten Glauben noch fernerhin bis an das End;
ach lass uns nicht die Schätze rauben: dein heilig Wort und Sakrament.
Erfüll die Herzen deiner Christen mit Gnade, Segen, Fried und Freud,
durch Liebesglut sie auszurüsten zur ungefärbten Einigkeit.
   (nach Friedrich Konrad Hiller)

Römer 15, 7–13   **19. September**

Nehmt einander an, wie Christus euch angenommen hat zu Gottes Lob. (V 7)

Ich habe Gottesdienste erlebt, in denen die Menschen mitten in der Predigt laut „Amen!" und „Halleluja!" riefen; nicht, damit der Pastor die Predigt zu Ende bringt, sondern damit er ihre Zustimmung erfährt. – Ich habe evangelische Schwestern in einem ehrwürdigen Kloster besucht, die täglich zur selben Uhrzeit in ihrer Kapelle zusammenkommen und nach uralten Melodien Psalmen singen. – Ich habe zum Glauben gefunden unter Christen, die öffentlich ihre persönlichen Erfahrungen mit Jesus bezeugten und sich beim Beten mit eigenen, frei formulierten Beiträgen beteiligten. – Diese und noch ganz anders geprägte Gruppierungen gibt es unter den christlichen Kirchen. Und ihnen allen gilt die oben abgedruckte Ermahnung aus dem Römerbrief.

Ich unterstreiche das Mittelstück dieses Satzes: „… wie Christus euch angenommen hat …". Damit hat alles angefangen. Jesus hat mich angenommen. Er hat Ja zu mir gesagt. Er hat mich akzeptiert, „brutto", mit allen meinen Schwächen und Fehlern, meinen Grenzen und Eigenheiten. Das war nie meine Leistung. Das ist allein sein großes Geschenk.

Und jetzt sollte ich dieses große Geschenk nicht auch den anders geprägten Christen gönnen? Ich muss ja ihre Besonderheiten nicht übernehmen; aber ich soll auch über ihnen denselben Herrn sehen, dem auch ich gehören darf. Wenn Jesus auch sie in seinem Reich haben will, wer will es ihm verwehren? Ich habe den Himmel nicht für mich allein gepachtet; ich werde dort auch alle die antreffen, die Jesus auf ihre Weise geliebt und angebetet haben. Deshalb kann ich sie jetzt schon als meine Brüder und Schwestern ansehen, und *Sie* deshalb auch.

Du, Gott, hast dir aus vielen Zungen der Völker eine Kirch gemacht,
darinnen dein Lob wird gesungen in einer wunderschönen Pracht,
die sämtlich unter Christo stehen als ihrem königlichen Haupt
und in Gemeinschaft dies begehen,
was jeder Christ von Herzen glaubt. (Friedrich Konrad Hiller)

20. September

Römer 15, 14–21

Denn ich werde nicht wagen, von etwas zu reden, das nicht Christus durch mich gewirkt hat. (V 18)

'Du Schlingel!', musste ich denken. Mein achtjähriger Enkel zeigte mir seine jüngste Klassenarbeit in Mathe mit der Note 3, eine für seine Verhältnisse gute Zensur. Entsprechend lobte ich ihn dafür. Er nahm sein Heft und sagte im Rausgehen mit verschmitztem Grinsen: „Ich hab' nämlich abgeschrieben!"

Ja, ich weiß, das darf er nicht. Und ich weiß auch: Das wird er noch von ganz alleine merken. Wer es im Leben zu etwas bringen will, muss gute Leistungen vorweisen können, und zwar die eigenen.

Aber Paulus hat das nicht getan. Wie viel Einsatz, wie viel Mühe, wie viel Opfer hat ihn der Dienst für Jesus gekostet! Wie redlich hat er sich für seine Gemeinden verausgabt! Das hätte er alles aufzählen können. Aber das hat er nicht getan. Er hat es nicht einmal „gewagt", davon etwas zu sagen. Das einzige, was er betonen wollte, war das, was Jesus durch ihn getan hat.

Damit ist er auch für uns ein Vorbild geworden. In der Nachfolge Jesu geht es nicht darum, was wir für ihn tun, sondern darum, was er *durch uns* tut. Wir stellen uns ihm zur Verfügung und gestatten ihm, an uns und durch uns hindurch sein Werk zu tun. Das befreit uns von hektischer Betriebsamkeit und verhilft uns zu einem entspannten Leben. Wir pflegen einfach die herzliche, innige, persönliche Beziehung zu Jesus und merken gar nicht, wie er durch uns anderen Menschen entgegenkommt. Dazu braucht es keine guten Leistungen, sondern nur ein Herz, das ihn liebt, und die Bereitschaft, ihm zur Verfügung zu stehen. Das ist der Schlüssel zu einem gesegneten Leben.

> *Erhalte mich auf deinen Stegen*
> *und lass mich nicht mehr irre gehn;*
> *lass meinen Fuß in deinen Wegen*
> *nicht straucheln oder stille stehn;*
> *erleucht mir Leib und Seele ganz,*
> *du starker Himmelsglanz.*
>   (Johann Scheffler)

Römer 15, 22–33   **21. September**

Ich ermahne euch aber, dass ihr mir kämpfen helft durch eure Gebete, damit ich errettet werde von den Ungläubigen. (V 30 + 31)

„Was meinst du, wie viele jetzt für dich beten", sagte mein Freund im Gymnasium zu mir, damals im Abitur, vor der mündlichen Prüfung. Meine Vorzensuren waren so chaotisch, dass das Schlimmste zu befürchten war. Trotzdem habe ich meine Prüfer angestrahlt, als wüsste ich alles. Und dabei wusste ich nur eins: „Was meinst du, wie viele jetzt für dich beten."

Die Fürbitte ist tatsächlich eine geniale Erfindung Gottes. Er erlaubt uns damit, die Nöte anderer Menschen in Gottes Hand zu legen. Das wusste schon Paulus. Er war auf dem Weg nach Jerusalem. Dort wollte er den notleidenden Christen die Kollekte überbringen, die er unterwegs für sie gesammelt hat (2. Korintherbrief, Kapitel 8 und 9). Er fürchtete sich nicht vor Banditen, die ihn auf seiner Reise überfallen und ausrauben würden, sondern vor den Juden, die seinen Übertritt zum christlichen Glauben als Abfall von ihrer Religion verurteilten. Die Apostelgeschichte zeigt uns in Kapitel 21, 27–36 und Kapitel 23, 12–30, wie berechtigt seine Befürchtungen gewesen sind. Deshalb bat er die Christen in Rom um ihre Fürbitte.

Das können wir ihm nachmachen. Ob wir vor einer Operation stehen oder vor einem Bewerbungsgespräch, vor unlösbaren Problemen oder – vor dem Abitur (!), wir dürfen in jeder kritischen Situation andere Christen bitten, für uns zu beten. Wir schenken ihnen damit unser Vertrauen, und sie beweisen damit ihre Liebe zu uns. Dann können wir in jeder noch so großen Not zu uns selber sagen: „Was meinst du, wie viele jetzt für dich beten."

Ach, dein Lebensgeist durchdringe,
Gnade, Kraft und Segen bringe
deinen Gliedern allzumal,
wo sie hier zerstreuet wohnen
unter allen Nationen,
die du kennest überall.
    (Gerhard Tersteegen)

22. September — Römer 16, 1–16

Grüßt euch untereinander mit dem heiligen Kuss. Es grüßen euch alle Gemeinden Christi. (V 16)

Viele freche Witze rankten sich damals in der DDR um die befremdliche Begrüßungs-Zeremonie zwischen den Regierungs-Chefs der Sowjetunion und der DDR: Sie drückten einander drei dicke Küsse rechts und links ins Gesicht. Der „heilige Kuss" aus dem Römerbrief hat damit allerdings nicht das Geringste zu tun. Denn unter den ersten Christen damals war dies ein Zeichen von liebevoller Herzlichkeit und brüderlichem Zusammengehörigkeits-Gefühl in ihrer Gemeinde.

Diese Sitte müssen wir heutzutage nicht unbedingt wieder aufleben lassen (sie würde mich zu stark an die DDR erinnern!), aber der Geist der liebevollen Herzlichkeit und des brüderlichen Zusammengehörigkeits-Gefühls sollte sich schon in unseren Gemeinden, auch ohne Kuss, wieder bemerkbar machen. Sehen Sie nur in unserer heutigen Bibellese, mit welcher Liebe Paulus die Christen in Rom persönlich grüßt. Mit manchen von ihnen verbinden ihn gemeinsame Erlebnisse, an andere denkt er in großer Dankbarkeit, und für einzelne spricht er konkrete Segenswünsche aus. Alle aber nennt er mit Namen. Er weiß sich mit jedem von ihnen ausgesprochen herzlich verbunden.

Und jetzt denken wir an unsere Mit-Christen in unserer eigenen Gemeinde. Mir scheint, bezüglich „liebevoller Herzlichkeit" gibt es da noch viel „Luft nach oben". Also, bitten wir Gott, dass der Geist, der uns heute aus der Bibel begegnet, in unseren eigenen Herzen lebendig wird. Noch einmal: Dann müssen wir uns nicht unbedingt gleich küssen; aber dann werden wir uns auf jeden Fall herzlich lieben. Und durch diese Liebe wird unsere eigene Gemeinde für uns immer wertvoller werden.

Ach du holder Freund, vereine deine dir geweihte Schar,
dass sie es so herzlich meine, wie's dein letzter Wille war.
Ja, verbinde in der Wahrheit, die du selbst im Wesen bist,
alles, was von deiner Klarheit in der Tat erleuchtet ist.
(Nikolaus Ludwig Graf von Zinzendorf)

Römer 16, 17–27　　　　　　　　　　　　　　　　　　23. September

Dem Gott, der allein weise ist, sei Ehre in Ewigkeit! Amen. (V 27)

„Roland, wir lieben dich!", steht auf einem Plakat, das begeisterte Fans über ihre Köpfe halten. Sie stehen dicht an dicht vor einer großen Freilicht-Bühne in Dresden, und auf der Bühne steht Roland Kaiser: „Ich liebe diese Stadt, und ich liebe diese Menschen!" – Das Publikum ist begeistert. Man kann sich nicht satt hören an seinen Liedern und kann sie doch alle schon selber mitsingen. Aus den strahlenden Gesichtern spricht lauter Bewunderung und Glück. In einem Gottesdienst würde man so etwas Anbetung nennen.

Die Menschen suchen ein Idol, das sie verehren können. Darauf gibt uns unsere heutige Bibellese eine klare Antwort: Hier geht es um kein menschliches Idol, sondern um den lebendigen Gott. In den letzten sechs Wochen hat uns der Römerbrief gezeigt, dass Gott uns zu völlig neuen Menschen macht, dass er uns aus unserem selbstverschuldeten Elend erlöst und uns seine voraussetzungslose Liebe schenkt, und das alles durch seinen Sohn Jesus. Wem das aufgegangen ist, der kann einfach nicht aufhören, zu staunen.

Und dieses Staunen führt uns zur Anbetung Gottes. Wir jubeln keinem Entertainer zu, sondern wir verehren unseren großen Gott. Das gehört zum Glaubensleben genauso dazu wie das Bitten und Danken. – Achten Sie einmal darauf, wieviel Anbetung es in unseren Gottesdiensten gibt! Und geben Sie doch der Anbetung in Ihrem eigenen Gebetsleben mehr Raum. Sagen Sie Gott nicht nur Ihre Sorgen und Ihre Nöte, sondern sagen Sie auch einmal zu ihm: „Großer Gott, ich lobe dich, Herr, ich preise deine Stärke…", oder, noch einfacher: „Vater, ich liebe dich!"

Großer Gott, wir loben dich!
Herr, wir preisen deine Stärke.
Vor dir neigt die Erde sich
und bewundert deine Werke.
Wie du warst vor aller Zeit,
so bleibst du in Ewigkeit.
　　(Ignaz Franz)

24. September Psalm 4

Ich liege und schlafe ganz mit Frieden. (V 9)

Hoffentlich mache ich Sie jetzt nicht müde. Denn diese Seite ist erst für heute Abend gedacht. Wir verbringen bekanntlich ein Drittel unseres ganzen Lebens im Bett. Und das ist notwendig. Denn im Schlaf passiert sehr viel mit uns. Das Gehirn verarbeitet die vielen Eindrücke vom Tag, oft genug mit Hilfe von abstrusen Träumen; der Kreislauf erholt sich; der Körper kann Krankheitserreger abwehren; man „schläft sich gesund". So wichtig ist für uns ein guter Schlaf. Die Griechen hatten einen eigenen Gott dafür. Den nannten sie „Morpheus". (Davon kommt das Wort „Morphium".)

Unser Psalm zeigt uns: Der Schlaf ist ein Geschenk Gottes. Schon damals musste man fürchten, des Nachts überfallen und ausgeraubt zu werden, und bat deshalb Gott um seinen starken Schutz. Heute bauen wir einfach ein Sicherheits-Schloss ein. Ist deshalb unser Schlaf erholsamer? Die „Einbrecher", die uns heute um den Schlaf bringen, sind unsichtbar. Das ist der Frust über ein erlittenes Unrecht an diesem Tag, das ist die Angst vor einem drohenden Unheil am nächsten Tag, das ist die Sorge um uns und unsere Familie in der Zukunft. Vor lauter Grübeln kommt kein Schlaf.

Was ist zu tun? – Kurzfristig kann Arzt und Apotheke helfen. Langfristig hilft nur der lebendige Gott. Bei ihm kann ich jeden Abend alles das loswerden, was mich belastet. Ich sage ihm meinen Ärger und meine Sorgen, ich schildere ihm die ganze Not, die mir keine Ruhe lässt, und kann gewiss sein: Das alles ist jetzt bei ihm gut aufgehoben. Dann kann ich mich zu Bett legen wie in Gottes offene Hand. Dann spüre ich wohlig die Müdigkeit in den Augen und das Erschlaffen meiner Glieder. Dann kann ich nur noch sagen: „Gute Nacht, lieber Gott."

Nun, matter Leib, gib dich zur Ruh und schlafe sanft und stille;
ihr müden Augen, schließt euch zu, denn das ist Gottes Wille.
Schließt aber dies mit ein: „Herr Jesu, ich bin dein!"
So wird der Schluss recht wohl gemacht.
Nun, Jesu, Jesu, gute Nacht. (Christian Scriver)

Psalm 10   **25. September**

Der Gottlose rühmt sich seines Mutwillens, und der Habgierige sagt dem Herrn ab und lästert ihn. (V 3)

„Lasst uns flieh'n, lasst uns flieh'n", singt der Tenor auf der Opern-Bühne, aber er flieht nicht. Sein Verfolger muss hinter den Kulissen warten, bis der Sänger mit seiner Arie fertig ist und endlich verschwinden kann … Sie merken schon, für Opern habe ich nicht allzu viel übrig. Ich für meine Person kann gerne auch ohne sie leben.

Viele Menschen denken über den christlichen Glauben genauso. Sie können gern auch ohne ihn leben. Dann verpassen sie allerdings mehr als einen musikalischen Kunstgenuss. Dann verpassen sie das eigentliche Ziel ihres ganzen Lebens, nämlich die herrliche Zukunft in Gottes ewigem Reich.

Und dabei sind diese Leute in unserem heutigen Psalm gar nicht gemeint. Hier geht es um Menschen, bei denen Gottlosigkeit und Habgier zusammentrifft, das ist die Gier nach Geld, nach Macht oder nach ungezügeltem Sex. Sie demonstrieren ihre Gesinnung frech in aller Öffentlichkeit und sprechen Gott und seinen guten Lebensordnungen Spott und Hohn. Damit fügen sie dem Herrn der Welt die schlimmsten Beleidigungen zu.

Wir sehen, solche Auswüchse gab es schon im alten Israel. Und schon damals haben die Frommen darunter gelitten, genau wie heute. Wenn man hilflos mit ansehen muss, wie Gott in aller Öffentlichkeit verlacht und verleugnet wird, ist das für uns Gläubige ein unerträglicher Schmerz.

Da hilft nur der Blick auf unser großes Ziel. Am Ende aller Tage werden wir in Gottes ewigem Reich in unendlichen Jubel einstimmen: „Dem, der auf dem Thron sitzt, und dem Lamm sei Lob und Ehre und Preis und Gewalt von Ewigkeit zu Ewigkeit!" (Offenbarung 5,13). – Und was wird dann aus Gottes Verächtern geworden sein …?

Erhebet er sich, unser Gott, seht, wie verstummt der Frechen Spott,
wie seine Feinde fliehen! Sein furchtbar majestät'scher Blick
schreckt, sie ihn hassen, weit zurück, zerstäubt all ihr Bemühen.
    (Matthias Jorissen)

26. September   Psalm 16

Du tust mir kund den Weg zum Leben: Vor dir ist Freude die Fülle und Wonne zu deiner Rechten ewiglich. (V 11)

Zofia Jasinska, eine polnische Jüdin, hat den Holocaust überlebt und ist danach (!) wegen einer dummen Sache ins Gefängnis gekommen. Die Trostlosigkeit in der Zelle, die Auswegslosigkeit ihrer Situation und – vor allem! – die Sorge um ihren zweijährigen Sohn haben sie schier umgebracht. Vollkommen überraschend wird sie entlassen: „Frei, endlich frei, wollte ich herausschreien, als sich das Gefängnistor hinter mir geschlossen hatte. Ich atmete ganz tief die frische Luft ein und lächelte die Passanten an, die mir entgegenkamen und nichts von meinem Glück ahnen konnten …" (Zofia Jasinska, „Der Krieg, die Liebe und das Leben", Berlin 1998, S. 167).

Können wir diese Frau verstehen? Dann können wir vielleicht auch ermessen, wie groß das Glück für einen Menschen sein muss, der Gott erlebt hat. Er ist in einem viel tieferen Sinn frei geworden, freigesprochen von allen Anklagen des Gewissens, entlassen aus einem Leben in Selbstverhaftung und Ziellosigkeit, umgeben von der tiefen Liebe Gottes. Was für ein Glück!

Das alles hat für uns etwas mit Jesus zu tun. Das erste Wort bei seiner Geburt hieß: „Siehe, ich verkündige euch große *Freude*" (Lukas 2, 10); und als letztes Wort nach seiner Auferstehung lesen wir: „Da wurden die Jünger *froh*, dass sie den Herrn sahen" (Johannes 20,20). In allen Religionen gibt es Angst vor den Gottheiten, aber im christlichen Glauben gibt es die Freude an unserem unvergleichlich guten Gott. Und dabei ist jede Freude auf Erden nur ein kleiner Vorgeschmack auf die große Freude in Gottes Herrlichkeit: „Die Erlösten des Herrn werden wiederkommen und nach Zion kommen mit Jauchzen; ewige Freude wird über ihrem Haupte sein; Freude und Wonne werden sie ergreifen, und Schmerz und Seufzen wird entfliehen" (Jesaja 35,10).

Jauchzt, alle Lande, Gott zu Ehren!
Rühmt seines Namens Herrlichkeit,
  und feierlich ihn zu verklären,
  sei Stimm' und Saite ihm geweiht!   *(Matthias Jorissen)*

Psalm 19   **27. September**

Die Himmel erzählen die Ehre Gottes, und die Feste verkündigt seiner Hände Werk. (V 2)

„Der natürliche Nachthimmel ist eine Quelle für Astronomen und für alle, die hochschauen und die Großartigkeit des Universums genießen", sagt Jeffrey Hall vom Lowell Observatory (so stand es in meiner Zeitung am 6. Juli 2019). Unser Psalm geht heute noch einen Schritt weiter. Er hilft uns, angesichts des prächtigen Sternenhimmels zu staunen über Gott. Wussten Sie, dass auf dem Mond Temperaturen zwischen minus 173 und plus 127 Grad Celsius herrschen, dass man auf dem Mars Wasser entdeckt hat, weshalb theoretisch dort organisches Leben möglich sein kann, und dass ein Himmels-Objekt im Sternbild „Jungfrau" 6,5 Milliarden Mal größer ist als die Sonne? Das alles hat meine Zeitung am 2. und am 24. 1. und am 28. 12. 2019 geschrieben. Wie groß und gewaltig muss da erst der Schöpfer sein, der diese unermesslichen Weiten hat entstehen lassen!

Aber unser Psalm bleibt dabei nicht stehen. Er weckt in uns nicht nur das Staunen über Gottes Schöpfung (V 1–7), sondern auch die Liebe zu Gottes Wort (V 8–14) und die Wertschätzung des Gebetes (V 15). Dies alles gehört für den Menschen, der Gott kennt, unbedingt zusammen. Und wenn heute vielerorts aus Sorge um den Klima-Wandel die Bewahrung der Schöpfung groß geschrieben wird, dann ist das richtig und gewiss auch sehr notwendig. Aber unser Psalm ermahnt uns, dabei nicht stehenzubleiben. Unser „Gottesdienst" erschöpft sich nicht in ehrenwerten Aktionen zum Schutz der Umwelt; er bezieht auch unser Hören auf Gott und unser Reden mit Gott in unser tägliches Leben mit ein. Also, lasst uns nicht bei der Schöpfung stehenbleiben. Lasst uns immer bis zum Schöpfer durchdringen. Erst dann haben wir diesen Psalm richtig verstanden.

Dich predigt Sonnenschein und Sturm,
dich preist der Sand am Meere.
Bringt, ruft auch der geringste Wurm,
bringt meinem Schöpfer Ehre!   *(Christian Fürchtegott Gellert)*

28. September   **Psalm 25**

Um deines Namens willen, Herr, vergib mir meine Schuld, die so groß ist. (V 11)

Sie haben nicht schlecht gestaunt, die Mitarbeiter vom Gleim-Haus, einem Literatur-Museum in Halberstadt, als sie Anfang 2019 ein Paket ohne Absender erhielten. Inhalt: Zwei wertvolle Bücher, die ihnen abhandengekommen waren, und dazu ein Zettel: „Ein reuiger Sünder".

Diese Geschichte kann uns Mut machen. Wenn jemand begangenes Unrecht einsieht und wiedergutmachen kann, ist das ein Segen für beide Seiten. Oft genug aber ist das nicht so einfach. Dann lässt sich begangenes Unrecht nicht wieder gut machen. Dann kann es sich schwer auf die eigene Seele legen, besonders dann, wenn man damit Gott gekränkt hat. Unser Psalm zeigt uns, wie schwer diese Last drücken kann. Er zeigt uns aber auch, wo man diese Last loswerden kann, nämlich genau bei dem Gott, vor dem man schuldig geworden ist. Dann kann man sich diesen Psalm als Gebet zu Eigen machen. Dann kann man bei den Wörtern „Schuld" und „Sünden" an die eigenen Vergehen denken und kann gewiss sein, dass Gott sie gern vergibt.

Dafür bürgt kein Geringerer als Jesus, Gottes eigener Sohn. Er hat allen unseren Ungehorsam vor Gott auf sich genommen und auf unseren Namen am Kreuz dafür gebüßt. Das können wir für uns in Anspruch nehmen und um seinetwillen bei Gott um Gnade bitten. Eventuell kann ein Seelsorger uns dabei behilflich sein. In seiner Gegenwart können wir dann alles das beim Namen nennen, was uns vor Gott belastet. Er wird mit uns zusammen beten, und dann wird er uns ausrichten: „Dir sind deine Sünden vergeben."

Ich bin ganz getrosten Muts;
ob die Sünden blutrot wären,
müssen sie kraft deines Bluts
dennoch sich in schneeweiß kehren,
dass ich gläubig sprechen kann:
Jesus nimmt die Sünder an.
      (Erdmann Neumeister)

Psalm 27   **29. September**

Der Herr ist mein Licht und mein Heil; vor wem sollte ich mich fürchten? (V 1)

Sie öffnete den Briefkasten und wurde starr vor Entsetzen: Jemand hatte ihr eine tote Ratte und eine zerrissene Bibel durch den Briefschlitz gezwängt. So geschehen im Frühjahr 2020 mitten in Deutschland. Warum? – Sie ist vor kurzem Christ geworden. Das muss irgendwelchen Leuten nicht gefallen haben …

Ja, wenn es um unsere Feinde geht, brauchen viele Menschen nicht lange zu suchen. Arbeitskollegen, Gartennachbarn, Mieter im eigenen Haus oder Verwandte können einander spinnefeind sein, dass man froh sein muss, wenn sie keinen Revolver besitzen.

Das ist nicht neu. Schon unser Psalm-Beter konnte „ein Lied davon singen." In den Versen 1 bis 6 freut er sich an der Gegenwart Gottes, denn Gott ist stärker als alle Feinde zusammen. Solange er in seinem Schutz lebt, können die wütenden Gegner ihm nichts anhaben. – In den Versen 7 bis 13 hören wir dem Psalm-Beter zu, wie er Gott um seinen Beistand bittet vor der Bosheit aller seiner Verfolger.

Geht es Ihnen besser als hier in diesem Psalm? – Seien Sie froh. Vielleicht sind Sie selber ein sehr friedfertiger Mensch. Vielleicht geht es Ihnen wie einer lieben Glaubensschwester, bei deren Beerdigung gesagt wurde: „Mit ihr konnte niemand zanken." So kann man sich Feinde vom Leibe halten, am Ende kann man sie sich sogar zu Freunden machen. – Aber wenn das nicht gelingt, dann können wir zu demselben Gott Zuflucht nehmen, der diesem Psalm angerufen wird. Und dann gilt auch uns die Ermutigung aus Vers 14: „Harre des Herrn; sei getrost und unverzagt und harre des Herrn."

O Herre Gott, nimm unser wahr,
sei unser Wächter immerdar,
dass nimmermehr ein Feind uns fällt,
wenn unsern Seelen er nachstellt.
    (Michael Weiße)

30. September — Psalm 34

Ich will den Herrn loben allezeit; sein Lob soll immerdar in meinem Munde sein. (V 2)

„Ich habe mich sehr gewundert", gestand mir eine Frau. „Ich hatte Sie gefragt, ob Sie wegen meiner Krankheit mit mir beten können, und Sie haben stattdessen nur Gott gelobt und ihm gedankt. Und ich habe mich noch mehr gewundert", fügte sie hinzu, „dabei ging die Krankheit weg!"

Das Gotteslob ist zu einem Stiefkind geworden in unserem Glaubensleben. Prüfen Sie sich nur einmal, wie viel Bitten Sie an Gott richten und wie wenig Lob und Dank dabei vorkommt. Mir scheint, hier müssen wir noch viel lernen. Unser heutiger Psalm kann uns dabei behilflich sein.

Hier gibt es gleich das doppelte Gotteslob. Einmal loben wir Gott, wenn wir ihn selber anbeten („Großer Gott, ich lobe dich ..."), und zum anderen loben wir Gott, wenn wir anderen Menschen sagen, wie groß er ist. Beides finden wir in unserem Psalm. Und beides hat begonnen mit großer Not und schlimmer Bedrängnis. Aus dieser Angst heraus hat der Psalm-Beter bei Gott um Hilfe gefleht und ist wunderbar erhört worden. Dafür kann er ihm nur danken, und das muss er seinen Mitmenschen sagen.

Merken Sie, so manches Gotteslob hat seinen Ursprung in einer konkreten Not. Je größer die Not ist, umso inniger flehen wir zu Gott um Hilfe. Und wenn wir dann seine Hilfe erlebt haben, dann können wir nicht aufhören, ihm dafür zu danken. Wer weiß, vielleicht ist dieser Segen schon unbemerkt in der Not verborgen, die jetzt gerade auf Ihrer Seele liegt?

Du hast uns oft verstrickt in Schlingen,
den Lenden Lasten angehängt;
du ließest Menschen auf uns dringen,
hast rings umher uns eingeengt.
Oft wollten wir den Mut verlieren
in Feuer und in Wassersnot,
doch kamst du, uns herauszuführen
und speistest uns mit Himmelsbrot. (Matthias Jorissen)

Psalm 40

1. Oktober

Er zog mich aus der grausigen Grube, aus lauter Schmutz und Schlamm, und stellte meine Füße auf einen Fels. (V 3)

Manche haben schon aus lauter Verzweiflung Rasierwasser getrunken, weil kein Bier oder Schnaps mehr da war. – Die Alkohol-Sucht ist eine entsetzliche Krankheit. Sie beginnt meist ganz harmlos: Ein Glas Wein löst Verspannungen und hebt die Stimmung. Wer sich daran gewöhnt, braucht bald immer mehr davon, auch höherprozentige Getränke. Und dann geht es bald bergab. Man verliert den Job, die Familie, die Wohnung. Am Ende kreist das ganze Leben nur noch um zwei Gedanken: Wo kriege ich was zu trinken? Und: Wo kann ich heute Nacht schlafen?

Aber es gibt Auswege: Ärzte können eine Therapie empfehlen; Sozialämter vermitteln professionelle Hilfe; in Selbsthilfegruppen trifft man Leidensgefährten. Auch Christen widmen sich dieser Not. Ihre Initiative heißt „Blaues Kreuz" und ist bundesweit vernetzt. Dort treffen sich geplagte Alkoholiker mit denen, die diesem Elend entronnen sind. Die Geretteten können das oben abgedruckte Psalm-Wort bestätigen. Es drückt das Herzensanliegen der ganzen Arbeit aus: Getriebene Menschen erleben, wie Jesus sie aus den Zwängen ihrer Sucht befreit und ihnen ein Leben in königlicher Freiheit schenkt.

Das gilt nicht nur für den Alkohol, sondern auch für jede andere Sucht. Unser Psalm erlaubt uns, aus jeder noch so schweren Abhängigkeit zu Gott um Hilfe zu rufen (V 14) und bezeugt uns, dass Gott auf solches Flehen nur allzu gern antwortet (V 18).

Gebt, ihr Sünder, ihm die Herzen,
klagt, ihr Kranken, ihm die Schmerzen,
sagt, ihr Armen, ihm die Not.
Wunden müssen Wunden heilen,
Heilsöl weiß er auszuteilen,
Reichtum schenkt er nach dem Tod.
    (Philipp Friedrich Hiller)

2. Oktober — Psalm 60

Mit Gott wollen wir Taten tun. (V 14)

„Gott mit uns" stand auf dem Koppelschloss der deutschen Soldaten im Zweiten Weltkrieg. Ein verhängnisvoller Irrtum, wie sich bald herausstellen sollte. – Ganz anders unser heutiger Psalm: Israel musste erleben, dass sein ganzes Kriegsglück allein vom Beistand Gottes abhing. Dabei hat nie Israel den Streit gesucht; sondern seine Nachbarvölker wollten es aus diesem Land vertreiben. Israel musste verzweifelt sein Lebensrecht verteidigen.

Darin hat sich nichts geändert. Wenn heute jemand den Zusammenhang zwischen dem modernen Israel und seinen Vorfahren im Alten Bund anzweifelt, dann kann ich nur sagen: Lesen Sie doch die Zeitung! Die Probleme im heutigen Israel sind dieselben wie damals bei David: Ihm wird sein Land streitig gemacht.

Und dabei hat Gott diese Frage längst geklärt. Lesen Sie nur die Verse 8 bis 10. Man sollte an diesen Worten keine exakte Grenz-Ziehung ablesen. Andere Bibelstellen machen dazu andere Angaben. Aber alle Bibelstellen bezeugen übereinstimmend: Dieses Land gehört Gott. Kein anderes Land auf dem ganzen Globus hat Gott jemals zu seinem Eigentum erklärt; allein diesen Landstrich an der Ostküste vom Mittelmeer hat Gott für sich reklamiert und seinem eigenen Volk Israel zugewiesen. Und weil Gott ewig ist, gilt diese Entscheidung auf ewig. Wer das anzweifelt, zweifelt die Ewigkeit Gottes an.

Gottes Stadt steht fest gegründet
auf heilgen Bergen, es verbündet
sich wider sie die ganze Welt;
dennoch steht sie und wird stehen,
man wird an ihr mit Staunen sehen,
wer hier die Hut und Wache hält.
Der Hüter Israels ist ihres Heiles Fels, Halleluja.
Lobsingt und sprecht: Wohl dem Geschlecht,
das in ihr hat das Bürgerrecht.
   (Philipp Spitta)

Psalm 61 3. **Oktober**

Du wollest dem König langes Leben geben. (V 7)

40 Jahre lang hat in der DDR die Nationale Volksarmee (NVA) dafür trainiert, dass sie ihr Land verteidigt, wenn es von Westdeutschland aus angegriffen wird. Die Bundesrepublik war der „Klassenfeind", vor dem man sich unbedingt schützen musste. – Dann kam der 3. Oktober (!) 1990. An diesem Morgen standen die Soldaten der NVA in den Uniformen der Bundeswehr vor ihrer Kaserne, und über ihnen wehte die Fahne der Bundesrepublik. Beide deutsche Staaten sind zu einem Volk vereinigt worden.

Seitdem ist der 3. Oktober Staatsfeiertag. Heute kommt keine Zeitung und keine Müllabfuhr. Dafür kommt heute eine recht „politische" Andacht in diesem Buch. Wir orientieren uns am Psalm 61. Damals gab es die Könige. Manche haben ihr Amt vorbildlich ausgeübt, andere nachlässig. Aber keiner von ihnen wurde abgesetzt. Man betete für den König, das war besser.

Heute wird die Regierung vom Volk gewählt. Daran sollten wir uns unbedingt beteiligen. Zugleich sollten wir den Ausgang der Wahl Gott anheimstellen und dann auch aus seiner Hand nehmen. Dann wird nicht geklagt und geschimpft, sondern gebetet, und zwar für alle, die in Berlin das Sagen haben. Auch wenn viele von ihnen selber Gott gar nicht kennen – seinen Segen brauchen sie alle. Bedenken Sie nur, vor wie vielen unlösbaren Problemen die Regierung steht. Wir verlangen von ihr, dass sie Verhältnisse schafft, die erst der Messias bringen wird, und regen uns auf, wenn das nicht klappt. Beten wir lieber für unsere Entscheidungsträger, das ist wirksamer. Schon die Israeliten wussten: Etwas Besseres kann man gar nicht tun für sein Volk.

Gib Fried im Land und im Gewissen,
gesunde Luft, wohlfeile Zeit,
dass Lieb und Treu einander küssen,
und fördre die Gerechtigkeit.
Krön unser Feld mit deinem Gut,
nimm Kirch und Haus in deine Hut.
   (Benjamin Schmolck)

4. Oktober   Psalm 62

Meine Seele ist stille zu Gott, der mir hilft. (V 2)

Der Raum ist hell und freundlich, aber es stehen keine Möbel darin. An der Stirnwand hängt ein großes Kreuz, darunter brennt eine hohe Kerze. Der Fußboden ist ausgekleidet mit einem dicken, flauschigen Teppich. – Ich bin in einem ehrwürdigen Kloster, das von evangelischen Schwestern bewohnt wird. Jetzt kommen sie herein. Jede hat einen kleinen Hocker dabei, schmaler und niedriger als eine Fußbank. Sie knien sich auf den Teppich; sie stellen den Hocker quer über die Unterschenkel und setzen sich darauf. Dann geschieht – nichts. Absolutes Schweigen. 20 Minuten lang. Dann spricht die Äbtissin ein Segenswort, die Schwestern erheben sich, sie bringen die Hocker zurück und begeben sich an ihre Arbeit.

    Ich bleibe allein im Raum. Ich habe soeben zwanzig Minuten erlebt, die für die Schwestern unerhört kostbar sind. In dieser Zeit konnten sie mit ihrem ganzen Herzen bei Jesus sein. Kein einziges Geräusch durfte sie ablenken. Diese stille Pause gehörte ganz allein ihrem Herrn.

    Nichts anderes meint das Psalm-Wort ganz oben auf dieser Seite. In der Gegenwart Gottes kann ich vollständig zur Ruhe kommen. Alle meine Sorgen habe ich ihm bereits gesagt, die weiß ich schon in seinen guten Händen. Jetzt kommt nichts mehr, kein Dank, keine Bitte, keine Anbetung (so wertvoll das alles auch ist). Jetzt darf ich nur noch bei Gott sein. Ich muss nicht krampfhaft versuchen, eine Nachricht von ihm zu empfangen, ich darf mich einfach nur ausruhen in seiner beglückenden Gegenwart. – Denken Sie, dass das langweilig wird? Ich entgegne: Wir werden eine ganze Ewigkeit lang bei Gott sein; und da sollten mir auf Erden zwanzig Minuten bei Gott langweilig werden?

Gott ist gegenwärtig. Lasset uns anbeten
und in Ehrfurcht vor ihn treten.
Gott ist in der Mitten. Alles in uns schweige
und sich innigst vor ihm beuge.
        (Gerhard Tersteegen)

Psalm 64　　　　　　　　　　　　　　　5. Oktober

Gott, behüte mein Leben vor dem schrecklichen Feinde. (V 2)

„Du bist das größte Arschloch von der ganzen Welt!", schrie mich einer an und fuchtelte mit geballter Faust vor meinem Gesicht herum. Zum Glück kam gerade da meine Tochter und konnte Schlimmes verhindern.

Noch größer ist die Not in unserem heutigen Psalm. Hier ruft jemand in höchster Verzweiflung bei Gott um Hilfe. Er wird von anderen Menschen in schlimmster Weise drangsaliert und kann sich nicht mehr gegen sie wehren. Wir sind am 29. September schon einmal darauf gekommen. Die Psalmen handeln immer wieder davon. Offensichtlich war die Feindschaft unter den Menschen schon damals ein großes Problem.

Und heute? – Schon ein Kind kann in der Schule von anderen so schlimm gequält und gehänselt werden, dass es sich nicht mehr zum Unterricht traut. – Im Beruf kann man von einem einzigen Kollegen derart schikaniert werden, dass man davon regelrecht krank wird. – Im Haus kann man von einem anderen Mieter so böse angegiftet werden, dass man gar nicht mehr vor die Tür gehen will. – Im Dorf kann man durch böse Gerüchte in ein so schlechtes Licht geraten, dass man am liebsten wegziehen möchte. – Die Bosheit, die die Menschen einander antun können, hat viele Gesichter. Aber eins ist überall gleich: Das Opfer wird dadurch seelisch zugrunde gerichtet.

Hier hilft uns unser heutiger Psalm. Er hilft uns, das ganze Elend bei Gott herauszuschreien. Ihm ist unser Ergehen nicht egal. Ihn dürfen wir bitten, uns vor unseren Feinden zu schützen. Ob er dann gleich so drastisch mit ihnen verfährt, wie in Vers 8 und 9 erbeten wird, sollten wir ihm überlassen. Aber dass sich am Ende der Vers 11 auch in unserem Leben erfüllt, das dürfen wir von ihm erbitten.

Drängt uns der Feind auch um und um,
wir lassen uns nicht grauen;
du wirst aus deinem Heiligtum
schon unsre Not erschauen.
　　(Friedrich Oser)

6. Oktober — Psalm 69

Gott, hilf mir! Denn das Wasser geht mir bis an die Kehle. (V 2)

„Das Wasser steht mir bis zum Hals", sagen wir, wenn es wirklich nicht mehr weitergehen will. Mir scheint, diese Redensart stammt von dem oben zitierten Bibel-Wort. Die Not ist wirklich unerträglich.

Lesen Sie nur die Verse 1 bis 13. Ich bin froh, dass auch solche Worte in der Bibel stehen. Hier wird uns keine „Heile Welt" versprochen. Auch Gläubige können in Nöte geraten, die alles Begreifen übersteigen.

Aber wir müssen nicht darin untergehen. Die Verse 14 bis 22 zeigen uns, dass wir aus jedem noch so großen Elend zu Gott um Hilfe rufen können, und dieser Hilferuf verhallt garantiert nicht ungehört.

Die Verse 23 bis 30 könnten uns irritieren. Passen solche Rache-Gedanken zu einem Gläubigen? Hat Jesus uns nicht gelehrt, dass wir auch „unsern Schuldigern" vergeben sollen? – Ganz gewiss. Aber sollen die, die anderen großes Unrecht zugefügt haben, am Ende ungeschoren davonkommen? Der Psalmbeter übt keine Selbstjustiz. Er überlässt die Abrechnung Gott, und das ist bestimmt das Beste.

Die Verse 31 bis 37 sind für uns ein starker Trost. Auch die allerschwersten Wege haben ein herrliches Ziel: Am Ende wird unser Glück bei Gott auch die schlimmsten Leiden bei weitem übertreffen. Und sei die Not zur Zeit auch noch so schwer: Sie wird nie das letzte Wort haben in unserem Leben. Das letzte Wort hat immer der allmächtige Gott. Und das ist ein Wort von unbeschreiblich reicher Herrlichkeit.

Ich will zu deinem Tempel wallen,
dort bring ich dir mein Opfer dar,
bezahl mit frohem Wohlgefallen
Gelübde, die ich schuldig war;
Gelübde, die in banger Stunde
– an allem, nicht an dir verzagt –
ich dir, o Gott, mit meinem Munde
so feierlich hab zugesagt. (Matthias Jorissen)

Psalm 70   **7. Oktober**

Lass deiner sich freuen alle, die nach dir fragen. (aus V 5)

Wenn meine Frau bei mir im Auto mitfährt, entdeckt sie immerzu etwas Neues: Quittegelbe Rapsfelder, schmucke Fachwerkhäuser, einen leuchtenden Regenbogen ... Ich sehe das alles nicht. Ich sehe nur Schilder, Ampeln, Schlaglöcher. Es kommt eben ganz darauf an, worauf man seinen Blick richtet.

    Und zwar nicht nur im Auto, sondern im ganzen Leben. Die Psalmen machen uns das vor. Sie richten unsere Blicke immer wieder auf Nöte und Schmerzen aller Art. So oft diese Leiden in den Psalmen vorkommen, so oft kommen sie auch in unserem Leben vor. Und dann meinen wir, wir sind von Gott und aller Welt verlassen. Dann sehen wir von Gott gar nichts mehr.

    Dabei geht es uns so, wie es mir im Auto geht. Wenn ich den Regenbogen nicht sehe, von dem meine Frau so entzückt ist, ist er trotzdem da. Ich habe nur meine Augen woanders. Mit Gott ist es genauso. Wenn ich nichts von ihm merke, ist er aber trotzdem da. Das zeigt uns der heutige Psalm. Mitten in der bewegenden Klage eines leidgeprüften Menschen lesen wir: „Lass deiner sich freuen ..." (s.o.).

    Der Psalm richtet jetzt sozusagen unseren Blick auf den guten Gott. Mitten in der Not ist Gott da. Er hört mein Flehen und versichert mir, dass ich auch jetzt im Leiden von ihm gehalten und getragen werde. Ob man sich dann gleich „freuen" kann, wie oben gedruckt, überlasse ich Ihnen. Aber getröstet und ermutigt wird man dann auf jeden Fall.

Ob ich wandert im finstern Tal,
fürcht ich doch kein Unglücke
in Leid, Verfolgung und Trübsal,
in dieser Welte Tücke;
denn du bist bei mir stetiglich,
dein Stab und Stecken trösten mich,
auf dein Wort ich mich lasse.
    (Augsburg 1531)

8. Oktober — Psalm 77

Gott, dein Weg ist heilig. (V 14)

Quer über die ganze Autobahn verläuft eine rot-weiß angestrichene Barriere, davor steht ein Sperrschild, dahinter bricht die Fahrbahn ab. Dann sieht man nur noch Gras und Unkraut und ein paar Sträucher. Die Autofahrer müssen vorher an der letzten freien Ausfahrt die Strecke verlassen. Die Autobahn endet einfach im Nichts.

Ganz anders bei Gott. Die Wege, die Gott uns führt, enden niemals im Nichts, sondern führen uns in eine unvorstellbare Herrlichkeit in Gottes ewigem Reich. Dieses Ziel erreichen wir freilich erst nach der Sterbestunde, aber im ganzen Erdenleben können wir immer wieder erfahren, dass Gott uns liebevoll führen will. Sein Weg ist heilig.

„Heilig" ist eigentlich nur das Attribut für Gott, der in seiner Weisheit, in seiner Macht und in seiner Liebe einfach unübertroffen ist und in großer Treue über seinen Kindern waltet. Und wenn dann im Psalm der Weg Gottes „heilig" genannt wird, dann heißt das: Sein Weg ist vollkommen, fehlerfrei und gut, sorgfältig für uns ausgewählt. Hieran ist nichts auszusetzen.

Das kann man leider nicht immer sehen. So wenig wir Gott sehen können, so wenig können wir oft die Sorgfalt und Genauigkeit erkennen, die Gott in unserem Leben walten lässt. Allzu viele Missgeschicke und Widrigkeiten wollen uns den Blick auf Gottes gute Absichten versperren. Oft genug können wir nur später, im Rückblick, erkennen, dass Gott in einer besonders schweren Zeit besonders gute Pläne mit uns verfolgt hat.

Wenn uns das bewusst geworden ist, dann können wir jetzt schon, mitten in der großen Not darauf vertrauen, dass Gott auch dem gegenwärtigen Leid einen tiefen Sinn geben will. Es bleibt dabei: Auch wenn Gott uns schwere Wege führt, können wir jederzeit festhalten: „Gott, dein Weg ist heilig."

Wenn ich, o Schöpfer, deine Macht, die Weisheit deiner Wege,
die Liebe, die für alle wacht, anbetend überlege,
so weiß ich, von Bewunderung voll, nicht, wie ich dich erheben soll,
mein Gott, mein Herr und Vater. (Christian Fürchtegott Gellert)

Psalm 78, 1–31 9. Oktober

Ich will Geschichten verkünden aus alter Zeit. (V 2)

„Man lernt aus der Geschichte, dass man aus der Geschichte nichts lernt", soll Adolf Hitler gesagt haben. Ich kann das nicht nachprüfen. Auf jeden Fall hat er den Beweis geliefert, dass dieser Satz – jedenfalls auf ihn bezogen – hundertprozentig zutrifft.

In unserem heutigen Psalm sieht das ganz anders aus. Hier werden die Israeliten erinnert an ihre Jahrhunderte lange Geschichte mit Gott, an seine Wundertaten, an ihre Undankbarkeit, an seine Strafen. Und das alles, damit sie daraus lernen und jetzt ihr eigenes Leben ganz neu auf Gott und seine Ehre ausrichten.

Denselben Sinn hat für uns ein heilsamer Rückblick auf unsere Geschichte. Und da müssen wir gar nicht weit gehen. Da reichen schon die letzten 100 Jahre. Die Deutschen haben sich nach dem Ersten Weltkrieg einen „starken Mann" gewünscht, der sie aus ihrem Elend befreien kann, und haben Adolf Hitler gewählt. Mit seinem Hass auf die Juden, mit seiner Verachtung anderer Rassen und mit seinen gewissenlosen Eroberungs-Feldzügen hat er ganz Europa in ein viel größeres Elend gestürzt als zuvor. Die Menschen haben ihm gehuldigt wie einem Messias und haben damit Gott und seine Autorität sträflich missachtet. Die Quittung bekamen wir 1945: Fast jede Familie hatte durch Hitlers Schuld Angehörige verloren, die meisten waren obdachlos, und viele haben zudem ihre Heimat eingebüßt.

Haben wir daraus gelernt? Oder sind wir bereit, neuen ideologischen Rattenfängern auf den Leim zu gehen? Beteiligen wir uns an dem dumpfen Protest gegen die herrschenden Verhältnisse und erwarten wir die Lösung aller Probleme wirklich von denen, die am lautesten schreien können? Dann sollten wir uns Wochenschau-Aufnahmen von 1933 ansehen. Dann werden wir hoffentlich eines Besseren belehrt.

Wach auf, wach auf, du deutsches Land! Du hast genug geschlafen,
bedenk, was Gott an dich gewandt, wozu er dich erschaffen.
(Johann Walter)

10. Oktober   **Psalm 79**

Gott, es sind Heiden in dein Erbe eingefallen. (aus V 1)

„Genießt den Krieg, der Frieden wird schrecklich", sagte man in Deutschland, auch in meinem Elternhaus, vor dem Ende des Zweiten Weltkrieges. Dahinter verbarg sich die Befürchtung, dass die Sieger-Mächte in unserem Land genauso auftreten würden wie vorher unsere Soldaten bei ihnen, und dann würde bei uns das reine Chaos ausbrechen. Das war, wenn man so will, ein erster Schritt in Richtung Sünden-Erkenntnis, aber leider ohne Reue.

Eine viel tiefere Sünden-Erkenntnis spricht aus unserem heutigen Psalm. Feinde haben das Land mit Krieg überzogen und haben in ihrer Zerstörungswut nicht einmal vor dem Tempel in Jerusalem Halt gemacht. Das Land lag in Trümmern, man stand vor dem Nichts, das Elend war unbeschreiblich.

In dieser Not taten die Menschen das einzig Richtige: Sie schrien zu Gott. Aber sie haben ihm nicht nur ihr Leid geklagt, sie haben ihm auch ihre eigene Schuld geklagt (V 9). Sie sind nicht an den Bewohnern anderer Länder schuldig geworden, sondern an Gott. Sie hatten Gott komplett aus ihrem Leben ausgeklammert und alle Rufe zur Umkehr überhört. Nun erfuhren sie Gottes Antwort. Und die war schrecklich. Aber sie brachte die Menschen wenigstens zur Besinnung.

Wohlgemerkt: Nicht jede Not ist Gottes Antwort auf unsere Schuld. Im Gegenteil: Menschen, denen Gott gar nichts bedeutet, können lange Zeit viel üppiger und sorgloser leben als treue Nachfolger Jesu. Aber wir sollten doch bei jedem Leid, das uns heimsucht, wenigstens die Frage an Gott richten, was er uns damit sagen will. Die Antwort kann schon der Anfang von neuem Segen sein.

Wend von mir nicht dein Angesicht, lass mich im Kreuz nicht zagen;
weich nicht von mir, mein höchste Zier, hilf mir mein Leiden tragen.
Hilf mir zur Freud nach diesem Leid,
hilf, dass ich mag nach dieser Klag
dort ewig dir Lob sagen.
        (Georg Weissel)

Psalm 80   **11. Oktober**

Gott, tröste uns wieder und lass leuchten dein Antlitz, so genesen wir. (V 4)

„Schade, dass du jetzt mein Gesicht nicht sehen kannst", habe ich erst gestern am Telefon zu meiner Tochter gesagt. Sie hat mir eine unerwartet gute Nachricht bringen können, und darüber habe ich mich so sehr gefreut, dass ich keine Worte dafür fand. Mein ganzes Gesicht muss gestrahlt haben. Schade, dass sie das nicht sehen konnte.

    Genauso geht es uns mit Gott. Schade, dass wir sein Gesicht nicht sehen können. Es strahlt vor lauter Freude an uns und in inniger Liebe zu uns. Das ist nicht selbstverständlich. Sein Gesicht kann sich auch verfinstern aus lauter Zorn, Enttäuschung und Kummer über uns. Auch das können wir nicht sehen. Aber wir können beides erleben.

    Davon handelt heute unser Psalm. Die Israeliten haben den Zorn Gottes und seine Enttäuschung über sie erleben müssen, als er sie schutzlos ihren Feinden preisgab. Die Not war riesengroß. Denn Gott hatte sich von ihnen abgewendet. – In dieser Not schrien sie zu Gott. „Tröste uns wieder" kann man auch übersetzen mit „Stell uns wieder her" (NeÜ Bibel.heute), und „lass leuchten dein Antlitz" bedeutet: „Schau uns wieder gnädig an", denn nur unter dem Blick seiner Gnade kann das Volk wieder aufleben.

    Heute können wir dieses Gebet uns zu Eigen machen. Wie groß die Not auch sein mag, die uns gerade erdrücken will, die Güte Gottes ist auf jeden Fall größer. Wenn er uns wieder gnädig anschaut, können wir wieder aufatmen. Wir können sein Antlitz nicht sehen, aber wenn wir es sehen könnten, würden wir nichts als lauter Liebe darin sehen. Wer das weiß, der ist getröstet.

Freundlich, freundlich rede du
und sprich dem müden Volke zu:
„Die Qual ist um, der Knecht ist frei,
all Missetat vergeben sei."
    (Waldemar Rode)

12. Oktober Psalm 82

Schaffet Recht dem Armen und der Waise und helft dem Elenden und Bedürftigen zum Recht. (V 3)

In Indien gibt es Mütter, die ihre Babys gleich nach der Geburt an Armen oder Beinen verstümmeln, damit diese Kinder später, wenn sie groß sind, mit ihren verkrüppelten Gliedmaßen das Mitleid der Touristen wecken und dafür mehr Almosen von ihnen bekommen. – Die Armut in diesem großen, reichen Land ist erschütternd. Die Ursachen dazu sind vielfältig. Eine davon ist die Religion, der Hinduismus. Dort heißt es, dass der Mensch nach seinem Tod wieder ein neues Leben auf der Erde kriegt („Wiedergeburt", *ganz anders* als bei Jesus, Johannes 3,3), und dass man im nächsten Leben belohnt oder bestraft wird für gute oder schlechte Taten von früher. Deshalb ist dort das soziale Elend die wohlverdiente Strafe der Götter und darf nicht gelindert werden.

Was für eine Wohltat enthält stattdessen der Glaube an den Gott der Bibel! Bei ihm haben die Armen und die Benachteiligten einen besonders hohen Stand. Ihnen gilt seine ganze Liebe. Um ihnen diese Liebe schenken zu können, braucht er uns mit allen unseren Möglichkeiten. Ich denke da an eine christliche Initiative in Süddeutschland, die in mehreren Städten der Ukraine Suppenküchen für die Ärmsten der Armen finanziert und damit vielen Unglücklichen wenigstens eine warme Mahlzeit am Tag ermöglicht. Und ich denke an Familien in unserem Land, bei denen andere Kinder, die aus zerrütteten Elternhäusern kommen, eine zweite Heimat finden und echte Geborgenheit erleben. Das sind nur zwei Beispiele von den unzählig vielen Möglichkeiten, die uns gegeben sind. Die Liebe Gottes bricht sich Bahn zu denen, die auf der Schattenseite des Lebens stehen, und zwar durch diejenigen, die selber von der Liebe Gottes beschenkt worden sind, nämlich durch uns.

Ach zünde deine Liebe in meiner Seele an,
dass ich aus innerm Triebe dich ewig lieben kann
und dir zum Wohlgefallen beständig möge wallen
auf rechter Lebensbahn.
    (Ludwig Andreas Gotter)

Psalm 84

13. Oktober

Ein Tag in deinen Vorhöfen ist besser als sonst tausend. (V 11)

Kennen Sie das Julius-Schniewind-Haus in Schönebeck bei Magdeburg? Das ist eine evangelische Einkehrstätte für Menschen, die gerne einmal Urlaub mit täglichen Bibel-Betrachtungen verleben möchten. Manche kommen jedes Jahr wieder und freuen sich schon lange vorher darauf, und zwar nicht nur auf die tägliche Verkündigung und das Angebot der persönlichen Seelsorge, sondern auch auf die liebevolle Betreuung durch die Schwestern, auf das Zusammensein mit Gleichgesinnten, auf erfüllte Tage in der Gegenwart Gottes.

Ganz ähnlich ging es den Frommen im Alten Testament, wenn sie an den Tempel dachten, und zwar nicht nur an das eigentliche Gebäude (das durften ja nur Priester betreten), sondern auch an den eingezäunten Platz davor. Dort spielte sich ja das eigentliche Leben ab, auch das gottesdienstliche Leben. Dort wurden die Opfertiere geschlachtet und für Gott verbrannt, dort legten Schriftgelehrte die Thora aus, dort diskutierten Pharisäer ihre Glaubensfragen, dort beteten Menschen mit erhobenen Händen zu ihrem Gott. Die Sehnsucht danach war für manche Gläubige damals so groß, dass sie oft genug wochenlange Fußmärsche aus ihrem Heimatort in das ferne Jerusalem auf sich nahmen (Lukas 2, 41–51), nur, um einmal die beglückende Nähe Gottes erfahren zu können.

Kennen Sie diese Sehnsucht auch? Dann müssen Sie zu keinem Tempel pilgern (und in kein Schniewind-Haus fahren), sondern dann brauchen Sie nur mit Ihren Glaubensgeschwistern vor Ort zusammenzutreffen. Sobald nur zwei oder drei (!) Jünger Jesu beisammen sind, ist er selber anwesend (Matthäus 18,20). Schon „passiert Tempel" in unserer Zeit. Man kann dieses Geschehen gar nicht hoch genug einschätzen.

Gott ist gegenwärtig, dem die Cherubinen
Tag und Nacht gebücket dienen.
Heilig, Heilig, Heilig! singen ihm zur Ehre
aller Engel hohe Chöre.
   (Gerhard Tersteegen)

14. Oktober   **Psalm 85**

Herr, erweise uns deine Gnade und gib uns dein Heil! (V 8)

Ich sehe lauter strahlende Gesichter, und zwar in einer Zeitschrift mit Gesundheits-Tipps für alte Leute. Und ich sehe lauter verdrossene Gesichter, und zwar im Wartezimmer meiner Hausärztin. Die Werbe-Industrie gaukelt uns eine heile Welt vor, die es gar nicht gibt. Die Bibel dagegen ist sehr realistisch. Haben Sie gemerkt, wie viele Psalmen in den letzten Tagen von Leid und Not und Angst gehandelt haben? Die Bibel zeigt uns das Leben, wie es wirklich ist; und sie zeigt uns Gott, wie er wirklich ist, nämlich erreichbar für jeden, der aus seinem Elend zu ihm ruft.

Das bezeugt auch der heutige Psalm. Hier geht es nicht um die Not eines Einzelnen, sondern um die Not des ganzen Volkes. Der Psalm-Beter klagt Gott diese Not, aber er be-klagt sich nicht darüber. Denn er weiß, die Not seines Volkes ist die Frucht seiner konsequenten Abkehr von Gott und seinem Wort. Wohlgemerkt: Nicht jede Not, auch im persönlichen Leben, hat diese Ursache. Aber wenn diese Ursache offensichtlich ist, dann soll man Gott nicht nur um Rettung aus der Not bitten, sondern auch um Rettung aus der Schuld. Das zeigen uns heute die Verse 2 bis 8.

Und die Verse 9 bis 14 zeigen uns Gottes Antwort. Wer bei Gott um Hilfe ruft, trifft nie auf taube Ohren, und wer bei Gott um Vergebung bittet, findet nie ein hartes Herz. Wo Menschen sich vor ihm zu ihrer Schuld bekennen, erfahren sie seine Gnade. Und wo Menschen ihn in ihrer Not um Hilfe bitten, erfahren sie sein Heil. So sind es wieder einmal die Nöte, die uns zu Gott ziehen müssen. Zur richtigen Zeit wird es mit der Not ein Ende haben; aber der Segen, der dadurch zu uns kam, wird uns für immer erhalten bleiben.

Anbetung, Ehre, Dank und Ruhm sei unserm Gott im Heiligtum,
der Tag für Tag uns segnet.
Dem Gott, der Lasten auf uns legt, doch uns mit unsern Lasten trägt
und uns mit Huld begegnet.
Er kann, er will, er wird in Not vom Tode selbst und durch den Tod
uns zu dem Leben führen.   *(Matthias Jorissen)*

Psalm 100 15. Oktober

Jauchzet dem Herrn, alle Welt! Dienet dem Herrn mit Freuden! Kommt vor sein Angesicht mit Frohlocken! (V 1 + 2)

Die Spannung im Stadion war unerträglich bei diesem entscheidenden Fußball-Spiel. Die Menschen fieberten und bangten. Dann kam der Schluss-Pfiff. Die Fans sprangen auf und warfen die Arme hoch: Wir haben gesiegt! Wir haben die Meisterschaft gewonnen! Sie fielen sich um den Hals; sie lachten und weinten vor Freude; sie jubelten und jauchzten. Noch lange haben sie auf den Straßen getanzt und gesungen.

Diese Leute haben uns gezeigt, wie man sich freuen kann. Und genau dazu ermutigt uns der heutige Psalm. Hier geht es um kein Fußball-Spiel, sondern höchstwahrscheinlich um den Sieg über ein feindliches Kriegsheer. Die Einzelheiten werden nicht berichtet; wir erfahren nur so viel: Gott hat seinem Volk die Kraft gegeben, sich gegen eine Invasion erfolgreich zur Wehr zu setzen. Entsprechend groß ist die Freude.

Für uns hat dieser Psalm noch viel mehr zu sagen. Wir denken an den Sieg, den Jesus am Kreuz errungen hat: „Es ist vollbracht!" (Joh. 19,30). Da hat er die beiden schlimmsten Feinde besiegt, die es gibt, nämlich den Tod und den Teufel. Wohl kann der Teufel uns noch belästigen, aber er kann uns nicht mehr an sich binden; Jesus hat seine Macht gebrochen. Und der Tod kann uns nur noch aus dem Erdenleben holen, aber er kann uns nicht behalten. Er muss uns freigeben zum ewigen Leben bei Gott. Das verdanken wir Jesus und seinem herrlichen Sieg.

Diesen Sieg gilt es zu feiern mit überschäumender Freude. Ob es dabei so lebhaft bei uns zugeht wie bei den Fans einer siegreichen Fußball-Mannschaft, das ist eine Frage des Temperaments. Aber dass unsere Freude, wenn sie echt ist, sich Bahn brechen will in uns, das ist gewiss.

Nun freut euch, lieben Christen gmein,
und lasst uns fröhlich springen,
dass wir getrost und all in ein
mit Lust und Liebe singen. *(Martin Luther)*

16. Oktober Psalm 101

Falsche Leute dürfen in meinem Hause nicht bleiben. (V 7)

Es klingelt. Draußen steht eine junge Frau mit einem auffallend dicken Bauch: „Mir ist gar nicht gut. Haben Sie bloß einen Schluck Wasser für mich?" – Man lässt sie ein, man bietet ihr in der Küche einen Stuhl und reicht ihr ein Glas Wasser. Sie erzählt ein paar rührende Geschichten über sich, dann bedankt sie sich höflich und geht. – Später sieht man im Wohnzimmer: Alle Schübe stehen offen, und die Geldkassette ist leer. Die „Schwangere" hat beim Eintreten die Wohnungstür angelehnt gelassen. Eine Komplizin konnte unbemerkt hereinkommen und, während man von der ersten Frau abgelenkt wurde, nach dem Geld-Versteck suchen.

Die Betrüger lassen sich immer neue Maschen einfallen. Eine „hilfsbereite" Frau trägt einer alten Dame die vollen Taschen vom Supermarkt bis *in* die Wohnung hinein und lässt die Eingangstür angelehnt … – Falsche „Polizisten" wollen prüfen, ob man sein Geld diebstahlsicher verwahrt hat, und stecken es im richtigen Moment selber ein. – Angebliche „Handwerker" wollen den Wasserdruck in der Wohnung kontrollieren, und während der eine sein Opfer im Badezimmer ablenkt, kann der andere ungestört in der Wohnung nach Geld und Wertsachen suchen.

Wir sind beim Thema. Unser heutiger Psalm warnt uns vor Betrug und vor Betrügern. Er ist damals vermutlich für den König geschrieben worden. Aber seine Grundsätze gelten heute für jeden. Solange es Menschen gibt, die von Bosheit und Habgier getrieben werden, müssen wir fremden Leuten, die in unsere Wohnung wollen, mit gesundem Misstrauen begegnen. Aber gebietet uns die Bibel nicht Nächstenliebe und Hilfsbereitschaft? Jawohl. Deshalb haben wir Fischers vor unserer Wohnungstür, draußen im Treppenhaus, zwei freie Stühle stehen.…

Dass Dieb und Räuber unser Gut und Leiber
nicht angetast' und grausamlich verletzet,
dawider hat sein Engel sich gesetzet.
Lobet den Herren! (Paul Gerhardt)

Psalm 103   **17. Oktober**

Barmherzig und gnädig ist der Herr, geduldig und von großer Güte. (V 8)

In meinem Elternhaus hat es einmal zu Weihnachten „Karpfen blau" gegeben. Auch eine Schüssel mit Schlagsahne stand auf dem Tisch. Wir Kinder nahmen gleich davon einen großen Löffel voll in den Mund, und uns schossen die Tränen aus den Augen: Die Schlagsahne war nicht süß, sondern mit geriebenem Meerrettich versetzt, eine Delikatesse für die Eltern, und eine Folter für uns Kinder. Das Zeug brannte wie Feuer in unserem Mund. Mein Vater amüsierte sich königlich: „Ihr esst doch sonst so gerne Schlagsahne!", lachte er schadenfroh. Ich fand das zynisch. Jetzt verstehen Sie, warum ich immer wieder sagen muss: Sie dürfen Gott nicht mit Ihrem irdischen Vater vergleichen. Gott ist ganz anders. Das zeigt uns der heutige Psalm:

Gott ist „barmherzig", wie der Samariter, der sich voll Mitleid zu dem verletzten Opfer eines Raub-Überfalls beugt und seine Schmerzen lindert (Lukas 10, 30–35). So kümmert sich Gott in großer Liebe um den Menschen, der in Not ist.

Gott ist „gnädig" wie der König, der seinem Knecht eine riesengroße Schuld erlässt (Matthäus 18, 23–27). So gewährt Gott jedem, der ihn um Vergebung für seine Sünden bittet, den vollkommenen Freispruch.

Gott ist „geduldig" wie Jesus, der dem Petrus nach seiner Verleugnung eine zweite Chance gab (Johannes 21, 15–17). So wird Gott uns auch dann nicht fallen lassen, wenn wir ihm wieder untreu geworden sind.

Gott ist „von großer Güte" wie Jesus Kinder auf den Schoß nahm und ihnen Küsschen gab (Markus 10, 13–16). So verschwendet Gott seine zärtliche Liebe an alle, die sich das gefallen lassen.

Sagen Sie, kennen Sie einen besseren Vater als Gott?

Gelobet sei der Herr, mein Gott, mein Licht, mein Leben,
mein Schöpfer, der mir hat mein' Leib und Seel gegeben,
mein Vater, der mich schützt von Mutterleibe an,
der alle Augenblick viel Guts an mir getan.   (Johann Olearius)

18. Oktober — Psalm 104

Herr, wie sind deine Werke so groß und viel! Du hast sie alle weise geordnet, und die Erde ist voll deiner Güter. (V 24)

Wussten Sie, dass Sie über 100 Milliarden Nervenzellen in Ihrem Gehirn haben, die auch noch über beliebig viele Funktionszustände verfügen? – Je mehr Fakten ich von den Naturwissenschaftlern über die Geheimnisse der Welt und des Lebens erfahre, umso größer wird mein Staunen über Gott, der dies alles erfunden hat:

Gottes Größe. Wussten Sie, dass es in der Milchstraße einen Stern gibt, der 180 Mal größer und heller ist als die Sonne, und dass er so weit entfernt ist, weshalb man ihn erst jetzt entdeckt hat? Riesige Himmelskörper in unendlichen Weiten – wie groß muss da Gott sein, der dies alles geschaffen hat!

Gottes Vielfalt. Wussten Sie, dass jede Schneeflocke aus unzähligen kleinen Eiskristallen besteht und dass wirklich jedes Eiskristall eine andere Form hat? – Jedes kleine Eiskristall ist ein Hinweis auf den Erfindungsreichtum Gottes und bezeugt uns seine Vielfalt.

Gottes Fürsorge. Wussten Sie, dass die Tier- und Pflanzenwelt auf dieser Erde ein Geschenk Gottes für uns Menschen ist, damit wir daran unsere Freude haben und uns davon ernähren können? Ob wir die Früchte von Feld und Garten selber ernten oder im Supermarkt kaufen, bleibt sich gleich. Sie sind ein Zeichen für Gottes Fürsorge.

Über das alles kann ich nur staunen. Unser Psalm zeigt uns heute, wie das geht.

> *Wer misst dem Winde seinen Lauf?*
> *Wer heißt die Himmel regnen?*
> *Wer schließt den Schoß der Erde auf,*
> *mit Vorrat uns zu segnen?*
> *O Gott der Macht und Herrlichkeit,*
> *Gott, deine Güte reicht so weit,*
> *so weit die Wolken reichen.*
>   *(Christian Fürchtegott Gellert)*

Psalm 106   **19. Oktober**

Wer kann die großen Taten des Herrn alle erzählen? (V 2)

„Dass ich damals das Abitur bestanden hatte, muss ein reiner Irrtum gewesen sein", habe ich bei einem Klassentreffen zu meinen Schulfreunden von damals gesagt, so schlecht sind meine Leistungen gewesen. Aber dann habe ich das Reifezeugnis doch bekommen. Das war für mich ein einziges Gottes-Geschenk.

Ein genauso großes Geschenk Gottes ist mein Beruf. Ich habe vielen Menschen den Weg zum Glauben an Jesus zeigen dürfen. Das ist in meinen Augen eine reine Bevorzugung gewesen.

Aber das größte Geschenk auf Erden hat Gott mir mit meiner Frau gemacht. Ich habe es schon einmal erwähnt: Von allen Ehefrauen, die ich kenne, möchte ich mit keiner lieber verheiratet sein als mit der eigenen. Bin ich nicht zu beneiden?

Ich könnte noch viele weitere Liebesbeweise Gottes in meinem Leben aufzählen, und ich muss mich fragen: Wie habe ich sie ihm gedankt? – Da muss ich doch sehr kleinlaut werden. Wie oft habe ich ihn aus den Augen verloren; wie oft ist mir anderes wichtiger gewesen als er; wie oft habe ich ihn massiv betrübt. Das beschämt mich sehr. Und trotzdem hat er mich bis heute nicht aufgegeben. Er hat immer wieder neu mit mir angefangen. Das beschämt mich am meisten.

Diese Gedanken sind in mir aufgestiegen, als ich den heutigen Psalm auf mich bezogen hatte. Und wenn Sie jetzt diesen Psalm auf sich beziehen, was für Gedanken werden dann in *Ihnen* aufsteigen?

Meiner Seele Wohlergehen hat er ja recht wohl bedacht;
will dem Leibe Not entstehen, nimmt ers gleichfalls wohl in Acht.
Wenn mein Können, mein Vermögen
nichts vermag, nichts helfen kann,
kommt mein Gott und hebt mir an
sein Vermögen beizulegen.
Alles Ding währt seine Zeit, Gottes Lieb in Ewigkeit.
    (Paul Gerhardt)

20. Oktober — Psalm 108

Deine Gnade reicht, so weit der Himmel ist, und deine Treue, so weit die Wolken gehen. (V 5)

„Ich schöpfe das Meer aus", strahlt ein Kind am Nordsee-Strand. Es steht mit den Füßen in der Flut und füllt eine Tasse mit Wasser. Dann läuft es hoch zum Strand, gießt die Tasse aus und läuft wieder zu den Wellen …

Gottes Gnade und seine Treue sind genauso, nämlich unerschöpflich.

Gnade heißt: Gott ist gut zu mir, und zwar völlig unverdient. Eigentlich hatte ich mir durch mein Verhalten alles bei ihm verscherzt. Da gibt es keine Entschuldigung und keine mildernden Umstände. Wenn es nach meinem Schuld-Konto geht, spricht alles gegen mich. Aber Gott spricht für mich. Er nimmt sein ganzes Urteil zurück und schenkt mir die volle Amnestie. Dazu habe ich nichts beitragen können, das geschieht an mir ganz umsonst, von Gott aus freien Stücken. Das heißt Gnade.

Treue heißt: Gott hat sich einmal für mich entschieden, und das wird er nie wieder zurücknehmen. Wie oft ich ihn auch schon enttäuscht und gekränkt habe – er bleibt bei seiner Zusage. Darauf ist unbedingt Verlass. „Sind wir untreu, so bleibt er doch treu, denn er kann sich selbst nicht verleugnen" (2. Timotheus 2, 13). Das heißt Treue.

Und nun können wir dieses beides jeder selbst erfahren, Gottes Gnade und Gottes Treue, und zwar lebenslang. So, wie damals im alten Volk Israel kein Mensch bis zu den Wolken reichen konnte und noch heute kein Kind das Meer ausschöpfen kann, so sind Gottes Gnade und Gottes Treue über uns einfach unermesslich, grenzenlos. Sie reichen aus für das ganze Leben, sie reichen aus für den schlimmsten Schaden, deshalb auch für Sie.

Weil denn weder Ziel noch Ende sich in Gottes Liebe findt,
ei so heb ich meine Hände zu dir, Vater, als dein Kind,
bitte, wollst mir Gnade geben,
dich aus aller meiner Macht
zu umfangen Tag und Nacht
    (Paul Gerhardt)

Psalm 112   **21. Oktober**

Wohl dem, der den Herrn fürchtet, der große Freude hat an seinen Geboten! (V 1)

„Erst Hände waschen", verlangt die Mutter vor dem Essen. Die Kinder finden das lästig, und sie ahnen gar nicht, dass sie dadurch vor Krankheiten bewahrt werden. – Genauso geht es uns mit den Geboten Gottes. Viele finden sie einfach lästig, und sie ahnen gar nicht, dass sie dadurch vor viel Herzeleid bewahrt werden. Freilich, die ewige Seligkeit können wir uns dadurch nicht verdienen, aber das tägliche Leben können wir uns dadurch lebenswert gestalten. In einer Wohngemeinschaft, in der die Maßstäbe Gottes beachtet werden, geht es uns alle Male besser als dort, wo das Recht des Stärkeren gilt. Das wissen die Psychologen übrigens schon lange: Kinder, in deren Elternhaus klare Regeln gelten (und auch eingehalten werden!), gedeihen besser als Kinder, in deren Familien jeder machen kann, was er gerade will.

Gott wusste das auf jeden Fall und gab uns deshalb die Gebote. Ich denke nur an die berühmten „zehn": Die ersten drei verhelfen uns zu einer gesunden Gottesbeziehung, und die anderen sieben zeigen uns den Weg zu einem gelingenden Zusammenleben mit unseren Mitmenschen. Wer sich danach richten kann, ist gut beraten.

Ich denke aber auch an die vielen anderen guten Ratschläge, die die Bibel enthält: „Alle eure Sorge werft auf ihn" (1. Petrus 5,7) zeigt mir, wo ich meine Sorgen loswerden kann. „Lasst die Sonne nicht über eurem Zorn untergehen" (Epheser 4,26) verhilft mir zu einem guten Schlaf und entspannten Erwachen, und „Bringt die Zehnten in voller Höhe in mein Vorratshaus" (Maleachi 3,10) schafft Ordnung in meinen Umgang mit dem Geld. So verstehe ich die Gebote Gottes nicht als lästige Pflicht, sondern als Zeichen seiner Liebe zu uns Menschen.

Er hat uns wissen lassen sein herrlich Recht und sein Gericht,
dazu sein Güt ohn Maßen, es mangelt an Erbarmung nicht;
sein Güt ist hoch erhaben ob den', die fürchten ihn;
so fern der Ost vom Abend, ist unsre Sünd dahin.   *(Johann Gramann)*

22. Oktober   **Psalm 113**

Vom Aufgang der Sonne bis zu ihrem Niedergang sei gelobet der Name des Herrn! (V 3)

Die Deutschen sind bekanntlich Weltmeister im Klagen. Wenn die Migranten, die vor Krieg und Hunger in ihrer Heimat zu uns geflohen sind, unser Jammern hören würden, dann könnten sie nur noch den Kopf schütteln. – Zugegeben, es gibt erschütterndes Leid, auch unter uns, und damit finden wir bei Gott jederzeit ein offenes Ohr und ein offenes Herz. Auch die Bibel kennt Lebensschicksale, in denen Not und Elend schier unerträglich werden. Schon in drei Tagen werden wir in unserer Bibellese daran erinnert werden.

Heute aber gibt es erst einmal diesen Psalm für uns. „Vom Aufgang der Sonne bis zu ihrem Niedergang", also vom frühen Morgen bis zum späten Abend soll unser Herz und unser Mund erfüllt sein von der Freude an unserem guten Gott. Und dafür haben wir allen Grund. Denn unser Gott steht über allen Völkern und Nationen, seine Herrschaft ist unbegrenzt; seine Herrlichkeit ist unendlich. Ihm könnte keine Macht der Welt auch nur das Wasser reichen.

Trotzdem: Gott ist unendlich, aber nicht unnahbar. Im Gegenteil: Der in der höchsten Höhe thront, schaut in die tiefste Tiefe, in die Abgründe von allem menschlichen Elend und Leid. Und er schaut nicht nur hin; er greift auch zu: „Er richtet den Geringen auf aus dem Staube und erhöht den Armen aus dem Schmutz" (V 7). Die Armen und Leidenden, die Verachteten und Zu-Kurz-Gekommenen sind ihm am liebsten, denen ist er am nächsten, und zwar so nahe, dass er ihr Elend wendet. Wer das erlebt hat, der kann gar nicht mehr aufhören, diesen guten Gott aus ganzem Herzen zu loben und zu preisen.

Er ist das Licht der Blinden, er heilt das Augenlicht,
und die sich schwach befinden, die stellt er aufgericht'.
Er liebet alle Frommen, und die ihm günstig sind,
die finden, wenn sie kommen, in ihm den besten Freund.
       (nach Paul Gerhardt)

Psalm 114 — 23. Oktober

Als Israel aus Ägypten zog, das Haus Jakob aus dem fremden Volk, da wurde Juda sein Heiligtum, Israel sein Königreich. (V 1 + 2)

Das Auto ist älter als er selbst, ein echter Oldtimer. Als er es bekam, war es nur noch ein Haufen Schrott. Jede freie Stunde hat er daran geschraubt und gebastelt. Ein wahres Vermögen hat er für Ersatzteile ausgegeben, die er auf Oldtimer-Märkten gekauft oder in mühevoller Handarbeit selbst hergestellt hat. Unvergesslich ist für ihn der Moment, in dem der Motor das erste Mal ansprang, und unbeschreiblich ist sein Stolz, wenn er damit durch die Straßen fährt und die bewundernden Blicke der Leute auf sich zieht. Dieses Auto ist sein Heiligtum.

Ein anderer Mann lebt für seinen Hobby-Keller. Dort kann er ungestört tüfteln und bauen. Dort kommt ihm niemand in die Quere. Dort herrscht er ganz allein über Werkzeug und Material. Dieser Keller ist sein Königreich.

Diese beiden Männer sind für mich ein kleines Beispiel dafür, mit welcher Liebe Gott Israel anschaut und mit welcher Sorgfalt er um dieses Volk bemüht ist. Juda (mit seiner Hauptstadt Jerusalem) ist sein Heiligtum, dort wird er noch einmal in vollem Maße verehrt und angebetet werden; und Israel (als ganzes Land) ist sein Königreich, von dort aus wird er noch einmal seine Friedensherrschaft über die ganze Welt ausüben.

Freilich, das steht uns alles noch bevor, aber so wahr Gott sein geliebtes Volk in grauer Vorzeit aus Ägypten befreite, so wahr wird er es in einer gar nicht mehr so fernen Zukunft zu seiner endgültigen Bestimmung kommen lassen. Sogar die Kräfte der Natur geraten dabei in Bewegung, wie viel mehr dann unsere eigenen Herzen!

Das Weltmeer brause aller Enden,
jauchzt, Erde, Menschen, jauchzt vereint!
Die Ströme klatschen wie mit Händen;
Ihr Berge, hüpft, der Herr erscheint!
    (Matthias Jorissen)

24. Oktober   **Psalm 115**

Der Herr denkt an uns und segnet uns. (V 12)

Halt! Nicht zurückblättern!! Wissen Sie noch, wie das Leitwort hieß, das gestern hier oben auf der Seite stand? – Nein? Das macht nichts. Das wird jetzt vielen anderen auch so gehen.

Mit dem heutigen Leitwort können wir es besser machen. Das lässt sich leicht einprägen: „Der Herr denkt an uns und segnet uns." Rufen Sie sich dieses Wort den ganzen Tag lang immer wieder ins Gedächtnis. Wenn Sie an der Haltestelle auf den Bus warten: „Der Herr denkt an uns und segnet uns." – Wenn Sie in der Schlange vor der Kasse vom Supermarkt stehen: „Der Herr denkt an uns und segnet uns." – Wenn Sie im Wartezimmer beim Arzt sitzen: „Der Herr denkt an uns und segnet uns."

Und jedes Mal öffnen Sie sich damit für den Segen, den Gott Ihnen ja so gerne schenkt. Das heißt nicht, dass er jetzt jeden Wunsch erfüllt, aber das heißt, dass er liebevoll an Ihnen handelt und Sie mit neuer Kraft und neuer Zuversicht erfüllt.

Das kann nur Gott. Das können keine Götzen. Der Buddha kann nur da sitzen und hintergründig lächeln, aber Wohltat schenken – das kann er nicht. Dasselbe gilt für die unsichtbaren Götzen unserer Zeit, zum Beispiel Reichtum, Macht oder sexuelle Unordnung. Wer sich diesen Mächten ausliefert, wird nie genug davon bekommen und wird nie zufrieden sein.

Wie gut haben wir es dagegen mit unserem Gott. Er bringt uns nicht ins Schlaraffenland, aber in ein Leben, in dem wir sein liebevolles Handeln an uns immer wieder neu erfahren können. So können wir wirklich dankbar und froh bei jeder neuen Gelegenheit bekennen: „Der Herr denkt an uns und segnet uns."

Weg hast du allerwegen, an Mitteln fehlt dirs nicht;
dein Tun ist lauter Segen, dein Gang ist lauter Licht;
dein Werk kann niemand hindern, dein Arbeit darf nicht ruhn,
wenn du, was deinen Kindern ersprießlich ist, willst tun.
      (Paul Gerhardt)

Hiob 1, 1–12   **25. Oktober**

Der Herr sprach zum Satan: Siehe, alles, was er hat, sei in deiner Hand, nur an ihn selbst lege deine Hand nicht. (V 12)

Sogar Goethe hat diese Szene in seinem „Faust" verarbeitet, so eindrücklich ist sie auch für ihn gewesen. Tatsächlich: Solche bedeutsamen Gespräche zwischen Gott und Satan gibt es nur im Hiob-Buch. Umso wertvoller sind sie für uns, geben sie uns doch drei wertvolle Informationen über den Satan (oder auch Teufel):

Es gibt ihn wirklich. Auch Jesus hat es mit ihm zu tun bekommen (lesen Sie dazu noch einmal die Andacht zum 10. Januar). Heute gibt es Einzelne, die dem Satan ganz bewusst huldigen und für ihn eigene „Gottesdienste" halten. Andere leben in einem Sog von Lust und Begierde und merken gar nicht, dass sie es dabei mit der schlimmsten Verderbens-Macht zu tun haben. Denn:

Er will uns von Gott wegziehen. Das sagt schon der Satan in unserer heutigen Bibellese. Er will dafür sorgen, dass Hiob sich von Gott lossagt (Vers 11). Dasselbe versucht der Teufel bis heute. Die einen will er in schwerem Leid an der Liebe Gottes zweifeln lassen; andere sollen durch Reichtum, Macht oder sexuelle Orgien den Sinn für ein Leben unter Gott verlieren. Aber:

Seine Macht ist begrenzt. Der Teufel kann nicht machen, was er will. Er darf nur so weit gehen, wie Gott ihm erlaubt. Ja, er muss regelrecht bei Gott um Erlaubnis bitten und ihm gehorchen. Hier sehen wir die Macht-Verhältnisse in der unsichtbaren Welt. Das hilft uns mitten in einer Zeit voll Gottlosigkeit und Verführung an dem Einen festzuhalten, der dem Satan haushoch überlegen ist und über allem verwirrenden Geschehen auf Erden die letzte Kontrolle behält, an dem allmächtigen Gott.

Und wenn die Welt voll Teufel wär und wollt uns gar verschlingen,
so fürchten wir uns nicht so sehr, es soll uns doch gelingen.
Der Fürst dieser Welt, wie sauer er sich stellt,
tut er uns doch nicht; das macht, er ist gericht'.
Ein Wörtlein kann ihn fällen.
    (Martin Luther)

26. Oktober   Hiob 1, 13–22

Der Herr hat's gegeben; der Herr hat's genommen; der Name des Herrn sei gelobt. (V 21)

2019 war die Tochter vom Schauspieler Ben Becker 13 Jahre alt. Sie ist ein großer Fan ihres eigenen Vaters. Nur die Szene, in der der Vater im Film sterben muss, kann sie nicht sehen. Davor verschließt sie die Augen.

Das kann man bei einem Film machen, aber nicht im wirklichen Leben. Da sind Schicksalsschläge möglich, vor denen man die Augen nicht verschließen kann. Von solch einer schlimmen Situation berichtet die Bibel heute aus dem Leben des Hiob. Der Vers 20 lässt uns ahnen, was in ihm vorgegangen sein muss. Und trotzdem spricht er das oben abgedruckte Bekenntnis.

Dieses Wort wird gerne von uns Pfarrern bei der Beerdigung eines Kindes zitiert. Aber Vorsicht, möchte ich da zu meinen Kolleginnen und Kollegen sagen: Diesen Satz hat Hiob nach dem Tod seiner eigenen Söhne und Töchter gesagt, nicht beim Tod von Kindern anderer Leute.

Also, wer sein eigenes Kind an Gott zurückgeben musste und dabei aufrichtig und ehrlich in das Bekenntnis des Hiob einstimmen kann, der ist gesegnet. Und wer das nicht kann, der soll sich bitte nicht dazu zwingen. Und er soll sich schon gar nicht von anderen Leuten dazu überreden lassen. Wer den Schmerz beim Tod des eigenen Kindes nicht kennt, der möchte jetzt bitte den Mund halten.

Aber für uns alle kann die heutige Bibellese eine große Hilfe sein, wenn es darum geht, eine schlechte Nachricht hören zu müssen: Größer als das größte Unglück ist der allmächtige Gott. Wem dies bewusst wird, der kann auch im tiefsten Schmerz bekennen: „Der Name des Herrn sei gelobt."

Ja, wenns am schlimmsten mit mir steht, freu ich mich seiner Pflege;
ich weiß: Die Wege, die er geht, sind lauter Wunderwege.
Was böse scheint, ist gut gemeint;
er ist doch nimmermehr mein Feind
und gibt nur Liebesschläge.
        (Philipp Spitta)

Hiob 2, 1–13 27. Oktober

Der Herr sprach zu dem Satan: Siehe da, er sei in deiner Hand, doch schone sein Leben! (V 6)

Erst neulich habe ich eine so schlimme Nachricht aus meiner eigenen Familie bekommen, dass ich zu Gott gesagt habe: „Herr, ich verstehe dich nicht." Und mir war, als ob Gott mir antwortete: „Das erwarte ich auch gar nicht von dir. Du kannst mir aber trotzdem vertrauen." Genauso geht es mir vor unserer heutigen Bibellese. Reicht das Elend nicht aus, das der Satan dem Hiob bisher antun konnte? Jetzt darf er ihm sogar noch die Gesundheit wegnehmen. Können Sie das vielleicht verstehen? – Ich nicht.

Aber etwas anderes fällt mir auf: Ich bemerke, dass Christen, die in großer Hingabe an Jesus leben, oft genug viel schwerere Leidenswege gehen müssen als andere, denen der ganze Glaube an Jesus herzlich egal ist. Ich will nicht behaupten, dass da jedes Mal der Teufel seine Hand im Spiel hat, aber *wenn* das so ist, dann ist *eins* gewiss: Unser Leben kann er nicht antasten. Das liegt bei Gott in sicheren Händen.

Nur einmal in der ganzen Weltgeschichte durfte der Teufel sogar das Leben antasten, nämlich bei Jesus. Da hat die Einschränkung wie bei Hiob (und bei jedem anderen Menschen) nicht gegolten. Da hat Jesus – auf unvorstellbar grausame Weise – sterben müssen. Und, was hat der Teufel damit erreicht? Antwort: Sein eigenes Verderben. Gerade durch seinen Kreuzestod hat Jesus den Teufel überwunden; da hat der Teufel den Vernichtungsschlag einstecken müssen, an dem er am Ende elend zugrunde gehen wird.

Kann man *das* vielleicht verstehen??

Jesus ist kommen, der starke Erlöser,
bricht dem gewappneten Starken ins Haus,
sprenget des Feindes befestigte Schlösser,
führt die Gefangenen siegend heraus.
Fühlst du den Stärkeren, Satan, du Böser?
Jesus ist kommen, der starke Erlöser.
            (Johann Ludwig Konrad Allendorf)

28. Oktober   Hiob 3, 1–26

Ausgelöscht sei der Tag, an dem ich geboren bin! (V 3)

Das Mädchen ist nur elf Jahre alt geworden, dann nahm es sich das Leben. Keiner weiß, warum. Aber viele vermuten, dass die anderen in seiner Klasse daran Schuld haben. Die müssen dieses Kind immer wieder gehänselt, gequält und geängstigt haben. Dafür gibt es keine Beweise, aber meine Zeitung nennt am 4. Februar 2019 ganz offen den Verdacht auf Mobbing in der Schule.

Wie dem auch sei – die Verzweiflung dieses Mädchens muss unerträglich gewesen sein. Und das ist kein Einzelfall. Viele Menschen sind schon in Situationen geraten, in denen sie ihre Schmerzen oder ihre Ängste einfach nicht mehr aushalten konnten. Einer von ihnen hat in der Früh-Zeit des Volkes Israel gelebt und hieß Hiob. Seine ergreifende Klage haben wir heute in der Bibel vor uns.

Und das macht mir die Bibel so sympathisch. Sie verspricht uns keine „goldenen Berge", sondern sie beschreibt das Leben so, wie es wirklich ist. Und da kann es auch solche schreckliche Verzweiflung geben, wie sie Hiob durchmachen musste. Bei ihm werden das die unerträglichen Schmerzen gewesen sein und dazu die bohrenden Zweifel an der Gerechtigkeit Gottes.

Nur einer in der Bibel muss noch schlimmere Verzweiflung erlitten haben als Hiob, nämlich Jesus. Wir kamen gestern schon darauf. Er hat die ganze Zeit in ungetrübter Harmonie mit seinem Himmlischen Vater gelebt, aber dann am Kreuz, von rasenden Schmerzen und entsetzlichen Panik-Attacken überflutet, ist er von diesem guten Gott komplett allein gelassen worden. Wer ermisst diese Verzweiflung? Und wer begreift, dass Jesus dieses ganze Elend nur deshalb auf sich nahm, damit wir genau davor in alle Ewigkeit bewahrt bleiben können?

Dein Angst komm uns zugut, wenn wir in Ängsten liegen;
durch deinen Todeskampf lass uns im Tode siegen.
Durch deine Bande, Herr, bind uns, wie dirs gefällt;
hilf, dass wir kreuzigen durch dein Kreuz Fleisch und Welt.
    (Adam Thebesius)

Hiob 4, 1–21   29. Oktober

Da hob Eliphas von Teman an und sprach. (V 1)

„Was Sie haben, ist schlimmer als Herzinfarkt", sagte die Nervenärztin zu meiner Frau. Sie litt an einer schweren depressiven Phase, durch die sie ein Jahr lang wie in einer dunklen Höhle gefangen war. Unsere Freunde wussten davon und beteten für sie. Dafür sind wir ihnen unendlich dankbar.

Gläubige Christen fühlen sich oft bemüßigt, solche Kranken zu fragen, ob nicht vielleicht eine unvergebene Schuld der Hilfe Gottes im Weg steht, oder ob eine okkulte Bindung den Segen Gottes aufhält. Das haben unsere Freunde bei meiner Frau zum Glück nicht getan. Wie gut! Denn wenn jemand damals meiner Frau solche Fragen gestellt hätte, hätte ich ihn nie wieder hereingelassen. „Hiobs Freunde" haben bei uns nichts zu suchen.

Wohlgemerkt: Wenn jemand *Schuld* oder *okkulte Bindungen* bei mir zur Sprache bringt, bin ich ganz auf seiner Seite, denn aus diesen Verhängnissen will Jesus uns ja unbedingt erlösen. Aber wenn jemand einem Kranken, der sowieso schon schwer zu leiden hat, auch noch mit diesen Fragen das Herz schwer macht, dann ist das eine einzige Lieblosigkeit. Jesus hat Kranken oft ihre Sünden vergeben, aber danach *gefragt* hat er sie nie.

So zeigen uns Hiobs Freunde, wie man es *nicht* machen soll. Wenn Sie von dem Leid eines Menschen bewegt und erschüttert werden, dann schweigen Sie dazu (Kapitel 2, 13!), oder sagen Sie: „Ich bete für dich", und dann tun Sie das auch. Dann wird man Ihnen dankbar sein, wie wir unseren Freunden noch heute dankbar sind.

Wenn Trost und Hilf ermangeln muss,
die alle Welt erzeiget,
so kommt, so hilft der Überfluss,
der Schöpfer selbst, und neiget
die Vateraugen denen zu,
die sonsten nirgends finden Ruh.
Gebt unserm Gott die Ehre!
    (Johann Jakob Schütz)

30. Oktober — Hiob 5, 17–27

Selig ist der Mensch, den Gott zurechtweist; darum widersetze dich der Zucht des Allmächtigen nicht. (V 17)

Ein zwölfjähriger Schüler hatte seine Schulaufgaben nicht erledigt. Die Lehrerin gab ihm dafür einen Tadel. Sofort nahm der Junge das Handy und beschwerte sich darüber (!) bei seiner Mutter. Die erschien gleich danach in Begleitung eines Mannes im Unterricht. Beide haben vor der ganzen Klasse die Lehrerin beschimpft und geschubst und so schwer geohrfeigt, dass ihre Verletzungen im Krankenhaus behandelt werden mussten.

Würden Sie das auch so machen? – Bestimmt nicht. Aber wie geht es uns, wenn wir von Gott einen Tadel bekommen, wenn er uns ermahnen und erziehen muss? Wohlgemerkt: Unsere Sünden will er uns vergeben, aber unsere Unarten muss er uns abgewöhnen, wenn er uns in seinem Reich zum Segen setzen will. Die Erziehungswege Gottes mit uns sind sehr unterschiedlich, ganz auf uns und unser Wesen abgestimmt, aber sie haben immer nur unser Bestes im Sinn, auch dann, wenn sie uns hart und schmerzhaft vorkommen wollen.

Wie werden wir dann reagieren? – Können wir sein Handeln an uns akzeptieren, oder werden wir uns dagegen auflehnen, wie oben von dem Schüler und seiner Mutter erzählt? Bedenken Sie: Das, was Gott an uns tut, geschieht nie aus Wut oder Willkür, sondern hat immer einen tiefen Sinn, auch wenn wir ihn nicht verstehen können. Auch dann sollten wir Gott nicht abweisen, denn dann würden wir den Segen abweisen, den Gott uns gerade auf solchen schweren Wegen schenken will.

Die in Kreuz und Leiden leben,
stärke, dass sie ganz ergeben
ihre Seel in deine Hand;
lass sie dadurch werden kleiner
und von allen Schlacken reiner,
lauterlich in dich gewandt.
    (Gerhard Tersteegen)

Hiob 6, 1–10. 24–30 31. Oktober

Hiob antwortete und sprach: Wenn man doch meinen Kummer wägen und mein Leiden auf die Waage legen wollte! (V 1 + 2)

„Ich leide wie ein Hund", hat einmal ein Mann zu mir gesagt. Dasselbe hören wir heute von Hiob. Dabei sind mir drei Gedanken gekommen:

Er kennt nicht den tiefen Sinn. Er kann ja nichts wissen von der Abmachung zwischen Gott und Satan (Kapitel 2, 1–6). Er weiß nicht, dass sein Glaube sich in diesem Leiden bewähren soll. – Diese Geschichte ist absolut einmalig. Aber auch heute müssen Leiden oft genug dazu dienen, dass unser Glaube seine ganze Kraft entfaltet. Ich jedenfalls habe auf den schwersten Wegen meines Lebens die größten Erfahrungen mit Gott gemacht.

Er geht nicht den letzten Schritt. Hiob wünscht sich, dass Gott seinem Leben (und damit seinem Leiden) ein Ende macht (V 9), aber er legt nicht selber Hand an sich. Diesen Schritt ist viel später in Israel Judas in seiner Verzweiflung gegangen (Matthäus 27, 3–5); davor ist Hiob bewahrt geblieben, und davor möchte heute jeder bewahrt werden, der so entsetzlich leiden muss wie Hiob.

Er leugnet nicht den großen Gott. Er schreit Gott seine ganze Not ins Gesicht; er sagt, dass er sich von ihm ungerecht behandelt fühlt (V 30), aber er kehrt ihm nicht den Rücken. Satans Rechnung (Kapitel 2, 5) ist nicht aufgegangen. Auch in der schlimmsten Verzweiflung hat er Satans Erwartungen nicht erfüllt. – Das soll uns vor Augen stehen, wenn wir entsetzliches Leid bei anderen sehen oder selbst erfahren müssen. Dann kommt alles darauf an, dass wir uns nicht lossagen von unserem Gott, denn dann hätten wir den einzigen Halt verloren, der uns jetzt noch tragen kann.

Er wird zwar eine Weile mit seinem Trost verziehn
und tun an seinem Teile, als hätt in seinem Sinn
er deiner sich begeben und, solltst du für
und für in Angst und Nöten schweben,
als frag er nichts nach dir.
(Paul Gerhardt)

1. November Hiob 7, 7–21

Ich will reden in der Angst meines Herzens . (V 11)

Das Buch Hiob wird weitgehend als „eins der bedeutendsten Werke der Weltliteratur" angesehen (laut „Kleines Bibellexikon" Berlin und Altenburg, 1988, S. 132). Und das aus gutem Grund: Die Leiden des Hiob und seine bewegenden Klagen sind so eindrücklich dargestellt, dass sie auch auf den heutigen Leser ihre Wirkung nicht verfehlen können. Wie viele haben sich mit ihrer eigenen Not schon in Hiobs Ergehen wiedergefunden; wie viele haben sich seine verzweifelten Klagen schon zu eigen machen können; wie viele werden schon durch sein Schicksal auf ihrem eigenen schweren Weg getröstet worden sein. Am Ende werden diese Schilderungen auch an Ihnen nicht spurlos vorübergegangen sein.

Ich finde, in der ganzen Bibel gibt es nur einen, dessen Leiden schlimmer und schwerer gewesen war als die Not des Hiob, nämlich Jesus. Wir sind neulich schon einmal darauf gestoßen worden. Die Qualen, die Jesus am Kreuz durchmachen musste, gehen weit über die körperliche Folter hinaus. Als er dort wehrlos angenagelt war und von sensationslüsternen Gaffern übelst beschimpft und verspottet wurde, muss sich die ganze gesammelte Feindschaft der Hölle über ihm ergossen haben. Wer ermisst das Grauen, die Verzweiflung, die Ängste, die ihm dort zugesetzt hatten? Bedenken Sie: Da konnte Satan die ganze Wut an ihm auslassen, die er auf ihn hatte. Das muss die reine Hölle für ihn gewesen sein.

Und das alles hat Jesus nur deshalb ertragen müssen, weil er uns nur auf diesem Wege vor genau diesem Elend bewahren konnte. Deshalb: Wer die Leiden des Hiob ansieht, der findet darin einen Trost für sein eigenes Leid; aber wer die Leiden Jesu ansieht, der findet darin seine Rettung zur ewigen Seligkeit.

Jesu, meines Lebens Leben, Jesu, meines Todes Tod,
der du dich für mich gegeben in die tiefste Seelennot,
in das äußerste Verderben, nur dass ich nicht möchte sterben,
tausend-, tausendmal sei dir, liebster Jesu, Dank dafür.
(Ernst Christoph Homburg)

Hiob 8, 1–22   **2. November**

Wenn du aber dich beizeiten zu Gott wendest und zu dem Allmächtigen flehst, wenn du rein und fromm bist, so wird er deinetwegen aufwachen und wieder aufrichten deine Wohnung. (aus V 5 + 6)

Heute sind wir einmal riesengroße Egoisten. Egoisten denken bekanntlich nur an sich. Und das tun wir jetzt auch, und zwar, wenn wir die oben angegebene Bibelstelle lesen. Dann halten wir diese Worte nicht, wie Hiobs Freunde, einem anderen Menschen vor, schon gar nicht einem Kranken, sondern dann halten wir diese Worte nur uns selber vor Augen und beziehen ihren Inhalt nur auf uns. Denn sie zeigen uns den Weg zum Segen Gottes und nennen uns dazu zwei Schritte:

Unser Glaubensleben. Der Glaube an Gott ist keine kulturelle Verzierung des Lebens, wie Briefmarken-Sammeln oder Konzert-Abonnement, sondern eine wirksame Kraftquelle für das ganze Leben, nämlich die persönliche Beziehung zu dem persönlichen Gott. Da treten wir sehr bewusst in lebendigen Kontakt mit Gott, indem wir ihn anrufen mit unserem Gebet. Da nehmen wir ihn hinein in unseren Alltag und unterstellen uns seiner Autorität.

Unser Alltagsleben. Das alles ist nur echt, wenn es sich auswirkt auf unsere tägliche Lebensführung. Was hier „rein und fromm" genannt wird, ist keine menschliche Qualität und keine verdienstvolle Leistung, sondern die Frucht einer täglich gelebten Hingabe an den allmächtigen Gott.

Das kann nicht ohne Folgen bleiben. Die Antwort Gottes für solche Menschen kann an dieser Stelle verschieden übersetzt werden (V 6). Aber alle Übersetzer stimmen darin überein: Die Antwort Gottes ist lauter Segen.

Majestätisch Wesen, möcht' ich recht dich preisen
und im Geist dir Dienst erweisen!
Möcht' ich wie die Engel immer vor dir stehen
und dich gegenwärtig sehen!
Lass mich dir für und für trachten zu gefallen,
liebster Gott, in allem.   *(Gerhard Tersteegen)*

3. November Hiob 9, 1–15. 32–35

Gott ist weise und mächtig; wem ist's je gelungen, der sich gegen ihn gestellt hat? (V 4)

Als Teenager hatte ich meinen Vater wegen seines Verhaltens in der Nazi-Zeit heftig kritisiert. Ich fand, dass ich damit recht hatte.

Beim eigenen Vater mag das ja noch angehen. Väter (und Großväter!) machen wahrhaftig genug Fehler, die man ihnen ankreiden kann. Aber wenn wir in derselben Weise Gott kritisieren wollen, dann ist das ein ganz anderes Thema. Denn dann bilden wir uns ein, klüger zu sein als er.

Zugegeben – Gottes Handlungsweise können wir oft genug nicht verstehen. Dafür sieht Gott viel weiter als wir. Er fügt uns in seine Pläne ein, von denen wir oft genug nur einen Bruchteil überblicken. Viel später, vielleicht erst in der Ewigkeit, werden wir feststellen, dass all die vielen unbegreiflichen Ereignisse auf Erden und auch in unserem eigenen Leben von einer wahrhaft Göttlichen Logik perfekt und lückenlos aufeinander abgestimmt gewesen sind und dass keine einzige Kleinigkeit anders verlaufen durfte, als Gott sie gesteuert hat.

Wohlgemerkt, diese Logik werden wir in ihrem vollen Ausmaß erst in der Ewigkeit begreifen. Dann, aber wirklich erst dann, werden wir Gott „nichts fragen" (Johannes 16,23). Bis dahin können wir nichts Besseres tun, als am Glauben an Gottes fehlerlose Weisheit auch dann festzuhalten, wenn wir nichts mehr davon sehen können. Wer Gott mit diesem Glauben ehren kann, der hat ihn richtig verstanden.

Wie Gott mich führt, so will ich gehn
ohn alles Eigenwählen;
geschieht, was er mir ausersehn,
wird mirs an keinem fehlen.
Wie er mich führt, so geh ich mit
und folge willig Schritt für Schritt
in kindlichem Vertrauen.
  (Lambert Gedicke)

Hiob 11, 1–20 4. November

Wenn du dein Herz auf ihn richtest und deine Hände zu ihm ausbreitest, wenn du den Frevel in deiner Hand von dir wegtust, dass in deiner Hütte kein Unrecht bliebe, so könntest du dein Antlitz aufheben ohne Tadel und würdest fest sein und dich nicht fürchten. (V 13–15)

Wollen Sie meine Blutdruck-Tabletten haben? Sie haben mir sehr geholfen, da werden sie gewiss auch Ihnen guttun. – Bloß gut, dass das meine Ärztin jetzt nicht gelesen hat! Sie wäre entsetzt. Meine Tabletten sind nur für mich bestimmt; die darf ich keinem anderen geben.

Dasselbe gilt jetzt auch für die Ermahnung, die wir heute in der Bibel lesen. Sie ist eine gute Medizin gegen die Angst, aber nur für uns. Wir dürfen sie nicht als Ratschlag für einen anderen benutzen, schon gar nicht für einen Kranken, wie das Hiobs Freunde getan hatten (mehr dazu am 11. November).

Nehmen wir also jetzt diese Bibelstelle nur für uns. Damals musste man sich vor Gottes Zorn und seinen Strafen fürchten. Man wusste ja noch nichts von der Erlösung durch den Kreuzestod Jesu. Aber auch für uns wirkt der Kreuzestod Jesu nicht automatisch. Wir möchten ihn schon bewusst auf uns beziehen.

Dazu kann uns die heutige Bibellese eine große Hilfe leisten. Sie zeigt uns: Gott will uns ganz. Er will, dass wir aufrichtig, dankbar und kompromisslos ihm gehören. Er will, dass wir uns vertrauensvoll bei ihm aussprechen im Gebet und dass wir jede Form von Betrug und Korruption konsequent aus unserem Leben ausmerzen. Ein Mensch, der mit Leib und Leben Gott gehört, kann unbesorgt in seine Zukunft blicken, er hat ja den guten Gott auf seiner Seite.

Drauf wollen wirs denn wagen, es ist wohl wagenswert,
und gründlich dem absagen, was aufhält und beschwert.
Welt, du bist uns zu klein, wir gehn durch Jesu Leiten
hin in die Ewigkeiten; es soll nur Jesus sein.
   (Gerhard Tersteegen)

5. November
Hiob 12, 1–6; 14, 1–12

Der Mensch, vom Weibe geboren, lebt kurze Zeit und ist voll Unruhe, geht auf wie eine Blume und fällt ab, flieht wie ein Schatten und bleibt nicht. (Kap. 14, 1+2)

„Der Himmel kann warten", schrieb der Entertainer Costa Cordalis in seinem gleichnamigen Buch und nahm sich vor, wie sein Großvater über 100 Jahre alt zu werden. – Mit 75 war er tot. Der „Himmel" wollte nicht warten …

Mit dem Thema Tod gehen wir Menschen ja sehr unterschiedlich um. Für junge Leute ist der Gedanke an das Sterben so fern wie der Mond. Im mittleren Alter hat man ganz andere Sorgen, als an ein Ende des Lebens zu denken. Erst, wenn man in den Todesanzeigen in der Zeitung immer häufiger das eigene Geburtsjahr findet, fängt man langsam an zu grübeln.

Oder man liest beizeiten die Bibel, zum Beispiel die für heute angegebenen Auszüge aus dem Hiob-Buch. Diese Zeilen wollen uns nicht die Freude am Leben verderben; sie sollen uns lediglich eine Wahrheit sagen, vor der man tunlichst nicht die Augen verschließen sollte. Wenn ich weiß, dass meine Lebenszeit begrenzt ist, werde ich sie bewusster gestalten, dann werde ich wertvolle Gelegenheiten nicht ungenutzt verstreichen lassen, dann werde ich die wenigen Jahre meines Erdenlebens so nutzbringend wie möglich für Gott und die Menschen gestalten. –

Übrigens: An dem Tag, an dem ich diese Seite schrieb, bekam ich einen Telefon-Anruf von einer liebenswerten Glaubensschwester. Sie ist 91 Jahre alt. Sie spürt, dass ihre Kräfte immer kleiner und ihre Grenzen immer enger werden. Aber eine Zusage von Jesus (aus Johannes 14,2) weckt in ihr große Vorfreude: „In meines Vaters Hause sind viele Wohnungen."

Schön sind die Blumen, schöner sind die Menschen
in der frischen Jugendzeit.
Sie müssen sterben, müssen verderben,
doch Jesus lebt in Ewigkeit.
  (Münster 1677)

Hiob 19, 21–29 6. November

Ich weiß, dass mein Erlöser lebt. (V 25)

Wenn ein Verkehrs-Unfall passiert ist, muss man dankbar sein, wenn es dabei keine Verletzten (und erstrecht keine Toten) gegeben hat. Aber auch, wenn der Crash „nur" Blechschaden verursacht hat, kann der Schaden sehr teuer werden, zumal, wenn der Unfall-Gegner mir die ganze Schuld in die Schuhe schiebt und damit auch alle Kosten für die Reparatur für sein beschädigtes Auto allein auf mich abwälzt. Dann braucht man unbedingt einen Anwalt, der dafür sorgt, dass es vor Gericht mit rechten Dingen zugeht.

An einen solchen „Anwalt" (nur ohne Verkehrs-Unfall) muss Hiob gedacht haben, als er den oben abgedruckten Ausspruch tat. Er hat an seinen drei „Freunden" erlebt, dass er von Menschen kein Verständnis erwarten kann (V 22), deshalb hat er sich an die „oberste Instanz" gewandt, an Gott selber, und hat ihn zu seinem Anwalt gewählt.

So wird Hiob das oben zitierte Wort vom „Erlöser" verstanden haben. Erst für uns Christen hat es einen noch viel tieferen Sinn bekommen. Wir kennen Jesus als unseren „Anwalt" im Jüngsten Gericht. Wenn dann alles das zur Sprache kommen wird, womit wir den Zorn Gottes und sein gerechtes Urteil verdient haben, dann werden wir keine Entschuldigung vorbringen und keine mildernden Umstände aufzählen können. Aber dann wird Jesus das Wort ergreifen. Er wird bezeugen, dass das verdiente Urteil über meine Sünden bereits an ihm vollzogen wurde, als er am Kreuz auf meinen Namen gestorben ist. So ist er mein *Anwalt* geworden, dem ich meine *Erlösung* verdanke.

Und Hiob konnte nicht ahnen, was für ein wegweisendes Wort er für uns alle schon damals ausgesprochen hatte.

Dein Kampf ist unser Sieg, dein Tod ist unser Leben;
in deinen Banden ist die Freiheit uns gegeben.
Dein Kreuz ist unser Trost, die Wunden unser Heil,
dein Blut das Lösegeld, der armen Sünder Teil.
    (Adam Thebesius)

7. November   Hiob 31, 16–40

Hab ich den Bedürftigen ihr Begehren versagt? (V 16)

Ein stadtbekannter Rowdy hat nacheinander drei Menschen krankenhausreif geprügelt. Endlich bekommt er eine saftige Strafe. „Das hat er verdient", sagen die Leute. – Eine liebevolle Frau hat vielen Menschen Gutes getan. Jetzt kriegt sie eine schlimme Krankheit. „Das hat sie nicht verdient", sagen die Leute.

Und jetzt denken wir an Gott. Er tut uns so viel Gutes. Haben wir das *verdient*? Oft genug schickt er aber auch ein schweres Leid. Haben wir *das* „verdient"? – Liebe Glaubensgeschwister, das Wort „verdient" gibt es bei Gott nicht im Erdenleben, sondern erst in seiner Schluss-Abrechnung am Ende aller Tage. Dann empfangen wir den verdienten Lohn für alles Gute und auch für alles Böse, das wir auf Erden getan haben. Mehr dazu in der Andacht zum 30. November.

Aber jetzt, in diesem Leben, kann man bei Gott nichts verdienen. Wir können uns durch Wohltat keinen Segen verdienen und durch Ungehorsam keine Strafe. Trotzdem können aber Leiden und Nöte über uns kommen. Das müssen wir jetzt seit genau 14 Tagen bei Hiob miterleben. Wir sehen an seinem Schicksal: Leiden und Nöte können in unserem Leben einen tiefen Sinn haben, aber der Mensch kann diesen Sinn nicht erkennen. So können wir bis heute nicht begreifen, weshalb so viel Elend in ein Menschenleben kommen kann. Das spricht auch aus unserer heutigen Bibellese.

Jedoch eine Antwort können wir unserer heutigen Bibellese entnehmen: Die Schmerzen, die Gott in unserem Leben zulässt, sind jedenfalls keine Strafe für begangene Sünden. Denn Hiob ist sich keiner Schuld bewusst. Also kann sein Leiden keine Strafe sein. Er muss es erdulden und weiß nicht warum. Aber er weiß wenigstens: Er hat es nicht verdient.

Schickt er mir ein Kreuz zu tragen, dringt herein Angst und Pein,
sollt ich drum verzagen? Der es schickt, der wird es wenden;
er weiß wohl, wie er soll all mein Unglück enden.
    (Paul Gerhardt)

Hiob 40, 1–5   **8. November**

Hiob antwortete dem Herrn und sprach: Siehe, ich bin zu gering, was soll ich antworten? (V 3+4)

Wer das Buch Hiob lesen will, muss viel Zeit mitbringen. Die seitenlangen Reden der frommen Männer mit ihren weitschweifigen Wiederholungen sind ermüdender als die längste Sonntagspredigt. Selbst für die Kurzfassung in diesem Andachtsbuch, wo die längsten Passagen schon ausgelassen wurden, haben wir viel Geduld mitbringen müssen.

Und jetzt das: Die für heute vorgesehene Rede des Hiob umfasst in meiner Bibel gerade mal sechs Zeilen. Was ist passiert? – Antwort: Gott hat gesprochen (Kapitel 38 und 39). Und wenn Gott gesprochen hat, müssen alle menschlichen Argumente schweigen. Bestes Beispiel: Hiobs Freunde. Als sie ungestört auf ihn einreden konnten, wollte ihr Redefluss kein Ende nehmen. Und jetzt, nachdem Gott gesprochen hat, hört man keine einzige Silbe mehr von ihnen. Hiob selber geht es nicht anders. Aber er kann seine Betroffenheit wenigstens in ein paar kurze Worte fassen.

Man sieht, wenn Gott gesprochen hat, kommt jede Weisheit, auch die frömmste Weisheit, zum Schweigen. Solange wir noch unsere eigenen Ansichten über Gott wortreich verkündigen können, haben wir viel über ihn gehört, aber ihn selber haben wir noch nie gehört. Damit meine ich jetzt nicht diejenigen, die einmal schlicht und dankbar bezeugen, was sie mit Gott erlebt haben, sondern ich meine diejenigen, die andere mit allen Mitteln überzeugen wollen von dem, was sie über Gott wissen. Diese Menschen müssen sich fragen lassen, ob sie wirklich andere für den Glauben an Gott gewinnen wollen, oder ob sie einfach nur selber Recht haben wollen. Hiobs Freunde zeigen uns heute: Im entscheidenden Moment weiß ich gar nichts mehr zu sagen. Denn wenn erst Gott gesprochen hat, dann ist alles gesagt.

Rede, Herr, so will ich hören, und dein Wille werd erfüllt;
nichts lass meine Andacht stören, wenn der Brunn des Lebens quillt;
speise mich mit Himmelsbrot, tröste mich in aller Not.
     (Benjamin Schmolck)

9. November   Hiob 40, 6–32

Willst du mein Urteil zunichte machen und mich schuldig sprechen, dass du Recht behältst? (V 8)

Früher habe ich mal gehört, das Buch Hiob wäre bloß ein Märchen. Inzwischen musste ich erfahren, dass dieses sogenannte „Märchen" bittere Realität ist und sich Tag für Tag unzählige Male auf der ganzen Welt wiederholt. Fast jeden Abend müssen wir in den Nachrichten verzweifelte Menschen sehen, die durch Krieg und Katastrophen in namenloses Elend geraten sind. Oft genug kommt das Leid in die eigene Familie oder sogar zu uns selbst. Und immer wieder fragt der Mensch: „Wie kann Gott das zulassen?"

Darauf hat Gott geantwortet. Das lesen wir in dem ganzen langen Kapitel, das uns heute aufgegeben ist. Er hat dem Hiob nicht den Sinn seiner Leiden erklärt, sondern ihm seine Allmacht und seine Größe vor Augen gestellt. Das heißt: So groß auch die Leiden sind, die Hiob schier erdrücken wollen – Gott ist immernoch größer und hat auch diese großen Nöte unter seiner Kontrolle.

Deshalb unsere heutige Bibellese. „Behemoth" (V 15) und „Leviathan" (V 25) müssen Riesentiere in grauer Vorzeit gewesen sein, größer als ein Nashorn und furchteinflößender als ein Krokodil. Wer ist so stark, dass er solche Ungetüme mit eigener Kraft erschaffen und beherrschen kann? Der darf es auch wagen, mit Gott zu rechten. – Wir aber sind nicht seine Richter, sondern seine Kinder. Und Kinder müssen ihren Vater nicht verstehen, aber sie dürfen sich allezeit von ihm liebhaben lassen.

Drum so lass dir nimmer grauen,
lerne deinem Gott vertrauen,
sei getrost und guten Muts.
Er fürwahr, er wird es führen,
dass du wirst am Ende spüren,
wie er dir tut lauter Guts.
      (Heinrich Arnold Stockfleth)

Hiob 42, 1–6   10. November

Ich hatte von dir nur vom Hörensagen vernommen; aber nun hat mein Auge dich gesehen. Darum spreche ich mich schuldig und tue Buße in Staub und Asche. (V 5+6)

„Papier ist geduldig", konnte meine Mutter sagen, wenn sie die Reklame für ein neues Waschmittel oder für heilkräftige Wunderpillen in die Hand bekam. Wenn sie wissen wollte, was es damit wirklich auf sich hat, musste sie die Ware schon selber ausprobieren.

„Papier ist geduldig", können Sie auch sagen, wenn Sie ein Buch über den christlichen Glauben in die Hand bekommen, zum Beispiel dieses. Wenn Sie wissen wollen, was es mit Gott wirklich auf sich hat, müssen Sie es schon mit ihm persönlich zu tun bekommen.

Dasselbe hat schon Hiob damals erlebt. Er hatte die vielen klugen Worte über Gott nicht lesen können, sondern hören müssen aus dem Mund seiner ach so frommen Freunde. Das alles hat ihm nicht weitergeholfen. Als er aber am Ende Gott selber sprechen hörte (das ist gemeint mit dem Ausdruck „nun hat mein Auge dich gesehen"), da ist er ein anderer geworden. Denn wer Gott selber begegnet, dem wird seine eigene Unvollkommenheit bewusst, der kann nichts anderes mehr tun, als bei Gott um Gnade zu bitten.

Darin hat sich bis heute nichts geändert. In der Begegnung mit Gott erfahren wir die Wahrheit über uns selbst, wir erkennen unsere eigene Schuld und erleben Gottes unverdiente Barmherzigkeit. Erst diese Erfahrung macht uns zu Menschen, die Gott glaubhaft bezeugen können.

Bei dir gilt nichts denn Gnad und Gunst,
die Sünde zu vergeben,
es ist doch unser Tun umsonst
auch in dem besten Leben.
Vor dir niemand sich rühmen kann,
des muss sich fürchten jedermann
und deiner Gnade leben.
    (Martin Luther)

11. November Hiob 42, 7–17

Der Herr gab Hiob doppelt soviel, wie er gehabt hatte. (V 10)

Ein geliebter Angehöriger ist gestorben. Seine Familie vermisst ihn sehr. Andere wollen sie trösten: „Wer weiß, was ihm erspart geblieben ist." – „Zeit heilt Wunden." – „Tröstet euch, er ist im Himmel." – Oder, am schlimmsten: „Überlegt mal, was Gott euch damit sagen will." – Das wirkt auf die Trauernden wie eine schallende Ohrfeige.

Denselben Fehler haben die Freunde bei Hiob gemacht. Sie haben ihm unanfechtbare Wahrheiten gesagt über Gott und die Menschen, aber sie waren damit „zur falschen Zeit am falschen Ort". Sie haben die Wahrheit als Keule missbraucht und damit auf den armen Hiob eingedroschen. Mehr noch: Sie wollten erklären, warum Gott dieses Leiden schickt. Das heißt, sie haben sich eingebildet, so klug zu sein wie Gott und seine Gedanken zu kennen. Was für eine entsetzliche Anmaßung!

Das hat Gott alles geschehen lassen. Aber er konnte das nicht durchgehen lassen. Indem sie bei Hiob unaufhörlich nach verborgenen Sünden gebohrt hatten, haben sie sich schuldig gemacht vor Hiob und vor Gott. Deshalb musste Hiob für sie um Vergebung bitten. Und *als er das tat (!)*, da hat Gott seine Leiden beendet. Müssen Sie jetzt – wie ich – an jemanden denken, der Ihnen ungerechterweise das Leben schwer macht? Könnte dann vielleicht dieses Beispiel für Sie eine Hilfe sein - ?

Zurück zu Hiob: Gott hat nicht verhindert, dass der Satan ihm alles genommen hat (Kapitel 1,6 bis 2,8). Aber der Satan konnte es nicht verhindern, dass Gott Hiob das Doppelte von allem zurückgegeben hat. Also, wer ist hier eigentlich der Verlierer, und wer ist der Gewinner?

Durch deines Gottes Huld allein
kannst du geführt und sicher sein;
mein Volk, sieh seine Werke!
Herr, führ an uns und unserm Haus
dein Heil, dein Werk in Gnaden aus,
nur du bist unsre Stärke.   *(Matthias Jorissen)*

Matthäus 21, 18–22 **12. November**

Nun wachse auf dir niemals mehr Frucht! Und der Feigenbaum verdorrte sogleich. (V 19)

Wer sich Gott anvertrauen kann, der hat es gut, der steht unter seinem Segen. Und Segen – das ist von Gott gewirkte Wohltat an Leib und Seele.

Das Gegenteil von Segen heißt Fluch. Und Fluch – das ist ein entsetzlicher Schaden an Leib und Seele. Er trifft dort ein, wo Menschen eine Verwünschung aussprechen über sich selbst oder andere.

Von solch einer Verwünschung handelt unsere heutige Bibellese. Wir lesen diese Geschichte und sind ganz irritiert: Wie konnte Jesus nur eine solche Verwünschung aussprechen? Selbst die Gelehrten in meiner Zunft können sich keinen Reim darauf machen.

Ich auch nicht. Ich kann dazu nur sagen: Dieses Ereignis ist absolut einmalig im ganzen Neuen Testament. Es gibt keine andere Gelegenheit, in der Jesus ein solches hartes Urteil ausgesprochen hätte. Und außerdem: Er hat nie einen Menschen verwünscht, sondern nur dieses eine Mal einen Feigenbaum. Vielleicht hat er das deshalb getan, damit wir daran sehen können, was für eine zerstörende Kraft so eine Verwünschung hat.

Vor allem aber: Als er am Kreuz sterben musste, da hat er allen Fluch, den wir Menschen durch unser Verhalten auf uns geladen haben, auf sich genommen und uns davon erlöst. Ja, dadurch ist er selber zum Fluch geworden (Galater 3, 13). Und das alles, damit wir, von jedem Fluch befreit, den Segen Gottes erben können.

Du nimmst auf deinen Rücken
die Lasten, die mich drücken
viel schwerer als ein Stein;
du wirst ein Fluch, dagegen
verehrst du mir den Segen,
dein Schmerzen muss mein Labsal sein.
  (Paul Gerhardt)

13. November   **Matthäus 21, 23–27**

So sage ich euch auch nicht, aus welcher Vollmacht ich das tue. (V 27)

„Wie bist du bloß auf diesen Unfug gekommen?", fragt der Vater seinen ungehorsamen Sohn. – „Nennen Sie uns die Gründe für Ihre Tat", verlangt der Richter vom Angeklagten. – „Was hast du bloß bei deiner Sekretärin zu suchen?", will die Ehefrau von ihrem Mann wissen. – Und jedes Mal muss jemand sich rechtfertigen für das, was er getan hat.

In derselben Weise soll Jesus sich rechtfertigen vor der obersten Religionsbehörde für das, was er im Tempel getan hat (Kapitel 21, 12–14). Und darauf verweigert er die Antwort. Nicht, weil ihm das zu riskant wäre, sondern weil seine Gegenüber einfach nicht dazu befugt sind. Sie haben zwar viel zu sagen im Tempel, aber nicht über Jesus. Er steht haushoch über ihnen.

Dabei bleibt es bis heute. Wir fragen ihn: „Wie kannst du so viel Leid zulassen in der ganzen Welt und im eigenen Leben?" – „Warum geht es den Gottlosen so gut und den Gläubigen so schlecht?" – „Warum führst du mich so schwere Wege?" – Hat Jesus Ihnen jemals auf solche Fragen eine Antwort gegeben? – Nein? – Mir auch nicht. Wir sind nicht seine Richter. Vor uns muss er sich nicht rechtfertigen.

Aber auch wir selber müssen uns nicht rechtfertigen, wenn wir von anderen auf unseren Glauben angesprochen werden. Wir müssen Jesus nirgends verteidigen und sein Tun vor niemandem begründen. Wir brauchen nur zu bezeugen, was Jesus uns bedeutet. Mehr ist nicht nötig.

Sie wissen schon, ich habe einmal in einer sehr notvollen Situation Gott nach dem Sinn meines schweren Weges gefragt. Als Antwort hörte ich eine ganz leise Stimme in mir: „Hast du nicht einmal gesagt: Dein Wille geschehe?" Und dann, ganz leise, aber ganz deutlich: „Bleibt's dabei?"

Ach nimm mich hin, du Langmut ohne Maße;
ergreif mich wohl, dass ich dich nie verlasse.
Herr, rede nur, ich geb begierig Acht;
führ, wie du willst, ich bin in deiner Macht.   *(Gerhard Tersteegen)*

Matthäus 21, 28–32   14. November

Die Zöllner und Huren kommen eher ins Reich Gottes als ihr. (V 31)

Wenn Sie unsere heutige Bibellese studieren, dann dürfen Sie bei „Zöllner" bitte nicht an die Zollbeamten am Frankfurter Flughafen denken. Die versehen ihren Dienst ausgesprochen korrekt und zuverlässig. Ganz anders die Zöllner in Israel zur Zeit Jesu. Sie kassierten an jedem Stadttor Einfuhr-Zölle für die römische Besatzungsmacht und durften die Gebühren zu ihren eigenen Gunsten ungestraft heraufsetzen. Entsprechend unbeliebter waren sie im Volk. – Den Prostituierten ging es damals nicht anders. Auch sie standen im Ansehen der meisten Leute ganz unten. Und ausgerechnet diese Menschen zieht Jesus den Frömmsten im Lande vor. Wie kommt das?

Die Antwort gibt uns die heutige Bibellese. Diese Menschen haben sich durch ihren ganzen Lebensstil erst einmal eindeutig dagegen entschieden, dass Gott in ihrem Leben etwas zu sagen haben soll. Aber durch die Begegnung mit Jesus haben sie diesen Lebensstil aufgegeben und sind mit Gott versöhnt worden (Matthäus 9,9; Lukas 7, 36–50; Lukas 19, 1–9). Damit entsprechen sie dem zweiten Sohn aus dem Gleichnis, der zuerst Nein sagt, dann aber doch auf den Willen des Vaters eingeht. – Ganz anders die Pharisäer und Schriftgelehrten. Zwar haben sie sich immer eifrig um die Erfüllung aller Gebote Gottes gemüht, aber Gottes eigener Sohn fand bei ihnen kein Gehör. Sie gleichen dem ersten Sohn in der Geschichte Jesu, der erst zum Auftrag des Vaters Ja sagt, dann aber überhaupt nicht darauf eingeht.

Merken Sie: Es geht bei Gott nicht um die pünktliche Erfüllung aller seiner Gebote, und es geht bei ihm auch nicht um einen vorbildlichen Lebenswandel, sondern es geht bei ihm ganz allein darum, was uns Jesus bedeutet.

Fern in der Heiden Lande erschallt dein kräftig Wort,
sie werfen Satans Bande und ihre Götzen fort;
von allen Seiten kommen sie in das Reich herein;
ach, soll es uns genommen, für uns verschlossen sein?
    (Philipp Spitta)

15. November — Matthäus 21, 33–46

Als aber die Weingärtner den Sohn sahen, sprachen sie zueinander: Das ist der Erbe; kommt, lasst uns ihn töten und sein Erbgut an uns bringen! (V 38)

Weil er sein Volk vor dem Baals-Kult gewarnt hatte, wurde er mit dem Tod bedroht (1. Könige 19, 1+2). – Weil er den Menschen Gottes Willen verkündigt hatte, wurde er kaltgestellt (Jeremia 38,6). – Weil er dem König Ehebruch vorgehalten hatte, wurde er eingesperrt (Matthäus 14, 3 + 4). – Man sieht: Die Propheten Gottes lebten gefährlich in Israel. Und als dann Gottes Sohn persönlich zu ihnen kam, haben sie ihn hingerichtet (Matthäus 27, 31–37). Das alles hat Jesus seinen Gegnern auf den Kopf zugesagt.

Zugleich hat Jesus damit in wenigen Sätzen die ganze Geschichte Gottes mit seinem Volk Israel umrissen: So, wie der Weinberg-Besitzer erst seine Verwalter und schließlich seinen Sohn zu den säumigen Pächtern schickt, so hat Gott erst seine Propheten und dann seinen Sohn zu seinem ungehorsamen Volk geschickt. Und dort blühte ihnen dasselbe Schicksal wie den Abgesandten des Weinberg-Besitzers in unserem heutigen Gleichnis. Man sieht: Die Ablehnung gegen die Boten Gottes in Israel damals nahm kein Ende; aber die Liebe Gottes zu diesem Volk war stärker. Sie gipfelte darin, dass er am Ende sogar seinen Sohn dorthin schickte und ihn in ihre Hände gab.

Das alles dürfen wir nicht vergessen. Denn – o Wunder! – das Volk Israel gibt es heute noch, in demselben Land wie damals. Nur wenige haben schon in Jesus ihren Messias erkannt. Daneben gibt es mehrere religiöse Gruppierungen mit unterschiedlichem Charakter; den meisten Juden bedeutet der Glaube ihrer Vorfahren recht wenig. Aber eins ist ihnen allen gemeinsam, ob sie es wissen oder nicht: Die Liebe Gottes können sie einfach nicht verlieren.

Sieh dein Volk in Gnaden an, hilf ihm, segne, Herr, dein Erbe;
leit es auf der rechten Bahn, dass der Feind es nicht verderbe.
Wart und pfleg es in der Zeit, heb es hoch in Ewigkeit.
    (nach Ignatz Franz)

Matthäus 22, 1–14   16. November

Geht hinaus auf die Straßen und ladet zur Hochzeit ein, wen ihr findet. (V 9)

Als vor einigen Jahren in London erst Prinz William und Kate und dann Prinz Harry und Meghan geheiratet haben, da standen die Massen dicht gedrängt in den Straßen, nur um einen flüchtigen Blick auf die königliche Kutsche werfen zu können. Und wer zum anschließenden Festbankett in den Palast geladen war, der tat natürlich alles, um pünktlich dort zu erscheinen.

Ganz anders die Hochzeitsgäste in dem Gleichnis, das wir heute bei Matthäus lesen. Diese Geschichte klingt so ungewöhnlich, dass sie so in Wirklichkeit nie passiert sein kann. Denn das Gleichnis schildert keine Episode aus dem Leben, sondern es handelt davon, dass Gott uns eingeladen hat, am ewigen Leben in seinem Reich teilhaben zu dürfen. Diese Aussicht verbirgt sich hinter dieser Erzählung vom königlichen Hochzeitsmahl. Ich will nicht behaupten, dass das ewige Leben aus einem ununterbrochenen Essen und Trinken besteht (obwohl mir diese Vorstellung auch nicht unrecht wäre!), aber ich *will* behaupten, dass das ewige Leben eine Festfreude enthält, die alle irdischen Hochzeitsfeiern bei weitem übertrifft.

Umso erschreckender ist die Haltung der Gäste. Sie kommen einfach nicht. Sie haben alle etwas anderes vor. Der König, der sie einlädt, ist ihnen ganz egal. Ja, wo gibt's denn so was? – Antwort: Zwischen Gott und uns Menschen. Uns erwartet nach dem Erdenleben eine unvorstellbare Herrlichkeit in Gottes ewigem Reich, und vielen Menschen ist das einfach egal. Sie haben anderes zu tun, als nach Gott zu fragen. Was für eine Tragik!

Trotzdem: Das Fest findet statt. Es kommen einfach andere Gäste. Und zu denen – dürfen Sie gehören!

Kein Aug hat je gespürt, kein Ohr hat je gehört
solche Freude.
Des jauchzen wir und singen dir
das Halleluja für und für.
    (Philipp Nicolai)

17. November   Matthäus 22, 15–22

So gebt dem Kaiser, was des Kaisers ist, und Gott, was Gottes ist. (V 21)

14,5 Millionen Euro soll die Pop-Sängerin Shakira in Spanien an Steuern hinterzogen haben, schreibt meine Zeitung am 10. Dezember 2018. Jetzt droht ihr eine saftige Straf-Anzeige. Diese Frau hätte unsere heutige Bibelstelle lesen sollen. Dann wäre ihr dieser ganze Stress erspart geblieben.

Wie geht es uns auf diesem Gebiet? – Auch wenn unsere Einkünfte im Vergleich zu dieser Sängerin verschwindend klein sind, so kommen doch auch wir an der Steuer (und viele auch an der Steuer-Erklärung) leider nicht vorbei. Da ist es gut, zu wissen, dass Jesus sich auch zu diesem ausgesprochen weltlichen Problem geäußert hat. Er hat es ausdrücklich akzeptiert, dass der Staat von seinen Bürgern Steuern verlangt und die Bürger auch diese Steuern zahlen sollen, und zwar bitteschön ohne Schummeln und Trickserei!

Ein Zweites kam damals hinzu. Der Kaiser verlangte von seinen Untertanen nicht nur Geld, sondern geradezu göttliche Verehrung. Hier zog Jesus die Grenze: Göttliche Verehrung kommt nur Gott zu und keinem noch so mächtigen Herrscher. – Zugegeben, niemand würde heute den Bundeskanzler anbeten, aber viele erwarten doch von unserer Regierung geradezu überirdische Wunder. Sie soll Probleme lösen, die alle menschliche Kraft übersteigen; sie soll Verhältnisse schaffen, die erst bei der Wiederkunft Jesu eintreten werden.

Also, verwechseln wir bitte die Person an der Spitze unserer Regierung nicht mit dem Messias! Erwarten wir von ihr nichts Unmögliches. Überlassen wir nur die menschlich unlösbaren Probleme der Welt dem allmächtigen Gott. So geben wir Gott, „was Gottes ist".

Lass alle, die regieren, ihr Amt getreulich führen,
schaff jedermann sein Recht,
dass Fried und Freud sich müssen in unserm Lande küssen,
und segne beide, Herrn und Knecht.
    (Benjamin Schmolck)

Matthäus 22, 23–33   18. November

In der Auferstehung werden sie weder heiraten noch sich heiraten lassen, sondern sie sind wie Engel im Himmel. (V 30)

Die Medizin macht's möglich: Wir Deutschen werden immer älter. Aber den Tod können wir damit nicht abschaffen. Wir können ihn nur länger vor uns herschieben. Am Ende holt er uns doch. Was dann? – Die einen sagen: „Dann ist alles aus"; die anderen hoffen auf eine Fortsetzung ihres Erdenlebens unter besseren Voraussetzungen.

Beides gab es schon zur Zeit Jesu. Die Sadduzäer fanden in den fünf Büchern Mose keinen Hinweis auf ein ewiges Leben bei Gott; und die Pharisäer rechneten mit einer zukünftigen Welt, wo sie unter Gottes Segen einfach so weiterleben könnten wie bisher.

Beiden Gruppen zerstörte Jesus ihre Illusion. Er sagte zu ihnen damals – und damit auch zu uns heute – : Das ewige Leben bei Gott ist etwas absolut Neues und etwas vollkommen anderes; so anders, dass es mit dem irdischen Leben einfach nicht vergleichbar ist.

Als Beispiel dafür nennt er die Ehe. Ohne die Ehe (und die darin gezeugten Kinder) ist menschliches Leben nicht möglich. Unsere sexuelle Prägung gehört zum Mensch-Sein dazu. Wir sollten sie dankbar akzeptieren.

Aber nur im Erdenleben. Im ewigen Leben gibt es das dann nicht mehr. Dann sind wir nicht mehr Männer oder Frauen, sondern nur noch Kinder Gottes. Freilich, das Glück einer erfüllten Ehe ist dann vorbei; aber die heimlichen Probleme mit unserer Sexualität sind dann auch vorbei, und die Schmerzen, die durch Missbrauch und Vergewaltigung entstanden sind, sind dann endgültig geheilt. Mit einem Wort: Das Neue, das uns dann erwartet, ist so neu, dass man es sich einfach nicht vorstellen kann; aber es ist so real, dass wir mit voller Zuversicht darauf zugehen können.

Wenn dann zuletzt ich angelanget bin im schönen Paradeis,
von höchster Freud erfüllet wird der Sinn,
der Mund von Lob und Preis.
    (Johann Matthäus Meyfart)

19. November   Matthäus 22, 34–46

Du sollst den Herrn, deinen Gott, lieben von ganzem Herzen, von ganzer Seele und von ganzem Gemüt, und du sollst deinen Nächsten lieben wie dich selbst. (V 37 + 39)

Sagen Sie es nicht weiter: Wenn ich heute noch einmal Fahrschule mitmachen müsste, würde ich bestimmt schon in der theoretischen Prüfung durchfallen. Wie soll man sich bloß diese vielen Gesetze merken?

Dasselbe Problem hatten schon die Gläubigen im Volk Israel zur Zeit Jesu. Fromme Gelehrsamkeit hat doch damals im Alten Testament sage und schreibe 613 Gesetze und Verbote Gottes gezählt. Wer konnte diese Anordnungen alle befolgen? Und welche davon waren die wichtigsten?

Darauf gab Jesus eine klare Antwort (s.o). Sie ist das Grundgesetz. Alle anderen Gebote sind nur Ausführungsbestimmungen dazu, auch die berühmten „zehn". Luther sagt zu jedem einzelnen davon: „Wir sollen Gott fürchten und lieben …". Das heißt: Unser Gehorsam vor Gott ist nur dann etwas wert, wenn er ein Ausdruck von unserer Liebe zu ihm ist.

Dazu gehört auch die Nächstenliebe, ein echtes Wesensmerkmal unseres Glaubens. Aber Nächstenliebe heißt nicht Aufopferung bis zum Umfallen, sondern nur, dem anderen so viel Liebe zu schenken, wie man zu sich selber hat. Es klingt paradox: Nächstenliebe beginnt mit Selbstliebe. Wer sich selbst nicht leiden kann, der kann anderen keine Liebe schenken. Deshalb: Seien Sie zuerst einmal gut zu sich selber; gönnen Sie sich zuerst einmal selber eine kleine Freude. Dann wird sich in Ihnen eine Gesinnung regen, die nur allzu gern auch anderen Menschen Gutes tun will.

Also, Sie müssen keine 613 Bestimmungen aus dem Alten Testament auswendig lernen; in der Lebensregel Jesu sind sie alle erfüllt.

Liebe, hast du es geboten, dass man Liebe üben soll,
* o, so mache doch die toten, trägen Geister lebensvoll,*
* zünde an die Liebesflamme, dass ein jeder sehen kann:*
* wir, als die von einem Stamme, stehen auch für einen Mann.*
      (Nikolaus Ludwig Graf von Zinzendorf)

Matthäus 23, 1–22   20. November

Einer ist euer Meister, ihr aber seid alle Brüder. (V 8)

„Meine Damen und Herren", wird meist am Beginn einer öffentlichen Rede gesagt. Nur nicht bei uns Christen. Da sagt man gern: „Liebe Brüder und Schwestern", denn wir sind alle miteinander Kinder desselben guten Gottes und deshalb untereinander Geschwister. Jesus ist unser aller großer Bruder, zugleich unser Meister, das heißt, unser Vorbild für das Leben unter Gott.

Die schlechtesten Vorbilder für den Glauben waren damals die Pharisäer und Schriftgelehrten. Sie missbrauchten ihre herausgehobene Stellung für ihr eigenes Ansehen und für besondere Privilegien (V 5–7). – Ganz anders Jesus: Er strebte nicht nach hohen Ehren, sondern „er erniedrigte sich selbst" (Philipper 2,8). Er war unter seinen Jüngern „wie ein Diener" (Lukas 22, 27); er hat ihnen noch kurz vor seiner Verhaftung die Füße gewaschen (Johannes 13, 5), und das war damals die Pflicht von Sklaven. Und als er dann, aller Kleidung beraubt, an ein Kreuz angenagelt, in seinen unsäglichen Qualen den Menschen öffentlich zur Schau gestellt wurde (Kapitel 27, 33–50), da war er auf dem tiefsten Tiefpunkt seiner Erniedrigung angelangt.

„Darum hat ihn auch Gott erhöht"; er hat ihm den Sieg über den Tod und den Teufel gegeben und ihm das Regiment über alle Welt verliehen. Am Ende wird er von allen Menschen in tiefster Ehrfurcht gelobt und angebetet werden (Philipper 2, 9–11). Der Weg in die bitterste Schmach hat ihn zu höchsten Ehren geführt.

Und darin ist er unser Vorbild. In der Nachfolge Jesu haben Ehrgeiz und Eitelkeit keinen Platz. Wir leben nicht für unser Ansehen vor den Menschen, sondern allein dafür, dass das Wesen Jesu auch aus unserem Verhalten herausleuchten kann.

Kommt, Kinder, lasst uns wandern, wir gehen Hand in Hand;
eins freuet sich am andern in diesem wilden Land.
Kommt, lasst uns kindlich sein, uns auf dem Weg nicht streiten;
die Engel selbst begleiten als Brüder unsre Reihn.
       (Gerhard Tersteegen)

21. November   Matthäus 23, 23–39

Ihr verblendeten Führer, die ihr Mücken aussiebt, aber Kamele verschluckt! (V 24)

Eigentlich tun mir die Pharisäer leid. Sie mühen sich, die Gebote Gottes lückenlos zu erfüllen; sie zählen sogar am Sabbat ihre Schritte, um ja nicht das Ruhe-Gebot für diesen Tag zu übertreten. Sie leben nach Psalm 1, 1+2: „Wohl dem, der nicht wandelt im Rat der Gottlosen noch tritt auf den Weg der Sünder noch sitzt, wo die Spötter sitzen, sondern hat Lust am Gesetz des Herrn und sinnt über seinem Gesetz Tag und Nacht."

Und trotzdem bekommen sie von Jesus in unserer heutigen Bibellese eine so vernichtende Abfuhr. Warum nur? – Sie beachten 613 Gebote Gottes aus dem Alten Testament; aber sie kennen keine Liebe. Wer am Sabbat einem Kranken begegnet, darf ihm nicht helfen. Denn Heilungstätigkeit ist Arbeit, und die ist am Sabbat verboten. Die Erfüllung der Gebote ist ihnen wichtiger als die Liebe zu den leidenden Menschen.

Dem hat Jesus scharf widersprochen, mit Worten und Taten. Die Liebe zu Gott und zum Nächsten steht über allen anderen Geboten. Aber das haben die Pharisäer nicht gesehen. Deshalb musste Jesus sie so streng kritisieren.

Und wenn Jesus jetzt *uns* ansieht, was wird er dann sagen müssen? Wie viel „Pharisäer" steckt in uns, wenn uns die Einhaltung bestimmter Vorschriften wichtiger ist als die Liebe zu den Menschen? Können wir andere, die unsere guten Sitten nicht befolgen, trotzdem akzeptieren, oder werden wir sie lieblos ausgrenzen? Schlägt unser Herz für die Gestrauchelten und Verachteten, oder wollen wir am liebsten hübsch unter uns bleiben? – Setzen wir nur den „Pharisäer" in uns vor die Tür, und lassen wir uns erfüllen allein von dem barmherzigen Wesen Jesu. Dann wird er sich wohlfühlen in unserer Gemeinde und andere Menschen auch.

Vertreib aus meiner Seelen den alten Adamssinn
und lass mich dich erwählen, auf dass ich mich forthin
zu deinem Dienst ergebe und dir zu Ehren lebe,
weil ich erlöset bin.   (Ludwig Andreas Gotter)

Matthäus 24, 1–14   22. November

Das alles aber ist der Anfang der Wehen. (V 8)

Ausgerechnet jetzt musste vor unserem Auto die Bahnschranke runter gehen, und dabei wurden die Wehen für meine Frau immer heftiger. Zum Glück sind wir dann doch noch rechtzeitig in der Klinik angekommen, und das Kind kam wohlbehalten zur Welt …

Dasselbe gilt auch für die Wehen, von denen Jesus in Vers 8 gesprochen hat. Damit meinte er nicht die Geburt eines Kindes, sondern das Ende unserer derzeitigen Epoche und den Anfang seiner weltumspannenden Friedensherrschaft. Diese große Wende ist noch nicht da; aber wir erleben schon die großen Nöte, die dieser Wende vorausgehen wie die Wehen einer Geburt:

Diese Nöte müssen sein. Sie sind kein schreckliches Verhängnis, sondern sie sind notwendige Vorboten der bevorstehenden Ereignisse. Sie sind genauso wenig zu umgehen wie die Wehen vor einer Geburt, denn sie gehören unverzichtbar in die großen Pläne Gottes mit seiner Welt.

Diese Nöte zeigen an, nämlich dass die angekündigte Wende bald eintreten wird. Und alle, die sich die Aussicht auf die weltumspannende Friedensherrschaft Jesu einfach nicht vorstellen können, sollen an den offensichtlichen Vorboten dieses Geschehens erkennen, dass Gott dabei ist, auch diese Pläne zu erfüllen.

Diese Nöte hören auf. Wenn die Welt an das Ziel gekommen ist, das Gott ihr gesetzt hat, dann sind alle Katastrophen vorbei. So, wie mit der Geburt eines Kindes die vorausgehenden Wehen zu Ende sind, so werden alle Nöte dieser Zeit vorbei sein, wenn Jesus wiederkommt. Wer das vor Augen hat, wird auch die Nöte der Gegenwart leichter ertragen können.

O Jesu Christ, du machst es lang mit deinem jüngsten Tage;
den Menschen wird auf Erden bang von wegen vieler Plage.
Komm doch, komm doch, du Richter groß,
und mach uns bald in Gnaden los von allem Übel. Amen.
    (Bartholomäus Ringwaldt)

23. November Matthäus 24, 15–28

Denn es wird dann eine große Bedrängnis sein. (V 21)

„Früher hieß das Folter!", schrie ich auf. – Die Physiotherapeutin bemühte sich nach Kräften, eine Verspannung in meinem Rücken zu lösen. Dazu drückte sie immer und immer wieder genau gegen den Punkt, der mir sowieso schon wehtat. Ich wollte doch die Schmerzen loswerden! Stattdessen wurden sie erst mal schlimmer! – Das ist jetzt mehr als ein viertel Jahr her. Inzwischen sind die Beschwerden total vergessen. Ich weiß nicht einmal mehr, wo die Schmerzen eigentlich gesessen haben. Das danke ich meiner strengen Therapeutin und ihrem unnachgiebigen Vorgehen.

Und nun zur Bibel: Es wäre vermessen, meine Schmerzen bei dieser Behandlung vergleichen zu wollen mit dem unermesslichen Leid, das überall durch Kriege und Katastrophen über unzählige Menschen kommt. Und es wäre ebenso vermessen, meine Heilung vergleichen zu wollen mit dem weltweiten Aufatmen, das der Menschheit bevorsteht, wenn Gott am Ziel aller dieser schweren Wege zur Vollendung seiner heilvollen Pläne kommt.

Trotzdem habe ich Ihnen eingangs meine Geschichte erzählt. Denn so, wie bei mir die Heilung nur durch die schmerzhafte Behandlung kommen konnte, so hängt das gegenwärtige Leid in dieser Welt und die zukünftige Herrlichkeit unmittelbar miteinander zusammen. Das eine gibt es nicht ohne das andere. Und so, wie ich während meiner Behandlung die unerbittliche Therapeutin nicht verstehen konnte, so können wir bei Jesus den Sinn der angekündigten Katastrophen nicht verstehen. Aber das brauchen wir auch gar nicht. Wir brauchen nur zu vertrauen, dass Gott mit allem, was er geschehen lässt, seine großen Pläne einlöst. Und das tut er, wie wir täglich miterleben müssen, sehr genau.

Es ist gewisslich an der Zeit, dass Gottes Sohn wird kommen
in seiner großen Herrlichkeit, zu richten bös und Fromme.
Das wird das Lachen werden teuer,
wenn alles wird vergehn im Feuer,
wie Petrus davon schreibet. (Bartholomäus Ringwaldt)

Matthäus 24, 29–31 — 24. November

Und dann wird erscheinen das Zeichen des Menschensohns am Himmel. (V 30)

Wenn im Frühjahr Motorrad-Fahrer ihre Maschine aus der Garage holen und zur ersten Fahrt aufbrechen, dann fahren die meisten nicht los, um irgendwo anzukommen. Sie fahren nur los, um einfach fahren zu können. Der Weg ist das Ziel.

Bei einem Motorrad-Ausflug mag das ja angehen, bei einem Sonntags-Spaziergang auch. Aber nicht in unserem Alltag. Da muss alles, was wir tun, auf ein Ziel ausgerichtet sein.

Dieser Grundsatz gilt auf jeden Fall für das Handeln Gottes. Sein Weg mit dieser Welt ist keine Fahrt ins Blaue, sondern ein Weg mit einem ganz konkreten Ziel. Und dieses Ziel lautet: Das sichtbare Offenbar-Werden Jesu vor der ganzen Menschheit. Das heißt, wenn die Zeit dafür reif ist, wird Jesus in einer Herrlichkeit erscheinen, vor der kein Mensch auf Erden seine Augen verschließen kann. Diejenigen, die darauf warten konnten, erfahren dann die Erfüllung aller ihrer Sehnsucht. Und diejenigen, denen das alles bis dahin vollkommen egal gewesen ist, werden dann begreifen müssen, was für einem verhängnisvollen Irrtum sie aufgesessen sind.

Auf dieses Ziel läuft alles hinaus, was Gott auf Erden geschehen lässt. Wer dieses Ziel aus den Augen verliert, ist wie ein Motorrad-Fahrer, der wahllos in der Gegend herumkurvt. Das kann im Augenblick ganz reizvoll sein, hat aber auf die Dauer keinen Sinn. Deshalb gehört die Aussicht auf die Wiederkunft Jesu unbedingt zu unserem Glaubensleben dazu. Und wenn wir selber schon vorher sterben sollten, dann sind wir gleich an dem Ziel, auf das die ganze Welt noch zugeht, nämlich bei Jesus.

Wir warten dein, o Gottessohn, und lieben dein Erscheinen.
Wir wissen dich auf deinem Thron und nennen uns die Deinen.
Wer an dich glaubt, erhebt sein Haupt und siehet dir entgegen;
du kommst uns ja zum Segen.
　　　　(Philipp Friedrich Hiller)

25. November Matthäus 24, 32–41

Dann werden zwei auf dem Felde sein; der eine wird angenommen, der andere wird preisgegeben. (V 40)

„Man muss seine Frau auch mal zu ihrem Glück zwingen", sagte der Ehemann mit selbstgefälliger Stimme: Er hatte für die Familie ein Eigenheim gekauft, ohne auf die Bedenken seiner Frau zu achten. Jetzt stand sie schräg hinter ihm. Von „Glück" habe ich in ihrem Gesicht nichts gesehen …

Solche „Zwangsbeglückung" gibt es bei Gott nicht. Zwar will er, dass *alle Menschen gerettet werden*" (1. Timotheus 2,4), aber er zwingt das niemandem auf. Er hält die Tür zu seinem Reich für jeden Menschen offen, aber er nötigt keinen Menschen zum Eintritt. Anders gesagt: Es wird in der Ewigkeit niemanden geben, der dann sagen muss: „Ich wollte ja gar nicht hierher; ich wurde ja nicht gefragt." Das wird keiner sagen. Denn wir werden gefragt, ob wir zu Gott gehören wollen, und Gott richtet sich nach unserer Antwort.

Deshalb gibt es auf Erden immer beides: Menschen, die Ja gesagt haben zu Gott, und Menschen, die nicht Ja zu ihm gesagt haben. Und „nicht Ja sagen" heißt bei Gott: „Nein". Und Gott nimmt unsere Antwort ernst, bis zum Schluss. So wird es am Ende aller Tage, wenn Jesus sein Erlösungswerk auf Erden zur Vollendung bringt, beides geben: Menschen, die dann bei ihm sind, und Menschen, die dann nicht bei ihm sind. Aber das bestimmt nicht er, sondern das bestimmen wir, nämlich damit, wie wir auf seine Einladung reagieren.

Merken wir: Unser ewiges Schicksal liegt allein in unserer Hand. Bei Gott sind alle Voraussetzungen dafür geschaffen, dass wir zu ihm gehören können. Das hat Jesus geleistet mit seinem Kreuzestod zur Erlösung für alle Welt. Darauf dürfen wir uns berufen. Deshalb können wir Gott unser „Ja" geben und damit zu ihm gehören, jetzt und in der kommenden Welt. Dazu wird niemand gezwungen, aber jeder ist eingeladen, Sie auch.

Wir warten dein, du hast uns ja das Herz schon hingenommen.
Du bist uns zwar im Geiste nah, doch sollst du sichtbar kommen;
da willst uns du bei dir auch Ruh, bei dir auch Freude geben,
bei dir ein herrlich Leben. (Philipp Heinrich Hiller)

Matthäus 24, 42–44 26. November

Darum wachet; denn ihr wisst nicht, an welchem Tag euer Herr kommt. (V 42)

Er war nur mal kurz nach draußen gegangen und hatte die Terrassentür angelehnt gelassen, ein Rentner in Magdeburg im Herbst 2018. Als er zurückkam, stand ein Fremder im Wohnzimmer: „Ich komme vom Lohnsteuer-Hilfe-Verein." – „Machen Sie, dass Sie rauskommen!", brüllte er ihn an und jagte ihn mit lautem Geschrei auf die Straße. Dann rief er die Polizei, und die konnte ihn kurz danach verhaften: Ein Dieb, der bevorzugt am hellerlichten Tag in Wohnungen schlich, wo die Leute im Garten waren und die Tür zum Haus nicht verschlossen hatten.

Erschrecken Sie nicht: Mit so einem Dieb hat Jesus sich verglichen. Aber nicht, weil er etwas stehlen will, sondern weil er so unvermittelt kommt wie ein Dieb; weil er, wenn er kommt, die Menschen völlig unvorbereitet antreffen wird. Das geschieht für die ganze Welt bei seiner Wiederkunft. Aber auch wenn wir das nicht mehr erleben sollten, werden wir trotzdem die plötzliche Begegnung mit ihm erfahren, nämlich nach unserem Tode.

Deshalb: Ganz gleich, ob Jesus uns mit seiner Wiederkunft überrascht oder nach unserer Sterbestunde – es gilt in jedem Fall sein Appell an uns: „Wachet!", denn wir können sowohl seine Wiederkunft, als auch unsere Sterbestunde nicht vorhersehen. Wer auf dieses oder jenes Ereignis vorbereitet sein will, der sollte allezeit so leben, dass er seinem Herrn unter die Augen treten kann. Das meint Jesus mit seiner Aufforderung: „Wachet".

Wir warten dein, du kommst gewiss,
die Zeit ist bald vergangen;
wir freuen uns schon überdies
mit kindlichem Verlangen.
Was wird geschehn, wenn wir dich sehn,
wann du uns heim wirst bringen,
wann wir dir ewig singen!
   (Philipp Friedrich Hiller)

27. November   Matthäus 24, 45–51

Wer ist nun der treue und kluge Knecht? (V 45)

Er wollte sich bei seinen Kollegen im Krankenpfleger-Team als hoch motiviert und einsatzfreudig profilieren. Dazu hat er den Patienten auf seiner Station tödlich wirkende Injektionen gespritzt, um sich bei den anschließenden Wiederbelebungs-Versuchen besonders engagiert hervorzutun, ein Krankenpfleger in Oldenburg. Viele Patienten sind dabei ums Leben gekommen. Trauer hätte er nicht empfunden, gestand er vor Gericht, ihm sei es allein um die Anerkennung und um den Nervenkitzel gegangen.

Diese schlimme Geschichte ist ein Einzelfall, hoffentlich. Aber *kein* Einzelfall ist, dass Menschen ihre Fähigkeiten oder ihre Stellung in Beruf und Gesellschaft missbrauchen zum eigenen Vorteil und dabei zum Schaden von vielen. Das ist nicht neu. Diese Neigung war schon Jesus bekannt, und er hat seine Nachfolger vor dieser Versuchung in unserer heutigen Bibellese nachdrücklich gewarnt. Wir sehen: Auch in der Gemeinde Jesu ist man vor solchen Verfehlungen nicht gefeit.

Und wir sehen zugleich: Jesus lässt in seiner Gemeinde solche Verfehlungen nicht ungestraft durchgehen. Das betrifft natürlich zuerst die Pastoren, Gemeinde-Vorsteher und Gebetskreis-Leiter, dann aber auch jeden anderen, der in seiner Familie, in seiner Gemeinde oder in seinem Beruf für andere Menschen Verantwortung trägt, und zwar in letzter Instanz vor Jesus selber. Vor ihm müssen wir Rechenschaft ablegen, nämlich bei seiner Wiederkunft. Sage keiner, das hätte noch Zeit. Der Augenblick, der für die ganze Welt mit der Wiederkunft Jesu eintritt, der tritt für Sie und für mich in der Stunde unseres eigenen Todes ein. Und so wenig wir diese Stunde vorhersehen können, so gut sollten wir jederzeit für diese Stunde gerüstet sein.

O weh dem Menschen, welcher hat des Herren Wort verachtet
und nur auf Erden früh und spat nach großem Gut getrachtet!
Er wird fürwahr gar schlecht bestehn
und mit dem Satan müssen gehn
von Christus in die Hölle.   *(Bartholomäus Ringwaldt)*

Matthäus 25, 1–13   28. November

Dann wird das Himmelreich gleich sein zehn Jungfrauen, die ihre Lampen nahmen und gingen hinaus, dem Bräutigam entgegen. (V 1)

Über einem Eingangs-Portal vom Magdeburger Dom sieht man in Stein gemeißelt diese zehn Jungfrauen: Fünf von ihnen in strahlender Glückseligkeit, und fünf von ihnen in tiefster Verzweiflung. Alle zehn wollten dem Bräutigam den Weg zum Haus der Braut beleuchten. Ihre Lampen waren Schälchen mit Öl und einem brennenden Docht, wie heute auf einer Kerze. Weil der Bräutigam sich verspätete, ging in allen zehn Lampen das Öl zur Neige. Fünf der Brautjungfern hatten Reserve-Fläschchen dabei, die anderen nicht. So konnten im entscheidenden Moment nur die ersten Fünf den Bräutigam empfangen und mit ihm zur Hochzeit gehen, die anderen blieben draußen.

Ob es damals bei einer wirklichen Hochzeit so zugegangen ist, das sei dahingestellt. Jesus wollte nur sagen: Bei Gott geht es so zu. Das ewige Leben in Gottes Reich ist wie eine Hochzeit, voller Freude und Glückseligkeit, voller Liebe zu Jesus, ein einziges herrliches Fest. Das fängt an mit Jesu Wiederkunft und hört nie wieder auf.

Dazu sind wir alle eingeladen. Aber werden wir dann auch wirklich alle dabei sein? – In unserem Gleichnis sind fünf Brautjungfern im entscheidenden Moment nicht bereit gewesen und konnten deshalb nicht mitfeiern. Das heißt für uns: Ob es mit der Wiederkunft Jesu (oder mit unserer Sterbestunde, siehe die Andacht von gestern) noch lange dauert, oder ob wir davon ganz plötzlich überrascht werden, bleibt sich gleich. Hauptsache, wir sind dafür gerüstet. Hauptsache, wir halten uns bereit, Jesus jederzeit begegnen zu können. Man will doch dieses große Fest nicht verpassen, nicht wahr?

Macht eure Lampen fertig und füllet sie mit Öl
und seid des Heils gewärtig, bereitet Leib und Seel!
Die Wächter Zions schreien: „Der Bräutigam ist nah!"
Begegnet ihm im Reigen und singt Halleluja!
    (Lorenz Lorenzen)

29. November — Matthäus 25, 14–30

Denn es ist wie mit einem Menschen, der außer Landes ging: Er rief seine Knechte und vertraute ihnen sein Vermögen an. (V 14)

Meine Mutter stand am Bügelbrett und plättete Vaters Oberhemden. Meine Schwester stand daneben und erzählte ihr vom Physik-Unterricht in der Schule. Meine Mutter unterbrach sie: „Ich verstehe kein Wort." – Meine Schwester tröstete sie: „Das brauchst du auch gar nicht", und dann scherzhaft: „Ich brauche bloß einen Dummen, dem ich das erklären kann."

Damit hat meine Schwester ein Prinzip erkannt, das in allen Lebensbereichen gilt: Unsere Fähigkeiten und Talente vertiefen und vergrößern sich, wenn wir sie einsetzen. Das gilt auch für alle natürlichen Talente und übernatürlichen Gaben, die wir von Gott erhalten haben.

Davon handelt unsere heutige Bibellese. Ein Hausherr überträgt vor seiner Abreise sein ganzes Vermögen seinen Angestellten, damit sie es für ihn verwalten und vermehren. Genauso verfährt Gott mit uns. Er hat jedem von uns ganz bestimmte Gaben und Fähigkeiten verliehen, die wir für ihn anwenden sollen. Und da kann Gott jeden brauchen, nicht nur den Redner auf der Kanzel, sondern auch den Sänger im Chor; die Frau, die mit Kindern umgehen kann; den Zeichner, der den Schaukasten ansprechend gestaltet ... Hinzu kommen die Fähigkeiten, die der Heilige Geist in uns weckt, etwa die Gabe, mit unerschütterlichem Vertrauen die größten Nöte an Gott im Gebet abgeben zu können; die Liebe, mit der man Kranke ermutigen und Trauernde trösten kann; die Freude, mit der man andere zum staunenden Gotteslob anstecken kann.

Das ist längst nicht alles. Bestimmt habe ich die Gabe, die Gott Ihnen verliehen hat, hier nicht erwähnt. Aber die kennen Sie ja selber. Sie sollten diese Gabe unbekümmert einsetzen, zur Ehre Gottes und zum Segen für Menschen. Dabei wird diese Gabe in Ihnen immer mehr wachsen.

Gib, dass ich tu mit Fleiß, was mir zu tun gebühret,
wozu mich dein Befehl in meinem Stande führet.
Gib, dass ichs tue bald, zu der Zeit, da ichs soll,
und wenn ichs tu, so gib, dass es gerate wohl.

(Johann Heermann)

Matthäus 25, 31–46 30. November

Was ihr getan habt einem von diesen meinen geringsten Brüdern, das habt ihr mir getan. (V 40)

Lange Zeit hatte er nach dem Zweiten Weltkrieg unerkannt und unbehelligt in Argentinien gelebt – der frühere SS-Offizier Adolf Eichmann, der maßgeblich den Holocaust organisiert hatte. Dann holte ihn aber doch die Gerechtigkeit ein, und er kam in Israel vor Gericht.

Leider gibt es Verbrechen, die niemals gesühnt werden. Doch es gibt einen Trost: Vor Gott wird einmal jeder Mensch sich verantworten müssen. Vor ihm kann sich am Ende niemand verstecken. Davon handelt die heutige Bibellese. Und sie zeigt uns, worum es Gott bei uns eigentlich geht: Nicht um unsere Verdienste und Leistungen, sondern allein um unsere Liebe.

Da wird Jesus heute im Gleichnis sehr konkret: Er identifiziert sich mit all den Armen und Verachteten, mit den Kranken und Gescheiterten, mit allen denen, die auf der Schattenseite des Lebens stehen. Aus deren traurigen Augen schaut er uns selber an. Jede Wohltat, die wir ihnen erweisen, haben wir ihm geschenkt, und jede Wohltat, die wir ihnen vorenthalten, haben wir ihm verweigert. Entsprechend fällt sein Urteil aus.

Wie wird es dann *mir* ergehen? Wie oft bin ich an den Maßstäben, die Jesus aufstellt, schuldig geworden. Und wenn ich mit diesem Urteil dann einmal vor Gott stehen werde, werde ich mich dann mit irgendwelchen fadenscheinigen Gründen herausreden können? – Wohl kaum.

Im Gegenteil: Ich werde den Schuldspruch Gottes unumwunden akzeptieren müssen. Aber damit will ich nicht bis zum Endgericht warten. Ich kann mich diesem strengen Urteil Gottes schon heute stellen. Ich kann mich schon heute dazu bekennen, dass ich seinen Erwartungen nicht gerecht geworden bin. Dann empfange ich von ihm die vollständige Vergebung. Und dann wird er im Jüngsten Gericht zu mir sagen: „Nicht schuldig".

Christi Blut und Gerechtigkeit, das ist mein Schmuck und Ehrenkleid,
damit will ich vor Gott bestehn, wenn ich zum Himmel werd eingehn.
    (Leipzig 1638)

1. Dezember   Jesaja 40, 1–11

Tröstet, tröstet mein Volk! spricht euer Gott. (V 1)

Ab heute können Sie wieder auf Ihrem Smartphone den „digitalen Adventskalender" öffnen, der Ihnen bis zum Heiligen Abend täglich einen kurzen Mut-Macher aus der Bibel, aus dem Gesangbuch oder aus einer Zitaten-Sammlung liefert. In diese gute Tradition reiht sich nahtlos auch unsere heutige Bibellese ein. Sie war damals als kräftiges Trostwort gedacht für die Israeliten, die entmutigt und erschöpft im fernen Babylon gefangen gehalten wurden. Ihnen ließ Gott drei gute Nachrichten sagen:

Der Herr ist da. In Babylon wurden Götter verehrt, die für die Juden dort einfach nur abscheulich waren. Von ihrem eigenen Gott war nichts zu sehen und nichts zu hören. Entsprechend aussichtslos war ihre Lage. Aber jetzt verkündigte der Prophet: „Siehe, da ist euer Gott!" (V 9) Er hat sie dort in der Fremde nicht ihrem Schicksal überlassen; er ist schon auf dem Weg zu ihnen.

Die Schuld ist weg. Die Israeliten sind damals nicht ohne Grund nach Babylon verschleppt worden; sie mussten darin die strenge Antwort Gottes sehen auf ihren beharrlichen Ungehorsam, mit dem sie ihn Jahrzehnte lang beleidigt hatten. So hatten sie sich jetzt ihr Elend selber zuzuschreiben. Aber nun wurde ihnen gepredigt, „dass ihre Schuld vergeben ist." (V 2) Auf ihnen liegt nicht mehr der Zorn Gottes, sondern seine unverdiente Gnade.

Der Weg ist frei. Für die Israeliten ist eine Rückkehr in die ferne Heimat bisher absolut unmöglich gewesen. Aber jetzt hören sie: „In der Wüste bereitet dem Herrn den Weg" (V 3), und auf diesem Weg wird er sie bald nach Hause führen. Das Ende ihrer Gefangenschaft ist nahe.

Unsere Not ist anders als die der Israeliten damals. Aber unser Gott ist derselbe. Auch in unserer Not lässt er uns heute sagen: Der Herr ist da – die Schuld ist weg – der Weg ist frei, nämlich für seine wirksame Hilfe.

„Tröstet, tröstet", spricht der Herr,
„mein Volk, dass es nicht zage mehr."
Der Sünde Last, des Todes Fron
nimmt von euch Christus, Gottes Sohn.   *(Waldemar Rode)*

Jesaja 40, 12–25   2. Dezember

Mit wem wollt ihr mich vergleichen, dem ich gleich sei? (V 25)

Eine Redakteurin aus meiner Zeitung hat sich vorgenommen, an ihren freien Wochenenden in der Vorweihnachtszeit das Smartphone für dienstliche Mitteilungen zu sperren. Sie möchte dann genügend Zeit haben für adventliche Besinnung. Ich würde raten, die Besinnung dann auch auf Gott zu richten. Die heutige Bibellese unterstreicht drei Wahrheiten über ihn:

Seine Größe. Wir können unvermittelt vor Problemen stehen, die uns unüberwindlich erscheinen, und uns wird unsere Ohnmacht und unsere Hilflosigkeit nur allzu schmerzlich bewusst. Dann hilft uns heute ein Blick in die Verse 12 und 13. Der Gott, der Wind und Wellen beherrscht, wird auch mit all den Konflikten fertig werden, die uns erdrücken wollen.

Seine Weisheit. Wenn ich Gott um Hilfe bitte, will ich ihm die Not in allen Einzelheiten beschreiben. Dann muss er mir antworten: „Mein Sohn, für wie kurzsichtig hältst du mich eigentlich? Denkst du wirklich, ich sehe das nicht?" – Und wenn ich ihm dann auch noch empfehlen will, wie er am besten die Not wenden könnte, dann wird er zu mir sagen: „Mein Sohn, für wie dumm hältst du mich eigentlich? Merkst du gar nicht, dass ich viel besser weiß, was hier geschehen muss, als du?"

Seine Einzigartigkeit. Je größer die Unwägbarkeiten des Lebens werden, umso zahlreicher werden übernatürliche Hilfs-Angebote aus der sichtbaren (V 19 + 20) und aus der unsichtbaren Welt. Lassen wir uns nicht irre machen! Unser Gott ist allen solchen angeblichen „Helferlein" haushoch überlegen. Seine Einzigartigkeit ist wahrhaft unübertroffen (V 25). Ihm gehören zu können, ist unser größtes Glück.

Luft, die alles füllet, drin wir immer schweben,
aller Dinge Grund und Leben;
Meer ohn Grund und Ende, Wunder aller Wunder,
ich senk mich in dich hinunter.
Ich in dir, du in mir, lass mich ganz verschwinden,
dich nur sehn und finden.   *(Gerhard Tersteegen)*

3. Dezember   Jesaja 40, 26–31

Er gibt dem Müden Kraft und Stärke genug dem Unvermögenden. (V 29)

Im Alten Rathaus in Magdeburg steht ein Christbaum, der nicht mit Kerzen und Kugeln geschmückt ist, sondern mit weißen Zetteln. Auf diese Zettel haben Kinder ihre Wünsche an den Weihnachtsmann geschrieben. Man kann sich so ein Blatt „abpflücken", das Geschenk besorgen und rechtzeitig dort abgeben. Dann ist es bis zum Fest bei dem betreffenden Kind.

Wenn Gott einen solchen „Wünsche-Baum" für uns Erwachsene hinstellen würde, was würden wir dann auf unseren Wunschzettel schreiben? – Freilich, törichte Wünsche werden bei Gott nicht erfüllt, aber berechtigte Wünsche dürfen wir ihm gerne nennen, vor ihm aussprechen im Gebet.

Heute verspricht er uns in der Bibellese, dass er gern unsere Bitte um Kraft erfüllen wird. Damit ist nicht die Kraft gemeint, mit der wir volle Einkaufsbeutel die Treppe hoch schleppen können, sondern die Kraft, mit der wir Enttäuschungen „verkraften" und den täglichen Herausforderungen unseres Lebens begegnen können. Wenn wir uns in Gottes starken Händen wissen (V 26), dann können wir unseren Mitmenschen mit einem gesegneten *Selbstbewusstsein* begegnen; dann können wir mit *Zuversicht* in die ungewisse Zukunft blicken; dann können wir mit *Geduld* das Eingreifen Gottes abwarten. Dann tragen wir eine unerklärliche *Zufriedenheit* und ein unerschütterliches *Gottvertrauen* in uns. Das ist die Kraft, mit der wir den Unwägbarkeiten des Lebens die Stirn bieten können.

Diese Kraft gibt es in keinem Supermarkt. Diese Kraft gibt es nur bei unserem Gott. Und diese Kraft dürfen Sie sich heute von ihm wünschen.

Wohl, wohl dem Mann, der in der Welt
dich, Herr, für seine Stärke hält,
von Herzen deinen Weg erwählet!
Geht hier sein Pfad durchs Tränental,
er findet auch in Not und Qual,
dass Trost und Kraft ihm nimmer fehlet. (Matthias Jorissen)

Jesaja 41, 8–20 4. Dezember

Fürchte dich nicht, ich bin mir dir, weiche nicht, denn ich bin dein Gott. Ich stärke dich, ich helfe dir auch, ich halte dich durch die rechte Hand meiner Gerechtigkeit. (V 10)

Für 1,6 Millionen Euro hat sich die Stadt Magdeburg eine kilometerlange Festbeleuchtung für die Adventszeit angeschafft. Mehr als eine Million LED-Lampen zeichnen fantasievolle Motive an den dunklen Nachthimmel und sollen den Menschen weihnachtliche Vorfreude bringen.

Ein ganz anderes „Licht in der Finsternis" schenkt uns die heutige Bibellese. Sie gilt dem kleinen, kümmerlichen Volk Israel im riesigen Babylonischen Reich. Die Heimat war unerreichbar fern, sein Schicksal war besiegelt, seine Zukunft war dunkel. In diese Finsternis leuchteten die Zusagen Gottes wie ein helles Licht. Er wird sich seines geliebten Volkes annehmen; er wird seine Bedränger zunichtemachen; er wird es zu neuer Blüte bringen. Diese Worte machten es hell in den bekümmerten Herzen.

Heute treffen diese Worte auf uns. Heute dürfen Sie das oben zitierte Leitwort auf sich selbst beziehen. Heute spricht Gott zu Ihnen mit derselben Liebe wie damals zu seinem Volk. Er sieht Ihre Angst, Ihre Schmerzen, Ihre Not, das Gefühl der Verlassenheit und der Ausweglosigkeit sehr genau. Und er sagt zu Ihnen: „Ich bin mit dir." – Jetzt sind Sie nicht mehr allein. Gott sagt Ihnen seine Hilfe zu.

Ist es heute in Ihnen dunkler als am Abend draußen auf der Straße? Dann soll das oben abgedruckte Leitwort in Ihnen heller strahlen als die üppigste Festbeleuchtung in der Stadt.

Werde licht, du Stadt der Heiden,
und du, Salem, werde licht!
Schaue, welch ein Glanz mit Freuden
über deinem Haupt anbricht.
Gott hat derer nicht vergessen,
die im Finstern sind gesessen.
   (Johann Rist)

5. Dezember   Jesaja 42, 1–9

Siehe, das ist mein Knecht – ich halte ihn – und mein Auserwählter, an dem meine Seele Wohlgefallen hat. (V 1)

Sage und schreibe 1.000 Tonnen (in Worten: Eintausend Tonnen!) Lebkuchen werden jedes Jahr allein in Pulsnitz in Sachsen hergestellt und in alle Welt verkauft. Besonders jetzt in der Advents-Zeit hat dieses Gebäck Hochsaison. Viele können sich Weihnachten ohne Lebkuchen gar nicht mehr vorstellen. Wir, ehrlich gestanden, auch nicht.

Trotzdem: Die Lebkuchen sind nicht die Hauptsache. Damals in Bethlehem hat es nichts von alledem gegeben, was uns heute zum Fest so wichtig erscheint. Aber die Hauptsache war da, Jesus, den Gott allein um unserer Rettung willen in diese Welt geschickt hat. Und das war keine Spontan-Aktion. Schon mehr als 500 Jahre vorher hat Gott diesen Plan in Israel bekannt werden lassen. Wir werden in den nächsten Tagen noch häufiger darauf zu sprechen kommen.

Für heute nur so viel: Als Jesus am Beginn seiner öffentlichen Wirksamkeit von Johannes dem Täufer im Jordan getauft wurde, hat Gott selber vom Himmel herab proklamiert: „Das ist mein lieber Sohn, *an dem ich Wohlgefallen habe*" (Matthäus 3,17; siehe hier Vers 1!). Später haben sich die Verse 1 bis 4 aus unserer Bibellese in der Person Jesu wortwörtlich erfüllt (Matthäus 12, 18–21, siehe meine Andacht zum 19. Februar!), und nach seiner Auferstehung hat er seine Jünger zu „allen Völkern" geschickt (Matthäus 28,19), damit sie „das Recht unter die Heiden bringen" (V 1). Man sieht: Diese jahrhundertealte Verheißung ist Wirklichkeit geworden, als Jesus gekommen war. Er ist die Hauptperson in der ganzen Bibel. Werden wir ihn auch jetzt zu Weihnachten als die Hauptperson des ganzen Festes ansehen können?

Wie soll ich dich empfangen und wie begegn ich dir,
o aller Welt Verlangen, o meiner Seelen Zier?
O Jesu, Jesu, setze mir selbst die Fackel bei,
damit, was dich ergötze, mir kund und wissend sei.
       (Paul Gerhardt)

Jesaja 43, 1–7	6. Dezember

Fürchte dich nicht, denn ich habe dich erlöst; ich habe dich bei deinem Namen gerufen, du bist mein. (V 1)

Heute ist Nikolaus-Tag. Den Nikolaus gab es wirklich! Er wurde im Jahr 325 Bischof von Myra in der heutigen Türkei und wird deshalb gern wie ein Bischof dargestellt. Er muss von seinen Eltern ein beträchtliches Vermögen geerbt und an die Armen verteilt haben. Eine Legende erzählt, dass er einer bettelarmen Familie Geld geschenkt hat, damit ihre drei erwachsenen Töchter heiraten konnten und nicht zur Prostitution gezwungen waren. Das Geld soll er durch den Kamin eingeworfen haben, sodass es in die Stiefel und Socken fiel, die darunter zum Trocknen aufgehängt waren. Deshalb legen wir heute unseren Kindern ihre Nikolaus-Geschenke gern in die Schuhe.

Und nun zur Bibellese. Hier spricht Gott selbst zu seinem Volk, das sich damals in Babylon „von Gott und aller Welt verlassen" fühlen musste: Gott hat die Seinen *nicht* verlassen. Er sieht ihr Elend und ihre Not sehr genau, und er hat die Erlösung aus ihrer Gefangenschaft schon fest im Blick. Es ist nur noch eine Frage der Zeit, bis er sie in ihre alte Heimat zurückführen wird.

Demselben Gott dürfen wir gehören. Er schaut uns mit derselben Liebe an wie damals sein Volk Israel in Babylon. Und er lässt uns nicht allein. Im Gegenteil: Wir dürfen die oben abgedruckte Zusage gern auf uns persönlich beziehen. Sie zeigt uns: Gott hat sich fest mit uns verbunden und verbündet. Er wird uns nie wieder hergeben. Er ist schon lange in großer Liebe um uns besorgt. Das alles lesen wir heute in der Bibel. Und im Unterschied zum Bischof Nikolaus ist diese Nachricht keine Legende, sondern eine unumstößliche Realität.

Ihr Armen und Elenden zu dieser bösen Zeit,
die ihr an allen Enden müsst haben Angst und Leid,
seid dennoch wohlgemut;
lasst eure Lieder klingen, dem König Lob zu singen,
er ist das höchste Gut.
(nach Michael Schirmer)

7. Dezember   Jesaja 43, 8–13

Ich, ich bin der Herr, und außer mir ist kein Heiland. (V 11)

„Ich habe ganz fest an mich selbst geglaubt", strahlt die Siegerin in einem sportlichen Wettkampf. – „Meine Familie gibt mir Kraft", bekennt der Patient in einer Reha-Klinik. – „Unsere Ideale spornen uns an", proklamieren die Mitglieder von einer Partei. – Man sieht: Der Mensch sucht irgendwo etwas, woran er sich festhalten und orientieren kann. Der eine trägt ein Amulett bei sich, der andere hängt sich ein Maskottchen ins Auto, und wieder andere richten sich nach ihrem Horoskop oder befragen eine Wahrsagerin. Hinzu kommen die Angebote aus Weltanschauung und Esoterik, die immer zahlreicher und immer verwirrender werden.

Da ist unsere heutige Bibellese eine einzige Wohltat. Sie lenkt unsere Aufmerksamkeit auf den Einen, der als Einziger den Namen „Gott" verdient, auf den Schöpfer dieser Welt und den Vater unseres Herrn Jesus Christus. Unser Gott ist in dem modernen Supermarkt der Religionen wirklich ohne Konkurrenz. Das musste er schon damals vor seinem Volk Israel betonen, und das ist heute noch genauso aktuell.

Denn unser Gott bleibt aktuell. Er wird nicht alt und schwach, er führt das Regiment über diese Welt und unser eigenes Leben genauso souverän wie eh und je; neben ihm gibt es keine ebenbürtige Macht. All den sichtbaren und unsichtbaren Kräften, an die die Menschen sich klammern wollen, ist er haushoch überlegen. Ist es da nicht nur realistisch, sich gleich an den einzigen, wirklichen Gott zu binden –?

Alle Tage wollen wir
dich und deinen Namen preisen
und zu allen Zeiten dir
Ehre, Lob und Dank erweisen,
rett aus Sünde, rett aus Tod,
sei uns gnädig, Herre Gott.
  (Ignaz Franz)

Jesaja 43, 14–28 8. Dezember

Mir hast du Arbeit gemacht mit deinen Sünden und hast mir Mühe gemacht mit deinen Missetaten. Ich, ich tilge deine Übertretungen um meinetwillen und gedenke deiner Sünden nicht. (V 24 + 25)

Meine Frau hat ein eigenes Fach im Schrank, in dem sie das ganze Jahr hindurch Geschenke sammelt, die sie zu Weihnachten im Verwandten- und Freundeskreis verteilen möchte. Das erspart uns viel Hektik jetzt in der Advents-Zeit. Hauptsache, wir haben für jeden das Passende dabei! – Was wird aber mit denen, die uns in diesem Jahr verletzt, gekränkt und beleidigt haben? Haben die vielleicht auch ein Geschenk verdient?

Bei diesem Gedanken beschämt mich die heutige Bibellese. Gott muss den Israeliten im fernen Babylon bescheinigen, dass sie ihn in vielfacher Weise missachtet und übergangen haben. Er könnte sie für immer ihrem Schicksal überlassen, verdient hätten sie's. Das wäre nur gerecht. Aber er tut das nicht. Aus völlig freien Stücken entschließt er sich dazu, ihnen allen ihren Ungehorsam zu verzeihen und ihnen einen völlig unbelasteten Neubeginn zu ermöglichen. Was für eine Gnade!

Und jetzt machen wir einen Riesen-Sprung von damals zu heute, von Israel im fernen Babylon zu uns hier in Deutschland. Hier ist alles anders. Wirklich? – Wenn Gott uns anschaut, sieht er dann bei uns mehr Liebe zu ihm und tiefere Hingabe an ihn als damals bei den Israeliten? Muss er nicht vielmehr über uns dasselbe vernichtende Urteil sprechen „Mir hast du Arbeit gemacht mit deinen Sünden"? Wenn wir aufrichtig und betroffen zu diesem Urteil ja sagen können, dann dürfen wir ihn auch sagen hören: „Ich, ich tilge deine Übertretungen um meinetwillen." Wer das an sich selbst erlebt, der hat schon heute sein schönstes Weihnachtsgeschenk empfangen.

Auch dürft ihr nicht erschrecken vor eurer Sündenschuld;
nein, Jesus will sie decken mit seiner Lieb und Huld.
Er kommt, er kommt den Sündern zum Trost und wahren Heil,
schafft, dass bei Gottes Kindern verbleib ihr Erb und Teil.
   (Paul Gerhardt)

9. Dezember   Jesaja 44, 1–5

Ich will Wasser gießen auf das Durstige und Ströme auf das Dürre. (V 3)

Morgen in 14 Tagen ist Weihnachten. Dann wird man wieder in übervollen Kirchen hören: „Siehe, ich verkündige euch große Freude." Aber Andachtsbuch-Leser müssen nicht so lange warten. Ihnen kommt schon heute in unserer Bibellese „große Freude" entgegen.

Versetzen wir uns in die Israeliten von damals. Sie litten große Not im fernen Babylon und fühlten sich wie abgeschnitten von der übrigen Welt. Bis der Prophet ihnen verkündigen konnte: Gott hat euch nicht abgeschrieben. Er bringt euch wieder nach Hause! – So viel haben wir in den letzten Tagen schon erfahren.

Heute geht es nun einen Schritt weiter. Die Israeliten mussten denken: Was wird uns in der Heimat erwarten? Wir haben sie zerstört und verwüstet zurücklassen müssen. Unsere fruchtbaren Ackerböden sind zu trostlosen Steppen verkommen. Wie soll dort jemals Frucht wieder wachsen?

Darauf gibt Gott Antwort: Er wird über das ausgedörrte Land Ströme von Wasser kommen lassen. Die Natur wird zu neuem Leben erwachen. Gottes Volk wird seine Heimat als fruchtbaren Garten vorfinden.

Sie wissen, Gott hat sich nicht geändert. Denen, die sich heute berechtigte Sorgen um den Klima-Wandel machen und um unseren eigenen Anteil daran, sagt unsere Bibellese: Ihr seid mit euren Sorgen bei Gott an der richtigen Adresse. Gott wird seine Herrschaft über Natur und Umwelt niemals aus der Hand geben. Der seinem Volk damals ein blühendes Land bereiten konnte, kann auch unseren Kindern und Enkeln eine lebenswerte Umwelt erhalten. Das können wir getrost ihm überlassen.

Wer misst dem Winde seinen Lauf? Wer heißt die Himmel regnen?
Wer schließt den Schoß der Erde auf, mit Vorrat uns zu segnen?
O Gott der Macht und Herrlichkeit, Gott, deine Güte reicht so weit,
so weit die Wolken reichen.
          (Christian Fürchtegott Gellert)

Jesaja 44, 6–8   10. Dezember

Ich bin der Erste, und ich bin der Letzte, und außer mir ist kein Gott. (V 6)

Haben Sie schon Ihre Weihnachtsgeschenke zusammen für Ehepartner, Kinder und Enkel? Oder wissen Sie noch gar nicht, was Sie schenken sollen? Man steht vor vollen Regalen und kann sich nicht entscheiden. Die Auswahl ist einfach zu groß. Ebenso groß ist die Gefahr, das Falsche zu wählen. Also nimmt man lieber gar nichts. Genauso ging es den Juden damals im fernen Babylon mit der Religion. Der Gott Israels war dort völlig unbekannt. Dafür gab es dort verwirrend viele andere Gottheiten, die Verehrung einforderten. Für wen sollte man sich da entscheiden?

Das alles ist zum Glück nicht unsere Sorge. Wirklich nicht? – Heutzutage reisen junge Leute nach Indien, um sich dort von irgendeinem Guru in die Geheimnisse des Lebens einführen zu lassen. Andere müssen nicht so weit fahren: Sie haben den Islam in der eigenen Stadt und lassen sich von seinen Vertretern für Allah begeistern. Und weithin genießt der Dalai Lama eine höhere Wertschätzung als Mutter Teresa oder Martin Luther King. Ganz zu schweigen von den unzähligen Angeboten des Aberglaubens, der in unserer Zeit immer neue Anhänger findet. Wer kann sich da noch zurechtfinden?

Hier gibt Gott eine klare Antwort: Die Götzen und Gottheiten mögen heißen, wie sie wollen. Sie haben alle eins gemeinsam: Sie führen in die Irre. Es gibt nur einen einzigen Gott, der wirklich Herr ist über alle sichtbare und unsichtbare Welt. Er hat sich uns in der Bibel persönlich vorgestellt. Und er erlaubt wirklich jedem Menschen, sich ihm anzuvertrauen. Hier gibt es keine Qual der Wahl. Wer Gott findet, der hat alles gefunden.

Ihr, die ihr Christi Namen nennt, gebt unserm Gott die Ehre!
Ihr, die ihr Gottes Macht bekennt, gebt unserm Gott die Ehre!
Die falschen Götzen macht zu Spott;
der Herr ist Gott, der Herr ist Gott!
Gebt unserm Gott die Ehre!
    (Johann Jakob Schütz)

11. Dezember   Jesaja 44, 9–20

Sie wissen nichts und verstehen nichts; denn sie sind verblendet, dass ihre Augen nicht sehen und ihre Herzen nichts merken. (V 18)

„Egal, woran Sie glauben … wir wünschen Ihnen eine besinnliche Zeit und einen guten Start ins neue Jahr", hat die CDU-Politikerin Annette Widmann-Manz auf eine Grußkarte zum Weihnachtsfest 2018 geschrieben, ohne das Wort „Weihnachten" zu erwähnen. Dafür hat sie viel Kritik aus ihrer eigenen Partei erhalten.

Dieser Kritik muss ich mich anschließen. Es ist eben *nicht* egal, woran wir glauben. Ist Ihnen aufgefallen, wie oft wir beim Studium der Bibel auf Stellen stoßen, in denen Gott selber seine Unverwechselbarkeit betont? In unserer heutigen Bibellese muss er sich mit den vielen Formen von Götzendienst auseinandersetzen, die damals üblich waren.

Haben wir das alles hinter uns? – Mitnichten. Meine Eltern z.B. besaßen einen winzig kleinen Plüsch-Affen. Er passte bequem in eine Hand meines Vaters. Das „Äffchen" war der ganze Liebling meiner Eltern. Er musste immer mit, zu jeder Rad-Partie, zu jedem Ski-Urlaub. Wohin meine Eltern auch fuhren, überall wurde zuerst das „Äffchen" auf den Nachttisch gesetzt.

War das ihr Götze? – Das hätten sie vehement geleugnet. Aber wenn man ihnen ihr Äffchen genommen hätte, hätten sie nicht mehr verreisen können. Es gehörte unbedingt zu ihrem Leben dazu.

Ich weiß, so ein „Äffchen" haben Sie nicht. Aber haben Sie auch nichts anderes, woran Sie hängen und wovon Sie sich abhängig machen? Sie wissen doch: Es ist *nicht* „egal, woran Sie glauben"; sondern es hängt buchstäblich Ihre ewige Seligkeit davon ab, an *wen* Sie glauben, nämlich an den einzig realen lebendigen Gott.

Ich will dich all mein Leben lang, o Gott, von nun an ehren;
man soll, Gott, deinen Lobgesang an allen Orten hören.
Mein ganzes Herz ermuntre sich, mein Geist und Leib erfreue dich!
Gebt unserm Gott die Ehre!
(Johann Jakob Schütz)

Jesaja 44, 21–28   12. Dezember

Ich tilge deine Missetat wie eine Wolke und deine Sünden wie den Nebel. Kehre dich zu mir, denn ich erlöse dich! (V 22)

Stellen Sie sich das einmal vor: 373 Straf-Punkte hat ein Autofahrer in der Verkehrssünder-Kartei in Flensburg „gesammelt". Jetzt droht ihm ein Gerichts-Prozess und vermutlich eine Gefängnis-Strafe. Das muss sein, denn sonst kommt er nie zur Besinnung.

Und jetzt male ich mir aus, wie das wäre, wenn man in Flensburg alle diese 373 Strafpunkte mit einem Federstrich auslöschen würde. Das wäre für diesen Autofahrer eine riesige Erleichterung! Der Mann brauchte keinen Gerichts-Prozess mehr zu befürchten und müsste vor keinem Verkehrspolizisten Angst bekommen. Einfach traumhaft!

Nein, bei unserem Verkehrs-Sünder darf das nicht passieren. Aber das, was kein Gericht auf Erden tun darf, das tut Gott mit uns. Und dabei ist unser Schaden vor ihm viel schlimmer als der Schaden eines Verkehrssünders. Wir haben mit unserem Verhalten vor Gott keine befristete Gefängnis-Strafe verdient, sondern den ewigen Tod.

Das müssen wir wissen. Wenn Ihnen das nicht klar ist, dann bitten Sie Gott, dass er Ihnen Ihre „Strafpunkte" im „Flensburg des Himmels" mitteilt, damit Sie von jeder gefährlichen Selbsttäuschung befreit werden und Ihren wahren Stand vor Gott erfahren. Dabei will Gott uns nicht verurteilen, sondern frei sprechen. Er will sämtliche „Strafpunkte", die bei ihm gegen uns vorliegen, mit einem einzigen Federstrich auslöschen und uns die vollkommene Freiheit schenken. Wir brauchen ihn nur darum zu bitten. Dazu haben wir Gelegenheit, so lange wir leben. Aber wissen wir, *wie lange* wir leben?

Jesus nimmt die Sünder an.
Saget doch dies Trostwort allen,
welche von der rechten Bahn
auf verkehrten Weg verfallen!
Hier ist, was sie retten kann:
Jesus nimmt die Sünder an.   *(Erdmann Neumeister)*

13. Dezember   Jesaja 45, 1–8

So spricht der Herr zu seinem Gesalbten, zu Cyrus, den ich bei seiner rechten Hand ergriff, dass ich Völker vor ihm unterwerfe. (V 1)

Als am 17. Juni 1953 in Ost-Berlin Bauarbeiter gegen ihre Regierung protestierten, haben russische Panzer den Aufstand niedergeschlagen. – Als am 9. Oktober 1989 in Leipzig 70.000 Menschen für Freiheit und Menschenrechte in der DDR demonstrierten, sind keine Panzer gekommen. Damals hat Michail Gorbatschow in Moskau regiert. Er wollte solche Probleme nicht mit Gewalt lösen, sondern mit Vernunft und Umsicht. Und als dann bald danach alles auf die Wiedervereinigung Deutschlands hinauslief, hat er das Geschehen nicht unterbunden, sondern verständnisvoll begleitet. Unter einem früheren Machthaber im Kreml wäre das undenkbar gewesen. So verdanken die Deutschen ihre Wiedervereinigung ganz wesentlich der Besonnenheit eines Michail Gorbatschow. Er war der Cyrus (sprich: „Kürus") vom 20. Jahrhundert.

Der Cyrus vom 6. Jahrhundert vor Christus begegnet uns heute in der Bibel. Er beherrschte das riesige persische Weltreich und eroberte mehrere Nachbar-Staaten, darunter auch das Land Babylon. Dort traf er auf die Deportierten aus dem fernen Judäa und ordnete ihre Rückkehr in die Heimat an. Mehr noch: Er befahl sogar, dass sie in ihrer Hauptstadt Jerusalem den zerstörten Tempel wieder aufbauen sollten.

Warum nur? – Dafür gibt es keine logische Erklärung. Der Bibelleser weiß: Wenn Gott seine Absichten mit dieser Welt voranbringen will, kann er auch die größten Machthaber dafür benutzen. Sie brauchen keine Ahnung von ihm zu haben; sie können dennoch seine Werkzeuge sein. Den Perserkönig Cyrus hat Gott sogar „seinen Gesalbten" genannt. Und „Gesalbter" heißt auf Hebräisch „Messias" und auf Griechisch – „Christus".

Rühmet, ihr Menschen, den hohen Namen
des, der so große Wunder tut.
Alles, was Odem hat, rufe Amen
und bringe Lob mit frohem Mut.   (Johann Daniel Herrnschmidt)

Jesaja 45, 9–17   14. Dezember

Israel aber wird erlöst durch den Herrn mit einer ewigen Erlösung und wird nicht zuschanden immer und ewiglich. (V 17)

Jedes Mal, wenn ich meine jüdischen Freunde hier in Schönebeck besuche, muss ich daran denken: Wenn vor 80 Jahren ein Deutscher bei Juden an der Wohnungstür klingelte, dann kam er von der SS oder von der GESTAPO. Das brachte den Juden panische Angst. – Wenn ich heute bei meinen jüdischen Freunden an der Wohnungstür klingele, werde ich mit offener Herzlichkeit empfangen und mit Kaffee und Kuchen bewirtet. Das ist für mich ein unbegreifliches Wunder.

Adolf Hitler hatte sich die weltweite Ausrottung der jüdischen Rasse auf die Fahnen geschrieben und hat diesen perfiden Plan mit einer geradezu sadistichen Perfektion sechs Millionen Mal ausgeführt. Das bedeutet: Sechs Millionen erschütternde Einzelschicksale; sechs Millionen Mal die Degradierung eines wertvollen Menschen zum rechtlosen Objekt; sechs Millionen Mal tagtägliche Lebensgefahr; sechs Millionen Mal ein qualvolles Sterben in der Gaskammer oder unter den Gummiknüppeln der Peiniger. Eine bleibende Schuld für das deutsche Volk und eine blutende Wunde für das jüdische Volk.

Und jetzt reisen Sie mal nach Tel Aviv oder nach Jerusalem. Oder besuchen Sie ganz einfach die Juden in Ihrem Heimat-Ort. Merken Sie: Das jüdische Volk lebt! Und es wird am Leben bleiben, solange der Globus sich dreht. Das hat Gott beschlossen. Hier oben steht es schwarz auf weiß. Auf diese Zusage ist genauso Verlass wie auf alle anderen Verheißungen in der Bibel. Gott richtet sich nie nach den Ansichten von Menschen, sondern immer nach seinen eigenen guten Plänen. Und diese Pläne lauten: Segen über Israel bis in die Ewigkeit.

Es danke, Gott, und lobe dich das Volk in guten Taten;
das Land bringt Frucht und bessert sich, dein Wort ist wohlgeraten.
Uns segne Vater und der Sohn, uns segne Gott, der Heilig Geist,
dem alle Welt die Ehre tu, vor ihm sich fürchte allermeist.
Nun sprecht von Herzen: Amen.   *(Martin Luther)*

15. Dezember   Jesaja 45, 18–22

Wendet euch zu mir, so werdet ihr gerettet. (V 22)

Auch in diesem Jahr werden wieder über 200.000 Kinder ihre Wunschzettel für den Weihnachtsmann an die Weihnachtspost-Filiale in Himmelpfort bei Berlin schicken. In den früheren Jahren kamen die Briefe nicht nur aus Deutschland, sondern auch aus China, Russland, Polen, Italien, Bulgarien und Südafrika. Weihnachten ist eben international.

Genauso international ist Gott selber. Und er war es schon immer gewesen. Bei der Geburt Jesu verkündeten die Engel „große Freude, die *allem Volk* widerfahren wird" (Lukas 2, 10); kurz danach kamen Gelehrte sogar *aus dem fernen Osten* zu Jesus nach Bethlehem (Matthäus 2, 1–12); und vor seiner Himmelfahrt sandte er seine Jünger aus, das Evangelium *„bis an das Ende der Erde"* zu tragen (Apostelgeschichte 1,8).

Dasselbe begegnet uns heute schon mitten im Alten Testament. Gott ist nicht nur der Herr über das kleine Volk Israel, sondern er ruft die Menschen aus „*aller Welt Enden*" (V 22) unter seine Herrschaft. Nur so ist es zu erklären, dass der Gott Israels auch für uns, die wir doch keine Juden sind, der Himmlische Vater geworden ist.

Das geschieht nicht automatisch. Wir müssen das wollen, und wir müssen unseren Willen auch zum Ausdruck bringen, denn Gott zwingt uns nichts auf gegen unseren Willen. Deshalb seine Mahnung: „Wendet euch zu mir". – Wie geht das? Am besten, wir lernen von unseren Kindern. Wenn sie imstande sind, sich an den (unsichtbaren) Weihnachtsmann in Himmelpfort zu wenden, werden wir doch wohl imstande sein, uns an den lebendigen Gott zu wenden. Dazu müssen wir ihm keinen Brief schreiben; wir können ihn gleich persönlich anrufen, indem wir zu ihm beten. Und wie die Kinder auf ihre Weihnachtspost tatsächlich Antwort bekommen, so sollen auch wir von Gott Antwort bekommen. Und seine Antwort lautet: „Du bist gerettet."

Schönstes Kindlein in dem Stalle, sei uns freundlich, bring uns alle
dahin, da mit süßem Schalle dich der Engel Heer erhöht.
    (Paul Gerhardt)

Jesaja 46, 1–7　　　　　　　　　　　　　　　　　　　　16. Dezember

Bis in euer Alter bin ich derselbe, und ich will euch tragen, bis ihr grau werdet. Ich will heben und tragen und erretten. (aus V 4)

Es ist paradox: Die Leute wollen lange leben, aber sie wollen nicht alt werden. Sie haben Angst vor der schmalen Rente, vor der zunehmenden Schwäche, vor dem Pflegeheim. Der akute Pflege-Notstand in unserem Land kann diese Befürchtungen nur noch verstärken. Da hilft uns keine Versicherung und kein Knoblauch.

Aber da hilft uns der lebendige Gott. Er nimmt nicht immer die Beschwerden weg, aber er gibt die Kraft, sie zu tragen. – Es gibt alte Leute, die verbittert, gnatzig und verdrossen sind. Und es gibt andere alte Leute, die entspannt, getrost und zufrieden sind. Und dabei haben sie nicht mehr Geld oder weniger Schmerzen als die zuerst Genannten, aber sie haben Gott.

Im ganzen Erdenleben hält Gott seine Hände über uns, vom ersten bis zum letzten Tag. Im Leistungs-Sport gehört man mit 30 Jahren zum „Alten Eisen"; bei Gott bleibt man bis zum Lebensende sein geliebtes Kind. Das hat er uns ausdrücklich zugesagt (siehe oben). Und er will die letzte Wegstrecke unseres Lebens noch einmal mit einem besonderen Reichtum füllen.

Jetzt haben wir Zeit und Muße, uns auf Lebensinhalte auszurichten, die uns in früheren Jahren fernstanden. Und Gott weitet unseren Blick für das, was uns nach unserer Sterbestunde in seinem Reich erwartet. So gesehen, kann die gefürchtete Zeit des Alters eine echt erfüllte Zeit sein.

An dem Tag, an dem ich diese Seite schrieb, war ich 82 Jahre alt. Oft fragten mich Leute, wie es mir geht. Dann antwortete ich am liebsten: „Ich danke Gott für alles, was mir noch nicht wehtut."

Darum, ob ich schon dulde hier Widerwärtigkeit,
wie ich auch wohl verschulde, kommt doch die Ewigkeit,
ist aller Freuden voll,
die ohne alles Ende, dieweil ich Christum kenne,
mir widerfahren soll.
　　(Ludwig Helmbold)

17. Dezember   Jesaja 46, 8–13

Wie ich's gesagt habe, so lasse ich's kommen. (V 11)

Wir hatten alles so schön geplant: Nach der Christvesper, die ich halten würde, wollten beide Töchter, die hier in Schönebeck wohnen, mit ihren Familien und mit uns als Großeltern zusammen im Haus der Jüngsten den Heiligen Abend verbringen. – Der Gottesdienst war vorbei, die Familie kam zusammen, bloß ich kam nicht. Stattdessen kam ein Telefon-Anruf aus dem Krankenhaus: „Bin hier in der Notaufnahme." Und unser ganzer schöner Weihnachts-Plan war futsch.

Bei Gott passiert so was nie. Seine Pläne werden nie durchkreuzt. Seine Absichten gehen unter allen Umständen in Erfüllung. Er hat nach der Sintflut geplant, das Leben auf dieser Erde nicht noch einmal komplett zu vernichten (1. Mose 8,21); er hat geplant, dem Abraham Nachkommen zu schenken „wie Sand am Meer" (1. Mose 15,5); er hat geplant, seinem Sohn Jesus die Sünden seines ganzen Volkes aufzubürden (Jesaja 53,5); er hat geplant, jedem seine Gegenwart zu schenken, der zu ihm betet (Psalm 145,18). Und alle seine Pläne behalten Gültigkeit für alle Zeit.

Das betrifft besonders die Pläne, die er sich für sein geliebtes Volk Israel vorgenommen hat. Den Juden damals im Exil in Babylon hat er einen zweifachen Blick auf ihre Zukunft geschenkt. Zum ersten: Er würde sie in absehbarer Zeit in ihre angestammte Heimat zurückführen und dazu den „Adler aus dem Osten" (V 11) gebrauchen, das war der Perser-König Cyrus. Und zum zweiten: Er würde sein Volk am Leben erhalten „immer und ewiglich" (Kapitel 45, V 17). – Die erste dieser beiden Zusagen hat Gott damals sehr bald nach ihrer Offenbarung erfüllt. Die zweite Zusage erfüllt er ständig vor unseren Augen. Man sieht: Auf Gottes Pläne ist absolut Verlass.

Dein ewge Treu und Gnade, o Vater, weiß und sieht,
was gut sei oder schade dem sterblichen Geblüt;
und was du dann erlesen, das treibst du, starker Held,
und bringst zum Stand und Wesen, was deinem Rat gefällt.
    (Paul Gerhardt)

Jesaja 49, 1–6   **18. Dezember**

Es ist zu wenig, dass du mein Knecht bist, die Stämme Jakobs aufzurichten und die Zerstreuten Israels wiederzubringen, sondern ich habe dich auch zum Licht der Heiden gemacht, dass du seist mein Heil bis an die Enden der Erde. (V 6)

Mehr als dreihundert (das ist kein Druckfehler!) Weihnachtsbäume mit Lichterketten stehen in einem einzigen Haus in Rinteln im Weserbergland. Das muss ein Leuchten und Funkeln sein! Der Strom-Versorger freut sich.

Ist das jetzt das „Licht", von dem unser obiges Bibelwort spricht? – Mit Sicherheit nicht. Aber das kann ein Beispiel dafür sein, was für eine Wohltat jetzt in dieser dunklen Jahreszeit das Licht für den Menschen bedeutet. In einem viel tieferen Sinn kann die Nachricht von der Liebe Gottes wie ein Licht aufstrahlen, wo die Menschen bisher in ihrer Hoffnungslosigkeit und Angst wie „im Dunkeln tappen" mussten. So jedenfalls verstehe ich unsere heutige Bibellese, wobei damals das Wort „Heiden" alle Völker bezeichnete, die keine Juden waren.

Die Botschaft ist klar: Der kommende „Knecht Gottes", sprich: Jesus, sollte nicht nur für sein eigenes Volk, die Juden, ein Segen sein, sondern für die ganze Welt. Fühlte er sich anfangs nur zum „Haus Israel" gesandt (Matthäus 15,24), hat er später seine Jünger „in alle Völker" gesandt (Matthäus 28,19). Und wenn heute schon sein Name „bis an die Enden der Erde" bekannt ist (Jesaja 49,6), wird schließlich auch „ganz Israel gerettet werden" (Römer 11, 26). Mit einem Wort: Am Ende wird über aller Welt das Licht aufgehen, das Jesus uns gebracht hat. In unserem Leben soll es heute schon strahlen, heller als alle Weihnachtsbäume zusammen.

Du höchstes Licht, ewiger Schein,
du Gott und treuer Herre mein,
von dir der Gnaden Glanz ausgeht
und leuchtet schön so früh als spät.
(Johannes Zwick)

19. Dezember   Jesaja 49, 7–17

Jauchzet, ihr Himmel, freue dich, Erde! Lobet, ihr Berge, mit Jauchzen! Denn der Herr hat sein Volk getröstet. (V 13)

„O du fröhliche, o du selige, gnadenbringende Weihnachtszeit ...". Wie oft werden Sie dieses Lied jetzt zu hören bekommen! Werden Sie es auch mitsingen? Oder müssen Sie sagen: Bei mir gibt's keine „fröhliche Weihnachtszeit"; bei mir gibt's kein „freue dich, o Christenheit"? – Dann sollten wir uns dieses Lied genauer anschauen. Johannes Falk hat es 1819 in Weimar geschaffen. Damals hatten die Truppen vom französischen Kaiser Napoleon auf ihren Eroberungszügen alles um sich her zerstört und verwüstet. Am meisten litten die Kinder. Sie irrten bettelnd durch die Straßen. Johannes Falk nahm viele von ihnen bei sich auf und teilte mit ihnen das wenige, was ihm geblieben war. Diese Kinder hatten alles verloren: Der Vater war im Krieg; die Mutter war tot; das Heim war abgebrannt. Das einzige, was sie hatten, waren Hunger und Heimweh. Und dann kam Weihnachten. Und Falk dichtete für diese Kinder dieses Lied: „Welt ging verloren, Christ ist geboren ...". Das hieß: In unsere große Not ist Jesus hineingekommen und hat uns die ganze Liebe Gottes gebracht.

Derselbe Trost spricht aus dem oben zitierten Bibel-Wort. Es muss ursprünglich auch ein Lied gewesen sein, und zwar für die verzweifelten Juden in Babylon. Dort haben sie Schreckliches durchmachen müssen, aber Gott hat ihnen die Befreiung versprochen. Dieser Trost war so stark, dass sie noch mitten in ihrer ganzen Ausweglosigkeit (V 14) schon oben abgedrucktes Loblied anstimmen konnten.

Heute treffen *wir* auf dieses Lied. Wie muss *Ihnen* dabei zumute sein? Ist Ihre Not größer als die Not der Juden im Exil? Ist Ihr Elend schlimmer als das Elend der Kinder damals in Weimar? Sollte Jesus nicht auch Ihren Schmerz sehen können und heilen wollen? Klagen Sie ihm nur Ihr ganzes Leid. Vielleicht können dann auch Sie bald singen:

O du fröhliche, o du selige, gnadenbringende Weihnachtszeit!
Welt ging verloren, Christ ist geboren;
freue, freue dich, o Christenheit!   *(Johannes Falk)*

Jesaja 50, 4–11   20. Dezember

Ich bot meinen Rücken dar denen, die mich schlugen, und meine Wangen denen, die mich rauften. Mein Angesicht verbarg ich nicht vor Schmach und Speichel. (V 6)

Zu Weihnachten 2018 hat der frühere Präsident der Vereinigten Staaten, Barak Obama, kranke Kinder in einer Klinik in Washington besucht und ihnen Geschenke gebracht. – Zur selben Zeit hat der Sänger und Entertainer Frank Zander 3.000 Obdachlose und Bedürftige in Berlin zu einem festlichen Weihnachts-Abend mit Gänsebraten eingeladen. Man sieht: Weihnachten ist nicht nur für die Reichen und Glücklichen da, sondern auch – und vor allem! – für die Armen und Zu-Kurz-Gekommenen. Denn Jesus, dessen Geburt wir zu Weihnachten feiern, ist einer von ihnen gewesen.

Diese Wahrheit steht auch hinter unserer heutigen Bibellese. Der Prophet, der die oben zitierten Worte aussprechen sollte, konnte nicht ahnen, was damit eigentlich gemeint war. Mehr als 500 Jahre später, als Jesus zum Kreuzestod verurteilt worden war, haben sie sich erfüllt (Matthäus 27, 26 + 30). So lange im Voraus hat Gott schon gewusst und gesehen, was mit seinem Sohn einmal auf der Erde geschehen würde.

Und er hat es schon so lange im Voraus bekanntgegeben, damit wir daran sehen können, weshalb sein Sohn kommen müsste. Die Haupt-Aufgabe in seinen Erdentagen bestand nicht darin, dass er große Wunder tat (so wertvoll sie auch für uns sind), sondern darin, dass er den Preis gezahlt hat, den unsere Erlösung kostet. Und in diesem Preis sind auch die Demütigungen inbegriffen, die uns die heutige Bibellese nennt. Das heißt: Wenn wir in vier Tagen die Geburt Jesu feiern, dann feiern wir die Geburt dessen, der alles dazu tat, dass wir gerettet werden.

Stille Nacht, heilige Nacht! Hirten erst kundgemacht;
durch der Engel Halleluja tönt es laut von fern und nah:
Christ, der Retter, ist da! Christ, der Retter, ist da!
   (Joseph Mohr)

21. Dezember — Jesaja 51, 1–8

Meine Gerechtigkeit bleibt ewiglich und mein Heil für und für. (V 8)

„Früher war mehr Lametta", nörgelt der kauzige Großvater in einem Weihnachts-Sketch von Loriot. Das ist natürlich nur Spaß, aber auch im „richtigen Leben" wünschen wir uns stabile Verhältnisse und beständige Lebensgewohnheiten. Jede neue Veränderung macht uns unsicher.

Deshalb begrüße ich dankbar unsere heutige Bibellese: „Meine Gerechtigkeit bleibt ewiglich und mein Heil für und für".

Gerechtigkeit bedeutet bei Gott nicht die Gleichbehandlung aller Menschen, sondern das große Erbarmen, mit dem Gott jedem, der bei ihm um Vergebung bittet, eine neue Chance bietet. Und zwar immer wieder, bis ans Lebensende. So oft ich auch vor Gott schuldig geworden bin, so oft darf ich mich wieder bei ihm einfinden und werde wieder freigesprochen. Seine Geduld hat einfach kein Ende. Seine Gerechtigkeit bleibt ewiglich.

Heil bedeutet bei Gott nicht nur Gesundheit, sondern die vollkommene Unversehrtheit alles Lebens; die Wiederherstellung der Gegebenheiten, wie sie nach der Schöpfung, aber vor dem Sündenfall, geherrscht haben; die ungetrübte Harmonie zwischen Gott und Mensch; also „paradiesische Zustände". Die wird es in vollem Umfang erst in der Ewigkeit geben, dann aber wirklich bleibend und unzerstörbar, also „für und für".

Machen wir es nicht so kompliziert. Sagen wir ganz einfach: Wer zu Gott gefunden hat, der hat einen Halt gefunden, der niemals wankt. So ist der Glaube an Gott in dieser unsicheren Welt und in dem ständigen Wechsel der Gegebenheiten eine bleibende Stütze, auf die man sich jederzeit verlassen kann.

Alles vergehet, Gott aber stehet
ohn alles Wanken; seine Gedanken,
sein Wort und Wille hat ewigen Grund.
Sein Heil und Gnaden, die nehmen nicht Schaden,
heilen im Herzen die tödlichen Schmerzen,
halten uns zeitlich und ewig gesund. (Paul Gerhardt)

Jesaja 51, 9–11　　　　　　　　　　　　　　　　22. Dezember

So werden die Erlösten des Herrn heimkehren und nach Zion kommen mit Jauchzen, und ewige Freude wird auf ihrem Haupte sein. Wonne und Freude werden sie ergreifen, aber Trauern und Seufzen wird von ihnen fliehen. (V 11)

Wenn übermorgen ein Posaunenchor auf dem Turm der Ambrosius-Kirche in Magdeburg Choräle zum Heiligen Abend spielt, dann werden manche Ältere an die Zeit in der DDR denken. Schon damals gab es das Turm-Blasen in der Weihnachtszeit, ausdrücklich genehmigt von den Behörden. Allerdings musste man dort vorher das geplante Programm vorlegen. Davon wurden dem Chor 16 Lieder gestattet, darunter „Kling, Glöckchen, kling …" und „Alle Jahre wieder …", aber andere Lieder sollten nicht gespielt werden, darunter „Er kommt, er kommt, der starke Held …" und „Tochter Zion, freue dich …". Mir scheint, es sollten gerade die Lieder wegfallen, die die Zukunftshoffnung der Christen zum Inhalt haben.

Aber gerade das ist ja das Besondere im Advent. In der Adventszeit sollen unsere Blicke nicht nur zurückwandern zur Geburt Jesu, sondern auch nach vorn gerichtet sein auf seine Wiederkunft. Davon spricht das Alte Testament häufiger als von seinem ersten Kommen in Bethlehem, auch mit dem oben zitierten Kernsatz. Denn die „ewige Freude", die uns hier versprochen wird, ist ja ganz offensichtlich noch nicht da.

Aber sie wird eintreten, nämlich dann, wenn Gottes Wege mit dieser Welt und uns Menschen an ihr Ziel gekommen sind. Dann wartet eine Zukunft auf uns, die alle unsere Vorstellungskraft bei weitem übertrifft. Dann wird alle Kreatur auf Erden aufatmen unter der wohltuenden Gegenwart unseres guten Gottes. Auf diese Zukunft kann man sich einfach nur freuen.

Ihr lieben Christen, freut euch nun,
bald wird erscheinen Gottes Sohn,
der unser Bruder worden ist,
das ist der lieb Herr Jesus Christ.
　　(Erasmus Alber)

23. Dezember   Jesaja 51, 12–16

Ich, ich bin euer Tröster! Wer bist du denn, dass du dich vor Menschen gefürchtet hast, die doch sterben? (V 12)

„Nur noch einmal schlafen", sagen wir heute zu unseren Kindern, die vor Aufregung bald platzen wollen. Zu lange müssen sie jetzt schon auf den Heiligen Abend (und natürlich auf die Bescherung!) warten. Da ist jetzt selbst „nur noch einmal schlafen" noch viel zu viel.

Kann man es ihnen verdenken? Geht es uns vielleicht anders? Seit Tagen lesen wir jetzt schon von den großen Zukunftsplänen Gottes mit dieser Welt und mit unserem eigenen Leben, aber das ist immer nur Zukunft. Was hilft mir die Aussicht auf eine ewige Freude am Ende aller Tage, wenn ich heute von Leid und Schmerz erdrückt werde?

Darauf antwortet Gott mit unserem obigen Leitwort: „Ich, ich *bin* euer Tröster!" Er vertröstet uns nicht auf eine unendlich ferne Zukunft, sondern er besucht uns in der Gegenwart. Das heißt: Heute, jetzt, wenn Sie diese Zeilen lesen, sagt Gott zu Ihnen: „Ich bin *dein* Tröster." Jetzt, in diesen Minuten, dürfen Sie vor Gott Ihr Herz ausschütten. Sagen Sie ihm, was Ihnen so schwer auf der Seele liegt; wie sehr Sie die Einsamkeit gerade jetzt zu Weihnachten erdrückt; wie groß heute Ihr Kummer ist. – Dann sind Sie mit Ihrer Not nicht mehr allein, dann sind Sie mit Ihrer Not bei Gott.

Und Gott sind Sie nicht gleichgültig. Ihm geht auch Ihre Not sehr nahe. Was er jetzt tun wird, kann ich nicht sagen, aber ich *kann* Ihnen sagen, dass Gott sich Ihrer unendlich liebevoll annehmen will. Vielleicht ist die Not dann unverändert groß. Aber Gott ist größer. Und er ist Ihnen noch näher als die ganze Not. Wer das erfährt, der wird merken, dass die ganze große Not ihre quälende Kraft verliert und Gottes Liebe im Herzen siegt.

Das schreib dir in dein Herze, du hochbetrübtes Heer,
bei denen Gram und Schmerze sich häuft je mehr und mehr;
seid unverzagt, ihr habet die Hilfe vor der Tür;
der eure Herzen labet und tröstet, steht allhier.
    (Paul Gerhardt)

Jesaja 52, 1–6   24. Dezember

Schmücke dich herrlich, Jerusalem, du heilige Stadt! (V 1)

Als die Engel bei der Geburt Jesu den Hirten vor Bethlehem „große Freude" verkündigten, da meinten sie nicht die Freude über ein frisch geborenes Baby, sondern eine Freude, „die allem Volk widerfahren wird", die also die ganze Nation erfüllen wird. Und davon allerdings war damals nichts zu spüren. Diese große Freude für ganz Israel steht immernoch aus. Aber sie wird eintreten. Das bezeugt uns die heutige Bibellese. „Zion" und „Jerusalem" bedeutet dasselbe, nämlich die Hauptstadt, und damit ist das ganze Volk gemeint. So bedeutet unser Prophetenwort: Ganz Israel wird noch einmal zu ungeahnten Ehren und zu ungeahnter Freude kommen, wenn Gott mit dieser Welt an sein Ziel gelangt ist.

Vorher aber musste den Menschen ein Ausweg aus ihrem selbstverschuldeten Elend geschaffen werden. Das konnte nur Jesus tun. Heute feiern wir seine Geburt. Dieses Geschehen ist nicht nur der Anlass für eine (hoffentlich!) harmonische Familienfeier, sondern das hat Bedeutung für alle Welt und für alle Zeit. Denn die Geburt Jesu ist der erste Schritt zur Einlösung aller Pläne, die Gott noch für die Zukunft der ganzen Menschheit hat.

Diese Pläne betreffen zuallererst das Volk Israel. Aber durch den Glauben an Jesus sind auch wir in die große Gottesfamilie aufgenommen worden, in der Israel gleichsam unser „älterer Bruder" ist (Römer 11, 17–24). Wenn am Ende die Juden in Jesus ihren Messias erkannt haben werden, dann ist es für Juden und Christen gemeinsam nicht mehr weit zu der „großen Freude", die schon damals die Engel ausgerufen haben. In diesem Sinne wünsche ich Ihnen heute ein wirklich *frohes* Weihnachten.

Freuet euch, ihr Christen alle, freue sich, wer immer kann;
Gott hat viel an uns getan.
Freude, Freude über Freude: Christus wehret allem Leide.
Wonne, Wonne über Wonne: Christus ist die Gnadensonne.
    (Christian Reimann)

25. Dezember   Jesaja 52, 7–12

Wie lieblich sind auf den Bergen die Füße der Freudenboten, die da Frieden verkündigen, Gutes predigen, Heil verkündigen, die da sagen zu Zion: Dein Gott ist König! (V 7)

Die wichtigste Nachricht des Tages steht in der Zeitung immer vorne auf der ersten Seite oben in der Mitte. An dieser Stelle stand in der Weihnachts-Ausgabe von 2018 in meiner Zeitung:
„Euch ist heute der Heiland geboren."
Das war an diesem Tag die wichtigste Nachricht. Diese Nachricht ist damals, bei der Geburt Jesu, den Hirten vor den Toren Bethlehems von Engeln verkündigt worden. Hier waren Engel solche Freudenboten, wie sie in unserer Bibellese erwähnt werden.

Ihre Botschaft lautete: „Euch ist heute der Heiland geboren." – „Heiland" war der Titel, mit dem damals der Kaiser in Rom sich schmückte. Das griechische Wort dafür heißt, genau übersetzt, „Retter".

Und Jesus ist beides: Er ist der *Retter*, der uns aus unserem eigenen Verhängnis befreit, und er ist der *Herrscher*, der über uns und über die ganze Welt sein Regiment ausübt. Als *Retter* hat er sich erwiesen, als er am Kreuz für alle unsere Verschuldungen vor Gott aufgekommen ist; und als *Herrscher* werden wir ihn erleben, wenn er sichtbar vor aller Welt erscheint und sein Regiment des Friedens ausüben wird. Das Erste ist bereits geschehen, das Zweite wird noch eintreten.

Und beides haben die Engel gemeint, als sie ausriefen: „Euch ist heute der Heiland geboren". Dazu hat in meiner Zeitung gestanden: „Von diesem Tag an verdrängt für eine kurze Zeit die frohe Botschaft alle schlechten Nachrichten dieser Welt."

Vom Himmel kam der Engel Schar, erschien den Hirten offenbar;
sie sagten ihn': „Ein Kindlein zart, das liegt dort in der Krippen hart
zu Bethlehem, in Davids Stadt, wie Micha das verkündet hat;
es ist der Herre Jesus Christ, der euer aller Heiland ist."
    (Martin Luther)

Jesaja 52, 13–15   26. Dezember

Denn denen nichts davon verkündet ist, die werden es nun sehen, und die nichts davon gehört haben, die werden es merken. (V 15)

Wissen Sie noch, wie das war, als Prinz Charles geboren wurde, der Sohn von Königin Elisabeth II.? – Nein? – Ich auch nicht. Damals war die halbe Welt davon bewegt; heute spricht kein Mensch mehr darüber. – Wissen Sie noch, wie das war, als Jesus geboren wurde, der Sohn einer jungen Maria aus Nazareth? Damals hat das nur sehr wenige interessiert; vorgestern aber ist das wieder in jeder Kirche vorgelesen worden.

Damit hat sich das Propheten-Wort erfüllt, das hier oben steht. Als Jesus geboren wurde, haben das die Hirten auf den benachbarten Weide-Plätzen (Lukas 2, 8–20) und ein paar Gelehrte im fernen Osten (Matthäus 2, 1–12) erfahren, mehr nicht. Alle anderen in diesem Volk und in der ganzen Welt haben nichts davon mitbekommen. Und heute geht sogar unser Kalender auf das Geburts-Jahr Jesu zurück.

Man sieht: Die Geburt Jesu, so unauffällig sie auch damals gewesen ist, hat wirklich globale Bedeutung. Denn Jesus hat für die ganze Welt die Erlösung gebracht. Deshalb muss das auch die ganze Welt erfahren.

Und wir erfahren dabei: Nur aus diesem Grund feiern wir überhaupt Weihnachten. Alles andere, was wir für dieses Fest als unverzichtbar ansehen, ist absolut entbehrlich. Das einzige, was wirklich unentbehrlich ist und dem Weihnachtsfest seine eigentliche Berechtigung gibt, ist die Geburt Jesu. Ein Weihnachtsfest ohne Jesus ist wie eine Hochzeitsfeier ohne Bräutigam. Deshalb: Achten wir nur darauf, dass auch heute wieder die Hauptsache die Hauptsache bleibt.

Ich steh an deiner Krippen hier, o Jesu, du mein Leben;
ich komme, bring und schenke dir, was du mir hast gegeben.
Nimm hin, es ist mein Geist und Sinn,
Herz, Seel und Mut, nimm alles hin
und lass dirs wohl gefallen.
   (Paul Gerhardt)

27. Dezember										Jesaja 53, 1–5

Fürwahr, er trug unsere Krankheit und lud auf sich unsere Schmerzen. Die Strafe liegt auf ihm, auf dass wir Frieden hätten, und durch seine Wunden sind wir geheilt. (V 4 + 5)

Auf dem Gemälde „Christi Geburt" von Franz von Rohden (1817–1903) sieht man ganz unten über dem Bildrand ein junges Schaf mit gefesselten Beinen. Soll das ein Geschenk der Hirten von den benachbarten Weideplätzen gewesen sein, oder hat der Künstler damit an das Wort von Johannes dem Täufer über Jesus erinnern wollen „Siehe, das ist Gottes Lamm, das der Welt Sünde trägt" (Johannes 1, 29)? Wahrscheinlich beides. Andere Maler haben den Stall von Bethlehem so dargestellt, dass vom Fenster ein Schatten in Kreuz-Form genau auf die Krippe fiel. Einmal sah ich auf so einem Gemälde in der Ferne einen Hügel, auf dem drei Kreuze stehen. Die Botschaft ist immer dieselbe: Schon über der Krippe liegt der Schatten des Kreuzes.

Dasselbe sagt uns heute, am sogenannten „3. Weihnachtstag", unsere Bibellese. Hier geht es jetzt nicht mehr um Jesu Geburt, sondern um seinen qualvollen Tod. Der Bibelleser sieht heute in diesen Zeilen schon den Schatten des Kreuzes über der Krippe liegen.

Und das ist Absicht. Denn als Jesus geboren wurde, sollte er den Menschen die grenzenlose Liebe Gottes bringen. Aber die Menschen hatten sich den Zugang zu Gottes Liebe rettungslos verbaut durch ihre eigene Schuld. Niemand konnte sie davon befreien. Deshalb musste Jesus kommen und sich stellvertretend für sie alle opfern. Das hat er getan mit seinem Sterben am Kreuz. Da hat er die vollkommene Sühne geleistet für alle unsere Sünden.

Also auch für uns. Als wir jetzt Weihnachten gefeiert haben, haben wir die Geburt unseres Retters gefeiert. Seitdem ist auch für uns der Weg zu Gottes Herzen frei. Und das sollte kein Grund zum Feiern sein?

Sehet dies Wunder, wie tief sich der Höchste hier beuget;
sehet die Liebe, die endlich als Liebe sich zeiget.
Gott wird ein Kind, träget und hebet die Sünd,
alles anbetet und schweiget.								*(Gerhard Tersteegen)*

Jesaja 53, 6–12   28. Dezember

Wir gingen alle in die Irre wie Schafe, ein jeder sah auf seinen Weg. Aber der Herr warf unser aller Sünde auf ihn. (V 6)

Man reibt sich verwundert die Augen: Haben wir nicht gerade eben erst Weihnachten gefeiert? – Ja, das stimmt. – Und gehört die heutige Bibellese nicht erst zum Karfreitag? – Ja, das stimmt auch. – Warum bekommen wir sie dann heute, gleich nach Weihnachten, angeboten? – Weil Weihnachten und Karfreitag ganz dicht zusammengehören.

Das muss ich erklären: Wenn Jesus damals in seinem Land nur gepredigt und Wunder getan hätte, dann wäre er ein berühmter Rabbi gewesen, aber niemals der Retter der Welt, und sein Geburtstag könnte uns heute, mehr als 2.000 Jahre danach, herzlich egal sein. Aber weil er am Karfreitag sein Leben zu unserer Erlösung hingegeben hat, ist er unser Retter geworden, der uns den Zugang zu der vollen Vatergüte Gottes eröffnet hat. Damit hat er unserem ganzen Leben einen völlig neuen Sinn und Inhalt gegeben. Deshalb feiern wir den Tag seiner Geburt mit solch großer, dankbarer Freude.

Schauen wir also im Schein der Weihnachtskerzen getrost diese Bibelstelle an: „Wir gingen alle in die Irre wie Schafe; ein jeder sah auf seinen Weg." Besser kann man das Wort „Sünde" gar nicht erklären. Sünde ist also nicht nur das verabscheuungswürdige Verbrechen (das natürlich auch), sondern Sünde ist der Egoismus, mit dem ich nur an mich denke. Dann ist mir nicht nur der andere Mensch egal; dann ist mir auch Gott egal. Dann suche ich mir meinen eigenen Weg durch das Leben und merke gar nicht, wie weit ich dabei in die Irre gehe und von Gott immer weiter wegkomme.

„Aber der Herr warf unser aller Sünde auf ihn", nämlich auf Jesus. Er war der Einzige, der stellvertretend für uns dieses Verhängnis vor Gott bereinigen konnte. Das brachte ihm den Tod am Kreuz. – Das alles wird uns nun schon zu Weihnachten bewusst. Man sieht: Krippe und Kreuz sind aus demselben Holz.

Es ist der Herr Christ, unser Gott, der will euch führn aus aller Not,
er will der Heiland selber sein, von allen Sünden machen rein.
   (nach Martin Luther)

29. Dezember   Jesaja 54, 1–10

Es sollen wohl Berge weichen und Hügel hinfallen, aber meine Gnade soll nicht von dir weichen, und der Bund meines Friedens soll nicht hinfallen, spricht der Herr, dein Erbarmer. (V 10)

Rabenschwarze Nacht lag über einem Stadtteil von Berlin. In keinem Fenster sah man Licht. Straßenlaternen und Verkehrsampeln blieben dunkel: Bei Tiefbau-Arbeiten ist ein Hauptkabel beschädigt worden…

Es war, als würde eine Bombe einschlagen. „Schmeißt euch auf den Boden!", schrie ein Vater zu seinen Kindern: Ein Tornado fegte über ein Dorf in der Eifel…

Auf Luft-Aufnahmen sieht man keine Straße mehr. Alles ist überschwemmt. Häuser wurden zerstört, Gegenstände schwammen im Wasser, Menschen hockten auf den Dächern: Ein Zyklon hat Mosambik überflutet…

Das sind nur drei Meldungen in meiner Zeitung vom Frühjahr 2019. Was für Katastrophen werden in diesem Jahr passiert sein, und was wird uns im nächsten Jahr erwarten? Können da vielleicht sogar kleine oder große Katastrophen auch in unser eigenes Leben kommen?

Darauf gibt Gott uns keine Antwort. Und er erklärt uns auch nicht den Sinn solcher Geschehnisse. Aber er gibt uns dafür einen kräftigen, haltbaren Zuspruch: Selbst wenn das schlimmste Unglück eintritt, wird uns aber Gottes Gnade nie verlassen. Kein Sturzbach wird uns den Händen Gottes entreißen; kein Großbrand wird den Bund seines Friedens vernichten; keine Katastrophe wird uns von Gott trennen können. Stärker als die entsetzlichsten Naturgewalten ist der allmächtige Gott.

Deshalb können wir schon heute getrost auf das neue Jahr blicken. In jeder noch so notvollen Lage können wir festhalten: „Von allen Seiten umgibst du mich und hältst deine Hand über mir."

Es kann mir nichts geschehen, als was er hat ersehen
und was mir selig ist.
Ich nehm es, wie ers gibet; was ihm von mir beliebet,
dasselbe hab auch ich erkiest.   *(Paul Fleming)*

Jesaja 55, 1–5 30. Dezember

Wohlan, alle, die ihr durstig seid, kommt her zum Wasser! Und die ihr kein Geld habt, kommt her, kauft und esst! (V 1)

Halten Sie sich fest: In diesen Tagen geben die Deutschen nur für das Silvester-Feuerwerk mehr als 130 Millionen Euro aus. Und da sage noch einer, die Leute hätten kein Geld!

Aber für alles Geld der Welt kann man sich kein reines Gewissen kaufen (auch nicht mit hohen Spenden!), kein zufriedenes Herz, kein ewiges Leben. Man kann so viel Geld haben, dass man sich jeden Wunsch erfüllen kann, und kann trotzdem leer und unzufrieden sein. Irgendetwas fehlt immernoch. – Man kann auf dem Gipfel seiner Karriere alles hinter sich lassen und etwas ganz Anderes beginnen, weil Geld und Macht und Ehre die innere Leere einfach nicht ausfüllen können. – Man kann aber auch dem lebendigen Gott begegnen und feststellen: Hier werde ich satt.

Darin liegt auch der Reichtum meines Lebens. Ich darf ein Kind sein vom allmächtigen Gott. Und Kinder bekommen von ihren Eltern alles umsonst, Liebe, Fürsorge, Nähe. Sie müssen nichts dafür bezahlen. – So geht es mir bei Gott. Ich darf ihm jederzeit unbesorgt unter die Augen treten und finde bei ihm immer ein offenes Ohr. Ich kann ihm jede noch so große Not ans Herz legen, und er wird mir antworten: „Ich kümmere mich drum." Und ich soll erleben, dass er mich Tag für Tag mit seiner nicht enden wollenden Liebe umgibt. Bin ich nicht reich?

Beachten Sie aber bitte die Aufforderung Gottes: „Kommt her …" Der ganze Reichtum der verschwenderischen Liebe Gottes kommt nicht automatisch zu uns. Den sollen wir erfahren, wenn wir uns bei ihm einfinden. Ich denke, das ist das Beste, was wir heute tun können.

Ach nimm das arme Lob auf Erden, mein Gott, in allen Gnaden hin.
Im Himmel soll es besser werden, wenn ich bei deinen Engeln bin.
Dann sing ich dir im höhern Chor viel tausend Halleluja vor.
  (Johann Mentzer)

31. Dezember   Jesaja 55, 6–13

Meine Gedanken sind nicht eure Gedanken, und eure Wege sind nicht meine Wege, spricht der Herr, sondern so viel der Himmel höher ist als die Erde, so sind auch meine Wege höher als eure Wege und meine Gedanken als eure Gedanken. (V 8 + 9)

Sogar Adolf Hitler hat sich zu Silvester am Blei-Gießen versucht. Vergebens. Woher soll auch das ins kalte Wasser getropfte heiße Blei die Absichten Gottes wissen? Die können ja selbst wir Menschen nicht ergründen.

Uns geht es bei Gott so, wie einem kleinen Kind beim Kinderarzt. Der Arzt impft das Kind gegen eine heimtückische Krankheit. Das Kind denkt nur an den Schmerz, den der kurze Pieks verursacht; der Arzt denkt an das lange Leben, in dem das Kind vor dieser Krankheit verschont bleiben soll. Und er denkt noch weiter: Wenn alle Kinder sich diesen Pieks gefallen lassen, ist diese Krankheit weltweit ausgerottet. Wie viel höher sind hier die Gedanken des Arztes als die des Kindes!

Wir haben bei Gott das Vorrecht, seine Kinder zu sein. Das bedeutet aber auch, dass seine Gedanken um ein vielfaches höher sind als unsere. Und genau wie bei einem guten Vater – und genau wie bei einem guten Arzt – sind seine Gedanken immer und in jedem Fall auf unser Bestes ausgerichtet.

Das gilt jetzt auch für das neue Jahr, das morgen beginnt. Gott hat den großen Überblick. Er überschaut nicht nur dieses neue Jahr, sondern alle neuen Jahre unseres weiteren Lebens, und er sieht dabei nicht nur auf uns, sondern auf die ganze Welt, von der wir ja ein Teil sind. Und wenn es uns bei Gott auch manchmal so vorkommt wie dem Kind beim Arzt, so können wir ihm doch allezeit vertrauen, dass er bei allem, was er herbeiführen wird, immer nur unser Bestes im Sinn hat.

Nichts ist es spät und frühe um alle meine Mühe,
mein Sorgen ist umsonst.
Er mags mit meinen Sachen nach seinem Willen machen,
ich stells in seine Vatergunst.
    (Paul Flemming)

Bibelstellenverzeichnis

1. Mose (Genesis)

1, 1–13	28.5.
1, 14–25	29.5.
1,26–2,4a	30.5.
2, 4b–17	31.5.
2, 18–25	1.6.
3, 1–13	2.6.
3, 14–24	3.6.
4, 1–16	4.6.
4, 17–26	5.6.
6, 1–4	6.6.
6, 5–22	7.6.
7, 1–16	8.6.
7, 17–24	9.6.
8, 1–12	10.6.
8, 13–22	11.6.
9, 1–17	12.6.
9, 18–28	13.6.
11, 1–9	14.6.
11,27–12,9	15.6.
12, 10–20	16.6.
13, 1–18	17.6.
14, 1–16	18.6.
14, 17–24	19.6.
15, 1–21	20.6.
16, 1–16	21.6.
17, 1–14	22.6.
17, 15–27	23.6.
18, 1–15	24.6.
18, 16–33	25.6.
19, 1–14	26.6.
19, 15–29	27.6.
19, 30–38	28.6.
21, 1–21	29.6.
22, 1–19	30.6.
23, 1–20	1.7.
24, 1–28	2.7.
24, 29–49	3.7.
24, 50–67	4.7.
25, 19–34	5.7.
27, 1–29	6.7.
27, 30–40	7.7.
27,41–28,9	8.7.
28, 10–22	9.7.
29, 1–14a	10.7.
29, 14b–30	11.7.
31, 1–7.	
14–32	12.7.
31, 33–54	13.7.
32, 1–22	14.7.
32, 23–33	15.7.
33, 1–20	16.7.
37, 1–11	17.7.
37, 12–36	18.7.
39, 1–23	19.7.
40, 1–23	20.7.
41, 1–36	21.7.
41, 37–57	22.7.
42, 1–28	23.7.
42, 29–38	24.7.
43, 1–14	25.7.
43, 15–34	26.7.
44, 1–34	27.7.
45, 1–24	28.7.
45,25–46,7	29.7.
46, 28–34	30.7.
47, 1–12	31.7.
47, 27–31	1.8.
48, 1–22	2.8.
49, 1–28	3.8.
49,29–50,14	4.8.
50, 15–26	5.8.

Hiob (Ijob)

1, 1–12	25.10.
1, 13–22	26.10.
2, 1–13	27.10.
3, 1–26	28.10.
4, 1–21	29.10.
5, 17–27	30.10.
6, 1–10; 24–30	31.10.
7, 7–21	1.11.
8, 1–22	2.11.
9, 1–15; 32–35	3.11.
11, 1–20	4.11.
12,1–6 14, 1–12	5.11.
19, 21–29	6.11.
31, 16–40	7.11.
40, 1–5	8.11.
40, 6–32	9.11.
42, 1–6	10.11.
42, 7–17	11.11.

Psalmen

4	24.9.
10	25.9.
16	26.9.
19	27.9.
25	28.9..
27	29.9.
33	1.1.
34	30.9.
40	1.10.
60	2.10.
61	3.10.
62	4.10.
63	2.1.
64	5.10.

373

69	6.10.	8, 22–36	12.5.	**Matthäus**	
70	7.10.	9, 1–12	13.5.	1, 1–17	4.1.
73	3.1.	9, 13–18	14.5.	1, 18–25	5.1.
77	8.10.			2, 1–12	6.1.
78	9.10.	**Jesaja**		2, 13–23	7.1.
79	10.10.	40, 1–11	1.12.	3, 1–12	8.1.
80	11.10.	40, 12–25	2.12.	3, 13–17	9.1.
82	12.10.	40, 26–31	3.12.	4, 1–11	10.1.
84	13.10.	41, 8–20	4.12.	4, 12–17	11.1.
85	14.10.	42, 1–9	5.12.	4, 18–22	12.1.
100	15.10.	43, 1–7	6.12.	4, 23–25	13.1.
101	16.10.	43, 8–13	7.12.	5, 1–12	14.1.
103	17.10.	43, 14–28	8.12.	5, 13–20	15.1.
104	18.10.	44, 1–5	9.12.	5, 21–26	16.1.
106	19.10.	44, 6–8	10.12.	5, 27–32	17.1.
108	20.10.	44, 9–20	11.12.	5, 33–37	18.1.
112	21.10.	44, 21–28	12.12.	5, 38–48	19.1.
113	22.10.	45, 1–8	13.12.	6, 1–4	20.1.
114	23.10.	45, 9–17	14.12.	6, 5–15	21.1.
115	24.10.	45, 18–22	15.12.	6, 16–18	22.1.
		46, 1–7	16.12.	6, 19–23	23.1.
Sprüche		46, 8–13	17.12.	6, 24–34	24.1.
1, 1–7	26.4.	49, 1–6	18.12.	7, 1–6	25.1.
1, 8–19	27.4.	49, 7–17	19.12.	7, 7–11	26.1.
1, 20–33	28.4.	50, 4–11	20.12.	7, 12–23	27.1.
2, 1–9	29.4.	51, 1–8	21.12.	7, 24–29	28.1.
2, 10–22	30.4.	51, 9–11	22.12.	8, 1–4	29.1.
3, 1–12	1.5.	51, 12–16	23.12.	8, 5–13	30.1.
3, 13–26	2.5.	52, 1–6	24.12.	8, 14–17	31.1.
3, 27–35	3.5.	52, 7–12	25.12.	8, 18–22	1.2.
4, 10–19	4.5.	52, 13–15	26.12.	8, 23–27	2.2.
4, 20–27	5.5.	53, 1–5	27.12.	8, 28–34	3.2.
5, 1–14	6.5.	53, 6–12	28.12.	9, 1–8	4.2.
5, 15–23	7.5.	54, 1–10	29.12.	9, 9–13	5.2.
6, 6–11	8.5.	55, 1–5	30.12.	9, 14–17	6.2.
6, 12–19	9.5.	55, 6–13	31.12.	9, 18–26	7.2.
7, 1–27	10.5.			9, 27–34	8.2.
8, 1–21	11.5.			9,35–10,4	9.2.

10, 5—15	10.2.	18, 21—35	17.3.	27, 15—30	5.4.
10, 16—26a	11.2.	19, 1—12	18.3.	27, 31—44	6.4.
10, 26b—33	12.2.	19, 13—15	19.3.	27, 45—56	7.4.
10, 34—39	13.2.	19, 16—26	20.3.	27, 57—66	8.4.
10, 40—42	14.2.	19, 27—30	21.3.	28, 1—10	9.4.
11, 1—19	15.2.	20, 1—16	22.3.	28, 11—20	10.4.
11, 20—24	16.2.	20, 17—28	23.3.		
11, 25—30	17.2.	20, 29—34	24.3.	**Römer-Brief**	
12, 1—14	18.2.	21, 1—11	25.3.	1, 1—7	6.8.
12, 15—21	19.2.	21, 12—17	26.3.	1, 8—15	7.8.
12, 22—37	20.2.	21, 18—22	12.11.	1, 16—17	8.8.
12, 38—45	21.2.	21, 23—27	13.11.	1, 18—32	9.8.
12, 46—50	22.2.	21, 28—32	14.11.	2, 1—16	10.8.
13, 1—9;		21, 33—46	15.11.	2, 17—29	11.8.
18—23	23.2.	22, 1—14	16.11.	3, 1—8	12.8.
13, 10—17	24.2.	22, 15—22	17.11.	3, 9—20	13.8.
13, 24—30;		22, 23—33	18.11.	3, 21—26	14.8.
36—43	25.2.	22, 34—46	19.11.	3, 27—31	15.8.
13, 31—35	26.2.	23, 1—22	20.11.	4, 1—12	16.8.
13, 44—46	27.2.	23, 23—39	21.11.	4, 13—25	17.8.
13, 47—52	28.2.	24, 1—14	22.11.	5, 1—5	18.8.
und	29.2.	24, 15—28	23.11.	5, 6—11	19.8.
13, 53—58	1.3.	24, 29—31	24.11.	5, 12—21	20.8.
14, 1—12	2.3.	24, 32—41	25.11.	6, 1—11	21.8.
14, 13—21	3.3.	24, 42—44	26.11.	6, 12—23	22.8.
14, 22—36	4.3.	24, 45—51	27.11.	7, 1—6	23.8.
15, 1—20	5.3.	25, 1—13	28.11.	7, 7—13	24.8.
15, 21—28	6.3.	25, 14—30	29.11.	7, 14—25	25.8.
15, 29—39	7.3.	25, 31—46	30.11.	8, 1—11	26.8.
16, 1—12	8.3.	26, 1—16	27.3.	8, 12—17	27.8.
16, 13—20	9.3.	26, 17—30	28.3.	8, 18—25	28.8.
16, 21—28	10.3.	26, 31—35	29.3.	8, 26—30	29.8.
17, 1—13	11.3.	26, 36—46	30.3.	8, 31—39	30.8.
17, 14—21	12.3.	26, 47—56	31.3.	9, 1—5	31.8.
17, 22—27	13.3.	26, 57—68	1.4.	9, 6—13	1.9.
18, 1—9	14.3.	26, 69—75	2.4.	9, 14—29	2.9.
18, 10—14	15.3.	27, 1—10	3.4.	9, 30—10, 4	3.9.
18, 15—20	16.3.	27, 11—14	4.4.	10, 5—15	4.9.

10, 16–21	5.9.	**Philipper-Brief**		**Jakobus-Brief**	
11, 1–10	6.9.	1, 1–11	15.5.	1, 1–12	11.4.
11, 11–16	7.9.	1, 12–18a	16.5.	1, 13–18	12.4.
11, 17–24	8.9.	1, 18b–26	17.5.	1, 19–27	13.4.
11, 25–32	9.9.	1, 27–30	18.5.	2, 1–13	14.4.
11, 33–36	10.9.	2, 1–4	19.5.	2, 14–17	15.4.
12, 1–8	11.9.	2, 5–11	20.5.	2, 18–26	16.4.
12, 9–16	12.9.	2, 12–13	21.5.	3, 1–12	17.4.
12, 17–21	13.9.	2, 14–18	22.5.	3, 13–18	18.4.
13, 1–7	14.9.	2, 19–30	23.5.	4, 1–12	19.4.
13, 8–14	15.9.	3, 1–11	24.5.	4, 13–17	20.4.
14, 1–12	16.9.	3, 12–21	25.5.	5, 1–6	21.4.
14, 13–23	17.9.	4, 1–9	26.5.	5, 7–12	22.4.
15, 1–6	18.9.	4, 10–23	27.5.	5, 13–20	23.4.
15, 7–13	19.9.				
15, 14–21	20.9.			**Judas-Brief**	
15, 22–33	21.9.			1–16	24.4.
16, 1–16	22.9.			17–25	25.4.
16, 17–27	23.9.				

Stichwort-Verzeichnis

A
Abend 24.9.
Abendmahl 7.3., 28.3., 12.6.
Aberglaube 7.12., 10.12., 11.1.2.
Abraham 22.6.
Abram 15..6., 17.6., 19.6.
Absichten Gottes 17.7., 29.7.
Abtreibung 30.5., 28.6., 11.9.
Adam 20.8.
Advent 1.12., 5.12., 22.12.
Ängste 30.9.
Affären 16.6.
Alkohol 1.10.
Almosen 20.1.
Alter 16.12.
Amtsmissbrauch 27.11.
Anbetung 29.8., 23.9., 17.11.
Anfechtungen 11.4., 30.6., 15.7., 18.8., 30.8.
Angst 2.2., 28.10., 4.11.
Anwalt 10.8., 6.11.
Arbeit 8.5.
Argumente 8.11.
Arme 20.1., 14.4.
Armut 12.10.
Astrologie 29.5.
Auferstehung 9.4.
Aufrichtigkeit 29.4.
Aussatz 29.1.
Ausweglosigkeit 28.10.

B
Babys 28.6.
Barmherzigkeit 19.2., 9.7., 19.10.
Bedrängnisse 7.1., 18.8., 30.8.
Beerdigung 1.7.
Befehlsgewalt Jesu 30.1.
Begehrlichkeit 17.1.
Begierden 12.4.
Behinderung 4.2.
Beichte 16.3.
Beistand Gottes 1.1., 7.1.
Bekehrung 22.8.
Bekennen 11.2., 12.2.
Beladen 17.2.
Belastete 26.3.
Berühmtheit 14.6.
Berufung 5.2., 5.8.
Beschneidung 22.6.
Besessene 3.2.
Besinnung 2.12.
Beständigkeit 20.10., 21.12.
Bestand der Erde 11.6., 12.6.
Bestattung 4.8.
Beten 21.1., 26.1., 12.3., 29.8.
Betriebsamkeit. 20.9.
Betrüger 9.5.
Betrug 11.7., 16.10.
Bewahrung 16.2., 25.6.
Bezeugen 12.1., 11.2., 12.2.,
Blut Jesu 5.4.
Blutrache 5.6.
Bosheit 5.10.
Bräutigam 15.9.
Bund 12.6., 13.7.
Bundeskanzler 17.11.
Buße 8.1., 16.2., 21.2.

C
Christus-Hymnus 20.5.
Cyrus 13.12.

D
Dämonen 3.2.
Dank 27.3., 31.3., 19.10.
Davids Sohn 24.3., 25.3.
Demütigungen 21.–23.7.
Demut 19.1.
Deutschland 9.10.
Diebstahl 27.4.
Dienen 20.11.
Diskussionen 8.11.

377

Docht 19.2.
Dreieinigkeit 24.6.
Drogen 1.10.
Dunkelheit 21.–23.7.

E
Ehe 18.3., 15.5.,
  1.6., 26.6.
Ehebruch 17.1.,
  30.4., 16.6.
Ehre 14.6., 23.9.
Ehrlichkeit 18.1.,
  29.4.
Eifersucht 18.7.,
  13.9.
Eigenlob 20.9.
Eigennutz 18.4.
Einladung 16.11.,
  25.11., 26.11.
Eintracht 18.9.
Einzigartigkeit Gottes
  2.12.
Elend 22.10.
Empfängnisverhütung
  30.5.
Endgericht 28.2.,
  29.2.
Endzeit 11.3.,
  22.11., 23.11.
Engel 6.6.
Entrückung 25.11.,
  26.11.
Entscheidung 19.4.
Enttäuschung 7.6.
Epiphanias 6.1.
Erbarmen 2.9.
Erfüllung 29.6., 3.9.
Erkenntnis 26.4.

Erlöser 14..8.,
  19.8., 26.8., 6.11.
Erlösung 6.4.,
  7.4., 6.12., 18.12.,
  27.12.
Ermutigung 4.12.
Erneuerung 22.8.
Erniedrigung 20.11.
Ernte für Gott. 9.2.
Erschütterungen
  28.1.
Erziehung 1.5.
Erziehungswege
  Gottes 30.10.
Esoterik 7.12.
Evangelium 7.9.
Ewigkeit 14.1.,
  22.5., 18.11.,
  25.11., 26.11.

F
Familie 22.2.,
  12.7., 16.7.
Familie Jesu 22.2.,
  1.3.
Fasten 22.1., 6.2.
Feigenbaum 8.3.,
  12.11.
Feinde 18.6.,
  28.9., 5.10.
Finsternis 4.12.
Fluch 12.11.
Fragen an Gott. 30.6.,
  13.11.
Frau von Petrus 31.1.
Freispruch 10.8.
Freude 26.9., 15.10.,
  24.12., 25.12.

Freunde 13.2.
Frieden 26.5.,
  13.7., 17.9.
Friedensherrschaft
  23.10.
Friedenskönig. 24.3.,
  25.3.
Führung 20.4.,
  17.7., 21.7., 5.8.
Fürbitte 21.9., 29.10.
Fundament 28.1.

G
Gaben 29.11.
Galiläa 13.1.
Ganoven 9.5.
Gebet 21.1.,
  26.1., 31.7., 12.9.
Gebote 13.4.,
  31.5., 3.9., 21.10.
Gebundene 3.2.
Geduld 22.4., 29.6.
Gefängnis 19.7.
Gefahren 4.3.
Gegner 28.9.
Gehorsam 31.5.,
  15.6., 17.6., 19.6.
Geist, heiliger 20.2.,
  9.3., 6.8.
Gelähmter 4.2.
Gemeinde 25.2.,
  14.4., 19.5., 22.9.
Gemeindebeitrag
  13.3.
Gemeinschaften 19.9.
Gerechtigkeit 2.9.,
  17.9., 21.12.

Gericht. 9.6., 10.8.,
  27.11., 12.12.
Gerüchte 17.4.
Geschichte 9.10.
Geschwister 22.2.
Gesetz 3.9.
Gesetze 19.11.
Gesetz und Freiheit
  23.8., 24.8.
Gethsemane 30.3.
Gewissen 14.7.
Glaube 30.1., 8.2.,
  6.3., 12.3., 17.6.
Glaubensleben 11.8.,
  2.11.
Glück der Gottlosen
  3.1.
Gnade 2.9., 20.10.
Gnosis 24.4., 25.4.
Götzen 12.7., 11.12.
Göttersöhne 6.6.
Gott 14.3.
Gottesgeschichte 2.3.
Gottes Knecht 5.12.
Gotteslob 30.9.,
  15.10., 22.10.
Gottes Wille 13.4.
Grab 1.7.
Gute Nachricht 10.2.
Gutes tun 3.5., 7.5.

H
Habgier 16.10.
Händewaschen 5.3.
Halt 12.7.
Hass 16.1., 13.9.
Heiden 7.9., 18.12.
Heil 21.12.

Heilig Abend 24.12.
Heiliger Geist 20.2.,
  9.3., 6.8.
Heilung 29.1., 24.3.
Heimat 1.8.
Heiraten 2.–4.7.,
  7.5., 10.7.
Herodes 2.3.
Herz 23.1.,
  5.3., 5.5., 4.9.
Hilfe 1.12.
Himmelreich 14.1.,
  10.2., 27.2.
Hingabe 8.6.
Hinterlist 6.7.
Hiob 25.10.
Hiobs Ende 11.11.
Hirte 3.8.
Hitler 9.10., 31.12.
Hochzeit 28.11.
Hochzeitsfest 6.11.
Hoffnung 7.2., 12.9.
Homosexualität
  26.6., 9.8.
Horoskop 29.5.

I
Ikone 24.6.
Indien 3.3.
Inzest 28.6.
Irrlehren 24.4., 25.4.
Isaak 23.6., 1.9.
Islam 21.6., 1.9.
Ismael 21.6., 1.9.
Israel 20.6.,
  6.7., 8.7., 23.10.

J
Jähzorn 12.8., 20.8.
Jakob und Esau 5.7.
Jesu Königtum 6.1.
Jesu Name 5.1.
Jesus 24.3., 19.6.
Jesus aufnehmen 13.2.
Jesus zuerst! 1.2.
Jona 21.2.
Judas 3.4., 4.4.
Juden 1.8., 3.8.,
  31.8., 2.10., 14.12.
Julius-Schniewind-
  Haus 13.10.
Jungfrauen 28.11.

K
Kaiser 17.11,
Kampf 15.7.
Kanaan 22.6.
Karfreitag 28.12.
Karneval 10.1.
Katastrophen 22.11.,
  23.11., 29.12.
Kinder 14.3.,
  19.3., 28.6.
Kinderkriegen 30.5.
Kirchensteuer 13.3.
Klage 31.10.
Kleidung 13.6.
Kleinglaube 23.6.
Klima 9.12.
Klimawandel 28.8.
König 3.8., 3.10.
Königsherrschaft
  Gottes 10.2.
Königtum Jesu 4.4.
Konsequenz 19.4.

379

Kraft 3.12.
Krankenbesuch 29.10.
Krankheit und Heilung
  13.1., 29.1., 23.4.,
  23.5.
Krematorium 1.7.
Kreuz 24.5.,
  13.7., 1.11.
Kreuzestod 23.3.,
  6.4., 7.4.
Kreuz Jesu 30.6.
Krieg 18.6., 2.10.
Krippe und Kreuz
  28.12.
Kummer 23.12.
Kuss 22.9.
Kyros 13.12.

L
Lachen 23.6.
Lästerung des Geistes
  20.2.
Land 8.7.
Land der Väter 1.8.
Leben 13.2.
Lebensgestaltung 26.4.
Lebenslüge 28.4.
Lebens-Sinn 16.–18.5.
Lebenswende 22.8.
Lebenszeugnis 18.5.
Leid 26.10., 29.10.,
  19.12., 23.12.
Leiden 24.5.,
  19.7., 6.10., 27.10.
Leidensankündigung
  23.3.
Leid zulassen 9.11.
Lernen 4.5.

Licht 4.12., 18.12.
Liebe 15.5., 27.5.,
  19.11., 30.12.
Liebe Gottes 22.3.,
  19.8., 10.9.
Liebe zu Gott 20.1.
Lob 23.9., 30.9.
Loslassen 20.3.,
  21.3., 1.6.
Lüge 18.1., 16.10.
Luther 11.8.

M
Märtyrer 13.2., 22.5.
Matthäi am Letzten
  10.4.
Melchisedek 1.3.,
  19.6.
Menschenfischer 12.1.
Menschliche Logik
  9.1.
Messias 29.1.,
  24.3., 25.3.
Mission 13.2.,
  10.4., 7.9.
Mühselig 17.2.
Mutter 22.2.

N
Nachfolge Jesu
  1.2., 5.2., 20.3.,
  21.3., 20.11.
Nachrede 17.4.
Nacht 15.7., 24.9.
Nacktheit 13.6.
Nächstenliebe 3.5.,
  12.10., 30.11.
Nazareth 1.3.
Neid 18.7., 13.9.

Neue in der Gemeinde
  22.3.
Neues 6.2.
Neue Welt 25.11.,
  26.11.
Nikolaus 6.12.
Noah 8.6.
Nöte 4.3., 18.8.,
  30.8., 6.-8.10.
Not 14.10., 22.10.,
  1.12., 19.12.

O
Obrigkeit 14.9.
Oekumene 19.9.
Ölbaum 8.9.
Offenbarung 9.3.
Opfer 31.1.,
  27.3., 11.6., 11.9.
Ostern 9.4.

P
Paradies 31.5.
Passion 23.3.,
  31.3., 1.11.
Perle 27.2.
Petrus 10.3.
Pharisäer. 14.11.,
  21.11.
Plan Gottes 20.4.,
  23.7., 29.7.
Politik 31.7.
Präexistenz Jesu
  20.5.
Predigt 5.9.
Probleme 12.3.
Propheten 15.11.

Prostituierte 10.5., 14.11.
Prozess Jesu 1.4., 5.4.
Prüderie 13.6.

R
Rangordnung 5.7.
Ratgeber 2.5.
Rauben 27.4.
Rechtfertigung 25.5., 9.11.
Reden 17.4.
Reden Gottes 8.11.
Regenbogen 12.6.
Regierung 31.7., 14.9., 3.10. 17.11.
Reich Gottes 11.1., 17.9.
Reiche 14.4.
Reichtum 27.2., 21.4., 10.9. 30.12.
Reinigung 5.3.
Religionen 7.12., 10.12.
Rettung 25.5., 8.6., 27.6., 8.8., 3.9.
Reue Gottes 7.6.
Richtgeist 25.1.
Römerbrief 7.8.
Rohr 19.2.
Rublew 24.6.
Ruhetag 18.2.

S
Sabbat 18.2., 21.11.
Sämann 23.2.
Salz 15.1.

Satan 10.1., 25.10., 27.10.
Satt werden 7.3.
Sauerteig 26.2.
Schaf 15.3.
Schamhaftigkeit 13.6.
Schatz 23.1., 27.2.
Scheidung 18.3.
Schicksalsschläge 29.12.
Schläuche 6.2.
Schlaf, schlafen 30.3., 24.9.
Schlaraffenland 31.5.
Schlüssel 15.8.
Schlussabrechnung 28.2., 29.2.
Schmerz 26.10.
Schöpfung 28.5., 28.8., 27.9., 18.10.
Schöpfung des Menschen 30.5.
Schuld 14.7., 28.9., 10.10., 14.10.
Schuld am Kreuz Jesu 5.4.
Schutzengel 6.6.
Schwache 18.9.
Schwäche 12.8.
Schwiegereltern 1.6.
Schwören 18.1.
Seele 5.5.
Seesturm 2.2.
Segen 6.+ 7.7., 2.8., 24.10.
Sehnsucht nach Gott 2.1.

Selbstbewusstsein 3.12.
Selbstmord 3. + 4.4., 31.10.
Sexualität 6.+7.5., 26.6., 18.11.
Sicherheit 27.1.
Silvester 31.12.
Sinn des Leides 16.9., 13.11.
Sintflut 9.6.
Sodom 26.6.
Sonntag 18.2.
Sorgen 24.1.
Spaß 16.9.
Spenden 3.3., 13.3., 27.5.
Sprachengebet 29.8.
Staat 3.10.
Stärke 3.12.
Stammbaum Jesu 4.1.
Stehlen 27.4.
Sterben 17.5., 18.5., 5.11.
Sterne 29.5.
Steuer 17.11.
Stille 4.10.
Strafen 10.6., 7.11.
Strafgericht 8.6.
Streitlust 18.4.
Sucht 1.10.
Sühne 14.7., 27.12.
Sünde 5.1., 2.–4.6., 13.8., 12.12.
Sünde gegen den Heiligen Geist 20.2.

381

Sündenvergebung
23.4.
Sünder 14.11.

T
Tag der Deutschen
  Einheit 3.10.
Taufe 12.6., 21.8.
Taufe Jesu 9.1.
Tempel 13.10.
Tempelsteuer 13.3.
Teufel 10.1.,
  25.10., 27.10.
Tod 5.11.
Tod eines Kindes
  26.10.
Todesangst 2.2.
Todesdrohung 7.1.
Tohu wa bohu 28.5.
Torheit 28.4., 14.5.
Träume 17.7.
Tragen 18.9.
Trauer 26.10.
Treue 20.10.
Trinität 24.6.
Trost 1.12.,
  4.12., 6.12., 23.12.
Trübsal 12.9.

U
Überlassung an
  Christus 3.3.
Überzeugung 4.9.
Umkehr 21.2.,
  15.3., 11.8.
Umwelt 28.8.,
  27.9., 9.12.
Undank 19.10.

Ungeduld 21.6.
Ungehorsam 9.6.,
  20.8., 8.12.
Ungerechtigkeit 7.7.
Ungewissheit 1.1.,
  31.12.
Unglücke 29.12.
Unkraut 25.2.
Unschuldig 19.7.
Unterschiede 19.9.
Unterweisung 4.5.
Untreue 10.3.
Unversöhnlichkeit 5.6.
Unwürdig 17.2.
Unzuverlässigkeit 10.3.
Urteil 25.1.

V
Vater 1.5.,
  27.8., 17.10.
Vatergüte Gottes
  26.1.
Vater-Unser 21.1.
Verachtete 26.3.
Verächter 25.9.
Verantwortung 27.11.
Verfolger 29.9.
Verfolgung 11.2.,
  12.2., 2.4.
Verführungen
  24.+25.4., 30.4.,
  6.+7.5., 5.10.
Vergebung 4.2.,
  21.5., 5.6., 12.12.
Vergesslichkeit 25.5.
Vergeudung 27.3.
Verhaftung 31.3.

Verheißungen 11.3.,
  23.6., 29.7., 5.12.
Verhör Jesu 1.4.
Verjährung 14.7., 24.7.
Verklärung 11.3.
Verkündigung 23.2.,
  26.2.
Verleugnung 12.2.,
  10.3., 29.3., 2.4.
Verliebt-Sein 10.7.
Verlust 13.2.
Verrat 3.4., 4.4.
Versagen 29.3.
Versöhnung 16.1.,
  16.7.
Verstand 9.3.
Versuchung 10.1.,
  12.4., 2.–4.6.
Vertrauen 1.1.,
  24.1., 8.2., 31.12.
Verwünschung 12.11.
Verzicht 22.1.,
  20.3., 21.3.
Verzweiflung 28.10.
Vollkommenheit 19.1.
Vorherbestimmung
  24.2.
Vorschau auf den
  Kommenden
  15.2.
Vorurteile 30.7.

W
Wahl 14.9.
Wahrheit 18.1.
Warten 27.7.,
  28.7.

Warum-Fragen 13.11.	Weltgeschichte 2.3., 13.12.	**Z** Zeichen und Wunder 15.2.
Weg Gottes 6.-8.10.	Werke 15.4., 16.4.	Zeugendienst 9.2.
Weg Jesu 20.5.	Wesen Gottes 12.8.	Zeugnis von Jesus
Wegweisung 5.8.	Wiederkunft 15.2.,	23.2., 26.2., 20.9.
Wehen 22.11., 23.11.	22.4., 15.9., 24.11.	Ziel 16.9., 24.11.
Weihnachten 20.12.,	Wille Gottes 20.4.	Zöllner 5.2., 14.11.
24.–26.12.	Wort Gottes 28.1.	Zorn Gottes 4.11.
Weihnachtsgeschenke 8.12.	Wort und Tat 13.1.	Zukunft 14.1., 22.12.
Wein 6.2.	Wüste 10.1.	Zusagen 29.7.
Weinberg 15.11.	Wunder 16.2.	Zuversicht 24.1.
Weisheit Gottes 3.11.	Wut 16.1.	Zwei-Naturen-Lehre 1.3.
Weltall 27.9.		Zwillinge 5.7.

Quellen-Angaben

Das Alte Testament: „Die Bibel" nach der deutschen Übersetzung Martin Luthers. ⁶1980, Berlin

Das Neue Testament: „Das Neue Testament" nach der Übersetzung Martin Luthers, revidierter Text 1984, ¹1985, Berlin

Die Lied-Strophen: Evangelisches Kirchengesangbuch, Ausgabe für die Evangelische Kirche der Kirchenprovinz Sachsen, Berlin 1953

„Meine Zeitung": „Magdeburger Volksstimme", Lokal-Redaktion Schönebeck

Besonderen Dank schulde ich meiner Tochter Dagmar Müller in Erkner bei Berlin, die diese Texte zuallererst gelesen hat und als engagiertes Gemeindeglied und ausgebildete Buchhändlerin irritierende Formulierungen korrigieren und wertvolle Hinweise geben konnte. Genauso danke ich meinem Schwiegersohn Bernhard Richter in Schönebeck, der wie ein „gelber Engel" bei einer Auto-Panne jederzeit zur Stelle war, wenn mein Computer verrückt spielte und zur Vernunft gebracht werden musste.

Peter Fischer im dr. ziethen verlag

Streng vertraulich
Gottes Wort für jeden Tag
978-3-86289-138-2
Preis: 20 Euro

Peter Fischer lässt seine Leser „ganz vertraulich" an den Freuden und Kämpfen seines Lebens teilhaben und will sie damit ermutigen, auf die Liebe Gottes zu vertrauen. Über das Jahr schreibt er seine Gedanken zum Evangelium und den Briefen des Johannes, Galater und Epheserbrief fortlaufend sowie zur Offenbarung und mehreren alttestamentlichen Büchern in Auswahl. Es ergibt sich eine Fülle von Anregungen für die persönliche Stille sowie zum Vorlesen, Gespräch und Nachdenken im kleinen oder größeren Kreis.

Navi für die Bibel
Tägliche Betrachtungen für ein ganzes Jahr
978-3-86289-181-8
Preis: 20 Euro

„…und wo unsere Oma wohnt, da müssen Sie links abbiegen" – so ist früher einmal dem Verfasser in einer fremden Ortschaft der Weg erklärt worden. Heute hat er ein Navigationsgerät (kurz „Navi") im Auto; das führt ihn in unbekannten Gegenden zuverlässig zu jedem Ziel.

In diesem Sinne will die vorliegende Handreichung ein „Navi" sein, nicht für den Straßenverkehr, sondern für die Bibel. In zeitgemäßer Sprache geschrieben und mit vielen aktuellen Beispielen illustriert, bietet sie für alle Tage eines Jahres Erläuterungen zu bestimmten Bibelstellen. Dabei werden das Markus-Evangelium und mehrere neutestamentliche Briefe fortlaufend und einzelne alttestamentliche Schriften in Auswahl behandelt. So bekommt man einen guten Überblick über ganze biblische Bücher und zugleich wertvolle Impulse für ein Leben unter Gottes starker Hand.

Als Frucht seines umfangreichen Predigt- und Seelsorge-Dienstes ist dieses Buch entstanden, sowohl ein wertvolles Geschenk für „Einsteiger" als auch eine praktische Handreichung für Verkündiger.